Textual Research on the Psalms and Gospels

Recherches textuelles sur les psaumes et les évangiles

Supplements
to
Novum Testamentum

VOLUME 142

The titles published in this series are listed at brill.nl/nts

Textual Research on the Psalms and Gospels

Recherches textuelles sur les psaumes et les évangiles

Papers from the Tbilisi Colloquium on the Editing and History of Biblical Manuscripts

Actes du Colloque de Tbilisi, 19–20 septembre 2007

Edited by

Christian-B. Amphoux
J. Keith Elliott

with

Bernard Outtier

BRILL

LEIDEN • BOSTON
2012

This book is printed on acid-free paper.

Library of Congress Cataloging-in-Publication Data

Tbilisi Colloquium on the Editing and History of Biblical Manuscripts (2007)
    Textual research on the Psalms and Gospels : papers from the Tbilisi Colloquium on the Editing and History of Biblical Manuscripts / edited by Christian-B. Amphoux, J. Keith Elliott, with Bernard Outtier = Recherches textuelles sur les Psaumes et les Evangiles : actes du colloque de Tbilisi, 19-20 septembre 2007 / edité par Christian-B. Amphoux, J. Keith Elliott, avec Bernard Outtier.
        p. cm. – (Supplements to Novum Testamentum, ISSN 0167-9732 ; v. 142)
    English and French.
    Includes bibliographical references and index.
    ISBN 978-90-04-20927-5 (hardcover : alk. paper)
    1. Bible. N.T.–Criticism, Textual–Congresses. 2. Bible. O.T. Psalms–Criticism, Textual–Congresses. 3. Bible. N.T. Gospels. Georgian–Versions–Congresses. 4. Bible. O.T. Psalms. Georgian–Versions–Congresses. I. Amphoux, Christian-Bernard. II. Elliott, J. K. (James Keith) III. Outtier, B. (Bernard) IV. Title. V. Title: Recherches textuelles sur les Psaumes et les Evangiles.

BS2555.52.T35 2007
226'.4046–dc23

2011037998

ISSN 0167-9732
ISBN 978 90 04 20927 5 (hardback)
ISBN 978 90 04 21443 9 (e-book)

PRINTED BY DRUKKERIJ WILCO B.V. – AMERSFOORT, THE NETHERLANDS

CONTENTS / TABLE DES MATIÈRES

PART I

THE PSALMS / PSAUMES

PART II

THE GOSPELS / ÉVANGILES

BIOGRAPHIES OF AUTHORS /
PRÉSENTATION DES AUTEURS

CHRISTIAN-B. AMPHOUX, chercheur au CNRS (1974–2008), est membre du Centre Paul-Albert Février de l'Université de Provence (UMR 6125). Ses recherches portent sur les manuscrits de la Bible grecque et spéciale-ment l'histoire du texte du Nouveau Testament. Il dirige avec Bernard Outtier la collection «Histoire du texte biblique» aux éd. du Zèbre (Lau-sanne).

ANNE BOUD'HORS, chercheur au CNRS depuis 1990, s'est d'abord con-sacrée aux fragments bibliques coptes de la Bibliothèque nationale de France et de la BNU de Strasbourg. Depuis une quinzaine d'années elle travaille à la fois sur des textes monastiques littéraires (notamment le Canon 8 de Chénouté dont elle achève l'édition et la traduction) et docu-mentaires (ostraca et papyrus). En parallèle, elle continue ses recherches sur l'évangile de Marc en copte, à la fois sur le plan linguistique et textuel.

FLORENCE BOUET, professeur agrégée de Lettres classiques et Docteur ès Lettres, a étudié les principes de traduction mis en œuvre dans les psaumes de la Septante. Elle cherche à évaluer l'importance des motifs idéologiques ou poétiques qui gouvernent la traduction, par rapport aux motifs purement linguistiques. En lien avec l'analyse de la version grecque des psaumes comme œuvre littéraire, elle s'intéresse à sa récep-tion chez les Pères de l'Eglise. Sa thèse sur *Les Cantiques des degrés (Psaumes 119–133) selon la Bible grecque des Septante* est en cours de publication.

SIMON CRISP is based in the United Kingdom as a member of the United Bible Societies, and is a recognised expert in Eastern European Biblical studies.

GILLES DORIVAL, professeur émérite de langue et littérature grecques à l'Université d'Aix-Marseille 1, membre de l'Insitut Universitaire de France, co-directeur de la collection "La Bible d'Alexandrie", a été le responsable de l'unité mixte de recherche "Textes et documents de la

Méditerranée antique et médiévale" (Centre Paul-Albert Février) jusqu'en octobre 2010. Cette unité a coorganisé la rencontre de Tbilisi. Les recherches de Gilles Dorival portent sur les traditions bibliques, juives et chrétiennes; sur la Bible grecque des Septante; sur les psaumes dont il prépare une traduction et une annotation pour "La Bible d'Alexandrie".

J. Keith Elliott recently retired as Professor of New Testament Textual Criticism from the University of Leeds. He has published extensively on New Testament textual criticism and on non-canonical early Christian writings. These include *The Apocryphal New Testament* (Oxford, 1993) and *New Testament Textual Criticism: The Application of Thoroughgoing Principles* (Leiden, 2010). He is President of the journal *Novum Testamentum* and is a former Assistant Secretary of Studiorum Novi Testamenti Societas. For many years he served as Executive Editor then secretary of the International Greek New Testament Project.

Jost Gippert is Professor of Comparative Linguistics at the University of Frankfurt / Main. His major research interests comprise Indo-European and Caucasian languages both from a synchronical and a historical point of view as well as computational linguistics, language documentation and description. As the founder and leader of the TITUS project, he has been engaged in the digital preparation and dissemination of linguistic data since 1987.

Didier Lafleur est membre de l'Institut de recherche et d'histoire des textes (IRHT-CNRS, UPR 841). Ses travaux portent principalement sur la critique textuelle du Nouveau Testament grec, et particulièrement sur la famille 13 (f^{13}), l'un des témoins du type de texte «césaréen». Une étude du *stemma* de la famille 13 dans l'évangile de Marc, issue de sa thèse de doctorat, est à paraître dans la collection New Testament Tools, Studies and Documents (Brill).

†David M. Lang, having served in the British forces during the Second World War in Persia, became a lecturer in Georgian language at the University of London in 1949. His long and distinguished academic career saw him elevated to Professor of Caucasian Studies in the School of Oriental and African Studies (SOAS) in the University of London; he was a much sought-after lecturer internationally and a productive author of books on the Armenians and ancient Bulgarians as well as

A Modern History of Georgia (1962) and *The Georgians* (1966), plus numerous articles in those fields of study.

MANANA MACHKHANELI, a graduate of the Faculty of Philology of Ivane Javakhishvili Tbilisi State University (1972), has a project for "Georgian Palimpsests", with the Frankfurt Univ. Major research interests: Philology, Textology, Biblical Studies, Codicology, problems of language and text of the translation of New Testament. Major publications: (1) *The Greek "Life" of Ioane, Euthymius and Giorgi the Athonites*, Tbilisi, 1982; (2) *Anbandidi: A Manuscript of the Gospels from the Ninth Century*, Tbilisi, 2010.

BERNARD OUTTIER est directeur de recherches au CNRS (Villejuif) et membre honoraire de l'Académie des sciences de Géorgie, docteur honoris causa des Universités de Fribourg et Tbilisi. Ses travaux portent sur les langues et littératures de l'Orient chrétien, arménien et géorgien en particulier. Il dirige avec Christian Amphoux la collection «Histoire du texte biblique » aux éd. du Zèbre (Lausanne).

JENNY READ-HEIMERDINGER, lecturer in New Testament (Greek, textual criticism and exegesis) at the University of Wales with opportunities for research, has developed a particular interest in the history of the text of the New Testament. The focus of her research has been the work of Luke in the setting of 1st century Judaism, to which she has applied the linguistic tools of discourse analysis as a method to evaluate variant readings in their narrative context. Collaboration with scholars in the UK, Switzerland, France and Catalonia.

CHARLES RENOUX, de l'Abbaye d'En Calcat (81110 Dourgne, France), chercheur au CNRS (1965–1990), étudie les anciens documents liturgiques et patristiques arméniens, géorgiens et syriaques, en tant que témoins primordiaux des textes et des rites de l'Église de Jérusalem aux origines. Il a publié sur ces littératures religieuses dix-neuf volumes, principalement dans la Patrologia Orientalis, et divers travaux de recherche et de traduction dans des collections et périodiques français et étrangers.

JOSEP RIUS-CAMPS, professeur émérite de la Facultat de Teologia de Catalunya à Barcelone, d'abord patrologue, avec un intérêt spécial pour les pères grecs prénicéens, puis à partir du début des années 80, s'orientant vers les évangiles et les Actes des Apôtres. Son intérêt pour la langue grecque l'a conduit à examiner leurs variantes et ainsi à découvrir le Codex de Bèze. Consacre une partie de son activité pastorale aux études bibliques.

SOPHIO SARJVELADZE, head of the Orioni Laboratory in the State University I. Djavakhishvili in Tbilisi. Interested in philology, history of the Georgian text of the Bible, she has been working for a long time on the editio critica maior of the Georgian Gospels. She has produced many articles and discovered a manuscript of the XIth century with khanmeti forms.

MZEKALA SHANIDZE, Honorary Professor of Ivane Javakhishvili Tbilisi State University, lecturer (chair of Old Georgian Language 1952–2006, Head of Philological department, Institute of Manuscripts 1967–2006), member of Georgian State National Academy of Sciences, awarded Javakhishvili prize 2010 (highest prize of Academy). Main publications: history of Georgian language, lexicology, textology, Old Georgian texts (biblical and historical). Especially: *Old Georgian Versions of the Psalter* (text), 1960; *The Text of Ephrem Mtsire's Commentary on Psalms* (1972, Georgian), *Translations of the Book of Psalms* 1979 (Georgian, summary Russian); Catalogue of Georgian Manuscripts discovered in 1975 at St. Catherine's Monastery of Mt. Sinai (co-author and translator of the English text—in the trilingual Catalogue—Georgian, Greek, English), Athens, 2005; *Concordance to the Georgian Psalter*, 2010.

DAREJAN TVALTVADZE, a graduate of the Faculty of Humanities of Ivane Javakhishvili Tbilisi State University (Georgia), is currently Associate Professor and Dean of the Faculty of Humanities at that University. Her major research interests are philology, Biblical studies, palaeography, codicology, problems of the language and text of the New Testament, Old Georgian translations from the mediaeval period and Byzantium-Georgian relations. She has published the monograph *Ephrem Mtsire's Colophons* (Tbilisi, 2009), several text books and a large number of scholarly articles.

AVANT-PROPOS

Le colloque tenu à Tbilisi en septembre 2007 sur «le texte biblique et son édition» est l'aboutissement d'une longue collaboration entre chercheurs français et géorgiens, à propos de l'histoire du texte de la Bible. On sait généralement assez bien que les livres de la Bible ont une histoire, qu'ils n'ont pas été écrits de prime abord comme ils nous sont parvenus, mais que des états antérieurs appelés «sources» et restitués par de savantes analyses ont probablement existé. Pourtant, ces analyses ignorent le plus souvent les données de la tradition manuscrite, considérant que la rédaction est antérieure à la transmission des écrits. Or, les recherches récentes sur la Bible grecque (Septante et Nouveau Testament) ont montré que la tradition manuscrite de la Bible contenait des données susceptibles de modifier les théories concernant les sources des livres, que l'on croyait bien établies.

A côté des manuscrits grecs, il faut noter l'importance des versions anciennes dont les modèles grecs ont disparu et dont le texte ne se confond pas toujours avec celui qui nous est parvenu. La première collaboration entre chercheurs français et géorgiens à propos du texte biblique remonte au début des années 80 et concerne une parenté observée entre la version géorgienne de l'épître de Jacques et un groupe de manuscrits grecs médiévaux, le groupe 1739, et aboutit à une publication signée de B. Outtier et C.-B. Amphoux, parue en 1984[1]. B. Outtier collabore alors à la préparation de l'édition critique de la vieille version géorgienne du Nouveau Testament que prépare une équipe constituée à Tbilisi et principalement constituée de chercheurs géorgiens. En parlant les deux langues, Outtier a pu faire l'intermédiaire. Cette collaboration se poursuit au cours des années 80, à propos du dossier sur la lecture liturgique des épîtres catholiques dans l'Eglise ancienne et aboutit à un livre dirigé par J.-P. Bouhot et C.-B. Amphoux, paru en 1996[2], dans lequel la tradition géorgienne prend une place essentielle, comme témoin du

---

[1] C.-B. Amphoux, B. Outtier, «Les leçons des versions géorgiennes de l'épître de Jacques», *Biblica* 65/3 (1984), pp. 365–376.

[2] C.-B. Amphoux, J.-P. Bouhot (éd.), *La lecture liturgique des Epîtres Catholiques dans l'Eglise ancienne*, Histoire du texte biblique 1, Lausanne, 1996.

Lectionnaire de Jérusalem dans lequel sont conservées les traces d'un texte grec des épîtres plus ancien que celui que transmettent les manuscrits grecs.

Au cours des années 2000, grâce au concours du Centre Paul-Albert Février, de l'Université de Provence, la collaboration prend la forme d'échanges de chercheurs entre Aix et Tbilisi. Sophio Sarjvéladzé vient en 2004 faire une conférence à Aix, qui montre l'avancement des travaux de son équipe concernant les rapports entre le texte grec des évangiles et la version vieille géorgienne; puis C.-B. Amphoux est invité pour une mission en Géorgie, où B. Outtier et Ch. Renoux se rendent régulièrement pour leurs propres travaux. Lors d'un deuxième séjour en France, Sophio Sarjvéladzé est accompagnée de deux collègues, Manana Machkhaneli et Daréjan Tvaltvadzé. Et à travers ces échanges répétés, il semble utile de prévoir un colloque, pour une mise en commun des travaux qui se rejoignent dans leurs conclusions. Le colloque est organisé en septembre 2007 à Tbilisi, il est un des points forts de la collaboration entre le laboratoire d'Aix soutenu par le CNRS (CPAF) et celui de Tbilisi (Orioni).

La publication des Actes a été assurée par J.K. Elliott, pour la partie anglaise, et par C.-B. Amphoux, pour la partie française, après l'expérience réussie d'un colloque tenu en juillet 2000 à Lille dont les actes sont parus en 2003[3]. Mais nous avons eu besoin de la collaboration de B. Outtier pour relire la partie des contributions rédigée en langues orientales et pour choisir des caractères compatibles avec les contraintes de l'édition. Nous remercions enfin les responsables des éd. Brill, pour la qualité de la publication qu'ils offrent régulièrement aux chercheurs qui le leur demandent.

---

[3] C.-B. Amphoux, J.K. Elliott (éd.), *Le texte du NT au début du christianisme / The NT Text in Early Christianity*, Histoire du texte biblique 6, Lausanne, 2003.

INTRODUCTION

Textual critics, especially those who work in the field of Biblical manuscripts, are typically exercised with the task of re-establishing the earliest attainable form of the text, the form from which all subsequent changes or even later text-types are claimed to have been traced. German scholars have recently adopted the term *Ausgangstext* to describe such a text, all-too-aware that the creation of an 'original' text intended to correspond with the published autograph as it left its author's hands and prior to its contamination by any subsequent alterations by scribe and user is chimeric.

But in recent times text-critics have also been alert to the need to describe the history of a text from its beginnings through to the latest copies of that writing and have been gainfully employed with plotting such trajectories. The differing changes are often stages in an evolving story because any text, especially a Biblical writing, was adapted to serve new exegetical and historical circumstances. To be able to plot such a progression may illuminate the way in which the text was understood, interpreted and *used* at different periods. As a Biblical text was accorded a uniquely authoritative status by its readers and church leaders, who were prone to brand the writing as a canonical text, it is not surprising that its precise wording was subjected to particular scrutiny. Whatever the textual differences between manuscripts, it has to be recognised that each and every manuscript would at one time in its existence have been regarded as the canonical form of the scriptures by its owner, be that an individual, a community or a monastery.

That means that each manuscript within each distinctive text-type and each language has a significance and importance which ensures that its witness is worth hearing; readings deemed 'secondary' should not be jettisoned by having been relegated to a footnote, however maverick a text it may be branded by modern editors or however aberrant a reading it may display vis-à-vis other, alternative, readings which may be upheld as an earlier or more accurate copy of the supposed original.

The *Marc multilingue* project, under the controlling editorship of Christian Amphoux at Aix-en-Provence aims to set out in as objective a way as practicable the differing stages in the development of the Greek New Testament and in each of several early versions. Some authors in this current book are contributors to that series and they state here how helpful it is to have an objective presentation of differing manuscript witnesses for each respective version in order to illustrate the textual progression and exegetical history of a biblical book. As its name makes clear, this project concentrates on the Gospel of Mark.

The present book, though, is concerned with all four canonical Gospels as well as with the Psalter. But the principles applicable to Mark are relevant to all other Biblical texts in nearly all the different languages. To make confusion worse confounded the Psalter betrays an even more complex picture than the New Testament Gospels. There we need to take into account not only the differing Greek versions (including the Septuagint, as well as the versions attributed to Theodotion, Aquila, Symmachus and others) but also, of course, the underlying Hebrew in its Masoretic or other forms, including that in the Dead Sea Scrolls.

As far as the Psalms are concerned, there are four essays here. Two concern the titles, the first by Gilles Dorival. He revisits a topic that he has made his own, namely the headings of the individual Psalms in Hebrew and Greek. Here he subjects a good number of these titles to his analysis; his interest is where there are substantive differences between the two languages. These differences may suggest the ways in which individual Psalms were used and interpreted. The inclusion or exclusion of certain forms of wording may also be of significance in plotting the histories of the collections of Psalms (not least Christian interpretations), as well as enabling textual links to be identified. And those links may inevitably involve other languages. (Work on the Syriac Psalter is a *desideratum* that comes to mind. More, differing, titles may be seen in that tradition) As is the case with other contributions to this volume, Dorival's essay encourages readers to appreciate the trichotomy, text, translations *and* traditions, that needs to be understood by text-critics concerned with elucidating the history of a version.

Mzekala Shanidze's essay parallels Dorival's, by looking at the titles of the Psalms in Georgian. As in other essays dealing with the Georgian versions, we are obligated to examine the Georgian 'Vulgate' as well as the earlier, often more fluid, pre-Athonite versions, and note any differences and changes between the texts. The relationship of the Georgian to the Greek is, inevitably, of paramount importance in this survey. Copious examples enhance this essay.

Florence Bouet homes in on two highly significant variants in the Psalms, those at Ps. 118 (119):5 νόμος/λόγος and at Ps. 129 (130):5 νόμου/ ὀνόματος. Her thorough investigation is a model worthy of emulation. Obviously here Christian and Jewish influences seem to be in evidence but the attestation as a whole cries out for explanation. Meticulous work such as this can be transferred to and emulated in other passages and indeed broadened to take into account the support or otherwise of daughter versions.

Inevitably and appropriately, because these essays originated at a conference in the Caucasus, there are also important examples from the Georgian and Armenian traditions concerning the history of the Psalms. Charles Renoux takes up the important liturgical uses of the Psalter in those languages. Obviously, the Psalms were used from their beginnings in liturgical contexts in the Temple and for particular Jewish festivals. Renoux' essay explores how, where and when the Armenian and Georgian Christian communities made use of the Psalms. They seem to have originated from the Jerusalem liturgical practices of the 4th–5th centuries. His story centres on the horologion Sinaiticus ibericus 34 in particular, the oldest Georgian horology, but he also brings in lectionaries and early hymn books. The nature of the text found there and its relation to the LXX are significant and represent yet another level of witnesses (all-too-often neglected) impacting on any analysis of the character and origin of textual variants in the Psalms. Many a doctoral research topic relating to the Biblical text in and influence of the Georgian and Armenian lectionary and liturgical traditions awaits the writing.

Moving to the New Testament and the Gospels there are eleven major contributions in this volume. The first, by Christian Amphoux, concerns itself with the Caesarean text-type. Amphoux' own distinctive contribution to the history of the New Testament has been to locate the differing forms of text within the history of the fissiparous early church and his idiosyncratic and carefully-argued conclusions are to be found in the essay here. It is perhaps less fashionable nowadays to speak of the Caesarean text as a fully-fledged text-type in which a half-way point between the Jewish world found in the so-called Western tradition and that of the Greco-Roman world discerned in other text-types may be identified; but it is clear that there are close textual relationships between the text read in Codex Koridethi, in the intriguing Southern Italian corpus of manuscripts collectively labelled family 13 and, intriguingly, the (pre-Athonite) Georgian version. Amphoux is a keen defender of the Caesarean text-type and his paper here stresses the position of this form of the Gospels in relation to other text-types, 'Western', Alexandrian and Byzantine. But his essay, like many another in this collection, wisely does not concentrate on theory alone; his essay is devoted to a meticulous analysis of half a dozen well-chosen practical examples of textual variation in Mark to show how the Caesarean manuscripts behave. Throughout, he is concerned less with championing an original text and more with trying to elucidate the nature of *all* the changes and the probable historical reasons for their creation and existence and what effect the text then had.

As a corollary to Amphoux' paper, Didier Lafleur's contribution happily meshes with it. He fortuitously writes about the text of a major Caesarean witness, namely Codex Koridethi (Θ, 038), a manuscript that happens to be housed in Tbilisi. Alongside that, his new collations of the manuscripts of family 13 in Mark confirm the homogeneous character of this family and he also shows the agreements of the family with not only Koridethi but also minuscules 28, 565, 700 and uncial W 032. He establishes that one of the family members, minuscule 788, stands closest to the archetype of that family and how frequently family 13 as a whole allies itself to Codex Koridethi. Consequently, he, like Amphoux, encourages the use of the Caesarean text-type (obviously not a geographically-centred 'local' text) as a serious and distinctive grouping and a legitimate textual form found not only in Mark but in the New Testament Gospels as a whole.

J. Keith Elliott's essay focuses on two other early Greek manuscripts ℵ 01 and Vaticanus B 03 particularly in that perennial textual crux, the ending of Mark which they conclude at 16:8. These two manuscripts are both accorded separate sections amid the seven differing manuscripts of Mark in Marc mutilingue as both demonstrate differing textual stages in the history of Mark. But they happen to agree in their form of the ending of Mark and are the only two ancient Greek witnesses to the shorter text. Among other supporters of the shorter reading are the two earliest Georgian witnesses. Elliott's paper shows whatever Mark's original intention may have been—and it is unlikely that anything he may have written beyond 16:8 has survived—his Gospel once circulated in the truncated form now exhibited by these two old Greek uncials. Inevitably, and within the second century, attempts were made to repair the damaged ending and Mark was duly provided with a 'proper' and satisfying conclusion that included references to the anticipated post-Easter appearances. The longer ending, commonly numbered Mark 16:9–20, represents a later editing of the text of Mark and, as such, belongs to a history of this Gospel that had an inevitable impact on a reader's understanding of Mark as narrator and on his theology.

Yet another famous Greek New Testament manuscript (and, like ℵ and B, one that has its own text displayed by the Greek fascicule of Marc multilingue) is D 05. Jenny Read-Heimerdinger and Josep Rius-Camps have both written extensively on this bilingual (Greek-Latin) manuscript. Both write separate pieces on this manuscript now. Rius-Camps' paper advocates the use of this bilingual in any establishing of an edition of Mark. Jenny Read-Heimerdinger looks at D in Luke. Based on her and Rius-Camps' studies of D in Acts, she is prepared now to promote D in Luke as an early and coherent writing that must be taken into account because it represents the first volume of a comprehensive 'demonstration' of the claims of Christianity from a Jewish perspective. Luke 24:13–35 is taken as an example to show how Jesus in this work was interpreted in Jewish written and oral traditions.

Again, because the origin of the book was the presentation of most of its papers in Tbilisi, we have articles on the Georgian version itself. This is a version that deserves much attention and not only because of its early origins. This is an important translation but the attempted resolutions of its many problems are not as widely known internationally as they should be, although Georgian Biblical scholars, notably current members of the Orioni research laboratory in Tbilisi State University (some of whose members are contributors to this volume: Sophio Sarjveladze, Manana Machkhneli, Mzekala Shanidze, Darejan Tvaltvadze) are initiating and disseminating the latest research into the version. There have also always been a smattering of non-Georgian nationals who have devoted their scholarly careers to the Georgian biblical text, Bernard Outtier, Jost Gippert and Charles Renoux among them. It is to be hoped that the essays here rekindle wider interest in the Caucasian versions.

As befits a contribution by the director of the Orioni project at Tbilisi State University responsible for examining the Georgian Gospels, Sophio Sarjveladze's essay is an over-arching survey that may be seen as a worthy introduction to the other essays in this volume dealing with aspects of the Georgian version. But as is typical of most articles in this volume, broad principles and generalised summaries give rise to, and are indeed supported by, specific and well-chosen Biblical references. Sophio Sarjveladze's examples reveal the complexity of her text-critical researches and the care with which her team's efforts are rooted in close philological examination.

Following this is Bernard Outtier's essay. With his long-established and wide-ranging expertise in Georgian studies he is well placed to proffer a general survey of current research in the area of the Georgian version of the Gospels and its text-types. He appends a valuable bibliography. Once more we are enabled to observe parallels between the materials and methodologies applied by Georgian scholarship and those relevant to other versions as well and also to the Greek New Testament manuscript tradition.

Attached to Outtier's piece is an important but now inevitably outdated article by David M. Lang (1924–1991). This is his "Recent Work on the Georgian New Testament" published in 1957 in the *Bulletin of SOAS* vol. 19 pp. 82–93. 'Recent' then meant the situation in Georgian studies over fifty years ago and inevitably some of it is outdated or superseded by later developments; but his is a valuable survey that we hope is still of interest now and it complements better-known surveys written by, say, Neville Birdsall or Bruce Metzger. It needs to be recognised though that some of his conclusions, especially concerning the origins of the Georgian version are not now necessarily accepted by current Georgian specialists. And of course research has progressed beyond 1957, most recently by the Orioni team in Tbilisi.

Darevan Tvaltvadze's article narrows Outtier's and Lang's surveys to the Georgian manuscripts emanating from the Black Mountain where Georgian monks produced a distinctive form of the pre-Athonite Gospels that began a process of examining the Georgian against the Greek. Her analysis of certain of the Black Mountain manuscripts reveals where older readings still survive. These manuscripts thus form a median position between the oldest forms and Giorgi's Athonite Vulgate.

Focussing even more narrowly, Manana Machkhaneli examines one Georgian manuscript under the microscope, namely the so-called Anbandini manuscript. Following her researches into its distinctive readings she reports here that she has been able to place it in the family tree of Georgian Gospel manuscripts as a 'mixed' type, comparable to the Ksani manuscript that shared some characteristics with the protovulgate text and with the Adish recension but which also has singular readings. Another building block in the multifaceted history of the Georgian Gospels now seems to have been placed.

Shortly before the Tbilisi colloquium in 2007 we became aware that a publication was about to emerge that concerned Biblical writings in a hitherto virtually unknown language, Caucasian Albanian. It was entirely appropriate that one of that publication's editors, Jost Gippert of Frankfurt am Main, should introduce that version and its importance, especially in its relation to the Georgian and Armenian versions. In the time between the conference and the present book the publication appeared.

As a consequence, Gippert's paper here is a revision of his original text which describes the recently deciphered manuscripts. As well as having this insider's contribution, it seemed worthwhile to append to it a review of it by Simon Crisp of the United Bible Societies. His review was commissioned as an article for *Novum Testamentum* and is reproduced here to emphasise the significance of this new version.

It will be seen that many of the issues relating to the establishing of the history of the Georgian version of the Gospels and the critical editing of its text are familiar to scholars working on other and otherwise unrelated languages. Those whose work is on the pre-Jerome Latin will recognise parallels between the Georgian and Latin where a later, established 'Vulgate' supplanted and often suppressed earlier versions in that language (which may be potentially closer to their 'original'). Syriac Biblical scholars would also see parallels. In the present volume Anne Boud'hors looks at the situation of the Coptic, a version as early as the Latin and Syriac. Here, after a comprehensive tour d'horizon concerning the current state of Coptic study of the Gospels, she zooms in on five textual variation units in Mark to demonstrate what may be learned from the Sahidic Coptic manuscripts. She observes a harmonising tendency not only in relation to its revised version but also in the earliest redactions. Her conclusions are preliminary and tentative as work is still underway and to a certain extent pioneering in its attempt to trace and track the history of the early Coptic version. As in other essays, this article also flags up potentially profitable methodologies that consider variants not only within one particular tradition but in connexion with other versions. The approach again is interdisciplinary and cross-cultural.

It is clear that any attempt to trace a 'straight' trajectory in a history that progresses from an authorial archetype through to a random and arbitrary selection of later manuscripts dating across several centuries that have chanced to survive the vicissitudes which inevitably befall any ancient literatures is an elusive and unrealistic goal and is doomed to failure by its very nature and by the obvious fact that a collation of these survivors throws up a bewildering range of variants and a confusing mingling of textual interrelationships caused by an often uninhibited cross-fertilization between manuscripts. Some such variations may be readily identified as careless omissions, standard orthographical changes and silly mistakes. Other variants, though, are less easily pigeonholed and dismissed as obviously secondary, for instance when it is suspected that deliberate changes have occurred. Such alterations sometimes seem to be casual and inconsistently applied but other variants may possibly be the result of planned and carefully executed revising and reediting. The Athonite Georgians' conscious decision to revise their version in order to get closer to the underlying Greek is a case in point.

Methodologies applied in relation to the Georgian are relevant to comparable studies in other versions. Their results, but also their cautions, are worth the heeding, so too are Outtier's warnings in his more general surveys of what has been done and what needs to be done in their field, namely that rash conclusions are to be avoided and that the only reliable and academically respected way to proceed is to collect and to collate as many extant manuscripts and citations as practicable, then to be alert to potential influences of and on other versions in any delineating of the likeliest flow and history of the texts. Interest, application, expertise and manpower are required of all workers in the text-critical vineyard, but for all who possess the necessary skills and endurance then the resultant harvest they may glean should be plentiful and the quality of their results and the publications arising from it of the highest enduring vintage.

TRIBUTES / HOMMAGES

Included in this volume are two addresses delivered at the Tbilisi conference in 2007, one to a Georgian scholar Professor Zurab Sarjveladze, the other to a British scholar, Professor J. Neville Birdsall, both deceased. Their contributions to the discipline of Georgian Biblical study deserve praise. Professor Thomas V. Gamkrelidze wrote the tribute in memory of Dr. Sarjveladze; the homage to Dr. Birdsall includes part of the obituary written by J.K. Elliott for a British newspaper after Birdsall's death and appended to it is a Bibliography of his writings on Georgian manuscripts. It includes his article "The Georgian Versions of the New Testament" which brings the survey of Georgian Biblical studies up to 1995 and may be compared with Lang's earlier article reproduced in this volume (appended to Chapter 11).

In Memory of Professor Zurab Sarjveladze

*"Whom the Gods love,
dies young"*

These words by the Athenian dramatist Menander are fully applicable to Zurab Sarjveladze—one of the brilliant representatives of current Georgian Linguistics, our dear and affectionate pupil, friend and unforgettable colleague. Since the decease of Givi Machavariani and Georgy Klimov Georgian Historical Comparative Linguistics has not suffered such a blow as the untimely departure of Professor Zurab Sarjveladze.

An eminent scholar, he left an indelible mark in the study of the Georgian language, especially Old Georgian, as well as Georgian grammatology and paleography. His contribution to the consolidation and development of the new "Paradigm" of Comparative Kartvelian Linguistics is unique, and his *Etymological Dictionary of Kartvelian Languages*, compiled jointly with Heinz Fähnrich, employing a rigorous comparativistic method, is one of the highest achievements in Georgian Linguistics. It is thus not accidental that Zurab Sarjveladze was awarded the *Humboldt Prize* for this fundamental work. In this connection, I should like to note that a *Comparative Dictionary* of this size, level and character is not available at present for many other language groups, even for Semitic. Credit for all this goes, to a large extent, to Professor Zurab Sarjveladze.

The volume of work done by Zurab Sarjveladze in his lifetime is astonishing, and how regrettable it is that his most important future plans were cut short by his untimely death.

Professor Zurab Sarjveladze was amazingly active in reprinting the linguistic legacy of Georgian classics and modern linguistics. In fact, the *Kartvelological Library*, founded by him, issued many linguistic works through his effort, immortalizing them. This attests to his outstanding scholarly and organizational talent and skill.

Georgian linguistics, the entire Georgian scholarly community, have lost years ago a remarkable person, an eminent scholar and public figure. His memory will remain forever in Georgian scholarship.

J. Neville Birdsall

Professor J.N. Birdsall died on July 1st., 2005. We remember him particularly now at a conference that takes into account Georgian scholarship on the Biblical text.

J. Neville Birdsall, Emeritus Professor of New Testament Studies at Birmingham University, was a distinctive and learned biblical scholar. His research interests were in the Eastern church fathers and in the textual history of the New Testament. He was a formidably erudite expert in biblical manuscripts, palaeography and codicology. Within those already rarefied specialisms, he was known for his work on the early Georgian versions of the scriptures. His academic home was in the Caucasus and in Byzantium.

Birdsall's interest in the fundamental and exacting discipline of textual criticism was encouraged first when he was an undergraduate at Jesus College, Cambridge, where he was a pupil of Robert Casey, but it came to fruition with the PhD thesis he wrote for Nottingham University in 1959 on the importance of a manuscript of Paul's letters known to New Testament scholarship as cursive 1739. That dissertation was never published, but offshoots from it emerged in several of his subsequent writings, and the work is regularly referred to by researchers in the field.

He served the Baptist ministry for several years before he took up academic appointments first at Leeds University (in 1956) and then at Birmingham (in 1961), where he was to remain for 25 years. Three years before his early retirement in 1986, he was awarded a chair in New Testament Studies and Textual Criticism.

For three years in the mid-1970s, Birdsall was seconded from duties in Birmingham thanks to a British Academy award in order to produce a thesaurus of textual variants in Luke's Gospel. The Academy's criticisms of Birdsall's failure to deliver on time caused him to resign from the project. It fell to J.K. Elliott to complete the work, which OUP published in two volumes in 1984 and 1987, but the standards set for this enterprise and the groundwork done were Birdsall's.

Regrettably, Birdsall never produced a book-sized work, but two meticulously detailed and elegantly crafted essays stand as monuments to his scholarship. One is his lucid and wide-ranging study "The New Testament Text" for the first volume of *The Cambridge History of the Bible* (1970); the other is his thorough and readable history of New Testament textual criticism from 1881 to the present in the German encyclopaedic series *Aufstieg und Niedergang der römischen Welt* xxvi, 1992.

Fortunately, there are many of his articles in learned journals. A collection reprinting some of his most enduring pieces has recently been published posthumously in the series *Texts and Studies*[1]. It is from these that future scholars in the fields of textual criticism, philology and early Christian writings will find much to learn, to inspire them and to build upon. Birdsall set the highest standards for himself and that may explain the relatively slow pace of his publications. He also expected others to do the same. This made him an exacting examiner. For the same reason his regular book reviews were mercilessly critical of those who fell short of such standards[2].

Among his many articles the following may now be selected as representative of his contribution to Georgian scholarship and in particular to Georgian Biblical manuscript studies:

"Melito of Sardis. Peri tou Pascha in a Georgian Version" *Le Muséon* 80 (1967), pp. 121–138.
"A Georgian Palimpsest in Vienna", *Oriens Christianus* 53 (1969), pp. 108–112.
"A Second Georgian Recension of the Protevangelium Jacobi", *Le Muséon* 83 (1970), pp. 49–72 reprinted in *Dzveli Kartuli K'atedris Shromebi* 20 Tbilisi 1977.

---

[1] J. Neville Birdsall, *Collected Papers in Greek and Georgian Textual Criticism* (Pisataway NJ, 2006).
[2] Much of the above is taken from the obituary written by J.K. Elliott which appeared in the British newspaper, *The Independent* on August 16th., 2005.

"Khanmeti Fragments of the Synoptic Gospels from MS. Vind. Georg. 2", *Oriens Christianus* 55 (1971), pp. 62–89.

"Palimpsest Fragments of a Khanmeti Version of 1 Esdras", *Le Muséon* 85 (1972), pp. 97–105 (reprinted in C. Kurcik̕ idze, *Dzveli aytumis apok'ripuli cignebis versiebi* Vol. 2, Tbilisi, 1973).

"Traces of the Jewish Greek Biblical Versions in Georgian Manuscript Sources", *Journal of Semitic Studies* 18 (1972), pp. 83–92.

"The Martyrdom of St. Eustathius of Mzketha and the Diatessaron. An Investigation", *New Testament Studies* 18 (1972), 452–456.

"Some recently discovered Georgian Fragments of the Gospels", *Studia Evangelica* (*TU* 112), 1973, pp. 11–13.

"Ms. Vindob. Georg. 2. A Progress Report", *Oriens Christianus* 58 (1974), pp. 39–44.

"The Georgian Version of the Book of Revelation", *Le Muséon* 91 (1978) pp. 355–366 reprinted in *Studia Biblica* III (*Papers on Paul and other New Testament Authors*) ed. E.A. Livingstone *Journal for the Study of the New Testament: Supplement Series* 3 (1978) pp. 33–45 with an added footnote.

"The Georgian Bible" in *The Modern Encyclopaedia of Russian and Soviet Literature*, 1979, Gulf Breeze, Florida, Vol. 3.

"Georgian-Gothic Contacts in Biblical Translation", *Archeion Pontou*, 35 (1979), pp. 359–362.

"Diatessaric Readings in 'The Martyrdom of St. Abo of Tiflis'?" in *New Testament Textual Criticism. Its Significance for Exegesis. Essays in Honour of Bruce Metzger* ed. E.J. Epp and G.D. Fee (Oxford, 1981) pp. 313–324.

"Evangelienbezeuge im georgischen Martyrium der hl. Schuschaniki", *Georgica* 4 (1981), pp. 20–23.

"Georgian Studies and the New Testament", *New Testament Studies* 29 (1983), pp. 306–320.

"Euthalian Material and its Georgian Versions", *Oriens Christianus* 68 (1984), pp. 170–195.

"Introductory Remarks on the Pauline Epistles in Georgian", *Studia Patristica* 18 (Kalamazoo, 1985), pp. 281–285.

"The Georgian Versions of the Acts of the Apostles" in *Text and Testimony. Essays in Honour of A.F.J. Klijn* ed. T. Baarda *et al.* (Kampen, 1988) pp. 39–45.

"Georgian Palaeography" in *The Indigenous Languages of the Caucasus* I *The Kartvelian Languages*, ed. Alice C. Harris. (Delmar, N.Y., 1991), pp. 87–128.

Anchor Bible Dictionary (New York, 1992): "Versions, Ancient. Introductory Survey", Volume 6, pp. 787–793. "Versions (Ancient): Gothic Versions", Volume 6, pp. 803–805. "Versions (Ancient): Georgian Versions", Volume 6, pp. 810–813.

"Xanmet'i Georgian Palimpsest Fragments of the Old Testament preserved in a Vienna Manuscript" in *Caucasian Perspectives*, ed. George Hewitt (Unterschleissheim, Munich 1992), pp. 3–7.

"The Old Syriac Gospels and the Georgian Version: the Question of Relationship" VI Symposium Syriacum 1992 (*Orientalia Christiana Analecta* 247), pp. 43–50.

"The Georgian Version of the New Testament" in *The Text of the New Testament in Contemporary Research: Essays on the* Status Quaestionis. *A Volume in Honor of Bruce M. Metzger* ed. Bart D. Ehrman and Michael W. Holmes (*Studies and Documents* 46) (Grand Rapids, 1995) pp. 173–187.

PART I

THE PSALMS / PSAUMES

TITRES HÉBREUX ET TITRES GRECS DES PSAUMES

Gilles Dorival

INTRODUCTION : ÉCARTS QUANTITATIFS ET ÉCARTS QUALITATIFS

Deux types d'écarts séparent les titres des psaumes en hébreu (TM) et en grec (LXX) : les uns sont quantitatifs, les autres qualitatifs[1]. Les écarts de type quantitatif sont ceux où le nombre des mots est plus grand dans la langue source que dans la langue cible, ou bien le contraire. Comme on le verra, seul le second cas est attesté. Quarante titres environ sont en cause. La question que pose l'existence de ces écarts quantitatifs est celle du modèle hébreu de la LXX : celui-ci contenait-il des titres plus longs que dans le TM ? Ou bien, les plus de la LXX s'expliquent-ils pour d'autres raisons, et lesquelles ?

Les écarts qualitatifs sont tels que les titres du TM et de la LXX contiennent le même nombre de mots, mais que leur sens est manifestement différent. En ce cas, la question qui se pose porte moins sur le modèle hébreu de la LXX, qui est très proche du TM, voire identique, que sur les enjeux interprétatifs des titres : pourquoi la LXX les interprète-t-elle comme elle le fait ? Et pourquoi le TM les interprète-t-il d'une autre manière ?

LES ÉCARTS QUANTITATIFS

Les données sont les suivantes :

1. Absence conjointe de titres en TM et en LXX : Ps 1–2.
2. Titres identiques quantitativement : 109 psaumes sur 150[2].

---

[1] Sur cette distinction entre écarts quantitatifs et écarts qualitatifs, voir G. Dorival, « Les titres des psaumes en hébreu et en grec : les écarts quantitatifs », in D. Böhler, I. Himbaza, P. Hugo (éds.), *L'Ecrit et l'Esprit. Etudes d'histoire du texte et de théologie biblique en hommage à Adrian Schenker*, Fribourg/Göttingen, 2005, pp. 58–70. Sur les écarts qualitatifs, voir G. Dorival, « A propos de quelques titres grecs des psaumes », *Cahiers de Biblia Patristica 4*, Strasbourg, 1993, pp. 21–36 ; « Autour des titres des psaumes », *RSR 73*, 1999, pp. 165–176 ; « Septante et texte massorétique. Le cas des psaumes », in A. Lemaire (éd.), *Basel Congress Volume*, Leyde, 2002, pp. 139–161.

[2] Ps 3–22 (23), 24 (25)–25 (26), 27 (28) ; 29 (30) (dans le *Sinaiticus* et l'*Alexandrinus*,

3. Titres présents en TM, absents en LXX : 0.
4. Titres plus longs en TM qu'en LXX : 0[3].
5. Titres présents en LXX, absents en TM : 22 psaumes[4].
6. Titres plus longs en LXX qu'en TM : 18 psaumes (ou 17, si l'on ne retient pas le titre du Ps 29 (30) selon le *Vaticanus*)[5]. A ces psaumes, il faut peut-être rajouter un psaume[6].

mais pas dans le *Vaticanus*, qui a en plus « pour la fin » en tête du titre) ; 31(32) ; 33 (34)-36 (37) ; 38 (39)-41 (42) ; 43 (44)-46 (47) ; 48 (49)-63 (64) ; 66 (67)-69 (70) ; 71 (72)-74 (75) ; 76 (77)-78 (79) ; 80 (81)-89 (90) ; 91 (92) ; 99 (100)-102 (103) ; 105 (106) ; 107 (108)-112 (113) ; 113,9-26 (115) ; 119 (120)-120 (121) ; 121 (122) ; 122 (123) ; 123 (124) ; 124 (125)-134 (135) ; 137 (138)-141 (142) ; 144 (145).

[3] Apparemment, aux Ps 121 (122) et 123 (124), le TM est plus long que la LXX. Tous deux offrent le titre « Cantique des degrés », mais le TM présente en plus « A David », qui est absent dans la plupart des manuscrits de la LXX. Mais il y a des arguments pour penser que la LXX ancienne contenait l'indication « A David » : au Ps 121 (122), « A David » figure dans la vieille latine, qui a été traduite sur la LXX ancienne ; au Ps 123 (124), la même mention est présente chez Hilaire de Poitiers, qui dépend lui aussi de la LXX.

[4] Ps 32 (33) « A David » ; 42 (43) « Psaume. A David » ; 70 (71) « A David. Des fils de Yonadab et des premiers captifs » ; 90 (91) « Louange de cantique. A David » ; 92 (93) « Pour le jour du prosabbat lorsque la terre a été fondée. Louange de cantique. A David » ; 93 (94) « Psaume. A David. Au quatrième ⟨jour⟩ des sabbats » ; 94 (95) « Louange de cantique. A David » ; 95 (96) « Lorsque la maison était édifiée après la captivité. Cantique. A David » ; 96 (97) A David. Lorsque sa terre est établie » ; 98 (99) « Psaume. A David » ; 103 (104) « A David » ; 104 (105) « Alléluia » ; 106 (107) « Alléluia » ; 113,1-8 (114) « Alléluia » ; 114 (116,1-9) « Alléluia » ; 115 (116,10-19) « Alléluia » ; 116 (117) « Alléluia » ; 117 (118) « Alléluia » ; 118 (119) « Alléluia » ; 135 (136) « Alléluia » ; 136 (137) « A David » ; 147 (147,12-20) « Alléluia. D' Aggée et de Zacharie ».

[5] Ps 23 (24) « Psaume. A David » : + « Du premier ⟨jour⟩ des sabbats » ; 26 (27) « A David » : + « Avant d'être oint » ; 28 (29) « Psaume. A David » : + « De la clôture de la tente » ; 29 (30) « Psaume de cantique de l'inauguration de la maison. A David » : + (en tête du titre) « Pour la fin » (*Vaticanus*) ; 30 (31) « Pour la fin. Psaume. A David » : + « D' égarement » ; 37 (38) « Psaume. A David. En vue de la commémoration » : + « Au sujet du sabbat » ; 47 (48) « Psaume de cantique. Aux fils de Koré » : + « Pour le deuxième ⟨jour⟩ du sabbat » ; 64 (65) « Pour la fin. Psaume. A David » : + « De Jérémie et d' Ezéchiel du discours du séjour lorsqu'ils allaient partir » ; 65 (66) « Pour la fin. Cantique de psaume » : + « De relèvement » ; 75 (76) « Pour la fin, des hymnes. Psaume. A Asaph. Cantique » : + « Contre l' Assyrien » ; 79 (80) « Pour la fin. Au sujet des choses qui seront changées. Témoignage. A Asaph. Psaume » : + « Au sujet de l' Assyrien » ; 80 (81) « Pour la fin. Au sujet des pressoirs. A Asaph. Psaume » : + « Pour le cinquième ⟨jour⟩ du sabbat » (d' après la vieille latine traduite sur la LXX ancienne) ; 97 (98) « Psaume » : + « A David » ; 142 (143) « Psaume. A David » : + « Lorsque son fils le poursuit » ; 143 (144) « A David » : + « Contre Goliath » ; 145 (146) « Alléluia » : + « D' Aggée et de Zacharie » ; 146 (147,1-11) « Alléluia » : + « D' Aggée et de Zacharie » ; 148 (148) « Alléluia » : + « D' Aggée et de Zacharie ».

[6] A ces psaumes, A. van der Kooij, « On the Place of Origin of the Old Greek of Psalms », *VT* 33, 1983, pp. 67-74, propose d'ajouter le Ps 81 (82), dont le titre actuel est « Psaume. A Asaph » : sur la base de témoignages rabbiniques, qui énumèrent les sept psaumes chantés par les lévites lors des sept jours de la semaine, et au vu de la présence

Au total, donc, il y a une quarantaine d'écarts quantitatifs. Certes, on peut relativiser ce chiffre en faisant remarquer qu'il est normal que les Ps 115 (116,10–19) et 147 (147,12–20) soient dépourvus de titres dans le TM, puisqu'en ce dernier ils ne font qu'un avec les versets qui les précèdent: ce n'est que dans la LXX que 116,10–19 et 147,12–20 constituent des psaumes autonomes. De plus, l'absence de *Allélouia* en tête des Ps 104 (105), 106 (107), 113,1–8 (114), 114 (116,1–9), 116 (117), 118 (119) et 135 (136) est peut-être plus apparente que réelle: dans tous ces cas sauf un, celui du Ps 118 (119), le mot *Allélouia* constitue le dernier mot du psaume qui précède immédiatement. Pour des raisons qui resteraient à expliquer, le TM et la LXX n'ont pas distribué le mot de la même façon au sein de deux psaumes consécutifs. Si l'on acceptait de découper le TM conformément à la LXX, il n'y aurait plus que quatorze psaumes massorétiques dépourvus de titres. Cependant, il n'est pas sûr que l'on ait le droit de manipuler ainsi une tradition textuelle, et cela d'autant plus que *Allélouia* fait partie des titres massorétiques des Ps 110 (111), 111 (112), 134 (135), 145 (146), 146 (147), 147 (148), 149 et 150. Le chiffre total des écarts quantitatifs entre TM et LXX reste donc proche de quarante.

Un modèle hébreu différent du TM?

Dans quelques cas, les écarts quantitatifs relèvent de l'existence d'un modèle hébreu de la LXX différent du TM. Pour établir que la LXX remonte à un modèle hébreu différent du TM, il n'y a que trois moyens objectifs: la comparaison avec les manuscrits de Qumrân; la confrontation avec les versions; la prise en compte du *Targum*.

1. Les données qumrâniennes sont malheureusement lacunaires. Les témoins se contredisent et les témoignages sont souvent difficiles à interpréter[7]. Il n'y a pas de témoignages dans les manuscrits de Qumrân pour les titres de 21 psaumes[8]. En ce qui concerne les titres de la LXX absents

---

de six de ces indications dans la LXX ou la vieille latine, il estime que la LXX originelle présentait, dans le titre du Ps 81 (82), une expression du type «pour le troisième jour du sabbat».

[7] P.W. Flint, *The Dead Sea Psalms Scrolls and the Book of Psalms*, Leiden/New York/ Köln, 1997, pp. 117–134. Sur le caractère particulier de 11QPs^a, voir U. Dahmen, *Psalmen- und Psalter-Rezeption in Frühjudentum. Rekonstruktion, Textbestand, Struktur und Pragmatik der Psalmenrolle 11QPs^a aus Qumran*, Leiden, 2003.

[8] Ps 23 (24), 26 (27), 28 (29), 29 (30), 30 (31), 37 (38), 42 (43), 64 (65), 65 (66), 75

du TM, on constate qu'aux Ps 93 (94), 104 (105), 106 (107), 114 (116,1–
9), 118 (119), 135 (136), 136 (137), il y a le même manque de titre à Qumrân que dans le TM. Au Ps 70 (71), 4QPs^a (4Q83) relie directement le Ps
au Ps 37 (38). Au Ps 90 (91), la présence de « A David » dans 11QPsAp^a
(11Q11) est une reconstitution d'éditeur. Au Ps 92 (93), 11QPs^a (11Q5)
présente un titre complètement différent de celui de la LXX : *Alléluia*.
Seuls, deux titres évoquent la LXX, mais les données sont contradictoires :
au Ps 32 (33) « A David » figure en 4QPs^q (4Q98), où il y a en plus les mots
(*shyr mzmwr*), mais pas en 4QPs^a (4Q83) ; au Ps 103 (104), « A David »
est en 11QPs^a (11Q5) et 4QPs^e (4Q87, où il s'agit d'une reconstitution
d'éditeur), mais pas en 4QPs^d (4Q86).

Prenons maintenant les titres plus longs dans la LXX que dans le TM.
Aux Ps 143 (144) et 147 (148), 11QPs^a (11Q5) n'offre pas de titre : ni celui
du TM, ni celui, plus long, de la LXX. Aux Ps 47 (48), 142 (143) et 145
(146), le titre des témoins qumrâniens est semblable à celui du TM et
donc est plus court que celui de la LXX. Au Ps 148 (148), 11QPs^a (11Q5)
offre *Allélu* en face du TM *Alléluia* et de la LXX « Alléluia. D'Aggée et
de Zacharie ».

Ainsi, au total, seule la mention supplémentaire « A David » recoupe
certaines des données de Qumrân, en deux cas seulement, aux Ps 32 (33)
et 103 (104). Encore les manuscrits ne sont-ils pas unanimes sur ce point.
Il est vrai que les nombreuses lacunes de Qumrân faussent peut-être les
perspectives. Ce qu'on peut dire avec prudence, c'est que les données
qumrâniennes témoignent d'une plus grande davidisation du psautier
que le TM, mais qu'elle y est sans doute moins développée que dans la
LXX.

2. La prise en considération des versions autres que la LXX recoupe,
semble-t-il, les témoignages de Qumrân. Toutefois, seules des bribes de
ces versions sont connues et une telle conclusion doit être accueillie avec
prudence. En ce qui concerne les titres plus longs dans la LXX que dans
le TM, les versions, là où elles existent, recoupent les titres du TM. Pour
les titres présents dans la LXX et absents dans le TM, la Quinta et la
Sexta donnent « A David » au Ps 32 (33) et Aquila propose « De David »
selon la Syro-hexaplaire au Ps 103 (104). Ces versions attestent donc une
davidisation du psautier qui évoque celle de Qumrân.

---

(76), 79 (80), 80 (81), 94 (95), 95 (96), 96 (97), 97 (98), 98 (99), 113,1–8 (114), 115
(116,10–19), 116 (117) et 147 (147,12–20).

3. Il est à peu près certain que le *Targum* des psaumes est indépendant de la LXX. Par conséquent, lorsque les titres qu'il propose sont identiques ou du moins très voisins tout en différant de celui du TM, ils ont de bonnes chances de reproduire un modèle hébreu commun, qui diffère du TM. C'est le cas de quatre psaumes. Au Ps 90 (91), la mention «Louange de cantique. A David», absente du TM, figure dans la LXX, tandis que le premier verset du psaume commence dans le *Targum* par «David dit». Au Ps 97 (98), le TM offre «Psaume», la LXX «Psaume. A David» et le *Targum* «Psaume de prophétie» (où la précision «de prophétie» peut être considérée comme un équivalent de la mention de David). Au Ps 98 (99), le TM n'a pas de titre, la LXX offre «Psaume. A David» et le *Targum*, au v. 5, parle de «la maison du sanctuaire» de YHWH. Au Ps 143 (144), la mention supplémentaire de la LXX «Contre Goliath» recoupe le v. 10 du *Targum* qui parle du «glaive du mal de Goliath». Cependant, il n'est pas sûr que les quatre psaumes doivent être traités sur le même plan. Dans les deux derniers cas, la référence à David figure dans des versets du *Targum* : elle n'était pas nécessairement inscrite dans le titre et elle relève peut-être simplement d'une tradition d'interprétation. En revanche, la mention de David dans les titres des Ps 90 (91) et 97 (98) au sein du modèle dont dépend le *Targum* paraît mieux argumentée.

TRADITIONS D'INTERPRÉTATION
JUIVES D'ÉPOQUE HELLÉNISTIQUE?

En règle générale, les écarts quantitatifs correspondent à des interprétations juives des psaumes remontant à l'époque hellénistique. Approfondissons l'exemple de la davidisation du psautier[9]. Dans le TM, soixante-treize psaumes sont explicitement mis en relation avec David; à ces psaumes, il faut ajouter le Ps 74 (75), dont le titre contient la mention «n'extermine pas», qui fait référence à 1 Samuel 26,9 : David donne

---

[9] Voir, pour le TM, M. Kleer, «*Der liebliche Sänger der Psalmen Israels.*» *Untersuchungen zu David als Dichter und Beter der Psalmen*, Bodenheim, 1996, pp. 78–127; et, pour la LXX, A. Pietersma, «David in the Greek Psalms», *VT* 30, 1980, pp. 213–226, et «Exegesis and Liturgy in the Superscriptions of the Greek Psalters», in B.A. Taylor (éd.), *X Congress of the International Organization for Septuagint and Cognate Studies*, Atlanta, 2001, pp. 99–137; ainsi que J.-M. Auwers, «Le David des psaumes et les psaumes de David», in L. Desrousseaux et alii (éds.), *Figures de David à travers la Bible*, Paris, 1999, pp. 187–224, et *La Composition littéraire du psautier. Un état de la question*, Paris, 2000, pp. 135–159.

à Abishai l'ordre de ne pas tuer Saül, l'oint du Seigneur[10] ; il faut joindre aussi le Ps 131 (132), dont le premier verset commence par «YHWH, souviens-toi de David». A ces soixante-quinze références à David, la LXX ajoute treize indications «A David» supplémentaires[11]. Trois autres titres des psaumes font sûrement référence à David : Ps 96 (97), où «lorsque sa terre fut établie» fait allusion à 2 Règnes 5,1–12 ; 142 (143), où «lorsque son fils le poursuit» fait référence à Absalon ; 143 (144), qui ajoute au titre du TM «Contre Goliath». Enfin, on peut se demander si certaines indications propres à trois titres de la LXX ne visent pas David : Ps 27 (28), «avant qu'il soit oint» ; Ps 28 (29), «de la sortie de la tente» ; Ps 30 (31), «d'égarement»[12] ; au total, les titres de la LXX visent David quatre-vingt-onze ou quatre-vingt-quatorze fois : près de deux psaumes sur trois sont mis en relation avec David.

Si l'on retourne au *Targum des psaumes*, il existe, comme on l'a vu, quatre psaumes où ce dernier s'accorde avec la LXX pour faire référence explicitement à David et se différencier ainsi du TM. Mais, dans d'autres cas, le *Targum* s'accorde avec le TM contre la LXX : par exemple aux Ps 32 (33), 42 (43), 103 (104), 136 (137), il n'offre pas l'indication «A David» présente dans la LXX. De plus, parfois, le *Targum* représente une tradition autonome : aux Ps 43 (44) et 74 (75), il donne le titre «A David», qui est absent du TM et de la LXX ; au début du Ps 78 (79), il offre l'indication «il dit en esprit de prophétie», ce qui fait référence à David prophète. Inversement, le *Targum* n'a pas «A David» aux Ps 121 (122), 130 (131) et 132 (133), à la différence du TM et de la LXX[13]. Au total, il représente une tradition de davidisation du psautier qui se situe quelque part entre le TM et la LXX[14].

On note que le Targum n'illustre pas la même tradition de davidisation du psautier que celle qui est attestée à Qumrân. Par exemple, à la différence de certains témoins qumrâniens, le Targum ne met pas en relation avec David les Ps 32 (33) et 103 (104).

---

[10] Les Ps 56 (57)–58 (59), tous trois attribués à David, contiennent également l'expression «n'extermine pas».

[11] Ps 32 (33), 42 (43), 70 (71), 90 (91), 92 (93) à 98 (99), 103 (104), 136 (137).

[12] Voir E. Slomovic, «Toward an Understanding of the Formation of the Historical Titles in the Book of Psalms», *ZAW* 91, 1979, pp. 350–380, et A. Pietersma, «The Present State of the Critical Text of the Greek Psalter», in A. Aejmaleus, U. Quast (éds.), *Der Septuaginta-Psalter und seine Tochterübersetzungen*, Göttingen, 2000, pp. 12–32, et «Exegesis and Liturgy» (n. 6), p. 125.

[13] La LXX ancienne seule (mais non les manuscrits) dans le cas du Ps 121 (122).

[14] Le Targum offre «A David» au Ps 123 (124), comme le TM et la LXX ancienne (mais non les manuscrits de la LXX).

De la sorte, l'on est en présence de quatre traditions d'interprétation en matière de mise en rapport des psaumes avec David. La tradition la moins développée est représentée par le TM, la plus développée par la LXX. Qumrân et le Targum représentent des traditions médianes, qui ne sont pas identiques entre elles. Quand ces traditions sont-elles apparues? Les témoignages de Qumrân et de la LXX vont dans le sens de l'existence d'un débat d'interprétation dans les milieux juifs d'époque hellénistique, sans qu'il soit possible de préciser davantage.

Un autre aspect de ce débat sur la davidisation du psautier concerne les Ps 90 (91) à 99 (100). Dans l'ensemble des traditions textuelles, le Ps 89 (90) porte le titre de « Prière de Moïse homme de Dieu ». Dans le TM, les dix psaumes qui suivent et qui nous intéressent ne sont pas référés à un personnage biblique. La tradition de Qumrân est proche du TM, du moins là où il y a des témoins[15]. Au Ps 93 (94), en 4QPs^b (4Q84), et au Ps 98 (99), en 4QPs^k (4Q92), il n'y a pas de titre, comme dans le TM; en revanche, selon 11QPs^a (11Q5), le titre du Ps 92 (93) est *Alléouia*, ce qui est propre à la tradition qumrânienne. Faisant contraste avec le TM, la tradition des Sages du *Midrash tehillim*, que connaît également Origène, attribuent nos dix psaumes à Moïse. En revanche, dans la LXX, huit psaumes sont mis en rapport avec David: les Ps 90 (91), 92 (93) à 98 (99); seuls les Ps 91 (92) et 99 (100) sont anonymes. Enfin, dans le Targum, le Ps 90 (91) est mis en rapport avec David, ainsi que, peut-être comme on l'a vu, les Ps 97 (98) et 98 (99); le Ps 91 (92) est attribué à Adam, tandis qu'il n'est pas possible de déterminer quel est, aux yeux du Targum, le référent des Ps 92 (93) à 96 (97). L'on retrouve donc les traditions textuelles signalées plus haut: la tradition du TM, dont la tradition qumrânienne est dans le cas présent proche, est moins marquée par le phénomène de la davidisation que le Targum, mais celui-ci est attesté plus encore par la LXX. L'intérêt de ce groupe de dix psaumes est de préciser les termes du débat interprétatif qui a eu lieu parmi les courants juifs dès l'époque hellénistique: avec quel personnage biblique faut-il mettre en rapport des psaumes dépourvus de titre? Est-ce avec le dernier personnage mentionné dans la suite des titres? C'est la réponse apportée par les Sages, qui réfèrent nos psaumes à Moïse. Est-ce avec le personnage le plus important dans le psautier, David? C'est l'opinion de la LXX et, dans une moindre mesure, du Targum. Est-ce avec d'autres personnages, comme Adam, dans le cas du Ps 91 (92) selon le Targum?

---

[15] Les témoins manquent aux Ps 90 (91), 91 (92), 94 (95), 95 (96), 96 (97), 97 (98), 99 (100).

Cependant, le débat interprétatif n'a pas porté seulement sur la mise en référence des psaumes avec David et d'autres personnages bibliques. L'exemple du Ps 65 (66) le montre. Le titre de la LXX se termine par une indication absente du TM: «de relèvement», ἀναστάσεως. Cette indication a souvent été considérée comme une addition chrétienne: ἀνάστασις désignerait la résurrection de Jésus[16]. Pourtant, les Pères de l'Eglise ne sont pas unanimes à donner cette interprétation, qui figure chez Didyme, le Pseudo-Athanase et Hésychius, mais qui est absente chez deux auteurs chez qui on s'attendrait à la trouver: Eusèbe de Césarée et Grégoire de Nysse. De plus, dans la LXX, le substantif ἀνάστασις n'évoque pas l'idée de résurrection, sauf en 2 Maccabées 7,14 et 12,43–44, où il est question de la résurrection des justes. Mais, en Lamentations 3,63 et Daniel 11,20, il s'agit du relèvement agressif des ennemis de l'orant ou d'un roi. Surtout, en Sophonie 3,8, il est question du «jour du relèvement» de Dieu: le jour où Dieu se lèvera de nouveau pour châtier les nations et convertir Israël et les peuples. Dans les psaumes, le verbe ἀνιστάναι a, au maximum, deux fois le sens de «ressusciter» (Ps 1,5 et 87 (88),11), mais ailleurs il désigne le fait, pour l'orant, Israël ou des hommes injustes, de se relever et surtout le fait pour Dieu de se relever et de se manifester en faveur de l'orant. C'est le sens qu'a le titre du Ps 65 (66), qui décrit les différentes manières dont Dieu s'est manifesté dans l'histoire d'Israël et dans la vie de l'orant. La même interprétation figure dans le *Midrash tehillim*, où le Ps 65 (66) est compris comme signifiant le lever de Dieu. Cet accord entre la LXX et la tradition des Sages ne signifie pas qu'il ait existé un texte hébreu offrant le verbe *qwm* ou le substantif *qymh*. Il n'y a pas de témoignage à Qumrân sur ce point. En définitive, le titre de la LXX reflète une ancienne tradition d'interprétation du Ps 65 (66), qui voyait dans ce dernier le psaume où Dieu, après une période de non intervention apparente, se manifeste de nouveau en faveur des siens. On peut ajouter qu'il est possible qu'à l'époque des Maccabées, cette manifestation positive de Dieu ait été comprise comme la résurrection annoncée des justes qui sont morts pour lui.

De la sorte, les plus quantitatifs des titres de la LXX doivent être considérés comme des sortes de signaux interprétatifs: grâce à eux,

---

[16] Voir A. Rahlfs dans les apparats de ses deux éditions; P.L. Hedley, «The Göttingen Investigation and Edition of the Septuagint», *HTR* 26, 1933, pp. 57–72; M. Rösel, «Die Psalmenüberschriften des Septuaginta-Psalters», in E. Zenger, *Der Septuaginta-Psalter. Sprachliche und theologische Aspekte*, Freiburg, 2001, pp. 125–148.

les lecteurs anciens apprennent à quel personnage biblique ils doivent référer le psaume qu'ils lisent ou encore quel sens global ils doivent lui attribuer[17].

LES ÉCARTS QUALITATIFS

Grâce au *Dialogue avec Tryphon* de Justin, nous savons qu'un conflit d'interprétation a opposé les premières générations chrétiennes aux Sages. Pour les premiers chrétiens, il est légitime de voir dans les réalités que décrit ce qu'ils appellent l'Ancien Testament des préfigurations de Jésus et de l'Eglise. A l'opposé, les rabbins refusent de voir en Jésus la clef des Ecritures. Justin est muet sur la question des titres. La thèse qui est défendue ici est que bon nombre des écarts qualitatifs,—mais non tous—, relèvent de ce conflit d'interprétation.

Ecarts dus au conflit d'interprétation
entre les Sages et les premières générations chrétiennes

1. Certains des écarts en question n'impliquent aucune différence textuelle entre le TM et le modèle de la LXX. C'est le cas aux Ps 6 et 11 (12), où le titre du TM est ʿal-hashshemînît, « au sujet de la huitième » (adjectif ordinal féminin), qu'on comprend en général comme une indication de type musicale : « sur la harpe à huit cordes » (*Targum*), « sur la huitième corde » ou « à l'octave ». Mais le *Midrash* ne fait pas allusion à une interprétation musicale du titre. Quant au titre de la LXX, qui est une traduction littérale du TM, ὑπὲρ τῆς ὀγδόης, il ne peut pas signifier « à l'octave », qui se dit en grec ἡ διὰ πασῶν. Or,

---

[17] La LXX met en relation le Ps 64 (65) avec Jérémie et Ezéchiel, le Ps 70 (71) avec les fils de Yonadab et les premiers captifs, les Ps 145 (146), 146 (147,1–11), 147 (147,12–20), 148 (148) avec Aggée et Zacharie : considère-elle que, dans ces psaumes, David prophétise les événements arrivés à ces personnages ? Ou fait-elle de ces personnages les auteurs desdits psaumes ? Une recherche reste à mener sur ce point. La LXX considère encore que les Ps 75 (76) et 79 (80) visent « l'Assyrien » : probablement Sénnachérib, mais là encore une recherche est à faire. Une autre recherche doit porter sur les titres où il est question des jours de la semaine : l'indication du TM sur le jour du sabbat au Ps 91 (92), les indications supplémentaires de la LXX concernant d'autres jours de la semaine aux Ps 23 (24), 47 (48), 80 (81), 92 (93), 93 (94), et l'indication manquante sur le troisième jour au Ps 81 (82), visent-elle la liturgie du Second Temple, comme le soutient A. van der Kooij, « On the Place of Origin of the Old Greek of Psalms », *VT* 33, 1983, pp. 67–74, ou représentent-elles une exégèse des jours de la création, comme le suggère A. Pietersma, « Exegesis and Liturgy » (n. 6), pp. 133–137 ? La question reste pendante.

dans la LXX, l'adjectif ὀγδόη est souvent accolé au substantif ἡμέρα et désigne, comme l'expression hébraïque correspondante, le huitième jour de la circoncision et le huitième jour de certains rites de purification. Dans son *Homélie sur le Ps 6*, Grégoire de Nysse critique une interprétation judaïsante du titre, selon laquelle le chiffre 8 signifie la circoncision, ainsi que la purification qui suit l'accouchement. Le Talmud de Babylone, *Menaḥot* 43b, présente David entrant nu dans les thermes et récitant le psaume 6 relatif à la circoncision : la récitation de ce psaume remplace pour lui les phylactères et les mezuzôt[18]. Si l'on récapitule ces données, «la huitième» du titre est le huitième jour, celui de la circoncision et de certains rites purificatoires. Dans le christianisme ancien, le huitième jour est évidemment le jour de la résurrection de Jésus, qui a eu lieu le lendemain du sabbat. Cette interprétation était inacceptable aux yeux des Sages. Pour la rendre impossible, le titre est transformé en indication musicale dès l'époque du *Targum*.

2. D'autres écarts qualitatifs supposent que les rabbins aient apporté de très légers changements aux titres originels des psaumes. La plupart de ces changements n'étaient pas notés dans les manuscrits hébreux antérieurs à l'époque massorétique.

Au Ps 5, le titre du TM est 'el-hanneḥîlôt, qu'on comprend en général comme une indication de type musical : «sur les flûtes», «pour l'accompagnement des flûtes», ou encore, en faisant en rapprochement avec le mot naḥalâh, «sur l'air de l'héritage». Le titre de la LXX est ὑπὲρ τῆς κληρονομούσης, «au sujet de l'héritière». On note que le mot du TM neḥîlâh est un hapax : le mot biblique qui désigne habituellement la flûte est ḥâlîl. Aquila, qui offre ici, d'après la Syro-hexaplaire, κληροδοσίαι, dépend d'un modèle hébreu différent du TM et où il y avait le pluriel du mot naḥalâh. Le *Midrash tehillim* ne donne pas un sens musical au titre et les interprétations qu'il cite mettent en jeu l'héritage au singulier ou les héritages au pluriel ou encore celui qui fait hériter, Dieu. Tout se passe donc comme si le *Midrash* commentait, non pas le titre du TM, mais le titre d'Aquila ou un titre très proche. Revenons à la LXX, dont il est aisé de reconstituer le modèle : 'el-hannôḥèlèt. Pour les Pères, l'héritière est évidemment l'Eglise ou l'âme chrétienne. L'interprétation des traducteurs de la LXX était assurément tout autre :

---

[18] Voir aussi *Midrash sur le Ps 6*.

d'après le *Midrash tehillim*, l'héritière est la communauté d'Israël, qui a pris Dieu comme son héritage; le mot qui désigne la communauté est *'édâh*, qui est un substantif féminin. On peut donc retracer, pour le titre du Ps 5, l'historique suivant: le titre le plus ancien, attesté par la LXX et confirmé par le *Midrash*, est «au sujet de l'héritière». Dans le judaïsme palestinien de l'époque d'Aquila, grâce à une vocalisation différente, «les héritages» remplacent «l'héritière». Cette substitution correspond à la volonté des Sages de contrer la prétention chrétienne de faire de l'Eglise l'héritière d'Israël et des promesses de Dieu. Cependant, «les héritages» restaient susceptibles de recevoir un sens chrétien. Or certains titres, comme l'indication *lamnaççêaḥ*, étaient déjà interprétés en un sens musical. Dans ce contexte, les rabbins ont éliminé la notion dangereuse d'héritage et, par l'introduction de deux *matres lectionis yod* et *waw*, ils ont créé l'hapax *neḥîlôt*, qu'il était cependant facile de rapprocher du nom usuel de la flûte.

Le titre du Ps 9 est *'al-mût labbên*, «sur meurs pour le fils» ou «sur le fait de mourir pour le fils». Cette indication obscure est souvent corrigée de manière à comprendre: «en sourdine» ou «pour voix d'enfant» ou encore «pour voix blanche». La LXX offre ὑπὲρ τῶν κρυφίων τοῦ υἱοῦ, «au sujet des choses cachées du fils». Or, tout se passe comme si le *Midrash* commentait ici, non le titre du TM, mais celui de la LXX: les choses cachées sont le jour de la mort et du jugement, ou encore le jour de la mort d'Absalon, que Dieu a caché à David, ou bien les négligences commises par Israël. On peut penser que le *Midrash* et la LXX remontent à un même modèle hébreu: *'al-'alumôt labbên*. Il est intéressant de noter qu'ici Aquila, qui offre νεανιότητος τοῦ υἱοῦ, «de la jeunesse du fils», ne traduit pas le TM, mais probablement un modèle *'almût labbên*. Les Pères ont évidemment vu dans les choses cachées du fils les prophéties de l'Ancien Testament annonçant la naissance, la vie, la mort et la résurrection de Jésus, ou encore les mystères que Jésus dévoilera à la fin des temps. Cette exégèse chrétienne du Ps 9 centrée sur Jésus était irrecevable par les rabbins. On peut donc proposer pour notre titre l'histoire suivante: le titre originel, attesté par la LXX et le *Midrash*, était *'al-'alumôt labbên*; ce titre permettait aux chrétiens de développer le thème de Jésus accomplissant les prophéties de l'Ancien Testament; pour interdire cette interprétation, un premier changement a été apporté à l'époque d'Aquila, où les «choses cachées du fils» ont été remplacées par «la jeunesse du fils». Mais ce changement n'était pas suffisant pour interdire l'utilisation chrétienne du psaume, dans la mesure où Jésus est un homme jeune. D'où le titre énigmatique «sur meurs pour le fils». Certes, il n'interdit pas une interprétation chrétienne du psaume, puisqu'il est question de mort et de fils. Mais, par son obscurité même, il la rend problématique.

Le titre du Ps 21 (22) est 'al-'ayyèlèt hashshaḥar, «sur la biche de l'aurore», souvent compris comme une indication musicale : «sur l'air de 'Biche de l'aurore'». Mais le *Midrash* ignore ce sens musical et voit dans la biche du titre soit Deborah soit Esther, à qui une bonne partie des versets est rapportée. La LXX, elle, offre le titre ὑπὲρ τῆς ἀντιλήμψεως τῆς ἑωϑινῆς, «au sujet de la protection de l'aurore», ce qui correspond à un modèle 'al-'èyâlut hashshaḥar. Or, on trouve au v. 20 le mot ' èyâlut, «secours». Le *Midrash* commente d'abord le titre du TM, puis il explique que Mardochée est celui qui a secouru les Juifs de Suse : ici, il semble bien commenter le titre de la LXX. Le *Targum* offre le titre «sur la force du sacrifice régulier de l'aurore», qui repose probablement sur le mot ' èyâlut et qui donne une interprétation qui a pu être celle de la LXX ancienne. Mais, dans le christianisme, le secours qu'était le sacrifice du matin des Juifs est devenu le secours apporté par la vie et la résurrection de Jésus. Chez les Pères, le Ps 21 (22) est par excellence le psaume relatif à Jésus, à sa passion, à sa résurrection, à son Eglise. Il s'est même approprié le début du psaume : «Mon Dieu, mon Dieu, pourquoi m'as-tu abandonné ?». Cette application du psaume à Jésus était inacceptable pour les rabbins. Mais l'interprétation qui voyait dans le titre une référence au sacrifice du matin n'avait plus de sens après la destruction du temple en 70. D'où la transformation d'*èyâlut* en *ayyèlèt* : grâce à un simple changement de vocalisation et à l'introduction d'un *dagesh*, le psaume cesse d'être messianique et applicable à Jésus. Il devient historique et est référé à la reine Esther. Cette interprétation est attestée dès l'époque d'Aquila, qui offre le titre ὑπὲρ τῆς ἐλάφου τῆς ὀρϑρινῆς, «sur la biche du matin» ; mais elle ne s'est pas imposée d'un seul coup : Symmaque offre la même exégèse que la LXX, ὑπὲρ τῆς βοηϑείας τῆς ὀρϑρινῆς, «sur le secours du matin».

Le titre des Ps 44 (45), 68 (69), 79 (80) est 'al-shoshanîm, «sur les lis», souvent comprise comme une indication musicale relative à un instrument de musique en forme de lis ou à un air dont le nom était «sur les lis». Cette interprétation musicale ne figure ni dans le *Targum* ni dans le *Midrash*. La LXX propose ὑπὲρ τῶν ἀλλοιωϑησομένων, «sur les choses (ou sur les êtres) qui seront changées». Elle dépend très probablement d'un modèle hébreu légèrement différent du TM : 'al-sheshshonîm, où sheshshonîm se décompose en she-, le pronom relatif, et shonîm, participe pluriel de shânâh, «être changé». Le *Midrash* commente les lis du titre, mais il explique aussi que les fils de Koré de Nombres 16 se repentirent à la différence de leur père et qu'ils furent changés en prophètes : ici tout se passe comme si le *Midrash* commentait le titre grec. Pourquoi ce dernier a-t-il été remplacé par le texte du TM, grâce à un changement de vocalisation et grâce à l'introduction d'un *dagesh* ? Les Pères de l'Eglise sont unanimes à appliquer le Ps 44 (45) à Jésus, même les Antiochiens Diodore de Tarse et Théodore de Mopsueste, pourtant si méfiants à l'égard de l'interprétation christologique des psaumes. Pour eux, le changement dont il est question dans le titre vise soit la délivrance et le rachat apportés par Jésus lors de sa venue (Eusèbe de Césarée), soit la transformation des êtres à la fin des temps lors du retour de Jésus (Diodore). Une telle interprétation n'était pas acceptable par les Sages. La substitution des « lis » à « ceux qui seront changés » date au plus tard de l'époque d'Aquila, qui offre le mot κρίνον, « lis »[19].

On peut maintenant récapituler les différences textuelles impliquées par les écarts qualitatifs entre le TM et la LXX. Dans tous les exemples, la vocalisation est partiellement différente. Au Ps 9, le modèle de la LXX contenait une répétition de deux consonnes qui n'existe plus dans le TM : tout se passe comme si ce dernier avait considéré qu'il avait affaire à une dittographie. Au Ps 21 (22), le TM a introduit un *dagesh* supplémentaire. A l'inverse, aux Ps 44 (45), 68 (69) et 79 (80), il a supprimé un *dagesh* présent dans le modèle de la LXX. Si l'on met à part la dittographie, aucune de ces différences n'était notée dans les manuscrits antérieurs à l'époque massorétique. C'est peut-être la raison pour laquelle les rabbins se sont autorisés à les introduire : ils ne modifiaient pas le texte hérité de la tradition.

Ecarts relevant du développement
de la tradition musicale d'interprétation des titres

Les autres écarts qualitatifs relèvent du développement de la tradition panmusicale d'interprétation des titres en milieu rabbinique. Le titre des Ps 8, 80 (81) et 83 (84) est *ʿal-haggittît*, dont le sens est discuté.

---

[19] Symmaque offre le mot ἄνθος, « fleur », et atteste d'une exégèse voisine de celle d'Aquila. La traduction de Théodotion n'est connue que pour le titre du Ps 44 (45) : ὑπὲρ τῶν κρίνων. Faut-il faire remonter l'antichristianisme des rabbins aux années 50 de notre ère, qui est la date probable de la traduction de Théodotion ? Cela paraît bien tôt. En fait, on peut se demander si la leçon de Théodotion ne revient pas à Aquila, dans la mesure où une leçon identique est explicitement attribuée à Aquila au Ps 79 (80). Toutefois, au Ps 68 (69), Aquila offre ἐπὶ κρίνων, sans l'article et avec la préposition ἐπί. La question mériterait d'être approfondie.

L'interprétation musicale de l'indication est ancienne : le Targum propose « sur la harpe qui est de Gat », Gat étant une ville philistine. Les commentateurs modernes comprennent comme le Targum ou encore ils proposent « sur la guittite », qui serait un instrument de musique. La LXX offre ὑπὲρ τῶν ληνῶν, « au sujet des pressoirs ». Or, chez elle, ληνός traduit souvent *gat*. Dès lors, il est clair qu'elle a considéré *gittît* comme le pluriel de *gat* ; ou bien elle dépend d'un modèle qui offrait *gittôt*. Ces pressoirs ne sont pas ordinaires, mais ils symbolisent la colère de Dieu contre les nations le jour du jugement (Joël 4,13 ; Isaïe 63,2 ; Lamentations 1,15). Dans le *Midrash*, il n'est jamais question d'un instrument de musique, mais il met en relation les pressoirs avec le jour du jugement de Dieu. On peut donc considérer que le *Midrash* et la LXX offrent la même interprétation du titre, et cette interprétation a de bonnes chances d'être la plus ancienne exégèse juive du titre que nous puissions atteindre. On note que cette interprétation est celle qu'attestent Aquila et Symmaque : le premier propose ληνός au singulier, le second ληνοί au pluriel, comme la LXX. Pourquoi cette exégèse a-t-elle eu tendance à être remplacée par l'interprétation musicale ? Cela ne tient pas à une réaction antichrétienne, car la thématique des pressoirs divins n'a rien de particulièrement chrétien. En fait, elle illustre la tendance grandissante à donner un sens musical aux titres dans le judaïsme de la fin de l'Antiquité et du Moyen Âge. Théodotion est peut-être le plus ancien témoin de cette tendance si, dans la traduction qu'il propose ὑπὲρ τῆς γετθίτιδος, « au sujet de la *getthitis* », l'hapax γετθῖτις fait allusion à un instrument de musique, comme cela est possible[20]. On remarque que l'interprétation ne s'est pas imposée d'un coup, puisque les versions d'Aquila et de Symmaque, pourtant plus récentes, relèvent de la même tradition d'interprétation que la LXX.

Une autre illustration de la tendance panmusicale est donnée par l'interprétation de l'indication *lamnaççêaḫ*, qui figure dans une cinquantaine de titres. Le titre de la LXX εἰς τὸ τέλος, « pour la fin », est obscur, mais il n'a sûrement pas un sens musical. Le sens musical ne figure pas non plus chez Théodotion, qui a « pour la victoire » (εἰς τὸ νῖκος), ni chez Aquila, qui offre « à celui qui fait victorieux » (τῷ νικοποίῳ). Mais il apparaît chez Symmaque : « chant de victoire » (ἐπινίκιος, sous-entendu ᾠδή,

---

[20] La leçon ὑπὲρ τῆς γετθίτιδος est attribuée à Aquila et à Théodotion au Ps 8 ; mais, aux Ps 80 (81) et 83 (84), Aquila offre ληνός ; or il traduit normalement *gat* par ληνός (Is 63,2) ; on peut penser que les citateurs anciens de la leçon d'Aquila au Ps 8 ont commis une erreur.

« cantique », ou ψαλμός, « psaume »). Il triomphe dans le *Targum* qui offre *leshabâḥâ'*, « pour le chanteur », et dans le *Midrash tehillim*, qui comprend « pour le chef de chœur ».

Il faut aller plus loin et poser la question du modèle hébreu de la LXX et de Théodotion. Peut-il être identique au TM ? Ce que nous savons de leurs méthodes de traduction rend cette idée improbable. La LXX et Théodotion reposent en fait sur un modèle *lannèçaḥ*, qui signifie aussi bien « pour la fin » que « pour la victoire ». Or, la tradition des Sages connaissait ces deux sens, comme le montre le *Midrash tehillim* qui n'ignore pas la thématique de la victoire, quand il traduit aussi par « pour celui qui se laisse vaincre par ses créatures ». D'autre part, au Ps 23 (24), § 3, il explique : « nos maîtres enseignent : (...) s'il y a 'pour le chef de chœur, avec instrument à cordes', cela introduit un psaume qui traite du temps à venir ». La première partie de cette dernière explication repose sur le TM *lamnaççêaḥ*, tandis que la fin du texte suppose l'existence de la forme *lannèçaḥ*. On constate qu'entre les deux textes, il y a des différences minimes : vocalisation partiellement différente ; changement d'une consonne en une consonne phonétiquement très voisine ; présence d'un *dagesh* en plus. Or, dans les manuscrits antérieurs à l'époque massorétique, les voyelles et les *dagesh* ne sont pas notés ; de même, en règle générale, les *matres lectionis* ne sont pas signalées. Dans l'exemple donné, le seul vrai changement est l'emploi d'un *noûn* au lieu d'un *mêm*. Cette modification s'est produite entre Théodotion et Aquila, dont le titre « pour celui qui fait victorieux », τῷ νικοποιῷ, repose sur le même texte que le TM. Mais chez Aquila la compréhension du titre n'est pas musicale. Celle-ci apparaît un peu plus tard, comme le montre le *Targum*.

CONCLUSION

Les écarts quantitatifs remontent à un modèle hébreu de la LXX différent du TM dans un petit nombre de cas, difficile à déterminer avec exactitude. Le modèle hébreu est également en cause pour cinq des sept écarts qualitatifs. Mais une seconde explication doit être mise en avant, qui relève de l'histoire de l'interprétation. Les écarts quantitatifs semblent remonter à l'époque hellénistique et refléter les débats qui ont eu lieu alors sur le personnage biblique concerné par le psaume ou sur le sens à donner au psaume. Les écarts qualitatifs ne sont pas antérieurs aux débuts du christianisme ; cinq d'entre eux reflètent le conflit d'interprétation qui a opposé les Sages et les premières générations chrétiennes; deux autres s'expliquent par le développement de la tradition musicale d'interprétation des titres en milieu rabbinique.

Au total, on peut dire que l'étude des titres des psaumes en grec et en hébreu montre qu'à l'opposition traditionnelle texte versus traduction, il faut substituer la trichotomie texte/traduction/traditions d'interprétation.

THE OLD GEORGIAN PSALTER
AND THE TITLES OF THE PSALMS*

Mzekala Shanidze

When dealing with any problem related to the Old Georgian Psalter it is necessary to keep in mind that this definition applies to two different versions. One of them is the long-familiar one of George the Hagiorite (1009–1065), the canonical text (abridged as: GV) for the Georgian church over the centuries up to this day; the other, an older and therefore a very important one (abridged as: OV), was brought to the attention of scholars only some four decades ago.

The Psalter, as a book used in early Christian liturgy, was probably translated into Georgian soon after the Conversion of Georgia, that is, in the fourth or fifth century. No complete text of this translation has come down to us; but there is ample evidence that it existed: quotations from the Psalter are numerous in Georgian original hagiographical works written in the 5th–9th centuries; in a Lectionary dated to the 7th century, there is a liturgical note indicating that Ps. 149 was to be read at the Vespers and the beginning of the psalm is quoted twice [1, p. 062].

The numeration of the psalms in the Georgian Psalter always follows that of LXX, although the difference between the LXX and the Hebrew text was quite well known to the Georgian scholars and translations.

There are quotations from the psalms in the "Khanmet Homiliary" dated to the 7th century [2], and in the famous "Sinai Homiliary" [3], copied in the year 864, their number is over a hundred. The quotations are very close to OV. The Oshki (Athos) bible, copied in 978, has unfortunately lost the part of the manuscript which contained the Psalter [4, p. 55].

---

* Numbers and page references found printed within square brackets refer to the Bibliography at the end of this article.

The existence of manuscripts containing the text older than that of GV became known only at the end of the 19th cent. A. Tsagareli, professor of the St. Petersburg University, signalled in his brief *Catalogue of Georgian Manuscripts at St. Catherine's Monastery on Mt. Sinai* five manuscripts of the Psalter [5]. Two of them (nos. 1 and 2) he dated to the 7th and 8th centuries. However, his dating was wrong; both were copied in the 10th cent as well as the other three.

In Georgia, a manuscript copied in 974 ("Mtskhet Psalter") came to light in the collection of the "Church Museum". M. Janashvili did notice the fact that the text in this manuscript did not agree with the text of the later mss., but he contented himself with quoting some examples of different readings in the text and the titles [6, p. 172.].

One of the first scholars to study the Georgian biblical texts, the American Robert P. Blake, briefly remarked that the manuscript in the Church Museum was the best manuscript of the Georgian Psalter, adding that the Sinai manuscripts which he had seen at the Monastery during his short visit there in 1927, were closely allied to it [7, p. 55].

Study and publication of those manuscripts became possible after the year 1957, when microfilms of the Sinai collection become available in Tbilisi. In 1960, the first edition of OV was published by the present writer, together with GV [7]. The publication of OV is based mainly (apart from some fragments) on five mss: one is the "Mtskhet Psalter", three are at Sinai; the fifth, which in Tsagareli's time was also in the Monastery library, is now in Europe (Austria). The text of GV is based on the three earliest manuscripts then available.

In order to understand the diversity of the psalm titles in OV, which is striking, one should have some understanding of the character of the main text. This subject has been treated to a special study [8]. Here the present writer has to restrict herself to a few general remarks.

The greater part of the text in the manuscripts of OV being the same, it is quite clear that the text in the manuscripts presents, in the main, one translation, which has undergone further revision. The results of this revision are revealed in unequal degrees in various manuscripts. G. Garitte, in his review of the publication, also wrote of various stages of changes made in the earliest translation [9, p. 339].

Numerous variant readings in OV are no mere orthographic or grammatical variations usual in manuscripts which do not affect the sense. In manuscripts of OV readings having different meanings—words or even phrases—indicate the influence of different textual traditions. Each manuscript has individual features; in no two is the text exactly alike.

Moreover, groups of two or more manuscripts having common readings are not constant; nearly all possible combinations in the grouping of common readings opposed to others can be found, sometimes in close proximity to each other. "Mtskhet Psalter", which has the greatest number of readings differing from the other four, has been presented in the edition as a separate version, although this division is more or less relative. A few examples will suffice to demonstrate this inconstancy in the grouping of variant readings: In Ps. 32,17: ვერ განარინოს მჳედარი (*ver ganarinos mqedari*); "cannot save the rider"—არა განერეს (*ara ganeres*) "will not be saved" BCDE. A has some parallels in Armenian and Syriac [8, p. 128], the rest are closer to LXX: οὐ σωϑήσεται Ps. 103,20: მჳეცნი ველისანი (*mqecni velisani*) "beasts of field" A (ἀγροῦ)— მჳეხნი მაღნარისანი (*mqecni maɣnarisani*) "beasts of forests" (δρυμοῦ) BCDE. But in Ps. 82,14 ქარისაჲ (*karisaj*) "of wind" (ἀνέμου)— ცეცხლისაჲ (*cecxlisaj*) "of fire" CE (cf. πυρὸς a variant reading in LXX). In Ps. 55,14 სოფელსა (*sopelsa*) "in the world" ABCD (ἐν χώρᾳ, a var.)—ნათელსა (*natelsa*) E "in the light" E (ἐν φωτὶ).

The diversity of psalm titles in manuscripts of OV is even more striking. Ps. 34: "Psalm of David, when he fled from Saul"; and he mentions also Doeg and the Zephites, who denounced him, and the high priests, whom Saul slew A; "Psalm of David" BCD; "Chant of David, supplication" E. Ps. 44 "Psalm, at the end, on change of times" შეცვალებისათჳს ჟამთაჲსა (*šecvalebisatws žamtajsa*), "On the wisdom of sons of Korah, psalm for the beloved one" A; "Repose and reign" BC; "Psalm of David" C; "At the end, for the changed ones, chant for instruction, of sons of Korah" E. Ps. 76 "Psalm; at the end, on *Iditom*, psalm of Asaph" A; "On forbearance of God and his marvellous deeds" BC; "On forbearance of God" E. Ps. 83: "Psalm, on wine-presses, of sons of Korah" A; "Psalm of the sons of Korah" C; "Ps. of sons of Korah, incarnation განჳორციელებაჲ (*ganqorcielebaj* = ἐνσάρκωσις) of Christ for the Church" D; "On incarnation განკაცებაჲ (*gank'acebay* = ἐνανϑρώπησις) of Christ and the Church" E.

Such variety in the titles indicates that here, as in the text of OV, one has to do with different textual or dogmatic traditions. However, at the present stage of investigation it is hardly possible to draw definite conclusions as to the history and provenance of the titles. The present paper is more or less a factual report, and the main aim here is to outline the characteristic features of each manuscript in OV. The translations are as literal as possible; the number of a psalm, which is usually indicated in the title, is omitted here.

Ms. A ("Mtskhet Psalter," now no. A -38 at the National Centre of Manuscripts in Tbilisi) is a liturgical Psalter copied in 1016[1]. It contains the complete text of 150 psalms and the Canticles, also other matter, more or less related to the Psalter. Ps. 151 was added later by another hand on a blank page before the main text. Cathismata and verse-numbering (for each psalm separately and general numbering also) are shown, both different from that in GV. The total number of verses in 150 psalms at the end is 2900. The manuscript also contains: The Epistle of Athanasius; an astronomical treatise including the table of 12 zodiacs, the names of 22 forefathers, names and division of 5 books of Psalter; the treatise ends with a paschal table. There is also an acephalous განწესება (ganc'eseba) ("Ordination"), including a list of authors in the Psalter, Canons for the day and night, an explanation of the term (diapsalma), a list of Christian interpretations of the Psalms. The latter is arranged in groups according to authorship or some other characteristic feature: of David—72, of the sons of Korah-11; of Asaph-12; "having no titles" ზედაწარუწერელნი (zeda—c'aruc'erelni)—19; "anonymous" სახელ-უდებელნი (saxel-udebelni) -17; "with halleluiah" - 15; 2 of Solomon and 1 each for Ethan and Moses. The interpretation of contents agrees in essence with Hypotheses ascribed to Eusebius. This is followed by a table of Cathismata, and lastly comes what could be a table of contents for the psalms, with the number and initial words of each psalm. The total number of the psalms, 150, is again indicated at the end. These "Appendices" remind one of "Codex Alexandrinus", but their contents and divergence from Greek originals suggest another source for them [8, pp. 82–107]. Some items also bear a close resemblance to some parts of the treatise "On weights and measures" by Epiphanius of Salamis, several extracts from which are found in Old Georgian texts. There is another interesting detail in A: on a blank page large "Arabic" numerals—from 0 to 9—are shown, probably for the instruction of future readers, as in Old Georgian texts generally and in the manuscripts of the Psalter themselves, the numbers are indicated in Georgian letters. There are no clues, apart from

---

[1] Other datings are: 974 or even 904; the difference is due to different interpretations of the number of years "before the crucifixion" (5534) "to the present day" (974) in accordance with various systems of chronology known in Georgia; the manuscript has probably lost the colophon with the exact date and the name of the scribe.

internal evidence, to the history of this important manuscripts However, it is evident, that the manuscript written in a beautiful uncial is the result of careful planning of the contents, and of the text itself. Because of this, there is very little there that could have found its way there by chance. All psalms have titles in A. For Pss. 1–2 it is simply ფსალმუნი (*psalmuni*)—"psalm". The name of David is mentioned in Pss. 3–40, 42, 50–70, 85, 90, 94, 96–98, 100, 102, 103, 107–109, 131, 138–143. The name is usually (as elsewhere) in the genitive, pointing to David as the author.

ფსალმუნი დავითისი (*Psalmuni Davitisi*) or only დავითისი (*Davitisi*) is the usual form of naming the author, being either the entire title or part of a longer one in Pss. 3, 4, 6, 10–14, 18–37, 39–40, 43, 50, 61–64, 66–70, 90, 96–98, 100, 102, 103, 108, 109, 138, 139, 140, 141, 143. Other forms are: ფსალმუნებაჲ დავითისი (*psalmunebaj davitisi*) "psalmody of D." Pss. 5, 7, 8; ფსალმუნებს დავით (*psalmunebs davit*) "David is psalming" Ps. 9; დავითის მიერ (*davitis mier*) "by D." Ps. 94. ლოცვაჲ დავითისი (*locvaj davitisi*) "prayer of D." Pss. 16, 38, 85, 103; კურთხევაჲ დავითისი (*k'urtxevaj davitisi*) "blessing of D." Pss. 39, 60. ძეგლის-წერაჲ დავითისი (*zeglisc'eraj davitisi*) "stelography of D." Pss. 15, 55, 56, 57, 59; სიბრძნე დავითისი (*sibrzne davitisi*) "wisdom of David" Pss. 52, 53, but სიბრძნისათჳს დავითისა (*sibrznisatws davitisa*) "On David's wisdom" Ps. 51; გალობაჲ დავითისი (*galobaj davitisi*) "chant of D." Pss. 42, 65, 107; მონისა უფლისა დავითისი (*monisa uplisa davitisi*) "of David, the servant (literally: მონა (*mona*) "slave") of God" Ps. 17. In Ps. 143 გულისჴმისათჳს დავითისა (*gulisqmisatws davitisa*) the form is not quite clear: it could be "for instruction of D." In Pss. 56, 57, 58: ნუ განირყუნებინ დავით (*nu ganirq'unebin davit*) "let not David be destroyed". As mentioned above, the number of psalms ascribed to David in "Ordination" is 72; Pss. 32, 98, 103, 107, naming him as the author in the main text of A, are ზედაწაუწერელნი (*zeda-c'auc'erelni*) "uninscribed" that is, "having no titles," in "Ordination"; Ps. 43 in A is დავითისი, გულისჴმისა- თჳს ძეთა კორესთა (*davitisi, gulisqmisatws zeta k'oresta*) "of David, for the instruction of sons of Korah", but in "Ordination" it is in the group written by the latter. On the other hand, Ps. 92 in "Ordination" is placed among David's Psalms, but A points out that the psalm is "uninscribed" by the Hebrews: BD also name David as the author.

"Sons of Korah" feature in A where one should expect it: in Pss. 41, 43–48, 83, 84, 86, 87; but it is not always easy to determine whether they are mentioned as authors, or the persons to whom the psalm is addressed,

კორესთა (*koresta*) being the common form of plural for dative and genitive cases in Old Georgian. სიბრძნე ძეთა კორესთა (*Sibrzne ʒeta k'orestaj*) in Ps. 44 is undoubtedly "wisdom of the sons of Korah"- with the "double genitive"; the same form of the name occurs in Pss. 47, 48, 87. Other manuscripts in OV do not always agree with A when determining the author: Pss. 41, 43 are "of David" in BC; Ps. 44—in D; 45, 47—in BD; 46—in C.

Asaph is always named correctly in A as the author, but the same cannot be said of other mss; thus, Ps. 49 is ascribed to him in ABDE (David C); Ps. 72: ACE (no author BD); Ps. 73: ACE (David BD); Ps. 74: AE (no author BCD); Ps. 75: ACE (no author BD); 76: AC (no author BDE): 77: AC (no author DE, B defective); 78 A (David C, no author DE, B defective); Pss. 79, 80, 81, 82: ACD (no author E, B defective)

The fact that a psalm does not have a title in the Hebrew text is stated in A in Pss. 32, 70, 90, 92, 93, 94, 95, 96, 98, 99. The wording is slightly varied, but the sense is everywhere the same: ზედაწარუწერელი ებრაელთაგან (*ʒeda-c'aruc'ereli ebraeltagan*) "uninscribed by the Hebrews". This is equivalent to ἀνεπίγραφος παρ' Ἑβραίοις, a variant reading in LXX. In contrast to A, other manuscripts of OV do not mention this fact, except for Pss. 42 and 92. In Ps. 42, E alone has this statement in the title, and in Ps. 92 B reads: აღწერილი (*ayc'erili* (!)) "Inscribed". This is certainly a scribal error, but together with E (Ps. 42) it shows that this tradition was known at Sinai also.

In the "Ordination" the group of "uninscribed" psalms includes Pss. 1, 2, 32, 70, 93, 94, 95, 98, 103–107, 117, 130, 132, 133, 144, 147–119 in all, but not all of them have this fact pointed out in the main text of A.

ალელუა (*alelua*) "hallelujah" is found in titles not only in A, but in other manuscripts of OV as well: Pss. 104–106, 110–114 (ABCD). 115 (E), 116 (ABCD),117 (C), 118 (BCD, no in A, not title E), 134 (ABCDE), 135 ალელუა მრჩობლი (*alelua mrčobli*) "double hallelujah" (AE), alelua (CD); 145 (A, CD defective); 146 (AB, CD defective); 147 (BD); 148 (AB, CD defective); 149–150 (ABE, CD defective). Pss. 104–106 (ABCD) also have *aleluaj* in their titles, but this fact is not mentioned in the "Ordination." In the latter, the group of psalms "having hallelujah" contains Pss. 110–115, 118, 134, 135, 145–150.

გალობაჲ აღსავალთაჲ (*Galobaj aysavaltaj*) "Chant of ascents" Pss. 110–122 (ABCDE) 123 (ABCD, no title E); 124 (ABC, D def.); 125–127 (ABCE, D defective); 128 (AE, no title B, D def.); 129–131 (ABCE, D defective); 132 (ACE):133 (ABCDE). In the "Ordination" (in A) there is no special group for these psalms: Pss. 119–125, 127–129, 136 are

placed in the group of anonymous სახელ-უდებელი (*saxel-udebeli*).
Ps. 126, გალობაჲ აღსავალთაჲ სოლომონისი (*galobaj aɣsavaltaj solomonisi*), in the "Ordination" is among the two ascribed to Solomon
(Pss. 71 and 126). Pss. 130, 132, 133 in the "Ordination" are in the group
of "uninscribed" psalms. The "anonymous" სახელუდებელი (*saxel-udebeli*) psalms in the "Ordination" are Pss. 65, 91, 97, 99, 101, 119–125,
127–129, 136, 137. Pss. 146–150 have ანგესი და ზაქარიაჲსი (*angesi da zakariajsi*) "of Aggai and Zachariah" in the titles: 146–148 (ABE, CD
def.); 149 (AB, CD defective); 150 (B, CD defective) Because of this,
one may suggest that "Ordination", despite the fact that it is found in A,
reflects a literary tradition that is not followed in the main text.

Readings referring to various events (of David's life, etc.) occur in A
more frequently than in the other manuscripts of OV. In Pss. 19, 33,
34, 35, 53, 59, 87 such titles are only in A. Ps. 19: "At the end, psalm of
David; when Sennacherib (*senakerim*) gathered his forces and marched
towards Jerusalem" -cf. "Chant of David" BD, psalm of David, C; "At the
end, chant of David" E. Ps. 33: "Psalm of David, when he changed his
appearance before Abimelek the high priest, pretended to be a messenger
and went away"—cf. "Ps. of David" BCD, no title E. Ps. 34: "Psalm of
David, when he fled from Saul; and he mentions also Doeg and the
Zephites and those, who denounced him, and the high priests, whom
Saul slew"—of "Psalm of David" BCD, "Chant of David, supplication"
E. Ps. 35: "Psalm of David, at the end, when David had Saul in his power
and did not kill him"—cf. "Thanksgiving psalm of David, on denouncing
the lawless" BD; "Psalm of David" C; "At the end, of David the slave of
God" E.

Ps. 53: "Psalm, declared wisdom of David, on coming of the Zephites,
for they told Saul: is not David hidden among us?"—cf. "Psalm of D."
BCD "At the end, for instruction of David, a ps" E. Ps. 59: "At the end,
on the changed ones, stelography ძეგლის-წერაჲ (*ʒeglis-c'eraj*) of
D., instruction (? სწავლაჲ-*sc'avlaj*), when he burnt Mesopotamia of
Assyria of Saba შუამდინარე ასურეთისაჲ საბაჲსაჲ (*šuamdinare
asuretisaj sabajsaj*), and Ioab returned and slew the valley of salt (one
should expect: in the valley) twelve thousand" cf. "Summoning the
nations წარმართთაჲ (*c'armarttaj*), the usual translation for εθνη and
expulsion of the Jews ჰურიათა (*huriata*)" BD, "Ps. of D." C; "At the end,
teaching of David" E. The title of Ps. 87 is not quite clear in A. "Psalm,
blessing of psalms, of the sons of Korah, on მალელელ (*malelel*) (? from
mahlelel- in the plural), for Heman (*neman*) answered the Israelites". This
strange rendering is probably the result of some scribal error, but other

manuscripts in OV give no clue for the correct form—cf. "Psalm of the sons of Korah and prophecy for the death of Christ" BD, "Psalm of D." C, "Prophecy for the death of Christ" E.

On the other hand, the title in Ps. 103 in A is simply "Psalm, prayer of D.", but in other manuscripts of the OV closeness to a variant reading of LXX (ἐπὶ/ὑπὲρ/περὶ τῆς τοῦ κόσμου γενέσεως/συσστάσεως) is revealed: "Psalm, on the creation of the world ("teaching for thanksgiving" B)" BD, "Psalm, teaching for the creation of the world" C; "Teaching and thanksgiving, psalm" E.

Ps. 50 is the only one where the title (coming of Nathan the prophet) is similar in all manuscripts of OV: "Psalm, at the end, psalm of David, on coming of Nathan the prophet to him, when David went in to Bathsheba (*bersabe*)". A. The wording is slightly different in other mss., but the meaning is the same.

The longer titles referring to various events are mentioned also in other manuscripts of OV: Ps. 3; "Psalm, of David, when he fled from (პირისაგან (*p'irisagan*) literally "from the face of", cf. ἀπὸ προσώ-που) Absalom" (B); Ps. 7 "Psalm, psalmody of D., which he said on the words of Kush the Yemenite" A. A similar title, but differently worded, is found in BE. One should remark that the personal name is ქუშ (*kuš*) in A, but the form is Greek. In BE ქუს (*kus*) (as in Armenian). Ps. 17: "Psalm, at the end, of David, the slave of God, when he spoke with God with the word (sg.) of blessing on the day, when God saved him from the hands of all his enemies and from the hands of Saul" A. Similar titles, but with a slightly different wording are in BD. In Ps. 26 the title in AB is "... Before being anointed (+ by Samuel A)," cf. πρὸ τοῦ χρισθῆναι. In Ps. 29 the title in A reads "Psalm of David, on renovation განახლება (*ganaxleba*) of house"; this is also in E, but with further explanation: "Chant of renovation, which means საწჳურება (*sat'pureba*) (a synonym of the former) of the house of God". This of course reminds one of ἐγκαινισμός, which has a literal translation both in Georgian and Armenian նաւակատիք (*navak'at'ik*). In Ps. 51 A has a long title which is also found in BD (with some difference in wording): "Psalm, at the end, on David's wisdom, when Doeg the Edomite დოეკ იდომელი (*doek' idomeli*) came and made known to Saul: David has come to the house of Abimelek the high priest" A. In E the title is abridged: "... of David, when David came to the house of *Abimelek*". In Ps. 55 A gives a long title, of which only the first part is found in E: "Psalm, at the end, on people who have abandoned (literally: who have gone far away) the holy stelographia" ძეგლის-წერაჲ (*zeglis-c'eraj*) of

David, when he was siezed by [the people of] alien seed უცხო თესლი (*ucxo tesli*) is the term often used when referring to Philistines). BCD call the psalm simply ფსალმუნი დავითისა (*Psalmuni Davitisi*) "Psalm of David" in E the text is abridged: "on people who have gone far from the holies (in plural); stelography of D."

In Ps. 56 the narrative is complete in A: "... when he fled and hid from Saul in the cave", but it is abridged in E: "Chant of D., when he fled from Saul". (no title BD, "Ps. of D." C). In Ps. 58 manuscripts ABCD tell of Saul's plot against David, but the wording differs: "... when Saul sent to [David] house to kill him" A; "... when Saul sent [smb.] and surrounded his house, in order to kill him" BD; E is brief: "... when Saul surrounded his house". David's flight to the wilderness in the title of Ps. 62 is mentioned only in AE: "... when he was in the wilderness of ჰურიასტან *Huriast'an*," this last being the traditional non-Greek name for Judah. The sons of Jonadab and the "firstly-captived" are mentioned in Ps. 70 only in AE; in Ps. 92 the "establishment" დამყარება (*damq'areba*) of the earth is found only in the titles of AB (see further). But in Ps. 96 again დამტკიცება (*damt'k'iceba*) "making firm" of the earth-in ABCD (in Armenian the verb in both psalms—92 and 96, is *hast'at'el* "to make firm, strong"). The full title in Ps. 101 is only in B: "Prayer of the poor, when he is (literally: will become) anguished and puts (literally: spreads) his request before God"; A has only the first part of this title: "Prayer of the poor", and D agrees not with B (which it does frequently), but with A. In Ps. 136—ABE (C defective) the variant reading of LXX: ჴელითა იერემიაჲსითა (*qelita Ieremiajsita*). This is literally "by the hand of Jeremiah", this is an Armenianism, but could also point to Syriac [9,194]. (cf. *i ӡern eremiaij* in Armenian); the next part of the title გარდამოწერილი ებრაელთაგან (*gardamoc'erili ebraelta-gan*) "copied from the Hebrews" in ABD is not quite clear; it could be a corrupted rendering of ἀνεπίγραφος παρ' Ἐβραίοις, which is correctly translated in Armenian. In Ps. 141 ABE mention David, "when he was in the cave" (but CD are defective); in Ps. 142 again ABE present the title as "psalm of David, when his son Absalom (– E) persuade him".

In the titles quoted above, additions and interpretations characteristic of LXX are easily discernible. It remains now to add some others. In Ps. 23 ერთშაბათისაჲ (*ertšabatisaj*) in A is literally "of the first [day] Sabbath" (by the way, ერთშაბათი (*ertšabati*) is the Old Georgian name for Sunday). In E the term is slightly different: ერთისა მის შაბათაჲსა (*ertisa mis šabatisaj*), with the last words in the plural (no title BD "psalm of D" C). The readings of AE are equivalent to τῆς μιᾶς σαββάτων. In Ps.

28 the equivalent for ἐξοδίου σκηνῆς occurs only in E: გამოსლვასა კარვით (*gamoslvasa k'arvit*) "at the time of exit from tent." In ABCD the title is simply "psalm of D." In Ps. 30 one finds განკჳრვებისათჳს (*gank'wrvebisatws*) in A and განკჳრვებისაჲ (*gank'wrvebisaj*) in E— for "on / of surprise"—cf. ἐκστάσεως. In Ps. 47 მეორისა შაბათისაჲ (*meorisa šabatisaj*) "of the second [day] of Sabbath" occurs only in the title of E. ABCD do not mention it. აღდგომისათჳს (*aγdgomisatws*) A and აღდგომისაჲ (*aγsdgomisaj*) E in Ps. 65 "on/for resurrection" reflects ἀναστάσεως. In Ps. 75, the fact that this psalm is "uninscribed" is shown in A (as shown above): other manuscripts in OV do not mention this, but E, as A, states that the psalm is "for the sons of Amnadab and those who were first exiled (not in BCD)." In psalm 75 გალობაჲ ასურასტანელისა მიმართ (*galobaj asurast'anelisa mimart*) "chant to the Assyrian" occurs only in A, equivalent to πρὸς τὸν Ἀσσύριον, but in Ps. 79 no trace of ὑπὲρ τοῦ Ἀσσυρίου can be found in ABCDE. In Ps. 92, εἰς τὴν ἡμέραν τοῦ προσαββάτου is represented in AB by დღესა მას პირველსა (*dγesa mas p'irvelsa*) "on the first day". The rest in these two is not identical; "... when [God] created the skies and the earth" A; "... when the earth was established" B. As noted above, A points out that the psalm is "uninscribed by the Hebrews". In Ps. 93 ოთხშაბათისაჲ (*otxšabatisaj*) in A and მეოთხესა შაბათსა (*meotxesa šabatsa*) correspond to τετράδι σαββάτων in LXX (not in CDE). In Ps. 95 "... ჟამსა, რომელსა ტაძარი აღეშენა შემდგომად ტყუეობისა (*žamsa, romelsa t'aζari aγešena šemdgomad tq'ueobisa*)" "at the time, when the temple was built after the exile" A and რაჟამს ტაძარი აღეშენებოდა შემდგომად ტყუეობისა (*ražams taζari aγešeneboda šemdgomad t'q'ueobisa*) B stand for ὅτε ὁ οἶκος ᾠκοδομεῖτο μετὰ τὴν αἰχμαλωσίαν. The title of Ps. 95 also agrees with LXX, as noted above.

Apart from the titles which in OV nearly always contain the additions made in LXX, there are several readings, equivalent to wrong translations in LXX,—which in the latter are the result of misreading or misunderstanding the Hebrew original. These translations, mostly the names of musical instruments, tunes, etc., being in strong contrast to MT, when found in OV, once more direct our attention to the Greek translation. In several titles the word აღსასრულსა (*aγsasrulsa*) or დასასრულსა (*dasasrulsa*) "at the end" is part of the title. Both are synonymic, being derivatives from the same stem. The Georgian term, a single word in the dative, corresponds to εἰς τὸ τέλος in LXX, which is the Greek rendering of the MT. In A *aγsasrulsa* is the usual form (the other is used only in three titles); the terms are present in Pss. 4–6, 8–14, 17–27, 30, 35,

38–41, 43–46, 42, 50–52, 54–61, 63–69, 75, 76, 79, 80, 84, 87, 108, 138, 140, 142. In other manuscripts *dasasrulsa* is usual, but it is much less frequent: 31 in E, 12 in B, 8 in D, and only 3 in C. That the word was really understood as something that happens at the end can be seen clearly in Ephrem Mtsire's "Commentary on the Psalter": "It prophecies the end of times" (Ps. 8). "The psalm says: at the end, because it expects the time of the Saviour's coming" (Ps. 4, Asterius).

Miktam, another word of uncertain meaning in MT, is στηλογραφία in LXX. In OV (as in GV) the term is always ძეგლის-წერა (*zeglis-c'era*), literally "inscription on a statue", in Pss. 15 ABCD, 55 AE, 56 A (not in CB, no title BD), 57 and 58 ABD, 59 A. There is an interesting definition of this word in Ephrem's "Commentary".

In Pss. 8, 80, 83 საწნახელი (*sac'naxeli*) "wine-press" occurs as an equivalent to ληνός (cf. *al-haggitit* MT): "on wine-presses" 8AE, 80 and 83 A.

In Pss. 6 and 11 მერვისათჳს (*mervisatws*) "for eighth" is equivalent to ὑπὲρ τῆς ὀγδόης (cf. *al-hasheminith* MT): 6 ABE (D. defective), 11 BD (not in A), a scribal error? But upheld by GV).

Maskil (a term in MT, the meaning of which is uncertain) which is translated as σύνεσις in LXX, in Georgian titles is represented by the words სიბრძნე (*sibrzne*) "wisdom" or გულისხმის-ყოფა (*gulisqmis-q'opa*) "comprehension, instruction." In A it is usually the former (Pss. 41, 44, 51–54, 73, 77, 88). Only in Pss. 43 and 141 does A read *gulisqmis-q'opa*, which is usual in other mss of OV: 41 E, 43 E, 44 AE, 51 BDE, 52 E (BD—no title), 53 E, 54 BE, 73 E, (not in 77), 88 B, 141 B. In Ps. 88 none of the manuscripts of OV have the word in the titles.

In Pss. 44, 59, 68, 79 ὑπὲρ τῶν ἀλλοιωθησομένων in LXX (cf. *al-shoshanim* MT) have as an equivalent the following readings: Ps. 44: შეცვალებისათჳს ჟამთასა (*šecvalebisatws žamtajsa*) "on the change of times" A, ცვალებულთათჳს (*cvalebultatws*) "on those who are changed" E; Pss. 59 and 79: ცვალებულთა (*cvalebulta*) A; Ps. 68: ცვალებულთათჳს (*cvalebultatws*) AE.

The Greek translations of MT have been the subject of much discussion. However, it is evident that here, as in other similar cases, the Greek reading of MT text is the primary base for other translations.

In Ps. 21 ცისკარსა მეწევნისათჳს (*cisk'arsa šec'evnisatws*) (only in A) "at the dawn on succour" follows the LXX translation ὑπὲρ τῆς ἀντιλήμψεως τῆς ἑωθινῆς.

In Pss. 9 and 45 საიდუმლო (*saidumlo*) "mystery, something hidden" reveals an affinity with the respective title in LXX "... ὑπὲρ τῶν κρυφίων τοῦ υἱοῦ" (cf. *al mut labbēn* MT). In Ps. 9 it is საიდუმლოჲსათჳს ძისა (*saidumlojsatws ʒisa*) "on the mystery of son" A; with the first word in the plural საიდუმლოთათჳს (*saidumlotatws*) BDE. In Ps. 45 საიდუმლოჲსათჳს (*saidumlojsatws*) occurs again, but only in A. The complete title of Ps. 55 is recorded above; the words ერისათჳს სიწმიდესა განშორებულისა (*erisatws sic'midesa ganšorebulisa*) "on people who were far from the holy." cf. ὑπὲρ τοῦ λαοῦ τοῦ ἀπὸ τῶν ἁγίων μεμακρυμμένου, which is a wrong translation of the MT text.

LXX translations of a Hebrew word (*mahalat*) in Pss. 52 and 87 are varied in form, (*maeleth, maleth* etc.). Ps. 52: მაჰალეთა (*mahaleta*) A, მალი (*mali*) E (no title BD); Ps. 87 მალელელ (*malelel*) (from *mahelel*?) A.

Christian interpretations of the contents of psalms following the Hypotheses ascribed to Eusebius, are grouped in A under the heading called განწესებაჲ (*ganc'esebaj*) "Ordination, arrangement" at the end of the manuscript. These interpretations (HE) in the main text in A are, strangely enough, found only in a few titles, in contrast to some other manuscripts of OV. In A they occur only after Ps. 124; Ps. 125: მოლოდებაჲ ყოფადთაჲ (*molodebaj q'opadtaj*) "expectation of future [times]" A; the same in BC with ჟამთაჲ (*žamtaj*) "times" added in C; cf. προσδοκία μελλόντων; Ps. 127 ჩინებაჲ წარმართთაჲ (*činebaj c'armarttaj*) "summoning the nations" ABC, of κλῆσις ἐθνῶν; Ps. 128 ძლევაჲ ღმრთისა ერისაჲ (*ʒlevaj ɣmrtisa erisaj*) A, Ps. 131 ლოცვაჲ დავითისი და განცხადებაჲ ქრისტესი (*locvaj davitisi da gancxadebaj kristesi*) "prayer of David and appearance of Christ" ABC (D. is defective); Ps. 135: მადლის მიცემაჲ ჴსნილთაჲ (*madlis micemaj qsniltaj*) "Thanksgiving by the saved" cf. εὐχαριστία λελυτρωμένου AC; Ps. 137; მადლის–მიცემაჲ წინაჲსწარმეტყუელებით (*madlis micemaj c'inajsc'armet'q'uelebit*) "Thanksgiving with prophecy", cf. εὐχαριστία μετὰ προφητείας. There are some indications that A was not copied from one original [8, p. 103]. Perhaps this could be the reason of HE appearing in it only at the end.

Some further remarks concerning other manuscripts of OV should be added in order to point out some of their characteristic features.

Mss. B (no. 42, 10th cent.) and D (no. 22, 10th cent.) are both from the Sinai collection of Georgian manuscripts [9, pp. 56 and 58]. In these two close textual affinity is evident. Several common readings, some specific archaic grammatical forms and even common scribal errors lead one to the conclusion that both were copies from the same original—at least, some parts of them. Both manuscripts have lost some folios: Pss. 77–83 are lacking in B. In D the loss in greater: Pss. 1–6, 124–130, 138–145, 148–150 are missing. Pss. 20, 23, 38, 52, 56 have no titles in BD. cf. 133 titles which have survived in both only 17 reveal marked difference. This similarity in BD is apparent when they have brief titles opposed to the long "narrative" ones in A as in Pss. 19, 33, 35, 55 (see above). BD offer here only "Psalm/Chant of D". The same is to be said of many other titles: Ps. 61 ("Ps. of D, at the end, blessing, psalm for chanting" A); Ps. 70 ("Psalm of David, of sons of *Amnadab* and the firstly-captived, uninscribed by the Hebrews" A); the fact that a psalm is "uninscribed" is not mentioned in BD (with one exception; see above). Ps 16: "Prayer of D". (cf. "Prayer of D; when David was pursued by Saul" A); Ps. 21 (where A follows LXX "At the dawn, on succour"), at the end, psalm of D", Ps. 26 (AE mention the anointing); Ps. 29 ("AE: "renovation" see above); Ps. 53 (A mentions the coming of the Zephites saying that David was hidden among them); Authorship wrongly ascribed to David in Ps. 41 BCD. (In AE it is "Songs of Korah").

However, longer titles referring to various events are not always lacking in BD, but their wording is often different: such is the case in the title of Ps. 7 (see also above): აკურთხა უფალი (*ak'urtxa upali*) in BD is "he blessed the Lord"; A reads თქუა (*tkua*) "said", E:აქებდა უფალსა (*akebda upalsa*) "praised the Lord" and the forms of the name, as noted above, are different. In Ps. 51 different equivalents for sunesis (σύνεσις) have been mentioned above, apart from the use of *sibrzne* "wisdom" in A and gulisqmis-q'opaj "understanding" in BD, the wording also differs: მოვიდოდა თხრობად საულისა (*movidoda txrobad Saulisa*) "was coming to relate to Saul" BD, მოვიდა და აუწყა (*movida da aucq'a*) "came and declared to" A. In Ps. 57 and 58 the equivalent of μή δια-φθείρῃς in BD is არა განკითხვისათჳს (*ara gank'itxvisatws*) literally "on not being destroyed", but A reads: ნუ განიყრცნებინ დავით (*nu ganiqrc'nebin davit*) "let not David be destroyed," using another verb.

In Ps. 17 ეტყოდა უფალსა სიტყუასა მას გალობისასა (*et'q'oda upalsa sit'q'uasa mas galobisasa ...*) "he told the Lord the word of chant" BD, ზრახვიდა ღმრთისა სიტყჳთა კურთხევისაჲთა (*zraxvida ɣmrtisa sit'q'wta k'urtxevisajta*) "he spoke to God with the word of blessing" A.

Christian interpretations agreeing with or very close to HE are frequent in BD. They are either added to the title or constitute the entire titles. A few examples may be named here: in Ps. 59 BD do not have the traditional long title (as A), but merely state: "Summoning the nations and expulsion of the Jews" cf. ἀποβολὴ τοῦ ἰουδαισμοῦ καὶ κλῆσις ἐθνῶν. Ps. 61: მოძღურებაჲ კურნებისაჲ (mozɣurebaj kurnebisaj) "teaching of healing", cf. διδασκαλία θεραπευτική, Ps. 69: ვედრებაჲ მართლისაჲ გინა თავადისა ქრისტესი (vedrebaj martlisaj gina tavadisa krist'esi) "supplication of the righteous or of Christ himself" cf. ἱκετηρία δικαίου καὶ αὐτοῦ τοῦ Χριστοῦ. Ps. 71: "prophecy for the reign of Christ and summoning of nations" cf. προφητεία Χριστοῦ βασιλείας καὶ κλήσεως ἐθνῶν. Titles of the same character are in Pss. 8, 44, 60–65, 67–76, 84, 85, 88, 89, 90, 97 etc. HE is added to the titles in Pss. 77, 83, 87, 91, 93, 96, 98, 99 etc. In psalms "with halleluiah" the title is usually retained: Ps. 110: ალელუჲა, მადლობაჲ ქრისტესი (aleluaj, madlobaj krist'ejsi) cf. εὐχαριστία Χριστοῦ.

The title in Ps. 95 is one of the rare cases when B and D differ. B: "... when the temple was being built after the exile summoning of nations and appearance of Christ". B states simply: "psalm of David". Here and there B displays traces of some other Christian traditions; Ps. 1 in this manuscript has the title: "Said by [......] l, psalm on Joseph the righteous who demanded the body of the Lord, example of godliness and shaming the adversaries" (D is defective here).

C (no. 29, 10th cent.) is also in the Sinai collection [9, p. 66]. This ms., containing Pss. 1–135 (the rest is missing), is in some ways different from other mss of OV. For Pss. 2–7, 10–15, 19–25, 27, 28, 31–35, 39–40, 37–42, 44–47, 49, 51–65, 68–71, 78–88, 90,91, 93, 95, 100—the title is simply "Psalm of D", even when a psalm is traditionally not attributed to him: Ps. 49 (Asaph. ABDE), 78 (Asaph A, B defective HE in DE). Only Pss. 83, 84, 86 are attributed to sons of Korah, Ps. 47 is "Psalm of blessing." Ps. 71, when one should expect the name of Solomon (as in AE) is also "psalm of D." Pss. 1, 18, 48 have no titles, and the title is only "Psalm" in Pss. 2, 8, 66, 67, 108, 115 or "Prayer" 100, "Chant" 128, 130. Some other laconic titles are "Blessing of David" 26, "Psalm of blessing" 47.

Here and there traditional titles are found, some of them abridged; Ps. 43: "Psalm of David for instruction". Ps 89: "Prayer of Moses, the man of God."

Christian interpretations close to HE are in several titles (as the entire title or part of it): Pss. 16 ("Prayer of Christ"), 30, ("Psalm of David and thanksgiving"), Ps. 36 ("Ps. of D, teaching of worship of God"), 74 ("Psalm, chant of Christ"), 97 ("Ps. of David, summoning the nations"), 98 ("Chant of D, for Lord Christ"), 102, 103, 104, 108 ("psalm of chant, of David and prophecy of passion of Christ"), 109 ("Ps. of D., Victory of Christ"), 110, 114 ("haleluaj, on the new people"—cf. νέου λαοῦ προ-κοπή), 116, 125–127, 129–133, 135, 117, ("Haleluia, victory of Christ"), 117–123.

E (no. 2 of Tsagarelis Catalogue, 10th cent. This ms., taken out from St. Catherine's monastery at the end of the 19th century, is now in the University library in Graz, no. 2058/3). A few lost folios at the beginning have been replaced by leaves written in a later hand; from Ps. 5,12 the text of 150 psalms is complete. This ms., like A, shows that in mss of OV following the old tradition, the number of psalms was 150: this psalm in E is immediately followed by the Canticles. Pss. 118, 123 have no titles. Titles in Pss. 6–9, 19, 20, 23, 26, 28, 31, 35, 38, 40, 47, 49–58, 60–64, 66–68, 74, 75, 79, 111, 19–122, 124–139, 141–150 are more or less in accord with traditional LXX headings or their variants. E is the only one in OV having in Ps. 28 გამოსლვასა კარვით (gamoslvasa k'arvit) "on coming out of tent," equivalent to ἐξοδίου σκηνῆς. One of the characteristic features of E is rare usage of "Haleluia" in the titles, in Pss. 104–106, 110–112 the titles have only Christian interpretations (Ps. 105: მოძღურებაჲ ხენეშად მსახურებისათჳს (mozɣurebaj xenešad msaxurebisatws)—"teaching on impiety," BCD: კერპთ-მსახურები-სათჳს მოძღურებაჲ (kerp'msaxurebisatws mozɣurebaj)—"teaching on idolatry", etc.).

Titles in Pss. 113, 114, 116 call the psalm გალობაჲ დავითისი (galobaj davitisi) "chant of D". Ps. 117 is ქებაჲ დავითისი (kebay davitisi) "praise of D". Pss. 145, 146, 147, 148 are "of Aggai (angea) and Zachariah." Only Pss. 115, 134, 135, 149, 150 have alleluia in the titles.

Christian interpretations close to HE or identical to it either take the place of the title (Pss. 10–17, 64, 76–81, 83, 84, 86–95, 97, 98, 99, 100–110, 112) or are added to it (Pss. 34, 65, 70, 73, 82, 85, 96, 140). As an example of the HE as entire title one may name Ps. 11: შესმენაჲ უკეთურთაჲ და წინაწარმეტყუელებაჲ ქრისტეს მოსლვისაჲ (šesmenaj uk'eturtaj da c'inasc'armet'q'uelebaj krist'es moslvisaj) "Accusation of the wicked ones and prophecy of the coming of Christ" (Only in E)—cf. κατηγορία πονηρῶν καὶ προφητεία Χριστοῦ παρουσίας. Ps. 12: მტერთა ზედააღდგომაჲ და ქრისტეს მოლოდებაჲ (mt'erta zeda-aɣdgomaj da krist'es molodebaj) "uprising of the enemies and expectation of Christ"—cf. ἐχθρῶν ἐπανάστασις καὶ προσδοκία Χριστοῦ παρουσίας. In Ps. 77 the text is abridged: ქრისტეს გამოჩინებაჲ ეკლესიისა მიმართ (krist'es gamočinebaj ek'lesiisa mimart) "Appearance (!) of Christ before (literally: "towards") the church," but D goes on, adding პირველსავე მის ერისა ურჩებისათჳს (p'irvelsave mis *erisa určebisawis*) "because of the former disobedience of people"—cf. Χριστοῦ διαστολὴ πρὸς τὴν ἐκκλησίαν περὶ τῆς τοῦ προτέρου λαοῦ παρανομίας. In Ps. 96, where the complete equivalent to the LXX title is found in ABCD ("Psalm of D, when the earth was established"), E retains only "psalm of D," with the addition of HE: "Chant of the reign of Christ, at his second advent," cf. ὕμνος βασιλείας Χριστοῦ επὶ τῆς πρώτης αὐτοῦ παρουσίας.

The version of George the Hagiorite (VG) is the only text of the Georgian Psalter having reliable evidence of its history. This evidence is supplied in the first place by the famous Athonite scholar himself. In his "Testament" that is, a colophon at the end of his work, George wrote: "Holy and God-vested fathers and brethren, let everyone who has to do with this holy Psalter know that I, the wretch George, the unworthy hieromonach, obeying the insistent command of the holy spiritual fathers, have newly translated this Psalter from Greek into Georgian, as God knows, with much toil and care; I have compared it to many Greek originals and Psalter commentaries with great diligence and research. Now I beseech you all, who use this holy Psalter to pray for us. And when you copy it, write it without change, as you find [the text] here; do not add anything nor omit anything. We ourselves have added or omitted whatever was necessary, as befitted our language and the order of [our] work. Do not omit even და (*da*) ("and") and რამეთუ (*rametu*) ("for"). And it befits a sage man to know that we ourselves knew this *da*, and whenever it or some other word was harmful, we did not leave it, nor [if a word was necessary] did we omit it. But if anyone is not content with our work and writing, performed with great toil and diligence, and full of verity and knows კე (*k'e*) (= καὶ) or ღარ (*γar*) (= γὰρ) or ოტი (*ot'i*) (= ὅτι) and ღმერთი (*γmerti*) (God) or უფალი (*upali*) (Lord), even if he be a rhetor or a philosopher, he must not brag of his wisdom over our work; let him translate the Psalter again—I do not care! And if anyone copies the Georgian Psalter, may he have the Cross and benediction! Again, whoever damages our Psalter when citing from memory or, having it before him, starts to corrupt and pervert our Psalter, translated with great exertion (literally; blood), in any way, may God judge him on the day of the terrible judgment! And whoever copies our Psalter and does not copy this here mine writing, let him answer God himself. If I, the wretch, having suffered so much hardship, did not idle when transcribing this priceless pearl in order to enlighten the readers and listeners, why should he shrink from writing a couple of words? And let no one cite the Holy father Euthymios! The

Holy father translated the Psalter and gave it to one scribe to copy, and the scribe corrupted it and made it useless. And later he did not make another translation, but had the Georgian Psalter by him; and whenever he had need of a word, he cited from it. And I have the whole of Greece საბერძნეთი (*saberzneti*) and all Greek Psalters to witness the truth and veracity of this. And whoever does not believe me, let him verify it" [7, p. 027].[2]

This remarkable document not only helps to understand the main principles of the work done by the Athonite scholar, but also provides important facts for the history of the Georgian Psalter. Ephrem Mtsire, another great Georgian scholar, also corroborates George's statement: in his Introduction to the Commentary on the Psalter Ephrem writes that George translated the Psalter twice, the reason for this being that in his first translation "many words were arranged according to the old custom" [10, p. 77]. The version of George the Hagiorite (GV) became the standard text for the Georgian Church very soon afterwards: in his Introduction (the manuscript was copied in 1091) Ephrem mentions that he had quoted it without any change [10, p. 99].

The task George had set himself was to produce a text free from any trace of non-Greek influence. As investigation has shown, he based his work upon manuscripts of OV, collating them with the Greek text current in his time in his cultural milieu. Both he himself and Ephrem call George's text a translation,—all in good faith—but in fact it is a new revision of OV, which, as his "Testament" shows, George held in great esteem. Readings following other sources in OV are omitted in GV, being replaced with those that agree with the Greek text [7, p. 161 ff.]. Manuscripts of GV are numerous, which is not surprising since it was the text for church practice; but, in contrast to OV, divergence between different copies is practically non-existent. Variant readings are usually no more than should be normally expected: difference in orthography, variety of grammatical forms which does not affect the sense, lack of a word— mostly conjunctions—here and there. When an Athos manuscript of 11th century, which became available in 1982, was compared to the edition of 1960, it was found that there was no textual divergence between the two [11, p. 111]. For Ps. 103,17 two different readings exist, (both recorded in the edition of 1960), which have the following scribal note

---

[2] A Latin translation of the "Testament" was published by G. Garitte [9, p. 344].

on the margin: "both are by *Giorgi*; write the one which pleases you."
With this exception, there are almost no divergences in the text. One
may say that what George achieved was a definitive text—from his point
of view, of course. Uniformity apparent in the text of GV extends to the
titles also: this makes their study easier that of the titles in OV, where the
diversity is often bewildering. GV contains not 150, as in OV, but 151
psalms. A major difference between the two versions is the fact that in
GV the titles do not have any Christian interpretations (such and other
additions found in later manuscripts dated to the 15th–18th centuries
have of course nothing to do with GV).

It is only natural—taking into account the passionate declaration of
George, made in the "Testament"—to find the titles in GV following
the Greek model. The same may be said frequently for the OV also;
but whereas for the latter the direct source is not clear, in GV we have
assurance of the Athonite scholar himself that the Georgian text which
came from under his pen was the result of careful collation with "many
Greek originals and Commentaries". Therefore, in the first place one must
look for readings which are characteristic of LXX as a version, that is
readings which are common to all Greek texts of the Psalter.

All psalms have titles in GV. Pss. 2–40, 42, 50, 53–64, 66–70, 85, 90–
97, 100, 103, 109, 136–144 are "of David" (davitisi). Pss. 51–54 are "for
David's instruction". Pss. 41, 43–48, 83, 84, 86, 87 have the name of sons
of Korah in the titles. Pss. 49, 72–82—the name of Asaph. In Ps. 72
before the name of Asaph, there is a note: მოაკლდეს გალობანი
დავითისნი, ძისა იესესნი (moak'ldes galobani davitisni, ʒisa iesesni)
"the chants of the David, the son of Jesse, are ended"—as part of the
titles (?) The same is in E (OV). Ps. 71 is სოლომონისთჳს (solomo-
nistws) "on Solomon" Ps. 88 is გულისჴმის-ყოფისათჳს ეთამ
ისრაიტელისა (guliqmis-q'opisatws etam israit'elisa) "for instruction
of Etham the Israelite"; Ps. 89—მოსესი (mosesi) "of Moses". Author is
not named in Pss. 65, 99, 101. Pss. 1, 104, 105, 106, 110–118, 134, 135,
145–150 have aleluay as the title or part of it; Pss. 119–133: გალობაჲ
აღსავალთაჲ (galobaj aɣsavaltaj) "chant of ascents". Pss. 2, 32, 42,
70, 90, 94, 98, are ხუედაწარუწერელი ებრაელთა შორის (zeda-
c'aruc'eveli ebraelta šoris) "uninscribed among the Hebrews." The same
was pointed out above for A in OV. Ps. 151 has a long title: "This psalm
was written by David separately თჳსაგან (twsagan) and apart გარეშე
(garešе—literally: "out") from 150 psalms, when he fought with Goliath."

All the additions and changes made in LXX the titles are observable in
GV as a matter of course:

Ps. 23: ერთშაბათთაჲ (*ertšabattaj*) "of the first day of Sabbaths";
Ps. 26: პირველ ცხებისაჲ (*p'irvel cxebisaj*) "before being anointed";
Ps. 28: გამოსლვისათჳს კარვისაჲთ (*gamoslvisatws k'arvisajt*) "on
coming out of the tent"; Ps. 30: განკჳრვებისაჲ (*gank'wrvebisaj*) "of
ecstasy, astonishment"; Ps. 37 მოსაჳსჱნებელად შაბათისა (*mosaq-
senebelad šabatisa*) "in remembrance of Sabbath"; Ps. 47 მეორისა
შაბათისაჲ (*meorisa šabatisaj*) "on the second [day] of Sabbath"; Ps
65 აღდგომისათჳს (*aɣdgomisatws*) "on resurrection"; Ps. 70 ძეთა
იონადაბისთა და პირველ-წართჩუჱნულთა მათ (*ʒeta ionad-
abista da p'irvel c'artʼqʼuenulta mat*) "on sons of Ionadab and the firstly-
captured"; Ps 75: გალობაჲ ასურასტანელისა მიმართ (*galobaj
asurastʼanelisa mimart*) "chants to the Assyrian"; Ps. 79: ფსალმუნი
ასურისათჳს (*psalmuni asurisatws*) "psalm on Assyrian"; Ps. 92:
დღესა შაბათსა, რაჟამს დაემტკიცა ქუეყანაჲ (*dɣesa šabatsa,
ražams daemtʼkʼica kueqʼanaj*) "on the day of Sabbath, when the earth
was established"; Ps. 93: მეოთხისა შაბათისაჲ (*meotxisa šabatisaj*)
"on the fourth [day] of Sabbath"; Ps. 95: აღშჱნებისათჳს ტაძრისა
შემდგომად ტჳუეობისა (*aɣšenebisatws tʼažrisa šemdgomad tʼqʼ ueobisa*) "on building the temple after the exile"; Ps. 96: ოდეს ქუეყანაჲ
მისი დაემკჳდრებოდა (*odes kueqʼanaj misi daemkʼwdreboda*) "when
his land was established".

Readings characteristic of LXX, which are due to misinterpretation of
the Hebrew original,[3] have been discussed above, for the OV. Again, their
appearance in GV is something that was to be expected. დასასრულსა
(*dasasrulsa*) is always used as an equivalent for εἰς τὸ τέλος. It is present
in Pss. 4–6, 8–14, 17–21, 30, 35, 38–41, 43–46, 48, 50–61, 63–65, 67–69,
74–76, 83, 84, 87, 108, 138, 139. ძეგლის-წერა (*ʒeglis-c'era*) (equivalent for στηλογραφία): Pss 15, 55–59 საწნეხელი (*sac'nexeli*) "wine-
press": Pss. 8, 80, 83; მერვისათჳს (*mervisatws*) "for eighth" Ps. 6, but
not in Ps. 11 (neither in Ephrem's Commentary); GV has გულისჴმის-
ყოფა (*gulisqmis-qʼopa*) "instruction, comprehension" for σύνεσις *Maskil* of MT, in Pss. 41, 43, 44, 51–54, 73, 77, 88 (but not in Ps. 141) In Pss. 44,
59, 68, 79, (where ὑπὲρ τῶν ἀλλοιωθησομένων stands for (*al-shoshanim*

---

[3] In his important articles and in a paper read at Tbilisi International Colloquium
(Sept. 2007) G. Dorival has suggested readings different from the traditional text of MT
as the source of several LXX translations. However, what the Georgian translators had
to do at any stage of translational activity was probably the established form of the LXX
translations.

of MT) one finds words ცვალებად (*cvalebad*); "with the ability to change, smth. that will be changed" in Ps. 44 and ცვალებული (*cvalebuli*) "smth. already changed" in the rest. In Pss. 9 the word საიდუმლო (*saidumlo*) "mystery, something hidden" occurs. საიდუმლოთათჳს ძისათა (*Saidumlotatws zisata*) "on the mysteries of the son". In Ps. 45 the term is დაფარულთათჳს (*daparultatws*) "on those that are hidden". In both cases this is a translation of the Greek ὑπὲϱ τῶν ϰϱυφίων. In Ps. 21 the title has the words შეწევნისათჳს საცისკროჲსა (*šec'evnisatws sacisk'rojsa*) "for the help that should be given at the dawn." This agrees with LXX translation of what may be a name of a tune in MT: ὑπὲϱ τῆς ἀντιλήμψεως τῆς ἑωθινῆς. In Ps. 55 GV displays in the title the words: ერისათჳს განშორებულისა წმიდათაგან (*erisatws gansorebulisa c'midatagan*) "on the people who were far off from the holy"; the Greek is thought to be a wrong translation of the Hebrew text; Georgian agrees with the Greek ὑπὲϱ τοῦ λαοῦ τοῦ ἀπὸ τῶν ἁγίων μεμαϰϱυμμένου.

George the Hagiorite probably had to deal with Greek manuscripts which were comparatively late, bearing the mark of different revisions. It has been found that the main text of GV frequently agrees with readings found in manuscripts of a certain type [7, p. 174ff.]. With the titles the available material is necessarily less, but some specific features are apparent, thus allowing one to put forward some tentative suggestions. Ps. 1 in GV has the title ალელუჲა (*alelua*) "Haleluyah". This psalm has no title in MT. In LXX a variant reading—according to Rahlf's Lesser edition—occurs in R. Psalms which are "uninscribed with the Hebrews" are, as shown above, Pss. 2, 32, 42, 70, 94, 98. Variant readings for all of them are known in later manuscripts This is not, of course, saying that precisely these manuscripts left their trace in GV. In Ps. 11, as noted above, one should expect მერვისათჳს (*mervisatws*) which is absent in the titles. (ὑπὲϱ τῆς ὀγδόης) The absence of the same word in Ephrem's Commentary shows that this is not a chance omission. However, no parallel for this omission is pointed out in extant editions.

In Ps. 103 the title is "Psalm of David, on creation of the world." The same is in BCD, but differently worded: დაბადება (*dabadeba*) in OV and შესაქმე (*šesakme*) in GV, though synonyms, seam to reflect different literary traditions. This addition to the title is a variant reading in LXX. Ps. 111 in GV is "Aleluyah, on inscription of Aggai and Zachariah".

One of the mss in OV, namely, B, gives the title as "on conversion მოქცევისათჳს (*mokcevisatws*) of Aggai and Zachariah." Both readings are found as variants in LXX, both in Lucianic manuscripts Ps. 136

in GV has a brief title: psalm of David, from Jeremaiah იერემიასგან (*ieremiajsgan*). The titles in OV, which have been pointed out above (in ABE), are close to Armenian ქელითა იერემიასითა (*qelita ieremiajsita*), but in GV the title with the name of the prophet is equivalent to διὰ ʾΙερεμίου, found in Lucianic manuscripts.

Ps. 137 has the title: "Psalm of David, from Zachariah". In OV the name is mentioned only in E. The name of Zachariah is found in various forms as a variant reading in several sources.

In Ps. 138 the full title is "At the end, psalm of David, on Zachariah, on dispersion." განთესვა (*gantesva*) is the exact equivalent of Greek διασπορά, a word found in non-Greek sources, as well as a variant reading of LXX.

In Ps. 141 the title in GV is "psalm of David." In OV (ABE) the title is longer: "for instruction, of David, prayer (BE), when he was in the cave ...". This is equivalent to sunesews to D en to ἐν τῷ εἶναι αὐτὸν ἐν τῷ σπηλαίῳ προσευχή, but the brief title of GV also is paralleled by the similar one in some Lucaianic manuscripts On the whole, one may suggest, as a hypothesis that it is in manuscripts of this type that one must look for the sources of GV.

The Commentary of Psalter by Ephrem Mtsire has been mentioned above. This text (which is as yet unpublished) is very important for understanding the Psalter in the way George himself did, besides containing the earliest dated copy of the first half of the Psalter (mss. copied in 1091, commentary on Pss. 1–76; the second half of the work has not come down in its entirety: only extracts from it are found in later works). The Commentary has a long original Introduction, which is published. [7] In the Introduction Ephrem names and analyses the sources of his work, tells of his reasons for choosing certain authors and rejecting others: The "Introduction" contains valuable historical information concerning the monastery libraries and the books found there; Ephrem also comments on the Psalter, its contents, division, translations etc. Ephrem compiled this huge Commentary (over 600 pages of a large ms.) mainly from the writings of Athanasius of Alexandria, Cyril of Alexandria, Asterios of Amasia and Hesychius of Jerusalem, frequently adding his own comments, explaining the meaning of several words and expressing his views on various interpretation of the text by the author he quotes in the Commentary.

Allegorical commentaries are based on the primary lexical meaning of words. Several terms which one finds in the titles of the psalms are also explained here (დასასრული (*dasasruli*) "end", მეგლის-წერა

(ʒeglis-c'era) "στηλογραφία", etc). However, the material of this Commentary (which the present writer has prepared for publication) is too large to be included in this article.

What has been presented here is merely a rough outline of factual evidence. At the present stage of research it is impossible to draw valid conclusions concerning the history of the titles of the psalms in the Georgian Psalter, especially in OV. The text of the latter in the form that has come down to us, being the result of several revisions, displays the influence of varied textual traditions, which should be revealed and taken into account. For OV, the Armenian text, which displays unmistakable signs of the influence of LXX [13], should be considered. One thing is, however, clear: the diversity of titles, as well as the uneven distribution of textual variants in manuscripts of OV points to the fact that the latter was not a standard text: four of the manuscripts of OV, which are of Sinaitic origin, and written at approximately the same time, display variations both in the text and the titles which are difficult to explain otherwise. Each manuscript is, as shown above, unique; it is precisely for this reason that it is important to study new material which has now appeared: among the new finds at St. Catherine's Monastery on Mt. Sinai there are three manuscripts containing the text of OV dated to 10th century, and one early (12th cent.) copy of GV (despite the fact that manuscripts of GV are quite numerous, early copies are extremely rare). The present writer was able to make a brief survey of them when cataloging the new finds at the Monastery in 1996 and 2000 [12, pp. 388, 395, 411, 439]. Unfortunately, no copies of the manuscripts are as yet available in Tbilisi. The instability of and variety of the text in what George the Hagiorite calls the "Georgian Psalter " could have been one of his reasons when attempting to make a new version of this book. This instability extends to the titles also. On the whole, it is A which reveals the most careful choice of material; this ms which shows the greatest number of textual readings which are non-Greek, at the same time reveals in the titles closer affinity to the Greek model that other manuscripts of OV. Because of this, the titles in GV are closer to those in A than to the titles in other manuscripts of OV; but on the whole, when choosing the titles, George the Hagiorite seems to be influenced more by the Greek text he collated his version with, than by the "Georgian Psalter." These are some tentative suggestions which should be verified in the future.

Bibliography

1. *Khanmet Lectionary, A Phototypic Reproduction*. Edited by and supplied with a Concordance by A. Shanidze, Tbilisi, 1944 (in Georgian).
2. "Khanmet Homiliary" Edited by A. Shanidze. *Bulletin of Tbilisi University*, no. 7, 1927 (in Georgian).
3. "Sinai Homiliary", copied in 864. Edited by A. Shanidze with a Foreword and critical study, Tbilisi, 1959 (in Georgian).
4. R.P. Blake, "The Athos Codex of the Georgian Old Testament". *Harvard Theological Review*,22, no. 1 Jan. 1929.
5. A. Tsagareli, *Catalogue of the Georgian Manuscripts of the Sinai Monastery. Data Concerning Georgian Literary Monuments*. Part II, Supplement II. St. Petersbourg, 1889 (in Russian).
6. M. Janashvili, *Catalogue of the Manuscripts in the Church Museum of the Clergy of the Georgian Eparchy*. v. III, Tiflis, 1908 (in Russian).
7. *Old Georgian Versions of the Psalter*. I. Text. Edited by Mz. Shanidze, Tbilisi, 1960.
8. Mz. Shanidze, *Old Georgian Translations of the Book of Psalms*, Tbilisi, 1979 (in Georgian).
9. G. Garitte, *Catalogue des manuscrits géorgiens litteraires du Mont Sinai, Corpus Scriptorum Christianorum Orientalium*, V. 165. Subsidia, tome 9, Louvain, 1956.
10. Mz. Shanidze, "Introduction to Ephrem Mtsire's "Commentary on the Psalter."" *Saiubileo, Proceedings of the Chair for Old Georgian Language at the Tbilisi University*, no. 11, Tbilisi, 1968 (in Georgian).
11. Mz. Shanidze, "A manuscript of Psalter from Mt. Athos", *Mravaltavi* 15, Tbisili, 1989 (in Georgian).
12. *Catalogue of Georgian Manuscripts discovered in 1975 at the St. Catherine's Monastery on Mount Sinai* prepared by Zaza Aleksidze, Mzekala Shanidze, Lily Khevsuriani and Michael Kavtaria (in Greek, Georgian and English). English Translation by Mz. Shanidze, Athens, 2005.
13. A. Baumstark, "Der armenische Psaltertext. Sein Verhältnis zum syrischen der Pešitta und seine Bedeutung für die LXX-Forschung" *Oriens Christianus*, Neue Serie, zwölfter bis vierzehnter Bd., 1925.

PLURALITÉ TEXTUELLE ET CHOIX ÉDITORIAUX : ÉTUDE DES VARIANTES ΛΟΓΟΣ-ΝΟΜΟΣ (PS 118,105) ET ΝΟΜΟΥ-᾽ΟΝΟΜΑΤΟΣ (PS 129,5)

Florence Bouet

Dans le cadre de notre réflexion sur l'édition du texte biblique, j'ai choisi de présenter deux variantes dans les psaumes de la Septante qui posent des problèmes. Qu'appelle-t-on problème d'édition? Il existe un problème quand les témoins invoqués en faveur d'une leçon sont contredits par des témoins d'une valeur équivalente, et en nombre équivalent ou supérieur; et quand, notamment, le texte édité ne correspond pas à la Septante ancienne, qui a été lue et commentée par les Pères grecs de l'Eglise. Nous nous intéresserons d'abord à la variante λόγος-νόμος au Ps 118,105, puis à la variante νόμου-ὀνόματος au Ps 129,5. La numérotation des psaumes est celle de la Septante.

La variante λόγος-νόμος au Ps 118,105

Dans les psaumes on trouve quatre variantes λόγος-νόμος, dont trois au Ps 118, et une au Ps 129. Deux d'entre elles ne posent pas de véritable problème d'édition (Ps 118,57; 129,5), deux autres soulèvent une vraie difficulté (Ps 118,105.142). C'est la variante λόγος-νόμος la plus problématique, au Ps 118,105, qui retiendra ici notre attention.

Dans ce verset il existe deux leçons concurrentes de la Septante, attestées par des témoins directs et indirects. La leçon λόγος a été éditée par Rahlfs, et elle correspond au Texte massorétique. La leçon νόμος a été éditée par Swete, et elle est propre à la Septante : elle n'est nulle part attestée en hébreu. L'étude de l'apparat critique de Rahlfs et la lecture des Pères offrent un éventail de témoignages en faveur de ces deux leçons, témoignages équivalents en poids et en nombre. Notons d'ores et déjà que le Nouveau Testament n'est d'aucun secours pour l'établissement de ce verset, car il n'y est pas cité. Examinons ces témoignages, classés dans le tableau ci-après.

Ps 118,105			λόγος	νόμος
Sources manuscrites	Témoins directs		1219 ms minuscules (entre v^e et viiie)	A S mss onciales (ive) R ms onciales (vi^e) 55 ms minuscules (x^e)
			Total : 1	Total : 4
	Témoins indirects	Versions filles	La (à p. iie) Ga (389–392) Sa (*terminus ante quem* vi^e)	Bo (*terminus ante quem* x^e, peut-être ive)
			Total : 3	Total : 1
		Citations patristiques	Origène († 253) (*Ps 118, Hom. Jos.*) Cyprien († 258) Hilaire († 367) Ambroise († 397) (*Ps 118, Ps 37, Job et David, Luc*) Jérôme († 420) (*Michée*) Augustin († 430)	Origène (*Hom. Lév.*, *Contre Celse*) Basile († 379) Didyme († 398) Jérôme (*Aggée*) *Hésychius († v. 440) Théodoret († 458)
			Total : 6	Total : 6
		Chaînes exégétiques		Caténiste 6e (*Ps 118*)
			Total : 0	Total : 1
Révisions juives			*Aquila (déb. iie)	Théodotion (i^{er}) Symmaque (fin iie) *Quinta*
			Total : 1	Total : 3
Recensions chrétiennes			Syro-hexaplaire (viie)	Lucianique (iiie)
			Total : 1	Total : 1
Total			12	16

Parmi les sources manuscrites, du côté des témoins directs, on observe que λόγος est donné par un manuscrit en minuscules daté entre le ve et le viiie siècle (1219)[1], et que νόμος se trouve dans trois grands manuscrits onciaux, le *Sinaiticus* et l'*Alexandrinus* du ive siècle, et le *Veronensis* du vi^e siècle, ainsi que dans un manuscrit en minuscules du xe siècle (55). Les témoins de poids, c'est-à-dire les manuscrits grands onciaux les plus anciens, sont en faveur de νόμος.

---

[1] A. Rahlfs, *Verzeichnis der griechischen Handschriften des Alten Testaments. Bd. I, 1. Die Überlieferung bis zum VIII. Jahrhundert* (adaptation de D. Fraenkel), Göttingen, 2004, p. 383–386.

Du côté des témoins indirects, parmi les versions filles, c'est-à-dire les traductions de la Septante, on trouve λόγος dans la version sahidique. Cette leçon est également présente dans la *Vetus latina*, qui est désignée par le sigle «La» dans l'apparat de Rahlfs. Ce sigle correspond plus précisément au psautier vieux latin du manuscrit de Vérone, qui est le texte commenté par Augustin dans les *Enarrationes in psalmos*, et au psautier de Saint-Germain édité par Sabatier. On trouve enfin λόγος dans le Psautier gallican, qui est un psautier vieux latin revu par Jérôme sur le texte hexaplaire, et qui, de ce fait, s'inscrit dans la tradition origénienne. La leçon νόμος n'est donnée que par la version bohaïrique. On observe donc, d'une part, un conflit des versions coptes; de fait, le modèle grec des traductions coptes n'est pas homogène; ce conflit témoigne d'une pluralité textuelle à une date relativement ancienne mais difficile à déterminer[2]. D'autre part, la *Vetus latina*, en tant que traduction très ancienne de la Septante, est un témoin de poids en faveur de la leçon λόγος. Si on laisse de côté le cas de Jérôme, qu'on examinera plus tard, on voit que les Pères latins, qui représentent chacun un type de la *Vetus latina*, ont unanimement la leçon *uerbum*: Cyprien de Carthage (Pseudo-Cyprien d'après son éditeur) représente le type africain de la *Vetus latina*, qui est le type plus ancien, attesté au début iiie siècle; Hilaire de Poitiers et Ambroise de Milan représentent, tous deux, des types européens de la *Vetus latina*, du ive siècle; Augustin représente un type de *Vetus latina* tantôt africain, tantôt européen, entre la seconde moitié du ive siècle et le début du ve siècle.

Toujours du côté des témoins indirects, si on s'intéresse aux citations patristiques, on remarque que λόγος est la leçon citée par Origène dans la chaîne palestinienne sur le Ps 118[3] et dans les *Homélies sur Josué*[4];

---

[2] La datation précise des versions coptes est problématique. Les manuscrits de la version bohaïrique du psautier sont tardifs (pas avant le xiie siècle et quelques fragments peut-être du xe siècle), mais cela ne signifie pas qu'il n'ait pas existé une version bohaïrique ancienne, comme le laisse supposer le P. Bodmer III du ive siècle pour la Genèse et l'évangile de Jean. Les manuscrits de la version sahidique les plus anciens remontent au vi[e] siècle (cf. N. Bosson, A. Boud'hors, «Psaume 21 (22). Son attestation dans les diverses versions dialectales coptes», dans G. Dorival *et alii*, *David, Jésus et la reine Esther. Recherches sur le Psaume 21 (22 TM)*, Collection de la Revue des Etudes juives 25, Paris–Louvain, 2002, p. 43–100, spécialement p. 53–59 et 61–65).

[3] Le commentaire sur le v. 105 dans la chaîne palestinienne sur le Ps 118 est anonyme mais il a été attribué de façon probable à Origène par son éditeur (cf. M. Harl, *La chaîne palestinienne sur le psaume 118*, v. 105, Sources chrétiennes (abr. SC) 189, Paris, 1972, p. 358–363).

[4] Origène, *Homélies sur Josué*, IV, 2 et XVII, 3, A. Jaubert (éd., trad.), SC 71, Paris, 1960, p. 154–155 et 382–383.

c'est aussi la leçon citée par les Pères latins : Cyprien, Hilaire, Ambroise, Jérôme dans le commentaire sur *Michée*, et Augustin[5]. Mais on trouve également chez Origène νόμος, dans les *Homélies sur le Lévitique* et dans le *Contre Celse*, ainsi que *legem* chez Jérôme dans le commentaire sur *Aggée*[6]; et on trouve νόμος chez tous les autres Pères grecs : Basile de Césarée et Didyme l'Aveugle, qui s'inscrivent tous deux dans la tradition origénienne, Théodoret de Cyr, qui commente la forme dite lucianique ou antiochienne de la Septante, attestée par l'*Alexandrinus*[7]; enfin, le commentaire d'Hésychius de Jérusalem[8], qui suit la tradition origénienne, va plutôt dans le sens de νόμος. On remarque également qu'au VIe siècle, le caténiste de la chaîne palestinienne sur le Ps 118 cite, en tête des commentaires, le v. 105 avec la leçon νόμος, alors que le commentaire d'Origène suppose le mot λόγος.

Comment choisir entre les deux leçons, étant donné que les témoignages anciens de la Septante lue et commentée sont contradictoires ? Examinons les témoins patristiques dans l'ordre chronologique.

Origène cite quatre fois le verset, deux fois avec νόμος, deux fois avec λόγος. Le témoignage de la chaîne palestinienne sur le Ps 118 est intéressant à cet égard : le caténiste cite le verset avec la leçon νόμος et donne tout de suite après l'explication d'Origène qui commente la leçon λόγος; la leçon d'Origène n'a donc pas été retouchée par le caténiste, le

[5] Cyprien de Carthage (Pseudo), *De singularitate clericorum*, chap. 16, G. Hartel (éd.), Corpus scriptorum ecclesiasticorum latinorum (abr. CSEL) 3, 3, Vienne, 1871, p. 191, l. 6; Hilaire de Poitiers, *Commentaire sur le psaume 118*, v. 105, M. Milhau (éd., trad.), SC 347, Paris, 1988, p. 120–129; Ambroise de Milan, *Expositio psalmi CXVIII*, 14, 9, M. Petschenig (éd.), CSEL 62, Vienne, Leipzig, 1913, New York, Londres, 1962 (réimp.), p. 303, l. 8–13; *De interpellatione Iob et Dauid*, 4, 4, 14, C. Schenkl (éd.), CSEL 32, 2, Vienne, 1897, p. 276, l. 15; *Explanatio psalmi 37*, 41, M. Petschenig (éd.), CSEL 64, Vienne, Leipzig, 1919, New York, Londres, 1962 (réimp.), p. 168, l. 27; *Traité sur l'Evangile de Luc*, VII, 15 et 98, G. Tissot (trad.), SC 52, Paris, 1976, pp. 220 et 247; Jérôme, *In Michaeam*, II, VII, 8/13, M. Adriaen (éd.), Corpus christianorum. Series latina (abr. CCSL) 76, Turnhout, 1969, p. 517, l. 454–455; Augustin d'Hippone, *Enarratio in psalmum 118*, v. 105, E. Dekkers, J. Fraipont (éd.), CSEL 40, Turnhout, 1956, p. 1741–1742.

[6] Origène, *Homélies sur le Lévitique*, XIII, 2, M. Borret (éd., trad.), SC 287, Paris, 1981, p. 202–203; *Contre Celse*, VI, 5, M. Borret (éd., trad.), SC 147, Paris, 1969, p. 188–189; Jérôme, *In Aggaeum*, I, 5, M. Adriaen (éd.), CCSL 76 A, Turnhout, 1970, p. 719, l. 212–213.

[7] Basile de Césarée, *Homilia in principium proverbium*, § 17, Patrologie grecque (abr. PG) 31, col. 421 C14; Didyme l'Aveugle, *La chaîne palestinienne sur le psaume 118*, v. 105, M. Harl (éd., trad.), SC 189, p. 362–363; Théodoret de Cyr, *Interpretatio psalmi 118*, v. 105, PG 80, col. 1853 B–C.

[8] Hésychius de Jérusalem, *Supplementum Psalterii Bononiensis. Incerti auctoris. Explanatio psalmorum graeca*, Ps 118,105, V. Jagič (éd.), Vienne, 1917, p. 254.

texte d'Origène est donc *a priori* ancien. Dans les *Homélies sur Josué*, IV, 2 et XVII, 3, Origène atteste de la leçon λόγος (en réalité *uerbum* dans la traduction de Rufin dans laquelle le texte d'Origène nous est parvenu[9]). Dans le *Contre Celse*, VI, 5, Origène a νόμος, mais l'apparat critique signale la variante λόγος. Dans les *Homélies sur le Lévitique*, XIII, 2, Origène atteste de la leçon νόμος (en réalité *lex* dans la traduction de Rufin dans laquelle le passage est parvenu[10]). Rufin lui même avoue à deux reprises avoir remanié le texte original des homélies[11], mais ici il ne peut pas trop être suspecté d'avoir modifié le texte puisqu'il a la leçon *lex* (νόμος), alors que la tradition latine, dans laquelle il baigne, a la leçon *uerbum* (λόγος).

Basile cite une fois le verset en entier avec la leçon νόμος dans l'*Homilia in principium prouerbium*, § 17—on trouve toutefois une citation approximative du verset avec λόγος dans son *Commentaire sur Isaïe*, chap. 5 (PG 30, col. 409 B3), citation qui est quand même moins probante, mais qui montre la facilité avec laquelle les Pères passent de νόμος à λόγος, et vice-versa.

Jérôme présente les deux leçons dans le même corpus, à savoir le commentaire sur les petits prophètes. Dans le commentaire sur *Michée*, II, VII, 8/13, il a *uerbum*, tandis que dans le commentaire sur *Aggée*, I, 5, il a *lex*[12], qui *a priori* est calqué sur le grec. Ces commentaires datent de l'époque du Psautier gallican. Jérôme hésite entre deux traditions. Pour expliquer que Jérôme, qui révise le psautier vieux latin sur la recension origénienne, ait λόγος, alors qu'Origène et les auteurs qui en ont été tributaires (en particulier Didyme et Théodoret) ont νόμος, on doit faire l'hypothèse qu'Origène avait les deux mots dans les *Hexaples* : un des deux mots était précédé d'un obèle ou d'un astérisque, pour signaler ce qui se trouvait en hébreu ou dans la Septante. La Septante de l'Eglise a νόμος, mais Origène sait que des exemplaires hébreux ont λόγος, et il le

---

[9] Dans la *Préface* à sa traduction des *Homélies sur Josué* d'Origène, Rufin dit les avoir traduites dans leur simple teneur.

[10] Le texte n'a pas été conservé en grec, à part quelques fragments qui ne concernent pas le passage qui nous intéresse, mais il est parvenu dans la traduction qu'en donne Rufin vers 400–404.

[11] Dans sa préface à la traduction des *Homélies sur les Nombres* d'Origène, et dans la *Peroratio in explanationem Origenis super Epistulam Pauli ad Romanos* (PG 14, col. 1293).

[12] Les commentaires sur *Michée, Nahum, Habaquq, Sophonie* et *Aggée* sont rédigés entre 385 et 392/3. Ils sont donc de l'époque du Psautier gallican qui occupe Jérôme entre 389 et 392, et de celle du Psautier « iuxta Hebraeos » qui date d'environ 392, qui ont tous les deux *uerbum*.

signale. Quant à Jérôme, quand il y a une double traduction chez Origène, il choisit la leçon correspondant à l'hébreu, ce qui explique la leçon λόγος dans le Psautier gallican.

Si on examine maintenant les révisions juives de la Septante, on observe que la leçon correspondant à λόγος se trouve chez Aquila qui a ῥῆμα, tandis que Théodotion, Symmaque et la *Quinta* ont la leçon νόμος. Avec Théodotion, Symmaque et la *Quinta*, on a le témoignage que la leçon νόμος est une leçon septantique qui a existé à époque ancienne en milieu juif. Etant donné que Théodotion présente une révision hébraïsante de la Septante, on peut se demander s'il a jamais existé des manuscrits hébreux qui avaient la leçon νόμος.

Si on regarde enfin les recensions chrétiennes de la Septante, on voit que λόγος se trouve dans la Syro-hexaplaire, du viie siècle, qui atteste indirectement de la recension origénienne, et que νόμος se trouve dans le texte antiochien qui atteste tantôt la Septante ancienne, antérieure à la recension origénienne, tantôt la Septante remaniée à partir des *Hexaples* d'Origène. Ainsi, avec le texte antiochien (corroboré par l'*Alexandrinus* et Théodoret), la leçon νόμος est manifestement une leçon très ancienne de la Septante.

Que conclure? La leçon λόγος est très ancienne: c'est celle qui correspond à l'hébreu, celle qu'on trouve dès Origène, et chez des auteurs tributaires d'Origène: Jérôme (dans le Psautier gallican), Paul de Tella (dans la Syro-hexaplaire); c'est enfin et surtout celle qu'on trouve dans la *Vetus latina* et qui est le texte cité par Cyprien, Hilaire, Ambroise, et Augustin. Mais la leçon νόμος, qui est relativement «récente» en milieu juif (on la trouve à partir du 1er siècle avec Théodotion), est elle aussi très ancienne en milieu chrétien (en témoigne Origène), et c'est *la* leçon de la Septante utilisée par l'Eglise grecque. On se rend compte que la leçon νόμος a eu une vie et une postérité aussi grandes, si ce n'est plus, que la leçon λόγος, à une époque très ancienne.

Par rapport à cette réalité, les éditeurs modernes ont dû faire des choix. Le choix de Rahlfs correspond à ses principes d'édition de la Septante: comme les plus vieilles familles de textes présentent pour ce verset des leçons différentes, c'est la leçon qui reflète le Texte massorétique qui est supposée représenter le Vieux grec, et c'est donc la leçon λόγος. En revanche, son choix ne rend pas compte de la Septante qui a été lue et commentée dans le milieu grec chrétien ancien dans les cinq premiers siècles de notre ère.

Par rapport à toutes les questions que nous pouvons nous poser sur *le* texte à éditer, les Pères de l'Eglise n'ont pas du tout été gênés par la pluralité textuelle. *A priori* la variante νόμος-λόγος n'est pourtant pas anodine: on remarque que les deux mots ont le même schéma prosodique, c'est-à-dire la même accentuation, trois lettres sur cinq en commun, et la même déclinaison; l'enjeu de la variante n'est donc pas métrique, mais sémantique.

Examinons donc les enjeux sémantiques et théologiques de la variante pour le v. 105: λύχνος τοῖς ποσίν μου ὁ λόγος / νόμος σου καὶ φῶς ταῖς τρίβοις μου «flambeau pour mes pieds est ta parole / loi, et lumière pour mes sentiers».

On remarque à la fois que la différence νόμος-λόγος est une différence de taille pour les commentateurs chrétiens, qui ont volontiers opposé la Loi de l'Ancien Testament et le Verbe du Nouveau Testament, mais à la fois on note des glissements chez certains Pères entre la «parole» et la «loi», la «parole» pouvant être la «parole de la loi», ou la «loi» pouvant être la «parole de Dieu».

Chez Didyme[13] et Théodoret[14], qui ont la leçon νόμος, le «flambeau» qu'est la «loi» est distingué de la «lumière»: le «flambeau» désigne la «Loi» de l'Ancien Testament, par rapport à laquelle la «lumière» du Christ est un véritable soleil.

Pour Origène qui dans les *Homélies sur le Lévitique*, XIII, 2, a aussi la leçon νόμος, le «flambeau» est bien la «loi», mais on remarque un glissement entre «loi» et «parole». De fait, avant de citer le v. 105, Origène fait référence à la parole du Seigneur rapportée dans Jn 5,35 à propos de Jean-Baptiste, et il commente ainsi: en disant de Jean-Baptiste qu'«il était le flambeau qui brûle et brille», le Seigneur en personne nous a enseigné qu'on appelle «flambeau» «la parole de la Loi et des prophètes»[15]. On voit ici le lien étroit qui existe entre la «parole» et la

---

[13] *Op. cit.* n. 7: «Le "flambeau", c'est la loi pour ceux qui avant le lever du Soleil de justice (cf. Ml 3,20) cheminent dans la nuit: la lumière véritable n'est pas un flambeau mais un soleil qui illumine ceux pour lesquels la nuit est avancée, le jour est proche (Rm 13,12), ce jour où il est possible de marcher «avec dignité» (Rm 13,13)».

[14] *Op. cit.* n. 7: «En effet je ne marche pas dans les ténèbres, comme illuminé par ton flambeau qu'est la Loi: il faut savoir que la Loi a été appelée "flambeau", tandis que notre Sauveur et Seigneur "Soleil de justice". De fait l'une, comme un flambeau, n'a réussi à éclairer qu'un seul peuple, mais l'autre a illuminé toute la terre. Ainsi le Christ Seigneur a appelé Jean "flambeau", apparu alors qu'il faisait encore nuit aux juifs. Mais ensuite la lumière véritable, qui illumine tout homme venant dans le monde, s'est levée. Et il a appelé lumière les saints apôtres, en tant qu'ils participent à cette lumière, ainsi que tous les hommes qui s'illustrent par leur enseignement».

[15] *Op. cit.*, n. 6, pp. 202–205: «Or, que la parole de la Loi et des prophètes soit dite "lampe", le Seigneur en personne nous l'enseigna en disant de Jean-Baptiste: "Il était la lampe qui brûle et brille, et vous avez voulu pour une heure vous réjouir à sa lumière"

« loi », la loi étant d'abord une « parole » de Dieu adressée aux hommes. L'identification du flambeau avec « la parole de la Loi » est d'autant moins surprenante qu'Origène connaissait les deux leçons « loi » et « parole » pour le v. 105.

Pour les Pères qui commentent cette fois-ci la leçon λόγος /uerbum, soit le λόγος identifié au « flambeau » est le Christ, comme chez Origène dans le commentaire sur le Ps 118, ou chez Ambroise dans ses commentaires sur les Ps 37 et Ps 118 ; soit le λόγος est ce qui est dit à propos du Christ, comme chez Augustin, ou chez Hilaire qui identifie le uerbum avec « l'enseignement céleste », les Ecritures ; soit le λόγος est ce qui est professé au sujet du Christ, c'est-à-dire la foi pour Ambroise.

Alors qu'Augustin identifie explicitement le « flambeau » avec la « lumière »[16], d'autres Pères soulignent une différence de degré. Origène identifie d'abord le Christ-λόγος au « flambeau », mais ensuite il différencie les hommes illuminés par le Christ, qui sont des « flambeaux », d'avec le Christ qui est la « lumière » véritable[17]. Hilaire, qui identifie le uerbum avec l'« enseignement céleste », voit dans la différence entre le « flambeau » et la « lumière » une différence de degré dans la compréhension et la mise en pratique de la parole de Dieu : l'enseignement céleste est un « flambeau » pour ceux qui avancent peu, mais une « lumière » pour ceux qui progressent beaucoup[18].

Chez Cyprien et Ambroise, voire chez Hilaire, on retrouve le lien étroit qui existe entre la « parole » de Dieu et la « loi ». Cyprien rapproche le v. 105 du Ps 18,9 qui dit : « Le commandement de Yahvé est limpide, illuminant les yeux », et il commente ainsi : « L'aveuglement humain empêche d'avancer sur le chemin qui mène à Dieu, à moins qu'il ne

---

(Jn 5,35). Et ailleurs, il dit: "La Loi et les prophètes jusqu'à Jean" (Lc 16,16). Ainsi la lampe qui brûle, c'était Jean en qui s'achèvent la Loi et les prophètes [...]. Cependant je me rappelle que naguère, commentant ce verset du psaume cent dix–huitième où il est écrit: "Lampe pour mes pieds est ta Loi, Seigneur, lumière pour mes sentiers", j'ai montré de mon mieux la différence qu'il y a entre la lampe et la lumière. Nous disions qu'il avait destiné la lampe aux pieds, c'est-à-dire aux parties inférieures du corps, et qu'il avait donné la lumière pour les sentiers, ces sentiers qu'on nomme dans un autre passage "sentiers éternels". Et comme d'après une interprétation mystique, ce monde est compris comme les parties inférieures de la création, pour cette raison on rappelle que la lampe de la Loi est allumée pour ceux qui sont dans ce monde comme les pieds de la création tout entière. Et la lumière éternelle sera pour ces sentiers où, dans le siècle futur, chacun avancera selon ses mérites ».

[16] *Op. cit.* n. 5, p. 1741, l. 4–5: Quod est lucerna, hoc repetitum est lumen.
[17] *Op. cit.* n. 3.
[18] *Op. cit.* n. 5.

montre lui-même le flambeau de la loi »[19], alors que Cyprien cite le v. 105
avec la leçon *uerbum*. Ambroise, à un moment de son *Expositio* sur le
Ps 118, dit que la parole de Dieu, selon la Loi, n'est qu'un flambeau : de
fait les juifs ont eu un flambeau, mais un flambeau resté sous le boisseau,
car la Loi brille comme un flambeau, mais sa lumière n'est pas diffusée à
cause de l'obscurcissement dû aux vices et au manque de foi. En revanche
Ambroise poursuit en disant que la parole de Dieu est, selon l'Evangile,
une grande lumière pour le peuple des nations[20]. Si Ambroise commente
le verset avec la leçon *uerbum*, on retrouve là, comme chez Didyme et
Théodoret qui ont la leçon νόμος, l'opposition entre la parole de Dieu,
entendue comme la Loi juive, « flambeau », et la parole de Dieu, entendue
comme le Verbe incarné, « lumière ». On mesure donc l'étroitesse du lien
qui unit les deux termes, et la facilité avec laquelle certains Pères ont pu
passer d'une leçon à l'autre, sans être autrement gênés par la pluralité
textuelle.

LA VARIANTE ΝΌΜΟΥ-ὈΝΌΜΑΤΟΣ AU PS 129,5

Dans les psaumes, on trouve cinq variantes νόμος-ὄνομα, dont trois au
Ps 118, une au Ps 58, et une au Ps 129. Deux d'entre elles ne posent pas
de problème d'édition (Ps 118,97.132), deux autres peuvent susciter des
discussions (Ps 58,11 ; 118,165). Mais la plus intéressante se trouve au Ps
129,5.

Dans ce verset il y a deux leçons concurrentes de la Septante. La
leçon νόμου a été éditée par Rahlfs. La leçon ὀνόματος a été éditée par
Swete. L'hébreu a tout autre chose et présente un autre découpage du
verset.

L'apparat critique de Rahlfs et la lecture des Pères offrent un éventail de témoignages en faveur de ces deux leçons. On remarque que la
Septante des Pères grecs a unanimement la leçon ὀνόματος : que faut-

[19] Cf. Cyprien de Carthage, *op. cit.* n. 5, p. 191, l. 3–8 : ambulantes in tenebris sibi-
met ipsis lumen non possunt ostendere, nisi ultroneum se ipsum non uidentibus offerat
lumen. ita humana caecitas ad Deum non dirigit uiam nisi ipse lucernam legis osten-
dat. unde Dauid sic loquitur dicens. *lucerna est*, inquit, *pedibus meis uerbum tuum et lux
semitis meis*. et iterum : *praeceptum Domini lucidum inluminans oculos* (Ps 18,9).
[20] *Op. cit.* n. 5, p. 303, l. 8–13 : et fortasse secundum legem lucerna est uerbum dei,
secundum euangelium lux magna est. Iudaeis lucerna est et lucerna sub modio. lucet
lex, sed non uidetur, quia operta eorum doctrina est et contagione uitiorum et caecitate
perfidiae ; populo autem ex nationibus lux est. denique populo qui sedebat in regione
umbrae mortis lux orta est.

il penser du choix de Rahlfs, qui est logique par rapport à ses principes d'édition, mais qui ne correspond pas à la Septante vivante dans l'Eglise grecque ancienne? On notera là encore que le Nouveau Testament n'est d'aucun secours pour l'établissement de ce verset, car il n'y est pas cité.

Ps 129,5			νόμου	ὀνόματος
Sources manuscrites	Témoins directs		R ms onciales (vıᵉ)	A S mss onciales (ıvᵉ) 1219 ms minuscules (entre vᵉ et vıııᵉ) Z ms onciales (vıᵉ) T ms onciales (vııᵉ) 2017 ms minuscules (vııᵉ/vıııᵉ) 55 ms minuscules (xᵉ)
			Total : 1	Total : 7
	Témoins indirects	Versions filles	La (à p. ııᵉ) Ga (389-392)	Bo (*terminus ante quem* xᵉ, peut-être ıvᵉ) Sa (*terminus ante quem* vıᵉ)
			Total : 2	Total : 2
		Citations patristiques	Hilaire († 367) Jérôme († 420) Augustin († 430)	Origène († 253) Chrysostome († 407) Jérôme Hésychius († v. 440) Théodoret († 458)
			Total : 3	Total : 5
Révisions juives			Théodotion (ıᵉʳ) Symmaque (fin ııᵉ)	
			Total : 2	Total : 0
Recensions chrétiennes				Lucianique (ıııᵉ) Syro-hexaplaire (vııᵉ)
			Total : 0	Total : 2
Total			8	16

Parmi les sources manuscrites, du côté des témoins directs, les témoins de poids (manuscrits grands onciaux et minuscules plus anciens) sont en faveur de ὀνόματος.

Du côté des témoins indirects, parmi les versions filles, les témoins sont partagés, mais la *Vetus latina* est un témoin de poids en faveur de la leçon νόμου.

Si on regarde les citations patristiques, les Pères grecs des cinq premiers siècles qui citent ce verset ont unanimement la leçon ὀνόματος[21]. En revanche les Pères latins qui citent ce verset (Hilaire et Augustin[22]) suivent la *Vetus latina* et ont la leçon *legem* qui correspond au grec νόμου. D'après les Pères grecs, et en particulier Origène, il est probable qu'aux premiers siècles de notre ère le texte reçu de la Septante dans l'Eglise grecque avait ὀνόματος. Il reste le témoignage du Psautier gallican qui est particulièrement problématique. De fait, en tant que révision de la *Vetus latina* sur la cinquième colonne des *Hexaples* d'Origène, le Psautier gallican, qui a *legem*, laisserait entendre que la cinquième colonne avait également la leçon νόμου. Or Origène cite dans son commentaire la leçon ὀνόματος. En réalité il est très possible qu'Origène ait signalé les deux leçons dans la cinquième colonne, sachant que la Septante de l'Eglise grecque avait ὀνόματος, mais que des manuscrits hébreux avaient νόμου d'après Théodotion[23]. Or c'est par l'intermédiaire de Théodotion qu'Origène avait accès à l'hébreu. C'est sans doute l'existence de cette double traduction grecque chez Origène que Jérôme mentionne dans sa lettre à *Sunnia et Fretela*[24]. Ainsi, en présence des deux leçons, et en raison des difficultés posées par les signes diacritiques, mal compris par les copieurs et par les lecteurs des *Hexaples*, il est possible que Jérôme, lorsqu'il composait le Psautier gallican, ait choisi de retenir la leçon la

---

[21] Origène, *Ambrosianus*, f. 313 ; *Patmiacus*, f. 272r–v (dans R. Devreesse, *Les anciens commentateurs grecs des psaumes*, Studi e Testi 264, Cité du Vatican, 1970, p. 87) ; Jean Chrysostome, *Expositio psalmi 129*, v. 5, PG 55, col. 375 ; Théodoret de Cyr, *Interpretatio psalmi 129*, v. 5, PG 80, col. 1900 C ; Hésychius de Jérusalem, *Explanatio psalmi 129*, v. 5, *op. cit.* n. 8, p. 267 : τῇ γὰρ ἐλπίδι τοῦ ὀνόματος τοῦ θεοῦ πάντα ὑπομένει ὁ πιστὸς ἄνθρωπος.

[22] Hilaire de Poitiers, *Tractatus super psalmum 129*, v. 5, § 10, A. Zingerle (éd.), CSEL 22, Prague, Vienne, Leipzig, 1891, p. 655, l. 7–12 ; Augustin d'Hippone, *Enarratio in psalmum 129*, v. 5, § 3–5, F. Gori (éd.), CSEL 95, 3, Vienne, 2001, p. 252–257.

[23] Le modèle תורה «loi» est prêté de façon nominale à Théodotion par Jérôme (*Epistula 106*, 78. *Ad Sunniam et Fretelam*, texte cité n. 24). Il est anonyme chez Jean Chrysostome (texte cité n. 28). En revanche Théodoret de Cyr prête à Théodotion le modèle תירא «crainte» (*op. cit.* n. 21, col. 1900 D : ἀντὶ τοῦ ὀνόματος ὁ μὲν Ἀκύλας καὶ Θεοδοτίων φόβον ἡρμήνευσαν).

[24] Jérôme, *Epistula 106*, 78. *Ad Sunniam et Fretelam*, dans J. Labourt (éd., trad.), *Saint Jérôme. Lettres*, t. V, Paris, 1955, p. 141–142 : «Vous dites avoir trouvé dans le grec: "à cause de ton nom", et nous avouons que plusieurs exemplaires semblables se rencontrent. Mais comme nous attachons du prix à l'original, tel qu'il est en hébreu, nous devons dire tout simplement ce qui suit: au lieu de "nom" ou de "loi", on lit chez eux "thira", qu'Aquila a interprété: "crainte", Symmaque et Théodotion: "loi", songeant à "thora", à cause de la similitude des lettres *iod* et *vau*, qui se distinguent uniquement par la taille. La cinquième colonne a traduit: "terreur", la sixième: "parole"».

plus proche de l'hébreu, à savoir νόμου, à cause du témoignage de Symmaque et de Théodotion. Les enjeux qui ont poussé les traducteurs ou les copistes à privilégier une leçon et à éliminer l'autre dans la Septante et dans ses traductions latines anciennes ne sont pas évidents. La question est en réalité très complexe, car aucune des deux leçons ne représente l'hébreu tel qu'il nous a été transmis dans le texte reçu.

La variante νόμου-ὀνόματος n'est pas indifférente pour la prosodie. Le nombre plus important de syllabes dans ὀνόματος accroît la longueur du v. 5, qui est l'un des deux versets les plus longs de ce psaume, et il contribue à lui donner de l'importance. On peut également s'interroger sur les enjeux sémantiques et théologiques de la variante pour le v. 5 : ἕνεκεν τοῦ νόμου / ὀνόματός σου ὑπέμεινά σε, κύριε, ὑπέμεινεν ἡ ψυχή μου εἰς τὸν λόγον σου «à cause de ta loi/ton nom je t'ai attendu, Seigneur, mon âme a porté son attente vers ta parole».

Du côté latin, où il y a la leçon *legem*, selon Hilaire, le prophète met en regard la Loi juive et le Christ-Verbe : pour Hilaire, le prophète annonce dans ce verset la caducité de la Loi et l'accomplissement de la Loi dans le Christ-Verbe (cf. Rm 10,4). Le prophète, dit Hilaire, accomplit à cause de la Loi les sacrifices, les holocaustes, les sabbats, qui sont l'ombre des réalités à venir (cf. He 10,1), mais son âme a tenu bon en vue de la Parole de Dieu, ce qui veut dire qu'il attend avec une foi inspirée par l'Esprit, la venue du Fils de Dieu, qui est la Parole de Dieu, la Parole qui est Dieu[25].

Pour Augustin, en revanche, *legem* ne désigne pas la Loi de l'Ancien Testament, mais la loi de la charité instaurée par le Christ, charité qui a été annoncée dans le verset précédent «Car auprès de toi est l'expiation» (v. 4b). Selon Augustin, la Loi juive était bonne, sainte, juste, mais elle ne faisait que montrer au pécheur son péché et le rendait seulement débiteur de Dieu, alors que la loi de la charité, instaurée par le Christ et résumée dans la phrase du Notre Père, «Pardonne-nous nos péchés comme nous

---

[25] Hilaire de Poitiers, *Tractatus super psalmum 129*, v. 5, § 10, CSEL 22, p. 655, l. 11–20 (trad. de P. Descourtieux) : «L'accomplissement de la Loi, c'est le Christ, ce que montre le verset suivant. Il dit en effet : "Mon âme a tenu bon en vue de ta Parole". Le prophète accomplit les prescriptions matérielles de la Loi, celles des sacrifices, des holocaustes, des néoménies et des sabbats, qui sont dans leur ensemble l'ombre des réalités à venir, mais son âme a tenu bon en vue de la Parole de Dieu. Il le fait en raison de la Loi, ce qui signifie, comme je l'ai dit, qu'il accomplit matériellement les prescriptions de la Loi. C'est pourtant en vue de la Parole de Dieu que son âme tiendra bon, ce qui veut dire qu'il attend avec une foi inspirée par l'Esprit la venue du Fils de Dieu, qui est précisément la Parole de Dieu, la Parole qui est Dieu».

pardonnons aussi », rend le pécheur acteur de sa propre absolution, et elle le met en position d'espérer en la vie éternelle promise par le Christ (*uerbum* désigne ici la promesse de la vie éternelle)[26].

Du côté grec, pour Théodoret de Cyr[27] et Jean Chrysostome[28], qui citent le verset avec la leçon ὀνόματος, mais qui ont connaissance de la leçon νόμου, les différentes leçons du v. 5 ne changent pas le sens global du verset, dont ils tirent un enseignement moral. On remarque à nouveau que ces Pères ne sont pas perturbés par la pluralité textuelle.

Je termine cet exposé avec plus de questions à poser que de réponses à apporter. Le but de ce travail n'est pas de critiquer l'édition de Rahlfs, qui est très précieuse, mais de s'interroger sur certains choix éditoriaux. Il est difficile pour une entreprise éditoriale de rendre compte d'un texte vivant, qui a évolué et qui a présenté simultanément des leçons concurrentes. A l'instant présent je ne vois pas de solution miracle, à moins de faire une édition qui mette en regard sur la même ligne ou colonne les différentes leçons ; mais ce n'est pas très lisible. Le patrologue doit être en mesure de savoir lire l'apparat critique des éditions de la Septante, et de consulter plusieurs éditions.

---

[26] Cf. *op. cit.* n. 22.

[27] Théodoret de Cyr, *Interpretatio psalmi 129*, v. 5, PG 80, col. 1900D–1901A : « "A cause de ton nom je t'ai attendu, Seigneur, mon âme a porté son attente vers ta parole". A la place de "nom" Aquila et Théodotion ont traduit "crainte", et Symmaque "loi". Néanmoins le sens de ce qui est dit est évident. Il dit en effet : connaissant ta bonté (car tu as fais de la pitié une loi), je ne renonce pas à des espoirs meilleurs et j'attends patiemment la promesse des biens ».

[28] Jean Chrysostome, *Expositio psalmi 129*, v. 5 (trad. de J. Bareille légèrement modifiée, *Jean Chrysostome. Œuvres complètes*, t. IX, Paris, 1868, p. 495), PG 55, col. 375 : « "A cause de ton nom, je t'ai attendu, Seigneur. Mon âme a porté son attente vers ta parole. Mon âme a espéré dans le Seigneur". Une autre version porte : "A cause de ta loi". Une autre : "Afin que ta parole soit connue". Or voici l'explication de ces paroles : C'est en ta miséricorde, c'est en ton nom, c'est en ta loi que j'espère pour arriver au salut. Si je n'avais pour appui que mes œuvres, il y a longtemps que le désespoir aurait fait place à l'espérance ; mais je considère ta loi, je me rappelle ta parole, et l'espérance rentre dans mon cœur ».

QUELQUES PSAUMES DANS LES DOCUMENTS LITURGIQUES ANCIENS GÉORGIENS ET ARMÉNIENS

Charles Renoux

Les plus anciens monuments liturgiques géorgiens et arméniens font appel à de nombreux psaumes; c'est le cas des lectionnaires, des hymnaires et des Horologion (livre de l'Office des Heures) des xe–xie siècles qui ont été publiés depuis cinquante ans. Ces livres liturgiques, témoins des textes et du déroulement des cérémonies du culte chrétien de la Jérusalem des ive–ve siècles, offrent un intérêt biblique non négligeable, puisque leurs origines les rendent contemporains des premières grandes versions de l'Écriture utilisées alors par les Églises[1]. Le milieu palestinien d'où ils proviennent les met aussi au cœur de la première prédication des Livres Saints: à Jérusalem, écrit Eusèbe de Césarée dans son *Commentaire d'Isaïe*, «les mystères et les préceptes de la Nouvelle Alliance ont trouvé leur origine, et c'est de là qu'ils se sont répandus sur toute la terre[2]». La venue d'Origène à Jérusalem, dans les années 240–241, où il commenta au cours d'assemblées liturgiques les textes du premier livre des Rois, selon une distribution de péricopes que l'on retrouve dans la période pré-pascale des versions géorgienne et arménienne du Lectionnaire de Jérusalem[3], éveille aussi l'attention sur les textes psalmiques qui accompagnaient les lectures bibliques qu'il entendit ou qu'il commenta[4]. Il semble donc intéressant d'examiner le texte des psaumes de la

---

[1] Cf. L. Vaganay, *Initiation à la critique textuelle du Nouveau Testament*, 2e *édition, entièrement revue et actualisée par* C.-B. Amphoux, Paris, 1986, pp. 34–41, et G. Dorival, M. Harl, O. Munnich, *La Bible grecque des Septante. Du judaïsme hellénistique au christianisme ancien*, Paris, 1988, pp. 133–135. Sur l'existence à Jérusalem au ve siècle de monastères géorgiens et arméniens qui purent copier textes bibliques et liturgiques de la Ville Sainte, voir *Irénikon* 2007,/1, pp. 36–69: «Hymnographie géorgienne ancienne et Hymnaire de Saint-Sabas.»

[2] *In Isaiam* 1, 26, édition J. Ziegler, *Eusebius Werke. Neunter Band. Der Jesajakommentar*, Die griechischen christlichen Schriftsteller der ersten Jahrhunderte, Berlin, 1975, pp. 16, 29–31.

[3] *Homélies sur Samuel*. Édition critique, introduction, traduction et notes par P. et M.T. Nautin, Sources Chrétiennes 328; SC désormais, Paris, 1986.

[4] Cf. Ch. Renoux, «Origène dans la liturgie de Jérusalem», dans *Adamantius* 5 (1999), pp. 37–52.

liturgie hagiopolite des IVe–Ve siècles dont les anciens documents liturgiques géorgiens et arméniens sont demeurés des témoins privilégiés[5].

Dans les trois types de livres liturgiques mentionnés plus haut—lectionnaires, hymnaires et Horologion—, conservés en des manuscrits s'échelonnant du IXe au XIIe siècle, les versets psalmiques sont, malheureusement, rarement transcrits en entier, leurs incipits suffisant à des chantres qui sans doute les connaissaient par cœur. Les constatations que l'on peut faire à partir de ces fragments ne peuvent donc être que partielles, mais elles laissent entrevoir cependant que la Septante et la Peshitta n'expliquent pas tout des textes psalmiques géorgiens et arméniens. Ces pages n'ont d'autre prétention que d'en donner quelques exemples. On s'arrêtera d'abord au plus ancien Horologion géorgien connu, et ensuite, autant que le temps imparti le permettra, aux versions arménienne et géorgienne des Offices liturgiques du Grand Jeudi et du Grand Vendredi du Lectionnaire de Jérusalem et de l'*uzvelesi iadgari* (le plus ancien hymnaire); durant ces deux journées, la liturgie hagiopolite des IVe–VIIIe siècles dont ces documents sont les témoins comporte en effet de nombreux psaumes[6].

I. L'Horologion Sinaiticus ibericus 34

L'Horologion *Sinaiticus ibericus 34*, le plus ancien Horologion géorgien connu qui a fait l'objet en 2003 d'une thèse non encore publiée[7], a été copié en Palestine au cours des années 940–965[8], à la Grande Laure de Saint-Sabas du désert de Judée, laquelle dès sa fondation, en 483,

---

[5] *Idem*, «Jérusalem dans le Caucase: Antoine Baumstark vérifié», dans *Acts of the International Congress Comparative Liturgy fifty years after Anton Baumstark (1872–1948)*, edited by Robert-F. Taft & G. Winkler, Rome, 25–29 september 1998 (Orientalia Christiana Analecta 265; désormais OCA), Roma, 2001, pp. 305–321.

[6] Le travail récent de Claude E. Cox sur la version psalmique arménienne, «The Armenian Version and the Text old the Old Greek Psalter», n'a pas pris en considération ces textes psalmiques de la liturgie, et celui de A. Kharanauli, «Einführung in die georgische Psalterübersetzung», n'a fait que mentionner le problème (voir p. 251, note 20); ces deux contributions sont parues dans *Der Septuaginta-Psalter und seine Tochtübersetzungen*, Symposium in Göttingen 1997, herausgegeben von A. Aejmelaeus und U. Quast (Mitteilungen des Septuaginta-Unternehmens XXIV), Göttingen, 2000, pp. 174–247, et 248–308.

[7] Thèse conjointe Paris IV-Sorbonne, Institut Catholique de Paris et Institut Saint-Serge de Paris, de Stig Ragnvald Frøyshov.

[8] Cf. G. Garitte, *Le Calendrier Palestino-Géorgien du Sinaiticus 34* (Xe siècle), Subsidia Hagiographica n° 30, Bruxelles, 1958, pp. 15–21.

pratiquait le rite hiérosolymitain[9]. Le parcours de ce document offre peu de surprises quant au texte des psaumes ; sauf les trois exceptions que l'on va examiner, les textes psalmiques géorgiens renvoient en effet constamment à ceux de la Septante.

Le Psaume 33,6

Ce psaume qui a une longue histoire dans l'usage liturgique est connu, déjà au IVe siècle au dire de Cyrille de Jérusalem dans sa cinquième Catéchèse mystagogique[10], comme le psaume habituel du rite de communion, et effectivement, il apparaît pour un Office de communion (sans célébration eucharistique) dans l'Horologion *Sinaiticus 34*. Au lieu du texte de la Septante pour le verset Ps 33,6, προσέλθατε πρὸς αὐτόν, « approchez -vous de lui », texte qui est aussi celui de l'hébreu, des versions hexaplaires et de la Peshitta, on lit dans cet Horologion, მოვედით უფლისა, « approchez-vous du Seigneur »[11]. Cette lecture est aussi celle des plus anciens hymnaires géorgiens : le manuscrit H 2123, du IXe–Xe siècle, conservé à l'Institut des manuscrits K. Kékélidzé[12], et le *Sinaïticus 18*, du Xe siècle, du Couvent Sainte-Catherine[13]. Les commentaires patristiques de la sphère palestinienne (Cyrille et Hésychius de Jérusalem) et de son possible rayonnement extérieur (Origène, Eusèbe de Césarée, Basile) attestent tous la lecture de la Septante ou ne commentent pas le verset.

Or, et la version biblique du Psautier géorgien dans ses diverses formes[14], mise à part celle de Georges Mtatsmideli († 1065)[15] qui est

---

[9] Voir l'article cité dans la note 1.

[10] Cyrille de Jérusalem, *Catéchèses Mystagogiques*. Introduction, texte critique et notes de A. Piédagnel, SC 126bis, Paris, 1988, pp. 168–171 ; sur l'usage de ce psaume pour la communion des fidèes, voir Robert F. Taft, *A History of the Liturgy of St. John Chrysostom*, vol. V : *The Precommunion Rites* (OCA 216), Rome, 2000, pp. 284–286.

[11] Le texte de la cinquième *Catéchèse mystagogique* attribuée à Cyrille de Jérusalem ne mentionne pas ce verset.

[12] Cf. E. Met'reveli, C. Cank'ievi, L. Xevsuriani, L. Djgamaïa, *Catalogue des manuscrits liturgiques, collection du Sinaï*, vol. 1, Tbilisi, 1978 (en géorgien), pp. 229–239.

[13] Cf. E. Met'reveli, C. Cank'ievi, L. Xevsuriani, უზველესი იადგარი, Tbilisi, 1980 (en géorgien), p. 61, 29 (désormais *Hymnaire*).

[14] Cf. M. Shanidzé, *Les anciennes recensions géorgiennes du Psautier d'après des manuscrits des Xe–XIIIe siècles. I, Texte* (Monuments de l'ancienne langue géorgienne 11 ; désormais : *Les anciennes recensions géorgiennes*), Tbilisi, 1960, p. 79 (en géorgien). Sur les trois formes du Psautier géorgien qui ne doivent pas être prises pour des « recensions » de types de texte entièrement différents, voir G. Garitte, « Une édition critique du psautier géorgien », dans *Bedi Kartlisa* XI–XII, n° 36–37, 1961, pp. 12–20.

[15] Sur cet auteur qui traduisit des livres bibliques, voir M. Tarchnichvili, *Geschichte der kirchlichen georgischen Literatur* (Studi e Testi 185), Città del Vaticano, 1955, pp. 154–174.

reprise dans la récente édition du Psautier géorgien par Monsieur Edi-
sher Chélidzé[16], et la version biblique arménienne de Zohrapean[17] sans
variante pour ce verset Ps 33,6, connaissent toutes deux la lecture de
l'Horologion *Sinaiticus 34* : მოვედით უფლისა, მატიჰ ատ Stp,
« approchez-vous du Seigneur »[18]. Ces deux versions bibliques, géorgienne et arménienne, correspondent donc à un texte liturgique hiérosolymitain que ne connaissent ni la Septante, ni la Peshitta[19].

Le Psaume 102,1

L'accord précédent des versions bibliques géorgienne et arménienne sur
la base d'un texte liturgique différent de la Septante n'est pas constant
cependant. Pour la prière de la sixième Heure de la nuit, l'Horologion
Sinaiticus 34 prévoit la récitation du Psaume 102 dont il conserve presque
en entier le premier verset : აკურთხევ სული ჩემი უფალსა და
ყოველი გონებაჲ ჩემი, « bénis, mon âme, le Seigneur et tout mon
esprit ». Cette lecture est aussi celle des diverses formes de la version
biblique géorgienne[20] et elle correspond aussi au texte de la Septante, la
locution grecque, πάντα τὰ ἔντος μου, « tout ce qui (est) au-dedans de
moi », étant traduite en géorgien par გონებაჲ ჩემი, « mon esprit ».

Ce même verset de psaume, au programme de la version arménienne
du Lectionnaire de Jérusalem, le 9 mai pour la fête des Enfants de Bethléem[21], revêt par contre la forme suivante : Աւրհնեա անձն իմ զՏէր
և ամենայն ոսկերք իմ, « Bénis, mon âme, le Seigneur et tous mes os »[22].
C'est aussi le texte de la version biblique arménienne de Zohrab (sans

---

[16] « მოვედით მისა, *approchez vous de lui* » ; cf. E. Chelidze, *Les Psaumes. Nouvelle
édition, revue et préparée par E. Chelidze*, Tbilisi, 2006 (en géorgien), p. 49.

[17] Cf. Y. Zohrapean, *Astuacacunc' Matean Hin ew Nor Ktakaran*, Venise, 1905 (désormais Zohrab).

[18] C'est aussi la lecture du *Psautier liturgique* arménien (cf. *Livre des Heures de la
Sainte Église arménienne*, Jérusalem (en arménien), 1915, p. 37). A. Baumstark, « Der
armenische Psaltertext, sein Verhältnis zum syrischen der Peshîttä und seine Bedeutung
für die LXX-Forschung », dans *Oriens Christianus*, dritte Serie, Band II (1927), p. 152,
signale cette lecture à laquelle il ajoute des témoins latins et arabes ; les autres psaumes
des textes liturgiques examinés ici n'apparaissent pas dans son étude.

[19] Et ces deux versions ne signalent pas la variante *Seigneur* ; Cyrille de Jérusalem ne
mentionne pas ce verset Ps. 33,6.

[20] Cf. *Les anciennes recensions géorgiennes*, p. 275.

[21] Ni l'hymnaire géorgien ancien, ni la version géorgienne du *Lectionnaire de
Jérusalem* n'indiquent ce psaume pour la commémoraison des Enfants de Bethléem.

[22] Cf. A. Renoux, *Le codex arménien Jérusalem 121 II. Édition comparée du texte
et de deux autres manuscrits* (Patrologia Orientalis, tome XXXVI, fascicule 2, n° 168 ;
désormais LA 168), Turnhout, 1971, p. 336. Dans son étude sur les psaumes arméniens

variantes) et, de même, de la Peshitta, *barek naphshi lmorio wekulhun gar-may*, « Bénis, mon âme, le Seigneur et tous mes os »[23]. Cette lecture n'est attestée par aucun des commentaires patristiques mentionnés précédem-ment. Les textes arméniens du Lectionnaire et de la version biblique de Zohrab sont donc en lien avec la version syriaque à partir de laquelle fut réalisée la première traduction de la Bible en arménien[24].

Le Psaume 131,8

Dernier exemple tiré de l'Horologion géorgien *Sinaiticus 34* : le Psaume 131,8, récité à l'Office de la première Heure de la nuit (l'équivalent des Complies du rite romain). Le texte géorgien possède la forme suivante : აღდეგ, უფალო, განსასუენებელად შენდა, შენ და კიდობანი სიწმიდისა შენისაო, « Lève-toi, Seigneur, vers le repos, toi et l'arche de ta sainteté »[25]. C'est aussi, à une légère différence près, le texte de la Septante : « Lève-toi, Seigneur, vers **ton** repos, toi et l'arche de ta sainteté », texte qui est aussi celui des trois formes de la version biblique géorgienne[26].

Le même verset figure dans la version arménienne du Lectionnaire de Jérusalem pour le 15 août, fête de la Théotokos. Les trois manuscrits arméniens du document hiérosolymitain donnent le texte suivant : Արի Տէր ի հանգիստ քո, դու և կտակարանք սրբութեան քո, « Lève-toi, Seigneur, vers ton repos, toi et le testament de ta sainteté »[27] ; c'est aussi la lecture de la version de Zohrab. Les versions bibliques géorgienne et arménienne n'ont donc pas le même langage vis-à-vis d'un texte de la Septante : la géorgienne renvoie à la Septante, l'arménienne en diffère par la finale du verset.

---

faite à partir de manuscrits dont les plus anciens sont du XIIIᵉ siècle, L.H. Petrosyan signale cette variante (cf. *La traduction des psaumes arméniens et son original*, dans *Ejmiacin* 1975, IV, p. 61 ; en arménien).

[23] Sur les relations entre la version arménienne des psaumes et le texte syriaque, base de la première traduction de la Bible en arménien, voir la bibliographie de Manuel M. Jin-bachian, *Les techniques de traduction dans la Genèse en arménien classique* (Bibliothèque Arménienne de la Fondation Calouste Gulbenkian), Lisbonne, 1998, pp. 32–35.

[24] Cf. S. Lyonnet, *Les origines de la version arménienne et le Diatessaron* (Biblica et Orientalia 13), Roma, 1950, et L. Leloir, « Versions arméniennes », dans *Dictionnaire de la Bible, Supplément*, tome 6, Paris, 1960, colonnes 810–818.

[25] Le texte figure aussi dans le *iadgari* et la version géorgienne du *Lectionnaire de Jérusalem*, mais il y est réduit à deux ou trois mots.

[26] Ce verset est aussi dans la version géorgienne du *Lectionnaire de Jérusalem*, pour la fête du 25 décembre (LG 188–189, n° 24), mais l'incipit qui ne comporte que trois mots est insuffisant.

[27] LA 168, p. 254.

Cette finale a reçu différentes formulations. Dans la Septante, on lit:
« Toi et l'arche de ta sainteté »; en hébreu, dans Aquila, Symmaque et
la Peshitta: « Toi et l'arche de ta force ». Zohrab, dans l'apparat de son
édition, apporte une autre variante: Արի Տէր ի հանգիստ քո, դու և
տապանակ կտակի սրբութեան քո, « Lève-toi, Seigneur, toi et l'arche
du testament de ta sainteté »; il n'indique pas sa source, mais il s'agit
d'un manuscrit arménien de l'Office des Heures, car les livres liturgiques actuels de la liturgie des Heures comportent cette lecture[28]. D'où
proviennent ces formulations arméniennes: « Testament de ta sainteté »,
et « Arche du testament de ta sainteté », expressions apparemment différentes de celle des textes grec et géorgien: « Arche de ta sainteté »?
Les deux lectures arméniennes précédentes existent, répétons-le, et dans
la version biblique arménienne de Zohrab, et dans la version arménienne du Lectionnaire de Jérusalem dont les manuscrits sont antérieurs
à ceux de la Bible de Zohrab[29]. Il faut remarquer cependant que deux
vocables arméniens de ces formules, կտակարան et կտակ, qui signifient tous deux « testament », ont pour même substrat grec le terme δια-
θήκη, « alliance »; on pourrait donc traduire les deux formulations arméniennes de la façon suivante: « Toi et l'alliance de ta sainteté », et « Toi et
l'arche d'alliance de ta sainteté ».

À première vue, il faut écarter l'hypothèse que ces deux lectures soient
celles d'un Psautier hiérosolymitain, puisque Hésychius et Chrysippe de
Jérusalem, qui tous deux, au ve siècle, commentent ce verset Psaume
131,8, dans leurs homélies grecques de Sancta Maria Deipara pour le 15
août[30], ont une formulation exactement conforme au texte de la Septante:
« Toi, et l'arche de ta sainteté »[31]. Cette expression est aussi celle qui figure
dans les autres commentaires patristiques de mouvance palestinienne. La
lecture que font les textes bibliques et liturgiques arméniens de la finale
du verset Psaume 131,8, dont nous n'avons trouvé aucun témoin, serait-
elle simplement le résultat d'un aménagement liturgique, adaptation
effectuée pour la liturgie de la fête du 15 août, puis passée dans des

---

[28] Cf. Livre des Heures, p. 159.

[29] Le Venise 1508, base de l'édition de Zohrab, date de l'année 1319 (cf. Claude E. Cox,
loc. cit., [note 6], pp. 174–176), et le plus ancien des manuscrits du Lectionnnaire de
Jérusalem, du IXe–Xe siècle.

[30] Cf. M. Aubineau, Les Homélies festales d'Hésychius de Jérusalem (Subsidia Hagiographica, n° 59), Bruxelles, 1978, pp. 162–165, et M. Jugie, Homélies mariales byzantines. Textes grecs édités et traduits en latin, (Patrologia Orientalis, tome 19), Paris, 1926,
pp. 336–343.

[31] Il se pourrait cependant que des copistes aient remplacé le texte biblique primitif de
ces deux homélies grecques par celui de la Septante.

manuscrits bibliques arméniens ? La Théotokos étant par l'Incarnation en elle du Verbe de Dieu « l'Alliance de la sainteté » de Dieu avec l'humanité ou encore « l'Arche d'alliance » portant « la sainteté » de Dieu, la variante biblique serait ainsi un théologoumène d'origine liturgique. Il est impossible de prendre position.

II. Lectionnaires et Hymnaires

Un matériau psalmique abondant existe aussi dans les lectionnaires et hymnaires géorgiens et arméniens pour les Offices liturgiques du Grand Jeudi et du Grand Vendredi décrits par la pèlerine Égérie dans son récit des années 381–384, et dont le Lectionnaire de Jérusalem en version géorgienne et en version arménienne, ainsi que l'უძველესი იადგარი (le plus ancien Hymnaire géorgien), font connaître les textes.

A. *L'Office du Grand Jeudi*

Le long Office de la vigile nocturne au Mont des Oliviers, le soir du Grand Jeudi, est divisé en cinq sections qui comprennent chacune trois psaumes, mais nous n'avons, là encore, que les incipits du premier psaume de chaque section. Voici, hormis les variantes de formes grammaticales, celles que l'on rencontre dans ces psaumes.

Le Psaume 2,2b

À la différence du texte de la Septante, de la Peshitta, de la version biblique géorgienne, et des anciens documents liturgiques géorgiens (Lectionnaire de Jérusalem et Hymnaire) qui lisent la seconde partie du verset Psaume 2,2, de la façon suivante : « Les princes se sont mis ensemble contre le Seigneur et son Oint », la version biblique arménienne dans l'une de ses variantes et le texte arménien du Lectionnaire de Jérusalem sont ainsi rédigés : իշխանք ժողովրդոց ժողովեցան ի միասին վասն Տեառն և վասն աւծելոյ նորա, « Les princes **des peuples** se sont assemblés au sujet du Seigneur et au sujet de son Oint »[32]. Aucun commentaire patristique ne reprend cette lecture, « les princes des peuples ». S'agit-il d'une contamination du verset provoquée par le souvenir du verset du Psaume 46,10a : « Les princes des peuples se sont unis au Dieu d'Abraham », ou bien d'une dépendance de la version arménienne

[32] Cf. LA 168, p. 270. L'édition de Zohrab, qui a un texte identique à la *Septante*, possède cette lecture en apparat.

vis-à-vis du Lectionnaire de Jérusalem dont les manuscrits sont antérieurs à ceux de la Bible arménienne[33]? Et dans l'hypothèse d'une telle
dépendance, s'agirait-il d'une adaptation liturgique ou d'une variante
inconnue? Il est impossible de répondre.

Le Psaume 40,9a

Ce Psaume 40,9a offre un cas éclairant sur la ressemblance des *psautiers
liturgiques* géorgien et arménien. En traduction littérale, le texte de la
Septante, λόγον παράνομον κατέθεντο κατ' ἐμοῦ, peut se traduire ainsi:
« ils ont placé une parole inique contre moi ». Même texte, en hébreu,
dans la Peshitta, les versions bibliques arménienne et géorgienne ainsi
que dans les commentaires patristiques.

Or, dans la version arménienne du Lectionnaire de Jérusalem où ce
verset est bien précédé de l'indication « Psaume 40 », le texte du verset Ps
40,9a, présenté comme un refrain qui va accompagner chacun des versets
de ce Psaume, est le suivant: Բանն անաւրէնութեան եդին ի վերայ
իմ, Տէր, Տէր մի թողուր զիս, « ils ont placé une parole inique contre
moi, Seigneur, Seigneur, ne m'abandonne pas »[34]. Le texte est identique
dans la version géorgienne du Lectionnaire de Jérusalem et dans l'*uzvelesi iadgari* (le plus ancien Hymnaire): სიტყუაჲ ჰრჩულოებისაჲ
დამდგეს ჩემ ზედა, უფალო, უფალო ნუ დამაგდებ მე[35], « ils ont
placé une parole injuste contre moi, Seigneur, Seigneur, ne m'abandonne
pas ». Cette rencontre psalmique entre documents liturgiques géorgiens
et arméniens manifeste bien qu'ils proviennent de la même source: la
liturgie en grec du rite hiérosolymitain du Vᵉ siècle.

Mais on ne peut pas prendre cette rédaction du Psaume 40,9, propre
aux documents liturgiques géorgiens et arméniens, comme l'attestation
d'une réelle variante biblique: les versions arménienne et géorgienne de
la Bible et les commentaires patristiques l'ignorent en effet. Au verset
Psaume 40,9, est clairement accolé, dans ces deux textes liturgiques
géorgien et arménien, le début du verset Ps 37,22: μὴ ἐγκαταλίπῃς
με, « ne m'abandonne pas ». Cet assemblage n'a d'autre mérite que de
manifester ce qu'était le Psautier liturgique de l'Église de Jérusalem au
IVᵉ-Vᵉ siècle, un livre dont les rédacteurs pratiquaient le procédé de
« centonisation » des textes.

---

[33] Voir *supra*, note 27.
[34] Cf. LA 168, pp. 270-271.
[35] Cf. LG 188-189, n° 646, et LG 205-205, App. I. n° 65; *Hymnaire*, p. 191,17.

Le Psaume 58,2

Le verset Ps 58,2, offre un autre cas de «centonisation» qui n'est constatable que dans la version arménienne du Lectionnaire de Jérusalem, l'incipit géorgien du même psaume étant trop bref[36].

Ce verset est ainsi rédigé dans toutes les versions bibliques: «Délivremoi de mes ennemis, ô Dieu, et rachète-moi de ceux qui se lèvent contre moi». Dans la version arménienne du Lectionnaire de Jérusalem, le texte présenté là encore comme un refrain destiné à accompagner les versets du psaume, est ainsi rédigé: փրկեա զիս ի թշնամեաց իմոց Աստուած, և ապրեցոյ ի հալածչաց իմոց, «Délivre-moi de mes ennemis, ô Dieu, et sauve-moi de mes persécuteurs[37]». La finale de ce texte, «Sauve-moi de mes persécuteurs», est empruntée au Psaume 7,2: «Sauve-moi de tous mes persécuteurs». Les diverses versions bibliques du Psaume 58,2, et les commentaires patristiques ignorent cet ajout.

Le Psaume 87,6b

Toujours dans le même Office liturgique, le refrain du Psaume 87,6b, des versions géorgienne et arménienne du Lectionnaire de Jérusalem présente aussi le même procédé de «centonisation». Aux premiers mots du verset Ps 87,6b: «Eux ont été écartés de ta main», est joint le texte suivant emprunté au Psaume 78,13: «Mais nous (nous sommes) ton peuple et le troupeau de ton pâturage[38]». Pareil regroupement n'est attesté dans aucune version biblique.

B. *Le Grand vendredi*

Dans la matinée du Grand Vendredi se tenait à Jérusalem, aux IVe-Ve siècles, un long Office de la Commémoraison de la mort du Christ composé de huit sections, chacune d'elles débutant par un psaume, suivi d'une lecture de l'Ancien Testament, puis d'une autre péricope tirée des Épîtres de Paul, et, pour conclure les quatre dernières sections, un texte évangélique[39]. Les psaumes de cet Office, conservés identiquement dans les anciens documents liturgiques géorgiens et arméniens (lectionnaires et hymnaires), manifestent pour plusieurs d'entre eux des différences par rapport à la Septante. Nous les examinons dans l'ordre liturgique selon lequel ils se présentent.

---

[36] Cf. LG 204–205, App. I., n° 103.
[37] Cf. LA 168, p. 270.
[38] Cf. LA 168, p. 272; LG 204–205, App. I, n° 105.
[39] Cf. LA 168, pp. 280–293, et LG 188–189, n° 665–698.

Le Psaume 34,11

Le verset 11 du Psaume 34 est ainsi rédigé dans la Septante : ἀναστάντες μάρτυρες ἄδικοι ἃ οὐκ ἐγίνωσκον ἠρώτων με, « des témoins injustes (ou iniques) se levant me demandaient ce que je ne savais pas » ; le texte de la Peshitta présente la même rédaction[40]. La version biblique géorgienne est un peu différente : აღდგეს ჩეჰ ზედა მოწამენი სიცრუვისანი[41] და რაჲ არა უწყოდე მკითხვიდეს მე, « se levèrent contre moi des témoins de mensonge et ils me demandaient ce que je ne savais pas ». La version arménienne revêt, à une différence près, la même facture : յարեան ի վերայ իմ վկայք չարեաց, զոր ինչ ոչ գիտէի հարցանէին զիս, « se levèrent contre moi des témoins de méchanceté, ils me demandaient ce que je ne savais pas ». Parmi les commentaires patristiques cités précédemment, Eusèbe de Césarée qui commente ce verset s'accorde avec la lecture de la Septante[42] ; nous reviendrons sur Hésychius de Jérusalem.

Trois différences par rapport aux textes grec et syriaque caractérisent ce verset. La première concerne le qualificatif qui est donné aux témoins : « témoins iniques (ou injustes) », dans la Septante et la Peshitta. Dans la version biblique géorgienne on lit : მოწამენი სიცრუვისანი, « des témoins de mensonge », formulation que l'on trouve aussi dans *l'uzvelesi iadgari* (le plus ancien Hymnaire) géorgien[43]. Cette lecture, « témoins de mensonge », ne doit pas être prise cependant pour une variante par rapport au texte de la Septante. Il faut signaler en effet que le terme grec ἄδικος de ce Psaume 34,11 est traduit parfois en géorgien par სიცრუვე, « mensonge », par exemple dans la version biblique géorgienne de Romains 3,5b. La lecture géorgienne, სიცრუვე, « mensonge », ne revêt donc pas un sens différent d'ἄδικος de la Septante, « inique, injuste ». Quant au texte de la version biblique arménienne, վկայք չարեաց, « des témoins de méchanceté », il ne semble pas réductible à ceux de la Septante et de la Peshitta (des témoins iniques), et il n'existe pas de terme semblable connu, nous semble-t-il[44]. La version

---

[40] « des témoins, d' wlo, d'iniquité ».

[41] La version de Georges Mtatsmideli indique : « ცრუნი, *faux* », lecture reprise dans l'édition E. Chelidze.

[42] PG 23, 300–301.

[43] Cf. *Hymnaire*, p. 200, 13 ; le texte de la version géorgienne du *Lectionnaire de Jérusalem* est interrompu après le mot *témoin* (cf. LG, 188–189, n° 669b, et LG 204–205, App. I, n° 131).

[44] Dans leurs études sur la version arménienne des psaumes, A. Baumstark, L. Ter Petrosyan et Claude E. Cox ne mentionnent pas ce verset.

arménienne du Lectionnaire de Jérusalem n'est d'aucun recours ici; on y lit en effet: վկայբ անիրաւբ, « des témoins iniques », lecture qui correspond au texte de la Septante et de la Peshitta[45]. Les versions bibliques géorgienne et arménienne n'attribuent donc pas la même qualification aux « témoins » du verset Ps 34,11, et ici elles n'ont pas de relation entre elles.

La deuxième différence de ce verset Ps 34,11, par rapport à la Septante et à la Peshitta, concerne la présence, et dans la Bible géorgienne et dans la Bible arménienne, de la lecture « (des témoins iniques se levèrent) **contre moi** ». Or, dans la version géorgienne du Lectionnaire de Jérusalem et *l'uzvelesi iadgari* (le plus ancien Hymnaire), ainsi que dans le plus ancien manuscrit de la version arménienne du Lectionnaire de Jérusalem[46], documents liturgiques dont les manuscrits sont antérieurs ou contemporains des manuscrits des versions bibliques arménienne et géorgienne, figure aussi cette lecture **contre moi**[47]. Et pour ajouter à l'intérêt de cette rencontre, il faut aussi signaler que dans le *De titulis Psalmorum* d'Hésychius de Jérusalem[48], on lit également ἀναστάντες μοι μάρτυρες ἄδικοι, « des témoins injustes se levant **contre moi** »[49], lecture qu'attestent aussi la version sahidique, deux Psautiers latins[50] et Théodore de Mopsueste. Cette variante du texte biblique et liturgique, en géorgien comme en arménien, par rapport à la Septante et la Peshitta, possède donc une existence ancienne.

Enfin pour la finale de ce verset Ps 34,11, la lecture de la Septante et de la Peshitta : « ils me demandaient ce que **je ne savais** pas », lecture qui résulterait d'une interprétation fautive du texte hébreu[51], est aussi

---

[45] La version géorgienne du *Lectionnaire de Jérusalem* est trop brève (cf. LG 188–189, n° 669, et LG 204–205, App. I. n° 131).

[46] Le manuscrit Paris 44 du IXe-Xe siècle (cf. LA 168, pp. 157–159); qu'à propos du même texte les rédactions bibliques soient différentes montre bien que celles-ci ont été modifiées par les copistes, ramenées sans doute au texte alors reçu.

[47] Cf. LA 168, p. 282; LG 188–189, n° 669b, 671, et LG 204–205, App. I, n° 131; *Hymnaire*, p. 200, 13.

[48] Sur cette œuvre, mise sous le nom d'Athanase d'Alexandrie et qu'il faut restituer à Hésychius de Jérusalem, voir R. Devreesse, *Les anciens commentateurs grecs des Psaumes* (Studi e Testi 264), Città del Vaticano, 1970, pp. 243–249, et M.-J. Rondeau, *Les commentaires patristiques du Psautier (IIIe-Ve siècles)* (OCA 219), Roma, 1982, pp. 137–143.

[49] Cf. PG 27, 777A.

[50] Il s'agit du *Psalterium juxta Hebreos* et du *Psalterium Romanum* (Collectanea Biblica Latina, vol. X et XI), Romae, 1953 et 1954, pp. 50 et 69.

[51] Cf. L. Jacquet, *Les Psaumes et le cœur de l'homme. Étude textuelle, littéraire et doctrinale*, tome 1, 1975, p. 731.

celle des versions bibliques arménienne et géorgienne. On ne peut ici avoir recours aux anciens documents liturgiques géorgiens, leur incipit étant trop bref. Par contre, le Lectionnaire de Jérusalem en version arménienne, mais en deux des trois manuscrits seulement[52], présente ainsi la finale du verset: զոր իՔ ոՔ գիտէիՆ հարցանէիՆ, « ils me demandaient ce **qu'ils ne savaient pas**[53] ». Aucun des commentaires patristiques mentionnés auparavant ne reprend cette lecture. Mais deux Psautiers géorgiens manucrits l'intègrent, les Tsagareli 2 et 4 du xᵉ siècle[54], mentionnés dans l'édition de Madame Shanidzé[55]: რაჲ არა უწყოდეს მკითხვიდეს, « ils me demandaient ce qu'ils ne savaient pas ». La lecture de ces deux Psautiers géorgiens est donc sortie de son isolement par une rencontre avec un ancien texte liturgique arménien du xᵉ siècle également. Est-ce la dépendance commune vis-à-vis des textes de la liturgie hagiopolite qui en est la cause? On ne saurait répondre.

Le Psaume 37,18

Signalons brièvement les formes de traductions existant pour deux mots de ce verset dans les documents liturgiques hiérosolymitains anciens géorgien et arménien. Dans la *Septante*, on lit: ὅτι ἐγὼ εἰς μάστιγας ἕτοιμος, καὶ ἡ ἀλγηδών μου ἐνώπιόν μου διὰ παντός, « car me voici prêt pour les coups et ma souffrance (est) toujours devant moi ».

Le terme grec μάστιγας est traduit correctement en arménien par տանջանս, « souffrances ». En géorgien, la traduction, différente du grec, გუემად, « ad flagellandum », ressemble à la Vulgate, *in flagella*, et se rapproche de la Peshitta, *lhso*, « ad patiendum ».

Le διὰ παντός grec, « en tout, toujours », est bien rendu en géorgien par მარადის, « toujours »; mais en arménien, on lit յամենայն ժամ, « à toute heure (ou en tout temps) », ce qui est proche de la Peshitta, *bklo ben*, « en tout temps ».

---

[52] Le manuscrit Paris 44 du ixᵉ-xᵉ siècle, et le manuscrit Érévan 985 du xᵉ (cf. pp. 157–160).

[53] Cf. LA 168, p. 282; le texte du manuscrit Jérusalem 121 de 1192, le plus récent (*ibidem*, pp. 155–157), est ici identique à celui de la *Septante*.

[54] Le Tsagareli 2 de Gratz et le Tsagareli 4 (cf. M. Shanidzé, *op. cit.*, pp. 020 et 021–022); le Tsagareli 4 est le codex 29 du Sinaï dans le catalogue de G. Garitte, *Catalogue des manuscrits géorgiens littéraires du Mont Sinaï* (Corpus Scriptorum Christianorum Orientalium 165), Louvain, 1956, pp. 7 et 66–69.

[55] Cf. M. Shanidzé *Les anciennes recensions géorgiennes*, p. 83.

CONCLUSION

En dehors des cas de « centonisation» d' origine liturgique, les textes psalmiques des liturgies anciennes géorgienne et arménienne peuvent présenter quelque intérêt pour l' étude des versions bibliques géorgienne
et arménienne. L' enquête précédente sur quelques versets seulement de
psaumes des anciens documents liturgiques géorgiens et arméniens est
évidemment trop restreinte, mais elle montre cependant qu'à côté de
formulations particulières résultant d' adaptations liturgiques, il en est
d' autres qui ne correspondent ni à la Septante, ni à la Peshitta. Ces versets
de psaumes, provenant du rite hiérosolymitain ancien et utilisés comme
refrains à l' intérieur du psaume auquel ils se rapportent, étaient chantés[56]. Les mélodies les ont figés dans une rédaction qui diffère parfois
de celle des grandes versions bibliques; il faut d' ailleurs remarquer, en
confirmatur, que nombre de ces refrains psalmiques géorgiens et arméniens se retrouvent sous la même forme dans le *Typicon de l' Anastasis*, un
document liturgique grec de Jérusalem qui représente un état de la liturgie hiérosolymitaine antérieur au xe siècle[57]. Comme le laisse entendre
Cyrille de Jérusalem lorsqu' il parle des « psalmodieurs» de son Église[58],
un Psautier liturgique grec devait exister dès le ive siècle, psautier dont
la version pouvait être aussi complexe que celle des Évangiles, comme
l' a montré Roderic J. Mullen en étudiant les citations évangéliques des
Catéchèses de Cyrille de Jérusalem[59]. Des particularités psalmiques géorgiennes et arméniennes pourraient donc dépendre des textes bibliques du
rite hagiopolite ancien, puisque la liturgie des deux Églises, géorgienne
et arménienne, tire son origine de celle de la Ville Sainte[60].

---

[56] Cyrille de Jérusalem mentionne les ψαλμῳδοί dans sa *Catéchèse* XIII, 26 (PG 33,
804C); voir aussi la *Vie de Théodosios* de Cyrille de Scythopolis qui fait état des ψάλται
des églises de Jérusalem (cf. Ch. Renoux, «Les ministres du culte à Jérusalem au IVe et au
Ve siècle», dans *Bibliotheca Ephemerides Liturgicae, Subsidia* 9, Roma, 1977, pp. 253–267).

[57] Édition A. Papadopoulos-Kerameus, Ἀναλεκτὰ Ἱεροσολυμιτικῆς Σταχυολογίας,
t. 2, Saint-Pétersbourg, 1894, pp. 1–254; pour la datation de ce document, voir l' étude
de A. Baumstark, «Heiligtümer des byzantinischen Jerusalem nach einer übersehenen
Urkunde», dans *Oriens Christianus* 5 (1905), pp. 227–289; voir aussi l' exposé fait en
2005 à l' International Conference on the Armenian Bible d' Ejmiacin: «Les psaumes de
l' Office de la Commémoraison de la mort du Christ, le Grand vendredi» (à paraître).

[58] Voir note précédente.

[59] Roderic J. Mullen, *The New Testament Text of Cyril of Jerusalem* (The New Testament
in the Greek Fathers 7), Atlanta, 1997.

[60] Cf. Ch. Renoux, «Jérusalem dans le Caucase. Anton Baumstark vérifié», pp. 305–
321, et «Un bilan provisoire sur l' héritage grec du rite arménien», dans *Le Muséon* 116
(2003), pp. 53–69.

Pour conclure, il faut aussi souligner, en référence à plusieurs des particularités psalmiques examinées précédemment et à d'autres non prises
en compte ici[61], que les versions bibliques arménienne et géorgienne des
psaumes ont entre elles, hors Septante et Peshitta, des ressemblances qui
s'expliquent par leur dépendance commune vis-à-vis du rite hiérosolymitain adopté au Ve siècle. Pour toutes ces raisons, il semble que les
textes bibliques des manuscrits liturgiques anciens, arméniens et géorgiens, offrent à étudier un vaste domaine encore à peu près inexploré.

---

[61] Cf. « Les psaumes de l'Office de la Commémoraison de la mort du Christ, le Grand
vendredi», voir note 57.

PART II

THE GOSPELS / ÉVANGILES

QU'EST-CE QUE LE TYPE DE TEXTE « CÉSARÉEN » ?

Christian-B. Amphoux

Préliminaires

Les versions géorgiennes de la Bible, en général, et celles du Nouveau Testament, en particulier, n'ont pas fini d'étonner et de faire parler d'elles : elles figurent parmi les principaux témoins de la partie de la tradition textuelle la plus récemment identifiée et encore largement méconnue : le type de texte « césaréen », ainsi nommé, dans l'étude parue en 1928 de Kirsopp Lake, Silva New et Robert Blake et appliquée à des échantillons de Marc[1] : les auteurs ont repéré dans l'œuvre d'Origène, installé à Césarée entre 230 et 250 environ, les variantes d'un texte non alexandrin, qui s'accorde avec celui de plusieurs manuscrits grecs et de certaines versions orientales, arménienne et géorgienne en particulier. Le qualificatif « césaréen » signifie donc que le premier témoin de ce type de texte est localisé à Césarée, ce n'est pas une indication d'origine. Et ce type est attesté avant les bibles grecques du IVe siècle, qui sont la base du texte édité, le Sinaïticus (‭א‬.01) et le Vaticanus (B.03)[2] ; plus précisément, le type « césaréen » existe vers 200, il est donc contemporain de la copie des premiers papyrus retrouvés en Egypte au cours du XXe siècle.

Il y a une trentaine d'années, le type de texte « césaréen » m'a valu d'aller passer quelques nuits à l'abbaye de Solesmes, pour y rencontrer Bernard Outtier et d'initier une collaboration qui n'a jamais cessé. Le texte en cause n'était pas l'évangile de Marc, mais l'épître de Jacques, dont j'avais découvert, grâce à Joseph Molitor, que la version géorgienne s'accordait avec un groupe de manuscrits médiévaux, dont le min. 1739 (Xe s.), et il s'agissait de mettre au point la liste des variantes communes, dans une publication qui parut en 1984[3]. Pour Jacques, l'intérêt

---

[1] « The Caesarean Text of the Gospel of Mark », *Harvard Theol. Rev.* 21/4 (1928) pp. 207–404.

[2] Sur ces manuscrits et les suivants, voir C.-B. Amphoux (éd.), *Evangile de Marc. Recherches sur les versions du texte* (= *Mélanges de science religieuse* 56/3), Lille, 1999.

[3] « Les leçons des versions géorgiennes de l'*Epître de Jacques* », *Biblica* 65/3, pp. 365–376.

des manuscrits géorgiens ne se limite pas à la présence de variantes anciennes, il est plus encore dans le témoignage de la tradition liturgique de Jérusalem : grâce au découpage des lectures attesté par les lectionnaires géorgiens, j'ai pu rétablir une division ancienne de l'épître qui révèle une grande œuvre du premier christianisme, alors que les divisions qui prévalent à partir du IVe siècle font de cette épître un écrit mineur, sans grande originalité. Et depuis cette première étude, je n'ai cessé de penser que la version géorgienne avait beaucoup à nous dire sur les débuts de l'histoire du texte du Nouveau Testament.

Pour les évangiles, la documentation manuscrite est plus complète que pour Jacques. Nous disposons, en particulier, d'un remarquable témoin du « texte occidental », le Codex de Bèze (D.05), bilingue grec-latin copié vers 400[4] et reproduisant un texte très proche de celui dont dispose Irénée de Lyon, à partir des années 170, autrement dit avant les premiers papyrus et les premières traces du type de texte « césaréen ». La première version latine des évangiles est attestée vers 180 à Carthage et suit un modèle « occidental » ; il existe au IVe siècle une première version syriaque qui suit encore un modèle « occidental » ; enfin, spécialement pour Marc, le Codex de Freer (W.032), copié au Ve siècle, atteste un texte intermédiaire, qui s'accorde fréquemment, tantôt avec la Vieille latine, tantôt avec le type « césaréen », si bien qu'il a d'abord semblé faire partie des témoins du nouveau type. Pour Jacques, le « texte occidental » a une existence plus contestée, et ses témoins éventuels sont un groupe de manuscrits grecs médiévaux, dont les min. 614 (XIIIe s.) et 2138 (XIe s.), la Vieille latine et des variantes marginales ou obélisées de la syriaque harkléenne[5]. Cela ne permet pas de rétablir un « texte occidental » complet ; mais cela suffit pour montrer l'apparentement entre le « texte occidental » et le type « césaréen ». Et pour Marc, la documentation aboutit, me semble-t-il, à la même conclusion : le type de texte « césaréen » est apparenté au « texte occidental » et indépendant du texte alexandrin.

Au IVe siècle, la situation change : plusieurs éditions de la Bible grecque sont entreprises, avec les moyens nouveaux mis à disposition par l'administration romaine, et les copistes utilisent alors trois révisions faites aux heures difficiles de la persécution de Dioclétien, entre 300 et 310 ; le Sinaïticus reproduit celle de Pamphile à Césarée ; le Vaticanus,

---

[4] D.C. Parker, *Codex Bezae, an Early Christian Manuscript and its Text*, Cambridge, 1991.

[5] C.-B. Amphoux, « La parenté textuelle de la sy^h et du gr. 2138 dans l'*Epître de Jacques* », *Biblica* 62/2 (1981), pp. 259–271.

celle d'Hésychius à Alexandrie ; et l'Alexandrinus, au moins pour les évangiles, celle de Lucien à Antioche. Mais aucune de ces éditions ne suit ni le « texte occidental » ni le type « césaréen » : autrement dit, le type de texte « césaréen » représente un stade du texte du Nouveau Testament issu du « texte occidental », déjà en déclin dans le monde grec, au IVe siècle, mais servant encore de modèle, au Ve siècle, pour les versions arménienne et géorgienne.

Que s'est-il donc passé, entre 170 et 310, pour que les écrits du Nouveau Testament connaissent au moins cinq révisions formant deux filières différentes ? D'un côté, le texte alexandrin naît vers 180 d'une révision d'un texte antérieur, probablement le « texte occidental », puis connaît deux nouvelles révisions que reproduisent les bibles grecques du IVe siècle ; de l'autre, le type de texte « césaréen » apparaît vers 200, puis laisse la place à la révision de Lucien, qui devient le texte byzantin. Les principaux témoins évangéliques en sont : (1) *le Codex de Koridethi* (Θ.038), copié en Géorgie un peu avant le IXe siècle, conservé à Tbilisi et meilleur témoin du type ; (2) *la famille f*^{13}, spécialement étudiée par Didier Lafleur et comprenant une douzaine de manuscrits dont un lectionnaire, la plupart copiés en Italie du Sud. Selon cette étude à paraître, le min. 788 (Xe s.), le plus ancien de la famille, serait aussi le témoin le plus constant de l'archétype ; (3) *trois autres manuscrits*, le min. 565 (IXe s.), écrit avec des encres d'or et d'argent sur parchemin pourpré, œuvre présumée de l'impératrice Theodora elle-même, et les min. 28 et 700 (XIe s.) ; (4) *la version géorgienne*, dont on distingue deux types, peut-être trois, antérieurs à la Vulgate athonite qui se conformera au texte byzantin ; (5) enfin, une forme révisée intégrant des variantes alexandrines est attestée par *la famille f*^{1}, dont les témoins sont également copiés en Italie du Sud, et *la version arménienne*. Selon toute vraisemblance, le type « césaréen » est d'origine antiochienne, autrement dit est l'ancêtre du texte byzantin. Mais pourquoi ces révisions et l'abandon qu'elles entraînent des premières formes du texte du Nouveau Testament ?

J'ai cherché à répondre à cette question en examinant quelques passages variants de Marc 1–8. Et voici quelques éléments de réponse.

EXAMEN DE QUELQUES VARIANTES

Précisons, pour commencer, que le type de texte « césaréen » n'a aucun témoin constant, mais qu'on reconnaît ses variantes quand une partie de ses témoins atteste une autre leçon que celle du texte byzantin.

On explique la présence de variantes byzantines par un phénomène de
«contamination» au moment de la copie des manuscrits, c'est-à-dire
une influence spontanée du texte liturgique mémorisé. Il n'est pas sans
intérêt de noter que la plupart des témoins ont été copiés dans des
régions éloignées de Byzance, où le texte liturgique en usage est peut-être
différent du texte byzantin.

Mc 1,2 : la référence prophétique

1,2	εν Ησαια τω προφητη	D, Θ f^1 700, geo, Ir Or
	εν τω Ησαια τω προφητη	א B, co, Or
	εν τοις προφηταις	W, A *Byz*, Ir

La citation qui suit ces mots commence par une phrase de Malachie et
continue par un passage d'Esaïe :

Ἰδοὺ ἐγὼ ἀποστέλλω τὸν ἄγγελόν μου πρὸ προσώπου σου,
ὃς κατασκευάσει τὴν ὁδόν σου   = Mal 3,1

φωνὴ βοῶντος ἐν τῇ ἐρήμῳ, ἑτοιμάσατε τὴν ὁδὸν κυρίου,
εὐθείας ποιεῖτε τὰς τρίβους αὐτοῦ   = Is 40,3

- D indique la référence à Esaïe, sans tenir compte de Malachie, et
  cette variante est conservée par le type «césaréen», au témoignage
  de Θ, de la famille f^1 et du min. 700; le témoignage d'Irénée et
  d'Origène est incertain;
- W corrige cette référence et prolonge la citation d'Esaïe (des v. 4–
  8): la correction est reprise par les autres témoins «césaréens» (f^{13}
  28 565) et le texte byzantin, mais sans les v. ajoutés dans W;
- le texte alexandrin du IVe siècle se distingue en gardant la référence
  à Esaïe et en ajoutant l'article devant Esaïe.

C'est une «erreur» de référence qui provoque ici la révision du texte.
Pourquoi cette erreur? Elle s'explique à la comparaison des évangiles:
Mt et Lc n'ont pas, ici, la phrase de Malachie[6] et donnent logiquement
la référence à Esaïe. Autrement dit, le texte de Marc dans D est corrélé
à celui des autres évangiles. Puis cette corrélation est abandonnée, et
deux stratégies s'offrent: le maintien du texte (au besoin retouché) ou
sa correction actualisante.

---

[6] Elle figure, en revanche, en Mt 11,10 et Lc 7,27, dans un épisode absent de Marc.

Mc 1,41–43 : les sentiments de Jésus pour le lépreux

Je passe à l'un des passages variants les plus remarquables de Marc :

1,41	και <u>οργισθεις</u> ...	D it ^{a ff2 r1*}
	και σπλαγχνισθεις ...	ℵ B it ^{b c e}
	ο δε Ιησους σπλαγχνισθεις ...	W, Θ *f*¹ *f*¹³ 28 565 700 geo = A *Byz*
1,42–43	... και εκαθαρισθη. και εμβρισαμενος	
	αυτω ευθυς/εως εξεβαλεν αυτον	D 33, Θ* *f*¹³(69) it ^{a ff2 r1*} geo
	<u>absence de ce passage</u>	W it ^{b c e}
	... και εκαθαρισθη. και εμβρι<u>μ</u>ησαμενος	
	αυτω ευθυς/εως εξεβαλεν αυτον	ℵ B, Θ^c *f*¹ *f*¹³ 28 565 700 = *Byz*
	... και εκαθαρισθη. και εμβρι<u>μ</u>ησαμενος	
	αυτω εξεβαλεν αυτον <u>ευθεως</u>	A *pc*

- selon D, (1) Jésus n'est pas nommé, (2) il se met en colère (ὀργί-ζομαι) contre le lépreux qui lui demande la guérison ; (3) puis il le « tance » (ἐμβρίθω) après l'avoir guéri ; une partie de la Vieille latine traduit ce texte ;
- selon W, (1) Jésus est nommé, (2) la compassion (σπλαγχνίζομαι) remplace la colère ; (3) et Jésus n'exprime aucun sentiment hostile ; une autre partie de la Vieille latine atteste cette correction des sentiments, mais Jésus n'y est pas nommé ;
- selon Θ*, le type « césaréen » (1) Jésus est nommé, (2) il a de la compassion (σπλαγχνίζομαι) ; (3) puis il « tance » (ἐμβρίθω) le lépreux, avec le même mot que D, qui sera ensuite corrigé ; la version géorgienne suit soit ce modèle, soit le modèle byzantin ;
- selon le texte alexandrin (1) Jésus n'est pas nommé, (2) il a de la compassion pour le lépreux ; (3) puis le « menace » avec un mot nouveau, voisin de forme et de sens (ἐμβριμάομαι) ;
- les autres témoins « césaréens » et le texte byzantin ne diffèrent de Θ* que par l'emploi du verbe « menacer » (ἐμβριμάομαι).

On voit clairement comment s'est faite l'évolution du texte. (1) La colère de Jésus (1,41) est la *lectio difficilior*, on explique à partir d'elle le passage à la compassion ; et la vivacité de Jésus (1,43) va dans le même sens. (2) W fait apparaître le nom de Jésus et disparaître la colère (v. 41) et la vivacité (v. 43), c'est une révision ; et la Vieille latine garde la trace distinctement de ces deux choix opposés. (3) Un témoin du type «césaréen» rétablit la vivacité de Jésus (v. 43) en conservant le verbe de D. (4) Le texte alexandrin du ive siècle n'a pas la mention de Jésus, mais il a sa compassion (v. 41) et sa vivacité (v. 43) avec un mot nouveau. (5) Le texte byzantin adopte ce mot nouveau. Mais comment expliquer la colère de Jésus de la *lectio difficilior*?

La réponse suppose une bonne connaissance de la Bible. La lèpre occupe les deux chapitres centraux du Lévitique, qui est lui-même le livre central du Pentateuque: ce n'est pas seulement une maladie, mais elle représente aussi la condition particulière des prêtres, dont le rôle n'est pas tant d'assurer leur propre salut que celui du peuple. Or, le lépreux demande la guérison pour lui, et c'est ce qui provoque la colère de Jésus, qui s'explique, en somme, en relation avec un sens second, savant, de la maladie du lépreux. Ainsi, le texte de Marc dans D fonctionne avec un deuxième sens; et le type de texte «césaréen» contribue, par sa révision, à son abandon.

Mc 2,14: le nom du péager

2,14	Ιακωβον τον του Αλφαιου	D, Θ f^{13} 565, it, *Diat*^{Eph} Or
	Λευι(ν) τον του Αλφαιου	W, P^{88} ℵ B, A *Byz*, geo

Le type de texte «césaréen» conserve ici la leçon de D, qui donne au péager le nom de Jacques; tandis que le texte alexandrin, sans doute avant le ive siècle[7], et le texte byzantin (avec les autres témoins du type «césaréen») s'accordent avec la leçon de W qui donne au péager le nom de Lévi.

La variante-source est ici plus difficile à déterminer: (1) Lévi peut être une harmonisation avec Lc; (2) ou Jacques être entraîné par le nom d'Alphée qui caractérise Jacques dans la liste de Douze (3,18). En revanche, la critique externe donne quelques résultats.

Le témoignage du *Diatessaron*, d'après le commentaire écrit par Ephrem[8], montre l'ancienneté du nom de Jacques, pour le péager. Or, ce nom ne peut venir que de Marc. Ainsi, vers 170 au plus tard, Jacques

---

[7] Le fragment de papyrus de Milan (P^{88}) contient Mc 2,1–26; il est daté du ive siècle, mais rien n'indique qu'il suive une recension du début du siècle: il est donc plutôt à prendre comme un témoin de la recension antérieure, celle de vers 180.

[8] Ephrem, *Commentaire de l'évangile concordant*, 5,17: «Il choisit Jacques le péager, pour stimuler ses collègues à venir avec lui»; voir Sources chrétiennes 121, trad. L. Leloir, Paris, 1966, p. 115.

est le nom du péager dans Marc. Cette leçon ancienne est aussi celle du « texte occidental » (D), tandis que sa révision (W) a Lévi; puis, le type « césaréen » adopte Jacques, et le texte alexandrin choisit Lévi, qui devient au IVe siècle la leçon du texte byzantin. Le type « césaréen » conserve ici la vieille leçon « occidentale ».

Mais comment expliquer que le péager porte ainsi un nom différent dans chaque évangile? Une nouvelle fois, mon explication renvoie au second sens de certains mots, dans le « texte occidental ». La corrélation des évangiles a pour conséquence leur complémentarité: le nom du disciple qui est « sous le figuier » (Nathanaël)[9] ou « assis au péage » (le péager) est une image de chaque évangéliste, dont la complexité s'accroît dans l'ordre « occidental »: Mt—Jn—Lc—Mc; ainsi Jacques, dans cette lecture, correspond à l'évangile le plus complexe. (1) *Dans Matthieu*, le péager a le nom de l'évangéliste; (2) *dans Jean*, Nathanaël est un équivalent sémantique de Jean (*natan-el = yo-natan = yo-hanan*); (3) *dans Luc*, Lévi est un équivalent numérique de Paul, selon le système septal qui fonctionne dans la Torah[10] (*l-w-y = p-w-l* = 14); (4) *dans Marc*, enfin, Jacques renvoie à l'unité de la communauté, à la fois par Jacob, qui prendra ensuite le nom d'Israël, et par Jacques, frère de Jésus, qui incarne, vers 60, l'unité des chrétiens.

Certes, dans cette explication, il y a une part d'hypothèse; mais elle est corroborée par le même genre de spéculation que l'on trouve dans la forme la plus ancienne de l'épître de Jacques: le « texte occidental » porte ainsi la marque d'une culture ancienne, celle du judaïsme hellénistique, alors que nous sommes plus familiers de la culture gréco-romaine. En somme, le texte alexandrin, dès sa première forme, et le type « césaréen », première forme probable du texte antiochien[11], sont issus de deux révisions visant à passer de la première à la deuxième culture, dans le dernier quart du IIe siècle.

On pourrait en rester à ces trois ou quatre passages variants; mais je ne résiste pas au plaisir de prendre encore quelques exemples.

---

[9] Jn 1,48.50.
[10] Voir l'étude à paraître de Bernard Barc sur ce système septal.
[11] C.-B. Amphoux, « Le texte évangélique de Césarée et le type de texte césaréen des évangiles », *Filología neotestamentaria* 12 (1999), 3–16.

Mc 5,1 : les habitants du pays du démoniaque

5,1	Γερασηνων	D ℵ* B, it vg sa
	Γεργυστηνων	W
	Γεργεσηνων	ℵᶜ L, Θ f^1 28 565 700 geo
	Γαδαρηνων	f^{13} = A *Byz*

- selon D, les habitants sont les Géraséniens; autrement dit, quand Jésus arrive de l'autre côté de la mer de Galilée, après l'épisode de la tempête apaisée (4,35–41), il arrive près de Gérasa; et cette leçon est commune au «texte occidental» et au texte alexandrin. Or, elle fait difficulté, car Gérasa est éloignée de la rive de la mer de Galilée d'environ cent kilomètres[12].

- selon W, les habitants sont les «Gergysténiens»: il s'agit d'une évidente correction de la leçon de D; et cette variante isolée ressemble à celle du type «césaréen», les Gergéséniens, qui renvoie à une localité effectivement située sur la rive est de la mer de Galilée, mais qui fait aussi difficulté, car il ne s'agit pas d'une «ville», mais d'une modeste bourgade. On peut envisager que le correction de W renvoie à la même localité.

- La famille 13 et le texte byzantin proposent une correction encore différente: les habitants sont les Gadaréniens, autrement dit, les gens de Gadara, qui est bien une ville et qui se trouve à quelque vingt kilomètres de la mer de Galilée (voir n. 12). C'est encore beaucoup pour les malheureux cochons de l'histoire, mais c'est à tout prendre la meilleure solution, pour le sens apparent de l'épisode.

La variante-source ne fait ici aucune difficulté, la *lectio difficilior* est du côté du choix de Gérasa. Et la tradition antiochienne rejette cette leçon, tandis que le texte alexandrin la conserve: l'une refuse une fantaisie géographique, l'autre ignore qu'il s'agit d'une incohérence. Et il nous reste à rendre compte du sens de la variante-source: pourquoi Gérasa?

Une partie des récits évangéliques nous entraîne, avec le deuxième sens, du ministère de Jésus au temps de la première communauté chrétienne[13]; et l'épisode du démoniaque prend alors une autre significa-

---

[12] Selon S. Légasse: «Gérasa se trouvait à 54 km à vol d'oiseau des rives du lac»; et «Gadara ..., à 9 km à vol d'oiseau; mais ... entre Gadara et le lac se creuse le profond fossé du Yarmouk», *L'évangile de Marc*, Lectio divina. Commentaires 5, Paris, 1997, pp. 318–319.

[13] C.-B. Amphoux, «Le problème de la vie de Jésus», dans B. Bakhouche—Ph.

tion : Gérasa est une étape sur le chemin de Damas, depuis Jérusalem, et l'histoire devient une image de la conversion de Paul. Puis, les révisions renoncent à ce sens : les unes conservent Gérasa, en oubliant la difficulté géographique ; les autres ne peuvent l'oublier et proposent de corriger le lieu, qui devient Gadara ou Gergesa.

Mc 3,7–8 : les origines de la foule autour de Jésus

La conversion de Paul a, dans Marc, une autre attestation qui a donné lieu à de multiples corrections : il s'agit d'une liste de sept toponymes (3,7–8)[14] :

3,7–8

« Texte occidental » (1–2)

απο της Γαλιλαιας και της Ιουδαιας και απο Ιεροσολυμων και της Ιδουμαιας
και οι περαν του Ιορδανου
και οι περι Τυρον και οι περι Σιδωνα
D (geo¹—οι περι devant Σιδωνα)

απο της Γαλιλαιας και της Ιουδαιας και απο Ιεροσολυμων
και περαν του Ιορδανου και περι Τυρον και Σιδωνα
W it^c (it$^{(b ~ Γαλ. / Ιουδ.)}$ ^{e} + και απο της Ιδουμ.)

Type de texte « césaréen » (3–6)

απο της Γαλιλαιας και Ιουδαιας και απο Ιεροσολυμων
και περαν του Ιορδανου και οι περι Τυρον και Σιδωνα
f^{13}(788) (f^{13}(124) 28, it^a + και απο της Ιδουμ.) geo²

απο της Γαλιλαιας ηκολουθησεν (+ αυτω) και απο Ιεροσολυμων και απο της Ιουδαιας
και περαν του Ιορδανου και οι περι Τυρον και Σιδωνα
Θ (f^1)

Texte alexandrin (7–10)

απο της Γαλιλ. και απο της Ιουδ. ηκ-αν και απο Ιερ. και απο της Ιδουμαιας
και περαν του Ιορδανου και περι Τυρον και Σιδωνα
ℵ^c (*—και απο της Ιδουμ.) C Δ (1071 + οι devant περι Τυρον)

απο της Γαλιλ. ηκ-εν και απο της Ιουδ. και απο Ιερ. και απο της Ιδουμαιας
και περαν του Ιορδανου και περι Τυρον και Σιδωνα
B L

Lemoigne (éd.), *Dieu parle la langue des hommes. Etudes sur la transmission des textes religieux (1ᵉʳ millénaire)*, Histoire du texte biblique 8, Lausanne, 2007, pp. 123–144.

[14] Voir une première présentation de ce passage, dans C.-B. Amphoux, « Marc comme quatrième évangile », dans C.-B. Amphoux, J.K. Elliott (eds), *The NT Text in Early Christianity*, Histoire du texte biblique 6, Lausanne, 2003, pp. 340–345.

Texte byzantin (11–15)

απο της Γαλ. **ηκ-αν αυτω** και **απο** της Ιουδ. και **απο** Ιερ. **και απο της Ιδουμ.**
και περαν του Ιορδανου και **οι** περι Τυρον και Σιδωνα
(Α ηκ-εν) *Byz*

απο της Γαλιλ. **ηκ-αν αυτω** και **απο** της Ιουδ. **και απο της Ιδουμαιας**
και περαν του Ιορδανου και **οι** περι Τυρον και Σιδωνα
33 (absence accidentelle de Jérusalem)

απο της Γαλιλ. **ηκ-εν** και **απο** της Ιουδ. και **απο** Ιερ. **και απο της Ιδουμαιας**
και περαν του Ιορδανου και **οι** περι Τυρον και Σιδωνα
565 (absence de αυτω après ηκ-εν)

απο της Γαλιλ. **ηκ-εν αυτω** και **απο** Ιουδ. και Ιερ. **και απο της Ιδουμαιας**
και περαν του Ιορδανου και **οι** περι Τυρον και Σιδωνα
700 (absence de απο devant Jérusalem)

Les manuscrits grecs ne présentent pas moins de 15 variantes pour cette suite de noms propres, avec quatre variations principales qui opposent les types de texte: (1) la place et le nombre des ἀπό; (2) la présence/absence du verbe ἠκολούθησεν (au singulier ou au pluriel, avec ou sans pronom); (3) la présence/absence de l'Idumée, après Jérusalem; (4) la présence/absence de l'article d'enclave οἱ, devant certaines prépositions.

– D et le premier type de la version géorgienne (Codex d'Adysh) proposent une liste où s'opposent: (1) apparemment, la Palestine juive (Galilée et Judée) et les régions voisines (Idumée, Transjordanie, Tyr et Sidon), avec au centre, Jérusalem; (2) la syntaxe impose une autre opposition, entre deux couples (Galilée et Judée, Jérusalem et Idumée) et un troisième (Tyr et Sidon), avec comme nouveau centre « au-delà du Jourdain », c'est-à-dire la région du chemin de Damas. Autrement dit, la liste de Marc implique un déplacement du centre du christianisme, d'un lieu (Jérusalem) à un événement (la conversion de Paul).
– W n'a pas l'Idumée, qui forme un couple paradoxal avec Jérusalem; et les articles d'enclave manquent également; ces corrections aboutissent à une lecture simple, qui rétablit Jérusalem comme lieu central.
– Le type «césaréen» maintient l'absence de l'Idumée, déplaçant (ou non) la Judée pour faire couple avec Jérusalem; l'article d'enclave est rétabli devant Tyr; la présence de l'Idumée et celle du verbe ἠκολούθησεν sont des influences secondaires du texte byzantin. Les meilleurs témoins sont ici le min. 788 et le deuxième type de la version géorgienne, tandis que Θ a une leçon isolée.

- Le texte alexandrin dissocie les premiers noms, en plaçant ἀπό devant chacun, hésite sur la place du verbe ἠκολούθησεν (employé sans pronom) et renonce à tout article d'enclave; l'absence de l'Idumée, limitée à la première main du Sinaïticus, est une influence secondaire du type « césaréen ».
- Le texte byzantin, enfin, place également ἀπό devant les quatre premiers noms propres, ajoute au verbe ἠκολούθησεν un pronom et a l'article d'enclave devant Tyr.

Le principal changement, du point de vue sémantique, oppose D et le Codex d'Adysh (geo[1]) à tous les autres manuscrits : le type « césaréen » est l'une des premières formes de ce changement, il participe à l'adaptation de Marc à la culture gréco-romaine.

Mc 8,10 : Dalmanoutha

Un autre nom propre variant ressemble à première vue à Gérasa, mais son histoire est différente :

8,10	Μελεγαδα	D*
	Δαλμουναι	W
	Μαγεδα	D^c 28 565, it sy^s
	Μαγδαλα	Θ f^1 f^{13} geo^2
	Δαλμανουθα	א B, A Byz, vg geo^1

- D présente ici une forme unique Melegada, qui est corrigée de seconde main; on peut donc envisager qu'il s'agisse d'une erreur du copiste.
- W présente également une forme unique Dalmounai, qui ne s'explique pas à partir de D*, mais qui est plus en rapport avec Dalmanoutha.
- Le type « césaréen » se divise en deux leçons (Mageda, Magdala), proches de celle de D*, attestées en versions et ayant un caractère géographique : si la leçon de D* est ancienne, on pourrait croire à une correction géographique.
- Le texte alexandrin et le texte byzantin, avec le premier type de la version géorgienne, ont Dalmanoutha, qui ne s'explique pas à partir de Melegada, mais qui s'impose par la suite.

Pour une fois, D n'a pas la variante-source : on peut expliquer, à partir de Melegada, les leçons « césaréennes », mais ni Dalmounaï, ni Dalmanoutha. D corrige donc ici une leçon antérieure; et cette correction ancienne explique la division de la tradition en deux parties bien distinctes. Il faut donc admettre la leçon de D* comme l'intermédiaire entre une leçon plus ancienne, dont il n'y a plus de témoin direct, et la tradition ultérieure divisée, dans laquelle une partie dérive de la leçon de D* et l'autre, de la leçon antérieure.

Cette leçon antérieure est vraisemblablement Dalmanoutha, mal restituée par W et bien transmise par les révisions du IVe siècle. En effet, la structure de Dalmanoutha se retrouve dans un autre nom propre de Marc, Boanergès (3,17), invariant et expliqué par sa traduction: (1) *Boanergès* traduit «fils du tonnerre» représente l'hébreu *b-n r-'-sh*, «fils du tumulte», avec en plus le son *o* qui isole la première consonne; (2) de même, *Dalmanoutha* est formé d'une série de consonnes *d-l-m-n-th* avec un son *o* (écrit *ou* devant consonne) qui isole la dernière consonne; (3) or, dans le système numérique septal déjà mentionné, les deux mots ont la même somme:

$$b/n\text{-}r\text{-}'\text{-}sh = 2/22\,;\ \text{et}\ d\text{-}l\text{-}m\text{-}n/th = 22/2$$

Dalmanoutha fait donc partie de la même rédaction que Boanergès. Mais que signifie ce nombre? Il évoque clairement l'Ecriture close toujours comptée en 22/24 livres. Autrement dit, dans un premier temps, avant la rédaction finale, le lieu où Jésus emmène ses disciples après la multiplication des pains (pour les 4000) est celui de la clôture de l'Ecriture, dont sont partisans Jacques et Jean (3,17). Ce langage est encore compris, au niveau de la rédaction finale représentée par D; mais le code est changé, et *m-l-g-d*, dans le même système numérique, est un équivalent de Moïse ou de la Loi:

$$m\text{-}l\text{-}g\text{-}d = 18\,;\ m\text{-}sh\text{-}h = 18\,;\ t\text{-}w\text{-}r\text{-}h = 18$$

Ainsi, (1) Marc a sans doute d'abord fait allusion à l'Ecriture close, avec l'idée que l'Ecriture devrait se terminer par le recueil des paroles de Jésus; (2) dans D*, la Loi, c'est-à-dire l'Evangile, remplace l'Ecriture close; (3) avec W, cette correction est oubliée, mais le mot ancien mal rétabli; (4) le type «césaréen» et les versions «occidentales» proposent deux corrections au code de D, qui devient un lieu géographique; (4) le IVe siècle rétablit le mot ancien, qui est pris pour un lieu géographique, sans existence réelle[15].

---

[15] S. Légasse (*op. cit.*, p. 470) écrit: «Ce toponyme est entièrement inconnu et pose un problème dont aucune des solutions proposées n'a pu venir à bout», avec un renvoi à B. Hjerl-Hansen, «Dalmanoutha, énigme géographique et linguistique dans Marc», *Revue biblique* 53 (1946), pp. 372–384.

Mc 1,1 : l'absence de «fils de Dieu»

Terminons ce tour d'horizon par une variante qui se trouve au tout premier verset de Marc, à la fin de la phrase-titre :

1,1	υιου θεου	D W, א^c B

1,1 υιου θεου   D W, אᶜ B
     absence de [υιου θεου]   א*, Θ 28 geo arm, Or
     υιου του θεου   A *Byz*

- D présente les deux mots « fils » et « Dieu » au génitif, sans article, et W conserve cette leçon, ainsi que le texte alexandrin, avec B et א en seconde main.
- Le type de texte « césaréen » n'a pas ces deux mots, au témoignage du Codex de Koridethi, du min. 28 et des versions géorgienne et arménienne ; Origène atteste cette absence ; et le Sinaïticus la choisit, de première main.
- Le texte byzantin conserve ou rétablit les deux mots, mais en mettant l'article devant « Dieu », selon l'usage le plus courant qui veut que Dieu prenne l'article.

Formellement, la variation est beaucoup plus simple que les précédentes ; mais comment expliquer que le texte ait varié à cet endroit ?

La variante-source ne fait ici aucun doute : elle est du côté de la présence des mots « fils » et « Dieu », sans article. Et le processus a été le suivant. (1) Dans D, les évangiles ont un ordre particulier, Marc venant en dernier ; si bien que les deux mots ne signifient pas seulement « fils de Dieu », mais ils résument aussi les trois enseignements précédents sur la naissance de Jésus, qui est à la fois « fils » et « Dieu » ; autrement dit, Dieu incarné dans une personne humaine. C'est ce qui explique que « Dieu » n'ait pas ici l'article ; et on peut traduire « fils, Dieu », aussi bien que « fils *de* Dieu ». (2) La révision de W ne modifie pas ce passage : Marc y est encore dernier évangile, mais le sens s'est déjà simplifié et les deux mots signifient « fils *de* Dieu ». (3) Dans le texte alexandrin, Marc est le second évangile, et les deux mots ont pris ce sens commun. (4) Le type « césaréen » fait un choix différent, qui rappelle que ces mots avaient un sens particulier ; sinon, à quoi bon ces mots au commencement de l'évangile ? On note que cette variante est retenue en première main dans le Sinaïticus. (5) Enfin, le texte byzantin atteste ces mots en ajoutant l'article attendu, dans une expression signifiant « fils de Dieu ».

Le type de texte « césaréen » choisit ici une variante qui montre encore le difficile passage des évangiles du judaïsme hellénistique à la culture

gréco-romaine; et c'est tout l'intérêt de cette variante. Le type «césaréen» caractérise l'entrée dans la culture gréco-romaine; ses choix montrent la voie, mais ils ne seront pas toujours retenus. Le type «césaréen»
est proche du «texte occidental» par certaines variantes, mais en rupture
avec lui par la culture de référence; c'est un stade intermédiaire entre
le «texte occidental» et le texte byzantin, il ouvre un chemin parallèle à
celui du texte alexandrin.

Récapitulation

Le type de texte «césaréen» est largement méconnu de la plupart des
biblistes, qui rejettent le «texte occidental» et privilégient soit le texte
alexandrin, soit le texte byzantin, en raison de leur bonne attestation.
Le type «césaréen» n'a pas vocation à les remplacer, car son attestation
est moins constante, encore qu'elle soit meilleure que celle du texte
alexandrin vers 200, les premiers papyrus attestant moins de la moitié
des évangiles; mais il éclaire un moment essentiel de l'histoire du texte,
celui du passage du judaïsme ancien au monde gréco-romain. Le «texte
occidental» appartient encore au premier, comme les premiers auteurs
chrétiens, jusqu'à Irénée; les autres types de texte se situent dans le
second. Et ces quelques exemples de variantes illustrent le changement
dont le type «césaréen» est le témoin.

(1) *En Mc 1,2*, la correction de la référence prophétique rappelle que
les évangiles sont corrélés, dans le «texte occidental», et qu'ils cessent
de l'être, à la fin du IIe siècle: dès lors, la référence n'est plus la reprise
des autres évangiles, mais seulement l'annonce de la citation qui suit.
(2) *En 1,41–43*, le lépreux est l'image d'une condition particulière, dans
le «texte occidental», et il devient ensuite un malade parmi d'autres;
l'accent de l'épisode passe de lui à son guérisseur, Jésus. Le deuxième
sens, qui exige une initiation, est en voie d'abandon. (3) *En 2,14*, le péager
porte un nom où s'exprime, dans le «texte occidental», la complémentarité des évangiles; et quand celle-ci est abandonnée, le nom de Jacques est
relégué au profit de celui de Lévi; mais, sur ce point, le type «césaréen»
conserve la variante antérieure, peut-être par influence du *Diatessaron*.
(4) *En 3,7–9; 5,1; 8,10*, les toponymes varient, illustrant une complexité
sémantique abandonnée au profit d'une lecture plus géographique de ces
noms; le type «césaréen» est du côté de la simplicité, mais sans unité de
ses témoins. (5) *En 1,1*, enfin, le titre ancien de l'évangile rappelle le rôle
particulier de Marc dans le «texte occidental» comme quatrième évangile, avant de devenir le plus court et le moins lu dans le cadre liturgique.

Le type « césaréen » choisit d'omettre les mots qui liaient Marc aux autres évangiles, quand ce lien a cessé d'exister ; mais la conservation de ces mots, avec un sens affaibli, finira par l'emporter.

On observe, au passage, la diversité d'attestation de ce type de texte, par des témoins qui sont souvent contaminés par le texte byzantin, qui est l'étape suivante de la même tradition ; et parmi ces témoins, la version géorgienne occupe une place remarquable. Les efforts accomplis par Sophio Sarjvéladzé et Bernard Outtier, pour en préparer l'édition par type de texte avec traduction française, m'ont été précieux pour mettre en évidence ce résultat, et je les en remercie. Cette version est parfois le meilleur témoin du type « césaréen » ; plus souvent, elle partage cet honneur avec un témoin grec. Du côté de ceux-ci, il n'est pas encore possible d'expliquer la diversité du type « césaréen », quand ses témoins attestent plusieurs leçons non byzantines. Peut-être s'agit-il d'une évolution interne du type ; mais aucun des exemples donnés ne va clairement dans ce sens. Didier Lafleur a d'abord étudié la famille 13 et il examine à présent les autres témoins : peut-être en tirera-t-il quelques réponses nouvelles. A Avignon, un nouveau collaborateur, David Pastorelli, soumet la tradition textuelle de Marc à l'analyse statistique, dont les résultats devraient éclairer les zones d'ombre qui demeurent.

Si l'on élargit l'enquête sur le type « césaréen » aux autres évangiles, on trouve des résultats convergents. Ainsi, en Mt 13,53, la variante ἐλάλησεν (au lieu de ἐτέλεσεν), dans la conclusion du discours de paraboles, attestée par le min. 700 et confirmée par la Vieille latine, se substitue à la même variante, en 19,1, du « texte occidental » et marque l'abandon de la première structure donnée aux discours de Jésus, au profit d'une lecture simplifiée. En Lc 24,43, le repas par lequel le ressuscité montre sa corporalité à ses disciples devient, dans Θ, f^{13} et plusieurs versions, un partage eucharistique avec eux : le sens premier est simplifié. A de nombreuses reprises, on peut ainsi opposer le type « césaréen » au « texte occidental » et conclure à une simplification. Avec le texte alexandrin, en revanche, la type « césaréen » n'a pas de lien direct, il représente une évolution parallèle. Les premiers papyrus attestent le texte alexandrin vers 180 : que lit-on alors à Antioche ? Sans que les citations relevées chez Théophile suffisent à le prouver, on peut vraisemblablement admettre que le type « césaréen » est ce qui nous reste du texte antiochien avant la révision de Lucien d'Antioche qui donnera le texte byzantin.

LE CODEX DE KORIDETHI (Θ.038) ET LA FAMILLE 13: UNE NOUVELLE COLLATION DE L'ÉVANGILE DE MARC

Didier Lafleur

La critique textuelle du Nouveau Testament se trouve aujourd'hui à l'honneur à l'occasion du colloque dédié aux Professeurs Zurab Sarjvéladzé et J. Neville Birdsall. L'opportunité nous est ainsi offerte de rappeler le vaste espace géographique couvert par l'expansion des témoins manuscrits du Nouveau Testament, qu'ils soient de langue grecque ou de langues de version. Parmi les témoins copiés en langue grecque, le Codex de Koridethi et les manuscrits de la famille 13 ouvrent les perspectives d'une tradition textuelle singulière.

1. LES DOCUMENTS

Le Codex de Koridethi, actuellement conservé au Centre national des manuscrits de Tbilisi (Gr. 28), est un oncial grec qui contient les quatre évangiles; il a été copié à une date incertaine (IXᵉ siècle?), et son existence n'a été révélée au public qu'en 1853. D'abord mentionné dans une liste de manuscrits comme minuscule (n°1360, C.R. Gregory 1902), puis comme oncial (id., 1908), il est une première fois rendu accessible en 1907 avec le facsimilé de l'évangile de Marc, puis, en 1913, avec les quatre évangiles (édition Beermann et Gregory, Leipzig). En 1928, l'étude de Lake, Blake et New, qui fonde la reconnaissance du quatrième type de texte du Nouveau Testament, le type de texte « césaréen », place désormais le Codex de Koridethi comme un témoin de premier ordre des études néotestamentaires. Aux côtés de Θ.038, les auteurs signalent aussi d'autres témoins qui appartiennent au type de texte « césaréen »: les minuscules 28, 565 et 700, et deux autres familles de manuscrits, la famille 1 (f^1) et la famille 13 (f^{13}, ou groupe Ferrar). L'ensemble de ces témoins partage des variantes de première importance avec certaines versions anciennes.

Les témoins de la famille 13—à ce jour une dizaine de manuscrits, tous minuscules—ont été copiés entre la fin du Xᵉ siècle et le dernier quart du XVᵉ siècle, en Italie méridionale, sauf un, en Angleterre. Ils ont

progressivement été mis en lumière de la fin du xviiᵉ siècle au début
du xxᵉ siècle. En 1868, un philologue irlandais, William Hugh Ferrar,
souligne de façon déterminante la filiation de quatre d'entre eux : les min.
13 (Paris, BnF, gr. 50), 69 (Leicester, The Record Office for Leic., Leic.
& Rutland, 6 D 32/1), 124 (Wien, Österreichische Nationalbibl., Theol.
gr. 188), et 346 (Milano, Bibl. Ambrosiana, S 23 sup.). À ces premiers
témoins viendront s'ajouter d'autres tétraévangiles et un lectionnaire :
les min. 543 (Ann Arbor, Univ. Libr. 15), 788 (Athènes, Ethn. Bibl.
74), 826 (Grottaferrata, Bibl. Statale del Monumento Naz., gr. 346), 828
(Grottaferrata, Bibl. Statale del Monumento Naz., gr. 219), 983 (Athos,
Monè Esphigmenou 29) et 1689 (Praha, Knihovna Věd České Rep. 1 TG
3) ; et le lect. *l* 547 (Città del Vaticano, Bibl. Apost. Vat., Vat. gr. 1217).

2. L'histoire du texte : une base de recherche

Témoins du type de texte « césaréen », f^{13} et Θ.038 représentent, à des
stades textuels différents—mais particulièrement pour l'évangile de
Marc—un texte connu par Origène lorsqu'il réside à Césarée de Palestine, à partir de 230 environ. La critique textuelle contemporaine a montré que l'on pouvait situer, en amont de ce type de texte « césaréen », le
type de texte « occidental », principalement représenté par le Codex de
Bèze (D.05), suivi par une révision de ce type de texte représenté par le
Codex de Freer (W.032). Toujours en amont du type de texte « césaréen »,
et parallèlement à cette révision, on a pu situer un premier texte alexandrin, lui aussi connu d'Origène ; certaines de ces leçons se retrouvent
dans les manuscrits de la famille 1. Une révision de ce premier texte
alexandrin interviendra plus tard (vers 300) avec comme représentants
les Codex Vaticanus (B.03) et Sinaïticus (ℵ.01). Enfin, le texte byzantin,
avec son principal témoin, le Codex Alexandrinus (A.02), représente,
certainement vers 380, le texte qui sera désormais principalement copié.
C'est sur la base de ce schéma d'hypothèse et de recherche que nous
avons voulu situer l'argument de cette communication : quelle communauté de variantes existe-t-il, pour Marc, entre Θ.038 et les manuscrits de
la famille 13 ? Et comment situer ces variantes communes sur l'échelle de
notre hypothèse de recherche ?

Les collations à nouveaux frais que nous avons effectuées pour le texte
de Marc—pour tous les témoins de f^{13}—ont été réalisées à l'occasion
d'un précédent travail, sur un double socle d'étude : lecture du texte sur
microfilm et consultation directe des manuscrits en bibliothèque. Pour la

nouvelle collation de Θ.038 que nous présentons aujourd'hui, nous avons travaillé sur microfilm et, pour les difficultés de lecture, avec l'appui de l'édition de Gregory et Beermann[1].

3. Les résultats de la recherche

Accords Θ.038–f[13]

Notre recherche s'appuie donc avant tout, pour la totalité des seize chapitres de Marc, sur les documents existants. Notre démarche scientifique aurait été différente si nous avions basé notre travail à partir d'une édition. Sur la base de nos collations, nous avons choisi de déterminer les accords entre Θ.038 et les témoins de f^{13}[2]. Sur l'ensemble des seize chapitres de Marc, nos collations montrent que trois lieux variants sur quatre sont communs à Θ.038 et à la majorité des témoins de la famille 13. Au total nous avons relevé 4644 lieux variants; 3509 sont communs à Θ.038 et à la majorité des témoins de f^{13} (= 75,55 %)[3].

Mais l'ensemble des leçons communes à Θ.038 et à f^{13} ne dégage aucune conclusion fiable car la réalité textuelle est plus complexe. On le sait, tous les témoins de la famille 13 ont été contaminés, à des degrés divers, par le texte courant copié au Moyen Âge, le texte byzantin représenté par A.02. Cette contamination doit donc être repérée pour tous les lieux variants communs à Θ.038 et à f^{13}. Cela nous permettra ainsi de dégager un certain nombre de variantes dont certaines peuvent être des variantes anciennes.

---

[1] Pour l'ensemble de ces collations, notre édition de référence est l'édition de S.C.E. Legg (Oxford, 1935). Nous la désignons désormais par la lettre [L] mise en exposant; les lettres [NA] désignent l'édition Nestle-Aland XXVII[a] (1995).

[2] Ces accords ont souvent été évoqués; on rappelera ici deux articles d'importance: Lake (K.)—Blake (R.P.), «The Text of the Gospels and the Koridethi Codex», *HTR* 16/3 (1923), pp. 267–286, et Hurtado (Larry W.), *Text-Critical Methodology and the Pre-Caesarean Text: Codex W in the Gospel of Mark*, Studies and Documents 43, Grand Rapids, 1981.

[3] Nous sommes ici bien au-dessus des résultats présentés par L.W. Hurtado dans son *Text-Critical Methodology*. Pour chaque chapitre de Marc, l'auteur attribue les pourcentages suivants aux leçons communes à Θ.038 et à f^{13}:

Mc1	Mc2	Mc3	Mc4	Mc5	Mc6	Mc7	Mc8	Mc9	Mc10	Mc11	Mc12	Mc13	Mc14	Mc15–16,8
45,5	39,1	51,6	47,4	48,8	44,1	44,2	43	46,6	38,8	44,7	46,6	58,8	47	39,4

L'auteur s'appuie sur un nombre limité de «variation-units». Le sigle f^{13} renvoie au «reconstructed text» de Kirsopp et Silva Lake.

Accords A.02 (et ses représentants)–Θ.038–f¹³

Pour situer le plus précisément possible la présence du texte byzantin dans les lieux variants communs à Θ.038 et à la majorité des témoins de la famille 13, nous avons repris les 3509 occurrences communes à ces deux témoins. Notre étude montre la présence de A.02 dans 2967 leçons (= 84,55 %). Autrement dit, un peu moins de 16 % des leçons communes à Θ.038 et à la majorité des témoins de la famille 13 ne donnent pas la variante byzantine. Ce sont donc précisement ces 16 % de lieux variants qui nous intéressent ici. Nous les illustrerons par quelques exemples :

1,8　ὑμᾶς βαπτίσει (~ίζει D) D Θ f^{13} (= 13 69 124 346 543 788 826 828 983 1689)
βαπτίσει ὑμᾶς Uncs. pler. Minusc. pler.

4,36　ἀφίουσιν τὸν ὄχλον καί D W Θ P45vid f^{13} (= 13 69 124 346 543 788 826 828 983 1689) 28 565 700 2542 *pc*
ἀφέντες τὸν ὄχλον (αὐτόν *pro* τὸν ὄχλ. A) Uncs. pler. Minusc. pler.

9,10　οἱ δέ W Θ f^{13} (= 69 124 543 788 826 828 983 1689) *et* εἰ δέ 13 346 καί Uncs. pler. f^{1} 22 28 33 157 579 892

11,1　ἱεροσόλυμα א B C D L W Θ Σ f^{1} (*exc.* 118) f^{13}
ἱερουσαλήμ A X Γ Π Φ ϡ 118 22 157 700 al. pler. Sy.[s. pesh. hl.] Cop.[bo.]

12,41　τὸν χαλκόν א W Θ f^{1} f^{13} (= 13 69 124 346 543 788 826 828 983 [τό] 1689 [τό]) 28 565 700
χαλκόν Uncs. pler. 22 33 157 579 892 1071 al. pler.

Comme le montrent ces quelques exemples, les lieux variants communs à Θ.038 et à la majorité des témoins de f^{13}—lorsque A est absent—peuvent être aussi communs, soit à א, soit à B, soit à א et B, soit à D, soit à W, soit à un ou plusieurs témoins du type de texte « césaréen », associés ou non à l'un des précédents manuscrits. Ainsi en 4,36 où la leçon ἀφίουσιν τὸν ὄχλον καί est celle de D W 28 565 700 et, selon Nestle-Aland, celle de P[45vid]. Cette leçon peut être montrée comme une leçon ancienne : elle n'a pas subi la contamination de A et s'est conservée dans les plus anciens témoins. Elle était présente dans le texte « occidental » et dans la révision de celui-ci. La leçon de 9,10 a elle aussi été conservée dans le Codex de Freer alors que le coordonnant καί reste la leçon majoritaire des onciaux et des minuscules.

Les occurrences de 11,1 et 12,41 sont d'une autre nature. La présence de א et de B en 11,1 aux côtés de Θ et de f^{13} d'une part, de א seulement en 12,41 d'autre part, nous incite à penser qu'il pourrait s'agir

d'une variante ancienne. Mais il peut aussi s'agir d'une variante intro-
duite lors de la révision du texte alexandrin dont ℵ.01 et B.03 sont les
principaux représentants. Pour resserrer notre étude sur les influences
les plus anciennes qui ont pu se porter sur une communauté de lieux
variants Θ–f^{13}, nous rechercherons maintenant tous les lieux variants
qui sont à la fois communs à Θ.038, à f^{13} et à ℵ.01 et/ou B.03.

Accords ℵ.01 et/ou B.03–Θ.038–f^{13} contre A.02

Sur l'ensemble du texte de Marc, notre étude montre que 352 occurrences seulement réunissent Θ.038 et f^{13} contre A.02, soit à peine 8 %
du nombre total des lieux variants retenus. Ainsi en 13,31 où παρελεύσονται est la leçon de ℵ B Θ f^{13} contre A avec παρελεύσεται. Il est dès
lors facile de déterminer la proportion de leçons ℵ—B à l'intérieur de cet
ensemble. Nous avons ainsi trouvé 162 occurrences où ℵ et/ou B sont
alliés à Θ et à f^{13} contre A. Pour mieux comprendre les leçons communes au Codex de Koridethi et aux manuscrits de la famille 13, il est
nécessaire de prendre en considération les leçons des autres témoins du
texte « césaréen », mais aussi celles du Codex de Bèze et du Codex de
Freer.

Accords Θ–f^{13}–f^{1}/28/565/700–D–W

Les accords qui réunissent Θ, f^{13}, un témoin du texte « césaréen » (28, 565,
700 ou f^{1}) avec le Codex de Bèze et le Codex de Freer sont au nombre
de 37. Cette relation textuelle est donc marquée même si le regroupement 28–565–700—f^{1} n'est jamais homogène : sur les 37 accords de ce
groupe on retrouve bien plus souvent l'association 28–565–700 aux côtés
de Θ–f^{13}–D–W, qu'un regroupement incluant la famille 1. Il est aussi
important de noter ici que notre mention du sigle f^{13} ne signifie pas sys-
tématiquement « majorité » des témoins de ce groupe. Nous avons ainsi
considéré que dans ce regroupement d'accords—et dans les suivants—
un seul ou plusieurs des témoins de f^{13} pouvaient représenter la leçon la
plus ancienne de la famille : ainsi en 3,29 4,38 6,44 12,29 12,37 14,10 où
le min. 788 est le seul témoin à partager la leçon avec Θ, D, W et un ou
plusieurs témoins « césaréens ». On trouve par ailleurs dans ces 37 leçons,
cinq occurrences qui reflètent la présence du papyrus P[45] (4,36 6,44 7,5
7,28 9,22), ainsi que quatre autres qui reflètent celle du codex Sinaiticus
(6,44 12,37 13,32 14,30). Malgré la présence de ℵ.01, nous avons choisi
de maintenir ici ces quatre dernières leçons : elles nous semblent refléter, aux côtés des autres témoins, une variante ancienne. Ainsi en 6,44 où

l'omission de τοὺς ἄρτους est celle de Θ, du min. 788, de la famille 1, des min. 28, 565, 700, de D, W, P⁴⁵ et de ℵ.

Accords Θ–f¹³–f¹/28/565/700–D

Sur l'ensemble des seize chapitres de Marc, trente-quatre variantes réunissent Θ à l'un des témoins du texte «césaréen» (28, 565, 700, f¹), associés à D et à f¹³. Là encore la présence de la famille 1 et de ses témoins est plus effacée que celle des min. 28, 565 et 700. La mention du papyrus P⁴⁵ est seulement visible en 5,21 avec l'omission de ἐν τῷ πλοίῳ. On note par ailleurs la présence pour cette leçon du min. 788 que nous considérons ici comme le représentant de la famille 13, aux côtés de Θ, f¹, 28, 565, 700 et D. Le min. 788 représente aussi la famille 13 en 1,7 9,8 (avec le min. 69) 12,34 et 14,30.

Accords Θ–f¹³–f¹/28/565/700–W

Ce groupe est de loin le plus représenté. Cinquante-trois variantes réunissent Θ à l'un des témoins du texte «césaréen», associés à W et à f¹³. À ces témoins s'ajoute P⁴⁵ en 8,14 8,23 9,2 12,15. Le min. 788 représente la famille 13 en 1,20 (avec les min. 124 et 1689) 3,8 8,23 et 8,29; dans les autres occurrences la famille 13 est représentée par l'ensemble de ses témoins.

Accords Θ–f¹³–f¹/28/565/700

Trente lieux variants réunissent Θ, f¹³ et l'un des témoins du texte «césaréen». L'omniprésence de 28, 565 et/ou 700 est confirmée au détriment de la famille 1 alors que P⁴⁵ est totalement absent. Dans ce groupe de variantes le sigle f¹³ représente la majorité des témoins; si l'on exclut 11,32 où seuls les min. 124 et 788 omettent ὄντως avec Θ, f¹ 28 565 et 700, toutes les autres leçons renvoient l'image d'une famille 13 presque complète.

Accords Θ–f¹³ et accords Θ–f¹³–D

Sept variantes réunissent le Codex de Koridethi et la famille 13: en 6,9 et 8,24 cette dernière est représentée par le seul min. 788; dans les cinq autres leçons la famille 13 s'exprime par la majorité de ses témoins (2,21 9,14 11,31 12,27 15,47). C'est aussi le cas pour les uniques quatre leçons qui réunissent le Codex de Koridethi et le Codex de Bèze à f¹³ (1,8 1,9 5,23 7,10).

4. Conclusion

Les précédents relevés de variantes nous amènent à plusieurs conclusions. La contamination du texte byzantin, connue depuis longtemps, est ici mesurée pour la première fois avec précision sur la base de nouvelles collations pour les accords entre Θ.038 et les manuscrits de la famille 13. Pour l'ensemble du texte de Marc, trois lieux variants sur quatre sont communs à Θ.038 et à f^{13} ; sur ces trois lieux variants la présence du texte byzantin représente près de 85 %.

Les leçons communes à Θ et à f^{13}—hors de toute leçon byzantine— sont au nombre de 352 et א et B sont présents dans 162 de ces leçons. Autrement dit, les accords qui associent D, W, l'un des témoins du texte « césaréen » à Θ et à f^{13} représentent 4 % de l'ensemble du texte de Marc. On ne note curieusement aucun accord Θ–f^{13}–D–W, ou Θ–f^{13}–W, et les accords qui ne réunissent que Θ et f^{13}, ou Θ–f^{13} et D, sont très peu nombreux.

Ces données nous conseillent la prudence et doivent être mesurées selon les ensembles décrits. La présence des min. 28, 565 et 700 aux côtés de Θ et de f^{13} confirme certes l'existence d'un texte « césaréen », un texte « singulier », et non comme le sous-entendait B.H. Streeter, des « local texts », une dénomination qui impliquerait plusieurs textes différents. L'information n'est pas nouvelle, mais elle s'organise ici, de façon particulièrement pertinente, en corrélation avec le Codex de Freer. Nous avions noté dans un précédent travail les nombreuses attaches que ce manuscrit partageait avec la famille 13. Nous pouvons ajouter aujourd'hui, sur la base de nos propres collations, que le Codex de Koridethi possède une grande communauté d'accords, non seulement avec les témoins de la famille 13, mais aussi avec W.032. Il y a lieu dans ce cas de revoir le schéma de recherche que nous proposions en début d'étude car, pour le texte de Marc, il est difficile de considérer W.032 comme une simple révision du texte occidental alors qu'un grand nombre de leçons sont communes à ce manuscrit, au Codex de Koridethi et à la famille 13. En outre ces leçons se retrouvent principalement dans 28, 565 et/ou 700 et, dans une bien moindre mesure, dans les manuscrits de la famille 1.

On sait, depuis Origène, que le texte de Marc n'était pas, aux premiers temps du christianisme, « porté par les églises » (*Contre Celse*). Le statut particulier de cet évangile au cours du second siècle lui a certainement permis de conserver une pluritextualité qui s'est en partie conservée dans le temps et dans l'espace. Dans le temps d'abord, car elle s'est maintenue jusqu'au dernier quart du xvᵉ siècle: le min. 69, dernier témoin copié de la famille 13, en témoigne. Dans l'espace ensuite puisque ce texte «césaréen», si particulier pour Marc, pour les témoins que nous avons évoqués, s'est propagé des îles Britanniques, avec toujours le min. 69, jusqu'aux portes du Caucase avec le Codex de Koridethi. Il existe donc bien un texte de Marc «singulier», connu à Césarée de Palestine, et qui s'est largement transmis de part et d'autre de la Méditerrannée orientale.

Comme le notait J. Neville Birdsall à propos des travaux de Larry W. Hurtado, «when texts were seen no longer as discrete entities, the attempt to trace relationship by selections of readings ran into increasing difficulty». Notre investigation minutieuse et exhaustive du texte de Marc, fondée sur des collations à nouveaux frais, confirme le caractère homogène du texte des manuscrits de la famille 13. Elle souligne aussi la proximité de certaines leçons du min. 788 avec le Codex de Koridethi, et renforce la place de W.032 au sein du texte «césaréen». Si elle veut s'affranchir de certaines conclusions hâtives du passé, mais qui prévalent encore aujourd'hui, la critique textuelle néotestamentaire contemporaine aura raisonnablement à cœur de revisiter la lecture des manuscrits dans leur intégralité.

DOSSIER

Accords Θ–f^{13}–f^1/28/565/700–D–W

1,9 ἀπὸ ναζαρέθ Θ f^{13} (= 13 124 346 543 788 826 828) f^1 D W
     ἀπὸ ναζαρέτ 69^{vid} 983 1689 ℵ B 28 565 700
     ἀπὸ ναζαράτ A

3,29 *om.* εἰς τὸν αἰῶνα Θ f^{13} (= 788) 1 28 565 700 D W
     εἰς τὸν αἰῶνα 13 69 124 346 543 826 828 983 1689 Uncs. omn. Minusc.
     omn.

4,10 οἱ μαθηταὶ (~τε Θ) αὐτοῦ Θ f^{13} (= 13 69 124 346 [+ οἱ *bis script.*] 543
     788 826 828 983 1689) 28 565 D W
     οἱ περὶ αὐτὸν σὺν τοῖς δώδεκα Uncs. pler.

4,10 τις (της Θ) ἡ παραβολὴ αὐτή Θ f^{13} (= 13 69 124 346 543 788 826 828
     983 1689) 28 565 D W
     τὰς παραβολάς ℵ B C L Δ
     τὴν παραβολήν A f^1 700

4,16 εἰσιν *tant.*/*om.* ὁμοίως Θ f^{13} (= 13 69 543 788 826 828 983 1689) f^1
     28 565 700 D W
     εἰσιν ὁμοίως 124 346 A B
     ὁμοίως εἰσιν ℵ C L Δ

4,36 ἀφίουσιν τὸν ὄχλον καί Θ f^{13} 28 565 700 D W P^{45}
     ἀφέντες τὸν ὄχλον Uncs. pler. Minusc. pler.
     ἀφέντες αὐτόν A

4,38 *om.* τό *ante* προσκ. Θ f^{13} (= 788) f^1 28 565 700 D W
     τὸ προσκ. 13 69 124 346 543 826 828 983 1689 Uncs. pler. Minusc.
     Pler.

4,38 καὶ διεγείραντες αὐτὸν λέγουσιν αὐτῷ Θ D W (–αὐτῷ) 28 565 700
     καὶ ἐγείραντες αὐτὸν λέγουσιν αὐτῷ f^{13} (= 13 69 [αὐτό] 124 346^{vid}
     543 788 826 828 983 1689)
     καὶ ἐγείρουσιν αὐτὸν καὶ λέγουσιν αὐτῷ ℵ B*
     καὶ διεγείρουσιν αὐτὸν καὶ λέγουσιν αὐτῷ A B^2

6,14 ὁ βαπτιστής Θ (~ηστής) f^{13} (= 13 69 346 543 788 826 828 983 1689)
     28 700 D W
     ὁ βαπτίζων 124 ℵ A B

6,44 *om.* τοὺς ἄρτους Θ f^{13} (= 788) f^1 28 565 700 D W P^{45} ℵ
     τοὺς ἄρτους 13 69 124 346 543 826 828 983 1689 A B Uncs. pler.
     Minusc. pler.

6,55   *om.* τοῖς *ante* κραβ. Θ f^{13} (= 13 69 346 543 788 826 828 983 1689) f^1
       28 565 D W
       τοῖς κραβ. 124 ℵ A B Uncs. pler. Minusc. pler.

7,5   οἱ φαρ. καὶ οἱ γραμ. + λέγοντες Θ f^{13} 28 565 D W P^{45vid}
       οἱ φαρ. καὶ οἱ γραμ. *sine add.* ℵ A B Uncs. pler. Minusc. pler.

7,28   *om.* ναί Θ f^{13} (= 13 69 543 788 826 828 983 1689) 565 700 D W P^{45}
       ναί 124 346 Uncs. pler. Minusc. pler.

8,28   ἄλλοι δέ *post* τὸν βαπτ. Θ f^{13} (= 13 69 346 543 788 826 828 983 1689)
       565 700 D W
       καὶ ἄλλοι *post* τὸν βαπτ. 124 ℵ A B Uncs. pler. Minusc. pler.

9,22   *om.* καί *sec.* Θ f^{13} (= 13 69 346 543 788 826 828 983 1689) f^1 565 D W
       P^{45}
       καί *sec.* 124 28 700 Uncs. pler. Minusc. pler.

10,1   *nil nisi* πέραν Θ f^{13} (= 13 69 124 346 543 788 826 828 983 1689) f^1 28
       565 D W
       καὶ πέραν ℵ B
       διὰ τοῦ πέραν A Uncs. rell. Minusc. rell.

10,7   καὶ εἶπεν ἕνεκεν Θ f^{13} (= 13 69 124 346 543 788 826 828 983 1689)
       28 565 D W
       ἕνεκεν *tant.* ℵ A B Uncs. pler. Minusc. pler.

10,17 ἐπηρώτα αὐτόν + λέγων Θ f^{13} 565 700 D (ἠρώτα) W
       ἐπηρώτα αὐτόν *sine add.* Uncs. pler. Minusc. pler.

10,27 ἀνθρώποις + τοῦτο Θ f^{13} (= 13 69 124 346 788 826 828 983 1689) 28
       700 D W
       ἀνθρώποις *sine add.* Uncs. pler. Minusc. pler. *et non legitur* 543

11,31 ἐρεῖ + ἡμῖν Θ f^{13} (ὑμῖν 346) f^1 565 700^c D (λέγει *l.* ἐρεῖ) W
       ἐρεῖ *sine add.* Uncs. pler. Minusc. pler.

12,24 ἀποκριθεὶς δὲ ὁ ἰησοῦς εἶπεν αὐτοῖς Θ f^{13} f^1 28 565 700 D W
       καὶ ἀποκριθεὶς ὁ ἰησοῦς εἶπεν αὐτοῖς A Uncs. pler.
       ἔφη αὐτοῖς ὁ ἰησοῦς ℵ B

12,29 *om.* ὅτι Θ f^{13} (= 788) f^1 28 565 700 D W
       ὅτι Uncs. omn. Minusc. omn.

12,37 *om.* ὁ *ante* πολὺς ὄχλος Θ f^{13} (= 788) 28 565 700 D W ℵ
       ὁ πολὺς ὄχλος Uncs. pler. Minusc. pler.

13,5   καὶ ἀποκριθεὶς (+ αὐτοῖς 28 f^1 W) ὁ ἰησοῦς Θ f^{13} 28 565 700 W D
       ὁ δὲ ἰησοῦς ℵ B Uncs. pler. Minusc. rell.
       ὁ δὲ ἰησοῦς ἀποκριθείς A D

13,30 ἕως Θ f^{13} (= 13 69 124 346 543 788 826 828 983 1689) f^1 28 565 W D
       μέχρις ℵ (μέχρι) A B Uncs. pler. Minusc. rell.

13,32   καί *ante* τῆς ὥρας Θ f^{13} f^1 28 565 700 D W א
        ἤ *ante* τῆς ὥρας A B Uncs. pler.

14,10   *om.* αὐτοῖς Θ f^{13} (= 788) 28 565 D W
        αὐτοῖς 13 69 124 346 543 826 828 983 1689 Uncs. omn. Minusc. omn.

14,14   φάγομαι Θ f^{13} (= 13 69 346 [~ωμαι] 543 788 826 983 1689 [~ωμαι])
        f^1 28 (~ωμαι) D W
        φάγω 828 א A B Uncs. pler. Minusc. pler.

14,30   *om.* ἤ/πρίν *tant.* Θ f^{13} (= 13 69 346 543 788 826 983 1689) 565 700 D
        W א
        πρὶν ἤ 124 828 Uncs. pler. Minusc. pler.

14,41   ἀπέχει (~χη Θ) + τὸ τέλος Θ f^{13} (= 13 69 124 346 543 788 826 983
        1689) 565 W D
        ἀπέχει *sine add.* 828 א A B Uncs. pler. Minusc. rell.

14,62   ὁ δὲ ιησ. (−13) + ἀποκριθείς Θ f^{13} (= 13 69 124 346 543 788 826 983
        1689) f^1 565 W D
        ὁ δὲ ιησοῦς א A B Uncs. pler. 28 700 Minusc. rell.

14,62   *add.* αὐτῷ *post* λέγει *uel* εἶπεν Θ f^{13} f^1 28 565 W D
        λέγει *uel* εἶπεν *tant.* א A B Uncs. pler. Minusc. pler.

14,65   ἐλάμβανον Θ f^{13} (= 13 69 346 543 788 826 828 983) 565 W D
        ἔλαβον א A B Uncs. pler. Minusc. pler.
        ἔβαλον 124 700 *et* ἐνέλαβον *sic* 1689

14,72   καὶ εὐθέως Θ f^{13} (= 13 69 346 543 788 826 828 983 1689) 565 700 W
        D
        καὶ εὐθύς א B
        καί *tant.* A Uncs. pler. Minusc. pler.

15,10   ἤδει Θ f^{13} (= 13 69 346 543 788 826 828 983 1689) 565 (ηδε^L) 700 W
        D
        ἐγίνωσκεν 124 א^c B Uncs. pler. 28
        ἐπεγίνωσκεν A

15,10   παρεδώκαν Θ f^{13} (= 13 69 124 346 543 788 826 828 983 1689) 565
        700 W D
        παραδεδώκεισαν א B Uncs. rell. 28
        παρεδώκεισαν A Uncs. rell.

16,3   ἀπὸ τῆς θύρας Θ (θυραας) f^{13} (= 13 69 346 543 788 826 828 983
        1689) W D
        ἐκ τῆς θύρας 124 א A B Uncs. pler. Minusc. pler.

Accords Θ-f^{13}-f^{1}/28/565/700-D

1,7   *om.* κύψας Θ f^{13} (= 788) 28$^{txt.}$ 565 D
κύψας 13 69 124 346 543 826 828 983 1689 Uncs. pler. Minusc. pler.

2,14   ἰάκωβον Θ f^{13} (= 13 69 124 543 788 826 828) 565 D
λε. (λευείν *uel* λευί *et al.*) 346 (λευί) 983 (λευίν) 1689 (λευίν) Uncs.
pler. Minusc. pler.

2,21   τὸ καινὸν ἀπὸ τοῦ παλαιοῦ Θ f^{13} (= 13 69 124 346 543 788 826 828)
565 700 D
ἀπὸ τοῦ παλαιοῦ τὸ καινόν 983 1689
τὸ καινὸν τοῦ παλαιοῦ Uncs. pler. Minusc. pler.

2,24   τί ποιοῦσιν + οἱ μαθηταί σου Θ f^{13} f^{1} 28 565 700 D
τί ποιοῦσιν *sine add.* Uncs pler. Minusc. pler.

3,34   εἶπεν Θ f^{13} (= 13 69 124 346 543 788 826 828 983 1689) 28 565 700 D
λέγει Uncs. pler.

4,11   λέγεται Θ (~τε) f^{13} (= 124) 28 565 D
γίνεται 13 69 346 543 788 826 828 983 1689 Uncs. pler. Minusc. pler.

5,21   *om.* ἐν τῷ πλοίῳ Θ f^{13} (= 788) f^{1} 28 565 700 D P^{45vid}
ἐν τῷ πλοίῳ 13 69 124 346^{vid} 543 826 828 983 1689 Uncs. pler. Minusc.
pler.

5,21   πρὸς αὐτόν Θ f^{13} (= 13 69 124 543 788 826 828 983 1689) 28 565 700
D
ἐπ᾽ αὐτόν Uncs. pler. *et non legitur* 346

5,25   γυνή + τις Θ f^{13} (= 13 69 124 543 788 826 828 983 1689) 28 565 700
D
γυνή *tant.* א A B C L W Δ Uncs. pler. *et non legitur* 346

6,16   ἐκ νεκρῶν ἠγέρθη Θ f^{13} (= 13 69 124 346 543 788 826 828 983 1689)
28 565 700 D
ἠγέρθη ἐκ νεκρῶν A Uncs. pler.
ἠγέρθη *sine add.* א B W

6,17   καὶ ἔδησεν αὐτὸν (~τῷ 828) καὶ ἔβαλεν εἰς (+ τὴν 565) φυλακήν Θ
f^{13} 28 565 700 D
καὶ ἔδησεν αὐτὸν ἐν φυλακῇ א B W (+ τῇ)
ἐν φυλακῇ καὶ ἔδησεν αὐτόν A

6,31   αὐτοῖς + ὁ ἰησοῦς Θ f^{13} (= 13 69 124 346 543 788 826 828 983 1689)
28 565 700 D
αὐτοῖς *sine add.* א A B Uncs. pler.

6,45   καὶ προάγειν (~γιν Θ) + αὐτόν Θ f^{13} f^{1} 565 700 D (προσάγειν D*)
καὶ προάγειν *sine add.* א B W Uncs. pler.

8,26 ὕπαγε εἰς τὸν (*om.* Θ) οἶκον σου καὶ ἐὰν (μηδὲ 124) εἰς τὴν κώμην
εἰσέλθῃς μηδενὶ (μηδὲ 124; μηδὲν 28) εἴπῃς μηδὲ (*om.* Θ 565;
μηδὲν 983; τινὶ 124) ἐν τῇ κώμῃ Θ f^{13} (= 13 69 124 346 543 788
826 828 983 1689) 28 565
ὕπαγε εἰς τὸν οἶκον σου καὶ μηδενὶ εἴπῃς εἰς τὴν κώμην D
μηδὲ εἰς τὴν κώμην εἰσέλθῃς + μηδὲ εἴπῃς τινὶ ἐν τῇ κώμῃ A
μηδὲ εἰς τὴν κώμην εἰσέλθῃς *sine add.* ℵ^c B W (μή *l.* μηδέ)

9,8 εὐθέως Θ f^{13} (= 69 788) 28 565 D
ἐξάπινα 13 124 346 543 826 828 983 1689 Uncs. pler. Minusc. pler.

9,14 καὶ τοὺς γραμματεῖς Θ (γραματεῖς *sic*) f^{13} 28 565 D
καὶ γραμματεῖς 346 Uncs. pler. Minusc. pler.

10,12 γυνὴ ἐὰν ἐξέλθῃ Θ f^{13} (= 13 69 124 346 543 788 826 828 983 1689)
28 565 700
ἐὰν γυνὴ ἐξέλθῃ D
ἐὰν αὐτὴ ἀπολύσασα ℵ B
ἐὰν γυνὴ ἀπολύσῃ A Uncs. rell.

10,12 ἀπὸ (+ τοῦ 28 D) ἀνδρός Θ f^{13} 28 565 700 D
τὸν ἄνδρα αὐτῆς Uncs. pler. Minusc. pler.

10,12 καὶ γαμήσῃ (~ει Θ 983 28) ἄλλον Θ f^{13} f^1 28 D
γαμήσῃ ἄλλον ℵ B
καὶ γαμήθῃ (~θεῖ 1689) ἀλλῷ A Uncs. rell. 1689

10,22 τούτῳ τῷ λόγῳ Θ f^{13} (= 13 69 124 346 543 788 826 828) 28 565 D
τῷ λόγῳ 983 1689 Uncs. pler. Minusc. pler.

11,3 τί λύετε τὸν πῶλον; Θ (πολ.) f^{13} 28 565 700 D
nil nisi τί; f^1 W
τί ποιεῖτε τοῦτο; Uncs. pler.

11,22 εἰ ἔχετε Θ f^{13} (= 13 69 124 346 543 788 826 828 983 1689) 28 565 700
D ℵ
ἔχετε *tant.* Uncs. omn. Minusc. omn.

11,31 λέγ. + τί εἴπωμεν Θ f^{13} (*sed om.* λέγ. 69) 28 565 700 D
λέγ. *tant.* Uncs. omn. Minusc. omn.

12,15 ὁ δέ + ἰησοῦς Θ f^{13} (= 13 69 124 346 543 788 826 828 983 1689) f^1 28
565 700 D
ὁ δέ *sine add.* Uncs. pler. Minusc. pler.

12,32 εἷς ἐστιν + ὁ θεός Θ f^{13} (= 13 69 124 346 543 788 826 828 983 1689)
28 565 700 D
εἷς ἐστιν + θεός E F H W (εἷς θεός ἐστιν)
εἷς ἐστιν *sine add.* ℵ A B Uncs. rell.

12,34 *om.* αὐτόν *pr.* Θ f^{13} (= 788) f^1 28 565 D ℵ
αὐτόν *pr.* A B Uncs pler.

13,2   ἀμὴν λέγω σοι *pon. ante* οὐ μὴ ἀφεθῇ Θ *f*¹³ 28 565 700 D (ἀμὴν λέγω
        ὑμῖν ὅτι)
        οὐ μὴ ἀφεθῇ *tant*. Uncs. pler. Minusc. pler.

13,22   ποιήσουσιν Θ *f*¹³ (= 13 69 124 346 543 788 826 828 983 1689) 28 565
        D
        δώσουσιν Uncs. pler.

14,30   *om.* σήμερον Θ *f*¹³ (= 788) 565 700 D
        σήμερον 13 69 124 346 543 826 828 983 1689 ℵ A B W Uncs. pler.

14,34   τότε Θ *f*¹³ (= 13 69 124 346 543 788 826 983 1689) 565 700 D
        καί *pr.* 828 ℵ A B W Uncs. pler. Minusc. pler.

14,35   ἔπ. + ἐπὶ πρόσωπον Θ *f*¹³ (= 13 69 124 346 543 788 826 983 1689) *f*¹
        28 565 700 D
        ἔπιπτεν *uel* ἔπεσεν *sine add.* 828 ℵ A B W Uncs. pler. Minusc. pler.

14,37   οὐκ ἰσχύσατε Θ (εἰσχ.) *f*¹³ (= 13 69 124 346 543 788 826 983 1689) *f*¹
        565 D
        οὐκ ἴσχυσας 828 28 700 ℵ A B W Uncs. pler.

14,53   συνέρχονται *sine add.* Θ *f*¹³ (= 13 69 124ᶜ 346 543 788 826 983 1689)
        565 700 D ℵ
        συνέρχονται + αὐτῷ A B Uncs. pler. Minusc. pler.

15,36   ἄφες Θ *f*¹³ (= 13 69 124 346 543 788 826 828 [ἄφεις] 983 1689) 28
        565 700 D ℵ
        ἄφετε A B Uncs. pler. Minusc. pler.

Accords Θ–*f*¹³–*f*¹/28/565/700–W

1,20   *om.* εὐθ. *ante* ἐκάλεσεν αὐτούς Θ *f*¹³ (= 124 788 1689) 700 W
        εὐθ. ἐκάλεσεν αὐτούς Uncs. rell. Minusc. rell.

1,20   εὐθ. *ante* ἀφέντες Θ *f*¹³ (= 13 69 124 346 543 788 826 828 983 1689)
        565 700 W
        om. εὐθ. *ante* ἀφέντες Uncs. rell. Minusc. rell.

3,8   *om.* καὶ ἀπὸ τῆς ἰδουμαίας Θ *f*¹³ (= 788) *f*¹ W ℵ*
        καὶ ἀπὸ τῆς ἰδουμαίας 13 69 124 346 543 826 828 983 1689 Uncs.
        omn. Minusc. omn.

4,7   αὐτά Θ *f*¹³ (= 124) 28 W
        αὐτό 13 69 346 543 788 826 Uncs. pler. Minusc. pler.
        αὐτῷ 828 1689

4,18   *om.* ἄλλοι εἰσιν *uel* οὗτοί εἰσιν Θ *f*¹³ (= 13 69 124 346 543 788 826 828
        983 1689) *f*¹ 28 565 700 W
        ἄλλοι εἰσιν ℵ B D
        οὗτοί εἰσιν A Uncs. rell. Minusc. rell.

4,26 *om.* τόν *ante* σπόρον Θ f^{13} (= 13 69 124 346 543 788 826 828 983
  1689) 28 565 700 W
  τὸν σπόρον Uncs. pler. Minusc. pler.

4,28 αὐτομάτη + γάρ Θ f^{13} (= 13 69 124 [~τει] 346 543 788 826 1689) f^1
  28 W
  ὅτι αὐτομάτη D 565 700
  αὐτομάτη *tant.* 828 ℵ A B C L Uncs. pler. Minusc. pler. *et non legitur*
  983

6,13 καὶ ἐθεράπ. + αὐτούς Θ f^{13} (= 13 69 124 346 543 788 826 828 983
  1689) 28 565 700 W
  καὶ ἐθεράπευον *sine add.* Uncs. pler.

6,48 αὐτοῖς + σφόδρα Θ f^{13} (= 13 69 124 346 543 788 826 828 983 1689)
  28 565 700 W
  αὐτοῖς *sine add.* Uncs. pler.

6,54 αὐτόν + οἱ ἄνδρες τοῦ τόπου Θ f^{13} 28 565 700 W
  αὐτόν + οἱ ἄνδρες τοῦ τόπου ἐκείνου A f^1
  αὐτόν *sine add.* ℵ B D Uncs. pler.

8,14 ἕνα μόνον ἄρτον ἔχοντες Θ 13 983 1689 f^1 565 700 P^{45vid}
  ἕνα μόνον ἔχοντες ἄρτον 69 346 788 826 828^{vid} 28 W
  καὶ εἰ μὴ ἕνα ἄρτον οὐχ εἶχον 124 Uncs. pler. *et lac.* 543

8,15 τῶν ἡρῳδιανῶν Θ (τον ηρωδιαινον) f^{13} (= 13 69 346 788 826 828 983
  1689) f^1 28 565 W
  ἡρῴδου 124 ℵ A B Uncs. pler. *et lac.* 543

8,23 τῆς χειρὸς αὐτοῦ Θ f^{13} (= 788) f^1 565 700 W P^{45}
  τῆς χειρὸς τοῦ τυφλοῦ 13 69 124 346 826 828 ℵ A B Uncs. pler. *et lac.*
  543
  τῆς χειρὸς αὐτοῦ τοῦ τυφλοῦ 983 1689 *pc*

8,29 *om.* καὶ αὐτός Θ f^{13} (= 788) f^1 28 W
  καὶ αὐτός 13 69 124 346 543 826 828 983 1689 Uncs. pler.

9,2 *praem.* ἐν τῷ προσευχέσθαι αὐτούς (αὐτόν Θ 28 565; + ὁ ἰησοῦς 13
  69 124 346 543 788 826) *ante* μετεμορφώθη Θ f^{13} 28 565 W P^{45vid}
  μετεμορφώθη *sine add.* Uncs. pler.

9,7 καὶ ἰδοὺ ἐγένετο Θ f^{13} (= 13 69 124 346 788 826 828 983 1689) 28 565
  700 W
  καὶ ἐγένετο Uncs. pler. Minusc. pler.

9,10 οἱ δέ Θ f^{13} (= 13 [ει] 69 124 346 [ει] 543 788 826 828 983 1689) 565
  700 W
  καί Uncs. pler. Minusc. pler.

9,21 τὸν πατέρα αὐτοῦ + (ὁ ἰησοῦς Θ 565) λέγων Θ f^{13} 28 565 W (αὐτοῦ
  τὸν πατέρα λέγων)
  τὸν πατέρα αὐτοῦ *sine add.* Uncs. omn. Minusc. omn.

9,28   εἰς οἶκον + προσῆλθον αὐτῷ Θ f^{13} 28 565 700 W
     εἰς οἶκον *sine add.* 124 Uncs. pler.

9,33   διελ. + πρὸς ἑαυτούς Θ f^{13} (= 13 69 346 543 788 826 828 983 1689)
     f^1 28 565 W
     πρὸς ἑαυτούς *ante* διελ. A 124 700 Uncs. rell. Minusc. rell.
     διελ. *tant.* ℵ B D

9,37   ἐκ τῶν τοιούτων παιδίων Θ f^{13} (= 13 69 346 543^{vid} 788 826 828 983
     1689) 565NA W
     τῶν τοιούτων παιδίων *tant.* 124
     ἓν τῶν τοιούτων παιδίων Uncs. pler. Minusc. pler.

10,14   καί + ἐπιτιμήσας Θ f^{13} f^1 28 565 W
     καί *sine add.* ℵ A B D Uncs. pler. Minusc. rell.

10,20   ἐκ νεότητός μου + τί ἔτι ὑστερῶ Θ f^{13} 28 565 W (τί ὑστερῶ ἔτι)
     ἐκ νεότητός μου *sine add.* ℵ A B D Uncs. pler. Minusc. rell.

10,27   παρά *pr.* + μέν Θ f^{13} (= 13 69 124 346 788 826 983 1689) 28 565 W
     παρά *pr. sine add.* 828 Uncs. pler. Minusc. pler. *et non legitur* 543

11,2   λέγων Θ f^{13} (= 13 69^{vid} 346 543 788 826 828 983 1689) f^1 28 700^c W
     καὶ εἶπεν D
     καὶ λέγει 124 Uncs. pler. Minusc. pler. 565

11,7   καὶ ἄγουσιν Θ f^{13} (= 13 69^{vid} 124 346 543 788 [+ αὐτοῦ] 826 828 983
     1689) f^1 28 W ℵ*
     καὶ φέρουσιν ℵ^c B
     καὶ ἤγαγον A D Uncs. pler. 565 700

11,15   τῶν κολ. + ἐξέχεεν Θ f^{13} (= 13 69 124 346 543 788 826 828 983 1689)
     28 565 700 W
     τῶν κολ. *sine add.* Uncs. pler.

12,1   ἄνθρωπός τις ἐφύτευσεν ἀμπελῶνα Θ f^{13} 565 W
     ἀμπελῶνα ἄνθρωπος ἐφύτευσεν ℵ B
     ἀμπελῶνα ἐφύτευσεν ἄνθρωπος 124 A Uncs. rell. Minusc. rell.

12,15   πειράζετε + ὑποκριταί Θ f^{13} f^1 28 565 W P^{45}
     πειράζετε *sine add.* ℵ A B C D Uncs. pler.

12,29   ὁ δὲ ἰησοῦς εἶπεν αὐτῷ Θ f^{13} 28 565 W (*om.* ἰησοῦς)
     ὁ δὲ ἰησοῦς ἀπεκρίθη αὐτῷ 124 A Uncs. pler.
     ἀπεκρίθη ὁ ἰησοῦς ℵ B

12,34   αὐτὸν ἐπερωτᾶν Θ f^{13} (= 13 69 346 543 788 826 828 983 1689) 700
     W (αὐτὸν οὐκέτι ἐπερωτᾶν)
     αὐτὸν ἐπερωτῆσαι 124 Uncs. pler. Minusc. pler.

12,41 καὶ ἑστὼς ὁ ἰησοῦς Θ f^{13} (= 13 69 346 543 788 826 828 983 1689) f^1
28 565 W
καὶ καθίσας ὁ ἰησοῦς 124 A Uncs. pler.
καὶ καθίσας *sine add.* ℵ B

12,41 τὸν χαλκόν Θ f^{13} (= 13 69 124 346 543 788 826 828 983 [τό] 1689
[τό]) f^1 28 565 700 W ℵ
χαλκόν *tant.* Uncs. pler.

13,6 ἐγώ εἰμι + ὁ χριστός Θ f^{13} 28 565 700 W
ἐγώ εἰμι *sine add.* A Uncs. omn. Minusc. omn.

13,26 ἐν νεφέλῃ Θ f^{13} (= 13 69 543 788 826 828 983 1689) f^1 28 W
ἐν νεφέλαις 124 346 (ναιφέλαις) Uncs. omn. Minusc. omn.

13,27 τῆς γῆς Θ f^{13} (= 13 69 124 346 543 788 826 828 983 1689) f^1 28 565
700 W
γῆς *tant.* / *om.* τῆς Uncs pler.

13,33 βλέπετε + δέ Θ f^{13} (= 13 69 124 346 543 788 826 828 983 1689) 28
565 W
βλέπετε *sine add.* Uncs. pler.

13,34 ὥσπερ + γάρ Θ f^{13} f^1 (–γάρ) 28 565 (–γάρ^L) W
ὡς *sine add.* Uncs. pler.

14,3 τό *ante* ἀλάβαστρον Θ f^{13} (= 13 69 346 543 788 826 828 983 1689) f^1
700 W
τόν *ante* ἀλάβαστρον 124 A ℵ* Uncs. rell. Minusc. rell.
τήν *ante* ἀλάβαστρον ℵ^c B

14,13 καί *ter.* + εἰσελθόντων ὑμῶν εἰς (πρὸς 1689) τὴν πόλιν Θ f^{13} (= 13
69 124 346 543 788 826 983 1689) 28 565 W (*om.* εἰς τὴν πόλιν)
καί *ter. sine add.* 828 Uncs. pler.

14,31 περισσῶς Θ (περησως) f^{13} (= 13 69 124 346 543 788 826 983 1689)
565 W
ἐκπερισσοῦ 828 A f^1 28 700
ἐκπερισσῶς ℵ B D

14,35 ἐπὶ τὴν γῆν Θ f^{13} (= 13 69 124 346 543 788 826 828 983 1689) 565 700
W
ἐπὶ τῆς γῆς Uncs. rell. Minusc. rell.

14,49 πληρωθῶσιν αἱ γραφαί + τῶν (τον Θ) προφητῶν Θ f^{13} 565 W
πληρωθῶσιν αἱ γραφαί *sine add.* Uncs. pler.

14,50 τότε οἱ μαθηταί Θ f^{13} (= 13 69 124 346 543 788 826 828 983 1689)
565 W (+ αὐτοῦ)
καί *tant.* Uncs. pler.

14,54 ἠκολούθει Θ (~θη) *f*¹³ (= 13 69 124 346 [~θη] 543 788 826 983 1689
       [~θη]) *f*¹ 565 700 W
       ἠκολούθησεν Uncs. pler.

14,61 καὶ πάλιν Θ *f*¹³ (= 13 69 124 346 543 788 826 828 983 1689) *f*¹ 565 W
       πάλιν *tant.* 28 700 Uncs. pler.
       καί *tant. / om.* πάλιν D

14,61 αὐτόν + ἐκ δευτέρου Θ *f*¹³ (= 13 69 346 543 788 826 828 983 1689)
       700 W
       αὐτόν *sine add.* Uncs. pler.

14,64 βλασφ. + τοῦ στόματος αὐτοῦ Θ (αυτος *sic*) *f*¹³ (= 13 69 346 543 788
       826 828) W
       βλασφ. + αὐτοῦ ἐκ τοῦ στόματος αὐτοῦ 124 565
       βλασφ. + ἐκ τοῦ στόματος αὐτοῦ 983 1689
       βλασφ. *sine add.* ℵ A B

14,64 καὶ πάντες Θ *f*¹³ (= 13 69 124 346 543 788 826 828 983 1689) *f*¹ 565
       700 W
       πάντες δέ D
       οἱ δὲ πάντες Uncs. pler. 28

14,65 προφήτευσον + νῦν (ἡμῖν Θ 565 700; οὖν 346) χριστέ τίς ἐστιν ὁ
       παίσας σε Θ *f*¹³ (= 13 69 124 346 [σαι] 543 788 826 828 983 1689)
       565 700 W
       προφήτευσον *sine add.* ℵ A B D Uncs rell.

14,68 εἰς τὴν (τὸ 983 1689 565) ἔξω προαύλιον Θ (~λήν) *f*¹³ (= 13 69 346
       543 788 826 828 983 1689) *f*¹ (αὐλήν) 565 700 W (αὐλήν)
       ἔξω εἰς τὴν προαυλήν D
       ἔξω εἰς τὸ προαύλιον 124 28 Uncs. pler.

15,2   ὁ π. + λέγων Θ *f*¹³ (= 13 69 124 346 543 788 826 828 983 1689) 565
       700 W
       ὁ π. *sine add.* Uncs. pler. Minusc. pler.

15,3   πολλά + αὐτὸς δὲ οὐδὲν ἀπεκρίνατο Θ *f*¹³ 565 W
       πολλά *sine add.* ℵ A B C D *f*¹ 28 700 Uncs. pler. Minusc. pler.

Accords Θ–*f*¹³–*f*¹/28/565/700

2,4   ἐφ' οὗ Θ *f*¹³ (= 13 69 346 543 788 826 828) 565
       ἐφ' ᾧ 124 983 1689 A C *f*¹
       ὅπου *sec.* ℵ B D L

3,18   καὶ ματ. + τὸν (τῶν Θ) τελώνην Θ *f*¹³ (= 13 69 124 346 543 788 826
       828 983 1689) 565 700
       καὶ ματ. (*uel* μαθ.) *sine add.* Uncs. omn. Minusc. omn.

3,21   ἐξέσταται Θ f^{13} (= 13 69^{vid} 346 543 788 826 828^{vid} 983) 565 (ἐξέτα-
       ται^L)
       ἐξέσταται αὐτούς D*
       ἐξέστη 1689 Uncs. omn. Minusc. omn.

4,16   *om.* αὐτόν Θ f^{13} (= 13 69 124 543 788 826 828 983 1689) f^1 28 565
       700
       αὐτόν 346 Uncs. pler. Minusc. pler.

4,21   ἤ + ἵνα Θ f^{13} (= 13 69 124 346 543 788 826 828) f^1 565
       ἤ *tant.* Uncs. pler. Minusc. pler.
       om. 983 1689

4,21   κλίνην + τεθῇ Θ f^{13} (= 13 69 124 346 543 788 826 828) 565
       κλίνην *sine add.* Uncs. pler. Minusc. pler.
       om. 983 1689

4,22   εἰ μὴ ἵνα Θ f^{13} (= 13 69 543 788 826 828 983 1689) f^1 28 565 700
       ἐὰν μὴ ἵνα ℵ Β Δ
       ἐὰν μή Α 346
       ὃ ἐὰν μή 124 Ε F G H M

4,26   ὥσπερ Θ f^{13} (= 13 69 124 346 543 788 826 828 1689) 28 565 700
       ὡς ℵ Β D L W
       ὡς ἐάν Α *et non legitur* 983

4,32   *om.* τά *ante* πετεινά Θ f^{13} (= 13 346 543 788 826) 28
       τὰ πετεινά 69 124 828 983 1689 Uncs. pler. Minusc. pler.

6,4   *om.* ὅτι Θ f^{13} (= 13 69 124 346 543 788 826 828 1689) 565 700
       ὅτι Uncs. pler. Minusc. pler. *et non legitur* 983

8,10   μαγδαλά Θ f^{13} (= 13 69 346 788 826 828 983 1689) f^1 565 (~γεδά)
       δαλμανουθά 124 Uncs. pler. Minusc. pler. *et lac.* 543

9,20   τὸ παιδίον *l.* αὐτόν *quat.* Θ (~διων) f^{13} (= 13 69 346 543 788 826 828
       983 1689) 28 565
       αὐτόν *quat.* 124 Uncs. pler. Minusc. pler.

9,31   παραδοθήσεται Θ f^{13} (= 13 69 346 543 788 826 828 983 1689) 28 565
       700
       παραδίδοται 124 Uncs. pler. Minusc. pler.

9,37   *add.* μόνον *post* δέχ. *sec.* Θ f^{13} (= 13 69 346 543 788 826 828 983 1689)
       28 565
       δέχ. *sec. sine add.* 124 Uncs. pler. Minusc. pler.

9,37   ἀλλά + καί Θ f^{13} (= 13 69 543 788 826 828 983 1689) 28 565
       ἀλλά *tant.* 124 346 Uncs. pler. Minusc. pler.

11,9   ὥσαν. + τῷ ὑψίστῳ Θ f^{13} (= 13 69 124 346 543 788 826 828 983 1689)
       28 565 700
       ὥσαν. *sine add.* Uncs. pler. *et om.* W D

11,32 ὅτι προφήτης ἦν / *om.* ὄντως Θ *f*¹³ (= 124 788) *f*¹ 28 565 700
ὄντως ὅτι προφήτης ἦν 13 69ᵛⁱᵈ 346 543 826 828 983 ℵᶜ B
ὅτι ὄντως προφήτης ἦν 1689 A Uncs. pler. Minusc. pler.

12,7 ἐκεῖνοι δὲ οἱ γεωρ. + θεασάμενοι αὐτὸν ἐρχόμενον εἶπον πρὸς
ἑαυτούς Θ 565 700 (εἶπαν)
ἐκεῖνοι δὲ οἱ γεωρ. + θεασάμενοι αὐτὸν ἐρχόμενον πρὸς αὐτοὺς
εἶπον *f*¹³ 28 (εἶπαν)
ἐκεῖνοι δὲ οἱ γεωρ. εἶπον πρὸς ἑαυτούς (*uel* πρὸς ἑαυτοὺς εἶπαν)
tant. Uncs. pler. Minusc. pler.

12,20 ἑπτὰ ἀδελφοὶ ἦσαν + παρ' ἡμῖν Θ *f*¹³ 28 565 700 ℵᵃ*ᵐᵍ·
ἑπτὰ ἀδελφοὶ ἦσαν *sine add.* ℵ* A B W Uncs. pler. Minusc. pler.

13,2 καταλυθήσεται Θ *f*¹³ (καταλιθ. 346 828; καταληλιθ. 13) 28 565 ℵ*
καταλυθῇ 124 788 ℵᶜ A B D Uncs. rell. Minusc. pler.

13,8 ταῦτα δὲ πάντα (πᾶν Θᵛⁱᵈ) ἀρχ. ὠδίνων Θ *f*¹³ (ὀδύν. 983 1689) 28
565
ἀρχ. ὠδίνων ταῦτα Uncs. pler.

13,20 ὁ θεὸς ἐκολόβωσεν Θ *f*¹³ (= 13 69 346 543 788 826 828 983 1689) 28
565
κύριος ἐκολόβωσεν 124 A Uncs. pler. Minusc. pler.
ἐκολόβωσεν κύριος ℵ B

13,27 τοῦ οὐρανοῦ Θ *f*¹³ (= 13 69 124 346 543 788 826 828 983 1689) 28
565 700
οὐρανοῦ *tant.* / *om.* τοῦ Uncs pler.

13,32 ὁ πατὴρ (+ μου 828) + μόνος Θ *f*¹³ (= 13 124 346 543 788 826 828
983 1689) 565
ὁ πατήρ *sine add.* 69 Uncs. omn. Minusc. omn.

14,51 γυμνός Θ *f*¹³ (= 13 69 346 543 788 826 828 983 1689) 565
ἐπὶ γυμνοῦ 124 28 700 Uncs. omn. Minusc. omn.

14,57 ἄλλοι δέ Θ *f*¹³ (= 13 69 124 346 543 788 826 828 983 1689) 565 700
καὶ ἄλλοι D
καί τινες *f*¹ 28 Uncs. pler.

14,62 *pon.* σὺ εἶπας ὅτι *ante* ἐγώ εἰμι Θ *f*¹³ (= 13 69 124 346 543 788 826
828 983 1689) 565 700
ἐγώ εἰμι *tant.* Uncs pler.

14,69 καὶ οὗτος Θ *f*¹³ (= 13 [ουτως] 69 124 346 543 [ουτως] 788 826 828
983 1689) 565 700
καὶ αὐτός D
οὗτος *tant.* Uncs. omn. Minusc. rell.

15,17 χλαμύδα κοκκίνην καὶ πορφύραν Θ (χλαμήδαᵃᶜ χλαμύδαᵖᶜ) *f*¹³ 565
700
πορφύραν *tant.* Uncs. omn. *f*¹ 28

15,20 τὴν χλαμύδα καὶ τὴν πορφύραν Θ f^{13} 565 700
τὴν πορφύραν *tant.* Uncs. pler. $f^{1\,L}$ 28^{L}

Accords Θ–f^{13}–D

1,8 ὑμᾶς βαπτίσει Θ f^{13} (= 13 69 124 346 543 788 826 828 983 1689) D
(~ίζει)

βαπτίσει ὑμᾶς (*om.* ℵ* 6 106) Uncs. pler. Minusc. pler.

1,9 ὁ ἰησοῦς Θ f^{13} (= 13 69 124 346 543 788 826 828 983 1689) D
ἰησοῦς *tant.* ℵ A B W f^{1} 700

5,23 *om.* ὅτι Θ f^{13} (= 13 69 543 788 826 828 983 1689) D
ὅτι 124 346 Uncs. pler. Minusc. pler.

7,10 *om.* σου *post* τὴν μητέρα Θ f^{13} (= 13 69 543 788 826 828) D
τὴν μητέρα σου 124 346 983 1689 Uncs. omn. Minusc. omn.

Accords Θ–f^{13}

2,21 ῥάκκους Θ f^{13} (= 13 69 124 346 543 788 826 828 983 1689)
ῥάκους ℵ B Uncs. pler. Minusc. pler.

6,9 μήτε Θ f^{13} (= 788)
ἀλλ' 13 69 346 543 826 828 983 1689 E F G H K M W Minusc. rell.
ἀλλά 124 ℵ A B C D

8,24 *om.* ὅτι *ante* ὡς δένδρα Θ f^{13} (= 788)
ὅτι ὡς δένδρα 13 69 124 346 826 828 983 (ετι) 1689 (ετι) Uncs. omn.
Minusc. omn.

9,14 πρὸς τοὺς μαθητάς + αὐτοῦ Θ f^{13} (= 13 69 346 543 826 828 983 1689)
πρὸς τοὺς μαθητάς *sine add.* 124 788 Uncs. omn. Minusc. omn.

11,31 ἐὰν εἴπωμεν + ὅτι Θ f^{13} (69 346 543 788 826 828)
ἐὰν εἴπωμεν *sine add.* 13 124 983 1689 Uncs. omn. Minusc. omn.

12,27 οὐκ ἔστιν ὁ θεὸς θεὸς νεκρῶν Θ f^{13} (= 13 69 124 346 543 788 826
828 983 1689)
οὐκ ἔστιν θεὸς νεκρῶν B D W
οὐκ ἔστιν ὁ θεὸς νεκρῶν ℵ A Uncs. rell.

15,47 ἰακώβου καὶ ἰωσῆτος Θ f^{13} (= 13 69 124 [ἰωσῆ] 346 543 788 826 828
983 [ἰωσῆ] 1689 [ἰωσῆ]) 565NA
ἰωσῆτος ℵ^{c} B Uncs. omn. f^{1} 565^{L} Minusc. pler.
ἰωσῆ W

Θ.038: Addenda et corrigenda

Compléments aux éditions de S.C.E. Legg (Oxford, 1935), et Nestle-Aland XXVII[a] (1995). Nous n'avons retenu ici que les leçons les plus significatives. Les lettres entre crochets droits renvoient à l'édition qui doit être amendée; nous avons souligné le texte de Θ qui doit être rétabli.

1,8   <u>ἐγώ</u> *sine add.* Θ [L]
1,16   <u>ἀμφιβάλλοντες</u> τὰ δίκτυα Θ [NA *Variae lectiones minores*]
1,37   <u>πάντες ζητοῦσίν σε</u> Θ / παντ. σε ζητουσι Θ *cum errore* [L]
2,4   <u>ὁ</u> παραλυτικός Θ [L]
2,5   σου <u>αἱ</u> ἁμαρτίαι *sine add.* Θ [L]
2,9   <u>τὸν κράβ. σου</u> Θ / σου τον κραβ. Θ *cum errore* [L]
2,12   <u>ἐνόπιον</u> Θ [L + NA]
2,15   *om.* γίνεται *uel* ἐγένετο Θ [L + NA]
2,18   <u>νηστεύουσιν</u> *sec.* Θ [L]
2,26   καὶ τοὺς ἄρτους τῆς προθέσεως ἔφαγεν καὶ ἔδωκεν καὶ τοῖς <u>μετὰ</u> <u>αὐτοῦ</u> οὓς οὐκ ἔξεστιν φαγεῖν εἰ μὴ τοῖς ἱερεῦσιν Θ [L + NA *Variae lectiones minores*]
3,3   <u>τὴν ξηρὰν χεῖρα ἔχοντι</u> Θ [L]
3,7   <u>ὁ δὲ ἰησοῦς</u> Θ [L]
3,11   πνεύματα <u>τὰ</u> ἀκάθαρτα Θ [L + NA]
3,18   *om.* καί *ante* θαδδαῖον Θ [L + NA]
4,6   <u>ἐκαυμάτησεν</u> Θ [L + NA]
4,19   *om.* εἰσπορευόμεναι Θ [L]
4,21   κλίνην + <u>τεθῇ</u> Θ [L]
4,28   <u>καρπὸν φέρει</u> Θ [L]
4,32   <u>πετεινά</u> *tant.* / *om.* τά Θ [L]
4,38   <u>προσκεφαλαίου</u> *tant.* / *om.* τό *et* ~φαλαίου Θ [L]
5,12   αὐτόν + <u>πάντα τὰ δαιμόνια</u> Θ [L]
5,12   <u>εἰπόντα</u> Θ [L]
5,13   καὶ <u>ἔπεμψεν αὐτούς</u> Θ [L]
5,40   τὸ παιδίον + <u>κατακείμενον</u> Θ [L]
6,5   ἐκεῖ ποιῆσαι <u>οὐδεμίν</u> Θ [NA]
6,8   *om.* <u>μόνον</u> Θ [L + NA]
6,11   <u>ὅσοι μὴ δέξωνται</u> Θ [NA]
6,22   <u>τῆς ἡρῳδιάδος</u> Θ [L]
6,25   *om.* θέλω ἵνα Θ [L + NA]
6,33   <u>καὶ προσῆλθον</u> Θ [L]
6,34   *om.* πολλά Θ [L +NA]
7,8   βαπτισμοὺς <u>ποτηρίων καὶ ξεστῶν</u> καὶ ἄλλα (ἄλα[ac] ἄλλα[pc]) παρό-μοια τοιαῦτα ποιεῖτε *add. ante* ἀφέντες Θ [L + NA]
7,19   εἰς τὴν κοιλίαν + <u>αὐτοῦ</u> Θ [L + NA]
7,31   <u>ἀπὸ</u> τῶν ὄρ. Θ [L + NA]

7,31   ἦλθεν διὰ σιδῶνος^{ac} <u>προσῆλθεν ὁ ἰησοῦς διὰ σιδῶνος</u>^{pc} Θ [L + NA]
7,31   <u>εἰς</u> τὴν θάλ. Θ / πρός *cum errore* [L]
7,37   *om.* καί *ante* <u>τοὺς κωφούς</u> Θ [L]
8,4   καὶ ἀπεκρίθησαν αὐτῷ οἱ μαθητὲ αὐτοῦ πόθεν <u>ὧδε</u> τοσούτους
       δυνήσεταί τις χορτάσε ἄρτων ἐπ᾽ ἐρ<u>ι</u>μίας Θ [L]
8,10   καὶ εὐθέως <u>ἀ</u>νέβη Θ [L + NA]
8,24   *om.* ὅτι Θ [L + NA]
9,2   *om.* τόν *ante* ἰάκωβον Θ [L + NA]
9,15   *om.* ὁ *ante* ὄχλος [L + NA]
9,15   <u>ἐξεθαμβήθησαν</u> Θ [L]
9,22   καὶ πολλάκις εἰς πῦρ αὐτὸν ἔβαλεν / *om.* καί *sec.* Θ [L]
9,23   ὁ δὲ <u>ὁ</u> ῑσ εῖπεν αὐτῷ *sic* / *add.* ὁ *ante* ἰησοῦς [L + NA]
9,47   <u>τοὺς</u> δύο ὀφθαμούς *sic* Θ [L]
10,2   οἱ δὲ φαρισαῖοι <u>καὶ</u> προσελθόντες ἐπηρώτων αὐτόν Θ [L + NA]
10,10 οἱ μαθηταὶ ἐπ<u>ι</u>ρώτων αὐτὸν <u>περὶ αὐτοῦ</u> Θ [L]
10,17 ἰδού τις πλούσιος <u>δραμ</u>ών Θ [L]
10,44 ἐν ὑμῖν εῖναι <u>μέγας</u> Θ [NA]
10,44 πάντων <u>διάκονος</u> Θ [L + NA]
10,47 ϋἱὲ δᾱδ *tantum* / *om.* ἰησοῦ Θ [L + NA]
11,10 εἰρήνη ἐν οὐρανῷ καὶ δόξα <u>ἐν ὑψίστοις</u> / *om.* τοῖς *ante* ὑψίστοις Θ
       [NA]
11,25 <u>ἀφήσει</u> *tantum* / *om.* ὑμῖν Θ [L + NA]
12,14 ἐλθόντες ἐπηρώτον αὐτὸν ἐν δ<u>ώ</u>λῳ λέγοντες Θ / *om.* ἤρξαντο [L]
12,17 <u>ἐξεθαύμαζον</u> Θ [L]
12,21 καὶ οὐδὲ <u>αυτος</u> (*acc.*?) ἄφηκεν Θ *sed non* καὶ οὐδὲ οὗτος ἄφηκεν
       [NA]
12,25 <u>γαμήσκονται</u> Θ [L]
12,34 αὐτὸν <u>ἐπερωτᾶν</u> Θ [L]
13,14 <u>ἐν τόπῳ ὅπου</u> οὐ δεῖ *l.* ὅπου οὐ δεῖ Θ [L]
13,19 <u>οἴα οὐ γέγοναν οὐδέποτε τοιαῦται</u> Θ [L + NA]
13,37 <u>ἐγὼ ὑμῖν λέγω</u> Θ *sed non* ἐγὼ λέγω ὑμῖν [L]
14,2   μὴ ἐν τῇ ἑορτῇ <u>καί</u> Θ [L]
14,6   ἐν <u>ἐν</u> ἐμοί Θ [L + NA]
14,9   τὸ εὐαγγέλιον Θ / *om.* <u>τοῦτο</u> [L + NA]
14,25 οὐκέτι οὐ <u>μὴ</u> προσθῶμεν πιεῖν Θ [L]
14,29 <u>ἀλλ᾽ οὐ</u> καὶ ἐγώ *sed non* ἀλλ᾽ οὐκ ἐγώ Θ [L +NA]
14,32 ἔρχεται Θ / *om.* καί [L + NA]
14,43 *om.* καὶ εὐθ. Θ [L + NA]
14,46 <u>τὰς χεῖρας αὐτῷ</u> Θ / ἐπ᾽ αὐτὸν τὰς χεῖρας Θ *cum errore* [L]
14,61 λέγων Θ / *om.* αὐτῷ [L + NA]
14,69 <u>πάλιν δὲ ἰδοῦσα αὐτῶν ἡ πεδήσκη ἠρξάτω λέγειν</u> Θ [L]
14,72 <u>εὐθέως</u> Θ [NA]
15,5   <u>οὐδεὶς οὐκέτι οὐδέν</u> *pro* ὁ δὲ ἰησοῦς οὐκέτι οὐδέν Θ [L + NA]
15,12 <u>πάλιν ἀπεκρίθη αὐτοῖς</u> / *om.* ἔλεγεν Θ [L]
15,32 <u>αὐτῷ</u> *l.* αὐτόν Θ [L + NA]
15,34 ὁ θεός <u>μου</u> ὁ θεός μου Θ [L + NA]
15,42 προ<u>σσ</u>άββατον Θ [L + NA]

15,46   ἔθηκεν Θ [L]
16,5   τὸν μνημεῖον Θ [L + NA]
16,8   κακούσασαι sed non ἀκούσασαι Θ [L]
16,16   πιστεύσας sed non πιστευσασας Θ [L]

Bibliographie succincte

Bartholomée (Gᵃˡ), notice n°9 [+ 2 pl.], *Mémoires de la section caucasienne de la Société de Géographie russe*, t. V.

Blake (R.P.), «Greek Script and Georgian Scribes on Mt. Sinai», *HTR* 25/3 (1932), pp. 273–276.

Brosset (M.), «Note sur un manuscrit grec des quatre Évangiles, rapporté du Souaneth-Libre et appartenant au comte Panine», Bulletin de l'Académie Impériale des Sciences de St.-Pétersbourg 15/4 (1870), f. 25–31, pp. 385–397 [réimpr. *Mélanges asiatiques* 6 (1869–1873), pp. 269–286].

Hoskier (H.C.), «Collation of Koridethi (so-called Θ or O³⁸ or Sod O⁵⁰) with Scrivener's Reprint of Stephen III», Bulletin of the Bezan Club 6 (April 1929), pp. 33–56.

Kretzmann (P.E.), «The Koridethi Manuscript and the Latest Discoveries in Egypt», Concordia Theological Monthly 3/8 (1932), pp. 574–578.

Lake (K.), Blake (R.P.), «The Text of the Gospels and the Koridethi Codex», *HTR* 16/3 (1923), pp. 267–286.

Metzger (B.M.), *Manuscripts of the Greek Bible: An Introduction to Greek Palaeography*, Oxford University Press, New York-Oxford, 1981.

Nicklas (T.), «Eine Skizze zu Codex Coridethi (Θ.038)», *Novum Testamentum* 42 (2000), pp. 316–327.

Silogava (V.), *Koridet'is sabut'ebi (X–XIII ss.). Epigrap'ikuli zeglebi da xelnacert'a minacerebi 8*, Sak' art'velos istoriis cqaroebi 60, Mec'niereba, Tbilisi 1989.

Souter (A.), «The Koridethi Gospels», *The Expositor*, 8th Series, 10 (1915), pp. 173–181.

THE ENDINGS OF MARK'S GOSPEL
AND THE PRESENTATION OF THE VARIANTS
IN THE *MARC MULTILINGUE* EDITION

J. Keith Elliott

By contrast with Matthew, Luke and John, Mark seems rather blunted at both ends. His introduction is very brief: v. 1 looks like a short title, and then immediately after Old Testament citations we are suddenly introduced not to Jesus but to John the Baptist before being taken straight into the baptism story. I have argued elsewhere[1] that Mark 1:1–3 was not written by Mark but that those verses were added to Mark after an original introduction was lost or felt to be in need of replacement. Now, however, we are concerned with the ending of Mark. Do we conclude this Gospel at 16:8? The verse is incomplete; it finishes abruptly, and that is especially significant if it was the intended conclusion to the Gospel. Or do we proceed to v. 20, noting the strange jump from v. 8 to v. 9? The section following verses 1–8 does not logically join on; in fact verses 9–16 seem to parallel verses 1 following. Those problems are caused by the textual evidence. Some manuscripts have verses 9–20, others do not. The whole textual situation is unstable.

First, we need to remind ourselves that the beginnings and ends of ancient books were particularly vulnerable. That applies to rolls and to books in codex format. Obviously an unbound codex was liable to be damaged at both ends, but so too was a roll—especially if its ending was occasionally exposed when it was not rewound to the beginning after each consultation[2]. The disputed ending of Mark may be compared with the various endings of Revelation (where there are many different readings, at least seven involving Greek manuscripts), or Romans and the disparate textual support for its alternative endings. Each of these books has suffered and it may well be that we have lost all traces of

---

[1] J.K. Elliott, 'Mark 1:1–3—A Later Addition to the Gospel?' *NTS* 46 (2000) pp. 584–588 cf. C.F.D. Moule, *The Birth of the New Testament* 3rd ed. (London, 1981) pp. 131–132 n. 1.

[2] See C.H. Roberts, 'The Ancient Book and the Ending of St Mark' *JTS* 40 (1939) pp. 253–257.

their original conclusions. The irretrievable loss of some verses is an eventuality we may have to accept. As far as manuscripts are concerned, many otherwise complete documents have lost their beginnings and endings. Two obvious instances are Sinaiticus that has lost the beginning of the Old Testament, and Vaticanus where the opening to Genesis has disappeared as has the end of the New Testament. Outside the Bible, there are numerous instances where manuscripts of literary texts have been accidentally truncated. The means to restore such damaged texts were not always to hand, even when the mutilations were conspicuous.

Only two early Greek manuscripts and one medieval Greek manuscript[3], from among the thousand or so extant witnesses that contain Mark's Gospel, end Mark at 16:8. The two early manuscripts are in fact the earliest we have containing the whole of Mark, yet it is on the authority given to these two witnesses that most critical editions of the Greek New Testament and most modern versions reach their climax to Mark with the cliff-hanging but inconclusive v. 8 ending with the particle γαϱ (*gar*).

These two manuscripts, Sinaiticus and Vaticanus, splendidly produced and evidently prepared as *de luxe* editions, were possibly written in response to Constantine's request for fifty Greek Bibles for his new capital. What is certain is that they represent attempts to define the Christian canon, as it had by then developed, and to show this collection between one set of covers. Those editions did not spawn imitators[4]. Generally, what continued to be copied by the church were the Gospels alone, or the Pauline corpus for example; and it was not until the Middle Ages that we again find complete New Testaments being produced.

Whole Greek Bibles, Old Testament and New Testament, were not fashionable. One may therefore suspect that not only were these 4th-century witnesses, Sinaiticus and Vaticanus, peculiar in their scale and

---

[3] These are Sinaiticus (ℵ 01), Vaticanus (B 03) and the 12th-century minuscule 304 (which had presumably been part of a four-Gospel codex). We exclude the 12th-century 2386 that at one time appeared in the apparatus to the Greek New Testament (e.g. UBS[1]) in support of Mark ending at 16:8. This manuscript merely has its last page of Mark missing; it may be used as an example of how the accidental shortening of Mark could have occurred at this exact place. On the history, text and characteristics of Vaticanus see P. Andrist (ed.), *Le manuscript B de la Bible (Vaticanus graecus 1209)* (Lausanne, 2010) = *Histoire du texte biblique* 7.

[4] So much for Farmer's opinion that Alexandrian manuscripts like those two were particularly influential. See W.R. Farmer, *The Last Twelve Verses of Mark* (Cambridge, 1974) = *SNTS Monograph* 25.

contents but that their texts too were untypical. As far as the endings of Mark are concerned, the examples set by Sinaiticus (aleph) and Vaticanus (B)—and possibly the other copies also prepared for Constantine[5]—were not followed. I do not wish to impugn B or even aleph with generic unreliability or to suggest they were maverick copies. B in particular seems to have an ancient pedigree[6] but we cannot ignore its or aleph's distinctiveness here at the end of Mark.

The Marc multilingue Project has been in progress for several years[7]. Many of its co-workers were present here at the Tbilisi conference. So far we have drafted half of Mark's Gospel, having reached chapter 8 last year. The work continues, now at a quicker pace than hitherto. This project is designed to display the textual history of Mark's Gospel in Greek and in all of the major early Christian versions. Each language will be published in a separate fascicule. As far as the Greek is concerned, we are printing the full text of seven representative witnesses, which will serve as examples of the different stages in the transmission of Mark. The manuscripts which will appear on each page in chronological sequence are: D (Codex Bezae), W (Washingtonianus), Theta (Koridethianus), Aleph (Sinaiticus), B (Vaticanus) and A (Alexandrinus), together with the evidence of Papyrus 45 where it is extant. (P45 will follow W.) Beneath these texts is an *apparatus criticus* containing the evidence of a representative number of other Greek manuscripts.

Normally there is no problem in setting out the readings in our chosen manuscripts. But at the end of Mark we may need to do something

---

[5] If Sinaiticus was held back and not sent to Constantinople, then we must say that only Vaticanus was sent (and we therefore must speak not of forty eight but of forty nine manuscripts.). Other pandects did not survive and we cannot know if they too lacked the last twelve verses of Mark. There is no reason why the text of the fifty sent to Constantinople was identical in each manuscript, and the probability is that they are unlikely to have agreed with each other textually. Different exemplars would have been employed by the various scribes of each of the fifty copies.

[6] See C.-M. Martini, *Il problema della recensionalità del codice B alla luce del papiro XIV* (Rome, 1966) = *AnBib* 26. B has much in common with the 3rd-century P[75], and is unlikely itself to have been due to a recension. This groundbreaking study is ignored by Farmer (op. cit.) who seems to have been influenced by the intemperate opinions of John W. Burgon, who implies B was maliciously flawed in his *The Last Twelve Verses according to the Gospel of Saint Mark* (Oxford, 1871).

[7] Earlier accounts of the work may be seen in: *Mélanges de science religieuse* 56 (1999) pp. 1–93: *Evangile de Marc: Recherches sur les versions du texte; ibid.*62 (2005) pp. 1–89: *Evangile de Marc: Les types de texte dans les langues anciennes.* See also J.K. Elliott with C.-B. Amphoux and J.-C. Haelewyck, "The Marc multilingue Project" *FilNeo* XV (2002) pp. 3–17.

different. Neither the text of the witnesses themselves nor a conventional *apparatus* will alert a reader to the complexities of the textual picture. Explanatory notes may be required. Current printed critical editions of Mark inadequately show the issues: Marc multilingue ought not to follow their bad example, especially as we purport to reveal the textual history of the Gospel!

Let us look at Codex Vaticanus first. We need to remind ourselves that B, uncharacteristically, leaves a blank column after Mark 16:8. Such a gap is exceptional in the New Testament half of this manuscript[8]. Elsewhere in B the text of each successive book starts at the top of the next column. It is almost as if the scribe hesitated here. Perhaps his exemplar did actually contain the so-called longer ending of Mark i.e. 16:9–20 but the scribe had instructions not to include it. His hesitation made him leave the gap to allow for second thoughts even though, as we are often told, the missing verses could not in practice have been inserted in such a gap (the end of one column and the whole of the blank column) if the same sized handwriting was to be employed[9]. A similar situation is observable in those manuscripts that include the last twelve verses but where it was decided (by a later reader) to indicate the same hesitation by marking this longer ending with asterisks, obeli or a wavy line or with a note[10]. A splendid Armenian manuscript in London (British Library: Arm. ms. add. 21932), like most early Armenian manuscripts, lacks the longer ending, but this one has 16:7–8 written in uncharacteristically huge letters which have the effect of using up spaces that had been calculated and left for the inclusion of much more text, presumably vv. 9–20—and this is yet another indication that, regardless of what the scribe chose to do, he was at least alert to the fact that at this point there was indeed a choice to be made.

A critical apparatus typically fails to note these scribal warning signs either in a manuscript that chose to omit the verses or to add them, albeit with hesitation.

---

[8] In the Old Testament the gap after Nehemiah is explicable: the Psalms, written in two not three columns per page, follows; the two and a half column gap after Daniel comes at the end of the Old Testament; only the gap of one column following Tobit is comparable to that after Mark.

[9] The issue is not clear-cut. It is possible to insert vv. 9–20 into the space available if one is concerned not with average letters per column but the maximum text possible.

[10] Verses 9–20 are preceded by a critical note in manuscripts 20 and 22; asterisks follow v. 8 in 137, 138 cf. also 156, 187, 1221. See Joseph Hug, *La finale de l'Évangile de Marc (Mc 16,9–20)* (Paris, 1978) = *Études bibliques*.

Now to aleph, codex Sinaiticus. Here again the evidence is not entirely unambiguous. There are three scribes of this manuscript, designated A, B and D. Most of the New Testament was written by scribe A, but occasionally a section was written by scribe D. There are examples of D's work at folio 74,2 and 7 in Matthew; 84,3 in 1 Thessalonians; 84,6 in Hebrews; 89,1 for only Revelation 1:1–5. D also wrote parts of Genesis, Tobit, Judith, 4 Maccabees, and Psalms[11]. As far as we are concerned, the bifolium containing the end of Mark (from 14:54) and the beginning of Luke (up to 1:56) is in the hand of D, who writes smaller than scribe A does. Milne and Skeat[12] give the average for D throughout Sinaiticus as 692 letters per column and for A as 630–640. This replacement leaf contains the usual four columns per page thus making sixteen columns by D in total here. There are ten columns of Mark and six given to Luke. Column ten at the end of Mark is only partly utilized and the rest of that column is blank. The six columns of Luke are unusually cramped compared with D's usual letter count per column elsewhere. The handwriting in the last six columns of Mark is stretched out, although in the opening four columns by D in this replacement it is not stretched out; in fact, column four has the second highest letter count of all sixteen columns. The letter count for the last six columns containing Mark falls to 598, 556, 605, 598, 560, followed by the concluding column containing the colophon.

Possibly, something went wrong with scribe A's work at the beginning of Luke which required the text up to Luke 1:56 to be redone. Skeat argued that the reason for the rewriting was that scribe A had written part of Luke twice, a dittography, hence the rewriting required Mark to be stretched. But why did the stretching of Mark not start until column five? That section obviously includes the ending of Mark, whatever was in the exemplar and whatever scribe A had written in the now discarded pages. As published, aleph has Mark end at 16:8.

A unique omission in Sinaiticus, which will be obvious from the display in Marc multilingue, occurs at 15:47 f.: Mark 15:47–16:1 is omitted, because of homoioteleuton, and that amounts to about five lines of text. Our question though is whether 16:9–20 could have been fitted in columns five to ten. Again, as with our calculations regarding Vaticanus,

---

[11] See the Table of Concordance pp. 94–112 of H.J.M. Milne and T.C. Skeat, *Scribes and Correctors of the Codex Sinaiticus* (London, 1938).

[12] *Scribes and Correctors* pp. 9–11.

the answer is "possibly", although it would have been *very* tight, especially if the omitted words from 15:47–16:1 are taken into account. The sixteen columns of this bifolium could not easily hold Mark 14:54—Luke 1:56 in D's hand if 16:9–20 were included. It is even less possible in A's hand. Luke cannot be written in less than six columns to reach the point at which scribe A's text continues. The stretching at the end of Mark and the cramping at the beginning of Luke suggest the original calculations by scribe D were unrealistic. Mark 16:9–20 contains somewhere between 966 and 973 letters. That would require one and a half columns in the writing of scribe D and slightly more in scribe A's writing. All we may conclude is that the strange mis-calculations suggest that the scribes were aware (as was the scribe of Codex Vaticanus) that the ending of Mark was disputed.

Scribe D of Sinaiticus was also very likely to have been one of two scribes of Codex Vaticanus—although not the one who wrote the end of Mark. But, nevertheless, this tells us that we are dealing with two manuscripts from the same scriptorium. One thus sees that the two pandects, if we may use that word of Greek manuscripts, were connected. Some have argued that this means we are concerned effectively with only one manuscript witness to the text of Mark ending at 16:8 rather than with two independent early Greek manuscripts.

Thus the Greek external evidence is not crystal clear in its witness as far as aleph and B are concerned and their idiosyncrasies are not on display in a normal apparatus.

There are also manuscripts that have the shorter plus the longer endings. The shorter ending is found between v. 8 and vv. 9–20 in L Ψ 083 099 274 mg. 579 *l* 1602. L has the shorter ending in the column following 16:8 and then has a decoration; following a critical comment comes the longer ending. None of these witnesses is older than the 7th century. Those manuscripts ought to be included in Marc multilingue as added witnesses to the fact that vv. 9–20 were not regarded as the authoritative and original ending to Mark, even though most of them are not among those manuscripts we are normally using.

For our other texts on display in the Greek fascicule Codex Washingtonianus will have its extended text of Mark 16:14, the so-called Freer logion, known to us elsewhere only in Jerome. This clearly demonstrates the way in which Mark's ending was further expanded in at least one text-type. Our lines devoted to the text in A, D and theta will obviously give the longer ending in its varying forms—each has its own distinctively characteristic *variae lectiones*.

D, of the 4th century although bearing a text that goes back to the 2nd, is evidence that the longer ending had already been added by then. This accords with Kelhoffer's thesis[13] that the longer ending to Mark was in existence in that century, that its contents are typical of that period, and that it was probably attached to Mark at that time.

The early versions support more strongly a text of Mark that ends at 16:8 and their witness will duly appear in the relevant fascicule of the Marc multilingue publications.

i. The 4th-century Latin manuscript Bobiensis (*k*) is textually the oldest witness to the Latin Bible, with a text going back to the early 3rd century. Vv. 9–20 are absent; in its stead is the so-called shorter ending. The text of this Latin witness also shows significant variants from Mark 15:45 onwards e.g. at 16:1,3 and 8b.

ii. The Sahidic Coptic manuscripts usually end at 16:8. See especially the 5th-century manuscript PPalau Rib. inv. Nr. 182.

iii. Most early Armenian manuscripts lack the longer ending. In fact it has been calculated that some 99 of the 220 registered Armenian manuscripts lack the verses. The same is true of the two oldest Georgian witnesses; the Adish and Opisa manuscripts lack the longer ending.

iv. The Sinaitic Syriac is also an important witness for the omission.

v. The Byzantine lectionary system seems to have developed into a settled form by the 8th century—only after then do most lectionaries contain a reading from the longer ending. Certainly the Georgian and Armenian lectionaries, which are dependent on the Jerusalem, not Byzantine, lectionary system, lack this pericope. We would value any input in assembling such evidence.

Eusebius gives us our clearest evidence that most New Testament manuscripts known to him ended Mark at v. 8. Jerome repeats Eusebius' observation, although Jerome's Vulgate contains the longer ending.

We need to recall that Mark was not popular in the early Christian centuries, hence this Gospel was seldom cited. Westcott and Hort[14] and Cox[15] and others list fathers who knew 16:9–20, of whom the most

---

[13] James A. Kelhoffer, *Miracle and Mission* (Tübingen, 2000) = *WUNT* 112.

[14] B.F. Westcott and F.J.A. Hort, *Introduction to the New Testament in the Original Greek* (London, 1881) "Notes on Select Readings" pp. 39–41.

[15] Steven Lynn Cox, *A History and Critique of Scholarship concerning the Markan Endings* (Leviston, Queenston, Lampeter, 1993).

significant is Irenaeus. In *c*.180 he knew 16:19 to be from Mark. But many other Fathers did not quote from the longer ending and may therefore not have known it. That is of course an argument from silence. Marc multilingue does not display Patristic witnesses, although any discussion of the endings of Mark needs to take such evidence into account.

This external evidence shows quite clearly that from the earliest times we have reliable information that Mark circulated in different forms with differing endings.

To summarise: In the second century there is evidence that the longer ending was known and quoted; in the fourth century we have evidence that scribes were aware of a problem, the ending at v. 8 was known, as were the shorter ending and the longer ending; by the sixth century there is evidence of the shorter and longer endings together.

Another point that may be relevant is that in some early manuscripts Mark appears not as the second Gospel to which we are accustomed but at the end, that is in the fourth position. This is the so-called Western order—Matthew John Luke Mark—intended to put the writings by the two apostles before the two written by friends of the apostles. We find that sequence in manuscripts W, D[16], X, "several" of the older Greek minuscules[17], Gothic, Syriac Peshitta, Old Latin manuscripts. For them of course 16:9–20 forms the climax of the whole collection.[18] Is the summary of the Easter events found in 16:9–20 particularly significant coming in that sequence, summarising the preceding four Gospels' accounts? May one even suggest that the addition of the longer ending occurred first when the Gospels were collected together and originally published in that sequence? If Mark really was circulating in a form that ended at 16:8 its ending would look even more inappropriate as the conclusion

---

[16] Other early manuscripts (א A B C) have Mark second in sequence.

[17] According to B.M. Metzger, *The Canon of the New Testament* (Oxford, 1987) appendix 2 II 1.

[18] See T.C. Skeat, 'A Codicological Analysis of the Chester Beatty Papyrus Codex of the Gospels and Acts (P 45)' *Hermathena* 155 (1993) pp. 27–43 reprinted as ch. B5 in J.K. Elliott (ed.), *The Collected Biblical Writings of T.C. Skeat* (Leiden, 2004) = *Supplements to Novum Testamentum* 113 pp. 141–157 esp. pp. 146–147 who argued that the Western order was that originally found in the 'Alexandrian' manuscript P[45]; cf. *id.*, 'Irenaeus and the Four-Gospel Canon' *NovT* 34 (1992) pp. 194–199 reprinted as ch. A6 in *id., ibid.* pp. 73–78, which argues that Irenaeus knew the Gospels (in a codex) in that order. Also, in 'The Oldest Manuscript of the Four Gospels?' *NTS* 43 (1997) pp. 1–34 reprinted as ch. B6 in *id. ibid.* pp. 158–192 Skeat is prepared to conjecture that the earliest Western order was originally also in P[4]-P[64]-P[67], despite their fragmentary nature.

to the four-fold collection[19]. The longer ending would then be made the finale to all four Gospels and not just to Mark; its stories of the differing doubters about Jesus' resurrection and its stirring message on Jesus' lips are presumably intended as an appropriately hortatory climax to all four. Once added, this ending was kept even when Mark was placed in a different position among the Gospels.

One further piece of evidence to include in any discussion of the endings to Mark is the Eusebian canon numbers[20]. The longer ending is not counted in this system. The canon tables do not allow for Jesus' appearance to Mary Magdalene found in Mark and John. In some manuscripts attempts were made to extend the numbering system, without the canon table. These later insertions allow the numbers to reach beyond 233 with the new number in some manuscripts alongside vv. 9, 11, 12, 13 and 14. This evidence is relevant here and it may well be necessary for Marc multilingue to include these numbers, at least in chapter 16.

To conclude: Marc multilingue is an objective presentation of much basic evidence. By using such a tool scholars will ask: What was it that caused the hesitation over verses 9–20? Why were these verses omitted? Or: Who wrote them? Why do most printed editions and modern versions go with the minority of witnesses, and exclude vv. 9–20?

The answer is that the contents and theology of vv. 9–20 are uncharacteristic of Mark elsewhere. And also there is a significant difference in the language and style in those verses compared with the rest of the Gospel: see Excursus below.

Thus if one is publishing a text of Mark that purports to be as close to the author's original as possible, then one should not include 16:9–20 as part of that first-century writing. The conclusions there are that Mark is unlikely to have intended his Gospel to end at 16:8, that there would have been a Markan continuation, but that early on it was lost or removed. One hundred years later a suitable paragraph (known to us as Mark

---

[19] Christian-B. Amphoux, 'La "Finale longue de Marc": Un epilogue des quatre évangiles' in C. Focant (ed.), *The Synoptic Gospels: Source Criticism and the New Literary Criticism* (Leuven, 1993) pp. 548–555 = *BETL* 110 emphasises the particular links between the longer ending and the language found in some of the distinctive variants by D in Luke as well as the sequence of the summary scenes in the longer ending and the order of the gospels in D.

[20] See S.C.E. Legg, *Novum Testamentum Graece: Evangelium secundum Markum* (Oxford, 1935) after xvi 9.

16:9–20) was found that succeeded, albeit imperfectly, to draw Mark's Gospel to a satisfying conclusion. The different stages in the history of the text of Mark, revealed in Marc multilingue, demonstrate how each text was *used* and treated as canonical by its readers—whatever scholars may now deem to be Mark's earliest (even 'original') text and its later manifestations with the inevitable consequences for assessments about Mark's theology and teachings on resurrection[21].

EXCURSUS

a. *Language*

This is not the place to indulge in a detailed analysis of the language, style and vocabulary of the longer ending. In 1971 I wrote a study of these features[22] and it is flattering to see that that piece is still quoted with approval. Obviously, I could expand and nuance what I wrote then as a mere tyro[23].

The following strike me as the most important features that are peculiar to the longer ending or are alien to Mark 1:4–16:8:

vv. 10, 11, 13, 20:	εκεινος is used as a pronoun
vv. 10, 12, 15:	πορευομαι is found as a simple verb. Elsewhere Mark uses it only compounded. I accept the *v.l.* giving the compound in 9:30. In the bulk of Mark πορευομαι is used in the present and ελθειν in the aorist: here in the longer ending πορευομαι is in the aorist
v. 10:	τοις μετ αυτου γενομενοις is used uniquely here of the disciples

---

[21] An expanded exposition of these and further arguments may be seen in J.K. Elliott, *New Testament Textual Criticism: The Application of Thoroughgoing Principles. Essays on Manuscripts and Textual Variation* (Leiden, 2010) chapter 16 = *Supplements to Novum Testamentum* 137.

[22] J.K. Elliott, 'The Text and Language of the Endings to Mark's Gospel' *TZ* 27 (1971) pp. 255–262 reprinted as ch. 11 in J.K. Elliott (ed.), *The Language and Style of the Gospel of Mark: An Edition of C.H. Turner's 'Notes on Marcan Usage'* together with other *Comparable Studies* (Leiden: Brill, 1993) = *Supplements to Novum Testamentum* 71.

[23] James A. Kelhoffer, *Miracle and Mission* (Tübingen, 2000) = *WUNT* 112 pp. 65–121 has built on my study and expanded it considerably. W.R. Farmer, *The Last Twelve Verses of Mark* (Cambridge: Cambridge University Press, 1974) pp. 83–103 also has a study of the language although he has, rightly, been criticized for ignoring vital features, e.g. he says nothing about υστερον, ταυτα or σημεια and rather disingenuously attributes non-Markan features to the source used by Mark.

vv. 11, 14:	θεαομαι is not a Markan word
vv. 11, 16:	απιστεω is not a Markan word (n.b. απιστια in 16:14)
v. 12:	ετερος is non-Markan
v. 14:	υστερον is non-Markan. At 12:6 Mark has εσχατον where the Matthaean parallel (Mt. 21:37) has υστερον
vv. 17, 20:	σημεια is Johannine not Markan. ταυτα + anarthrous σημεια is not usual in the New Testament
v. 18:	καν = 'and if' is non-Markan (καν at 5:28; 6:56 = 'even')
v. 18:	επιθησουσιν επι + accusative only here in Mark. At 5:23 the verb is followed by the direct dative where the Matthaean parallel has επι + accusative
v. 19:	μεν ουν is unique
vv. 19, 20:	ο κυριος: this Christological title occurs only here. At 11:3 κυριος = 'master'
v. 19:	αναλαμβανω: only here in Mark
v. 20:	this extended genitive absolute is rare, and here three words peculiar to the Epistles occur within the construction: συνεργεω, βεβαιοω, επακολουθεω.

(It is noteworthy how many of the features listed above occur more than once in this longer ending. It is self-deceiving to pretend that the linguistic questions are still 'open'.)[24]

Then, of course, there is the issue of the ending of the paragraph with γαρ. Much of the argument about this feature is well-known[25]. The jury may still be out, but I am not inclined to think Mark intended his writing to end in this way and with a particle to boot, even though Vaticanus and Sinaiticus seem to have been prepared to let the Gospel end with γαρ. Whatever the scribes allowed, albeit with hesitation, I conclude that no author would have chosen to end a piece of writing, sentence, paragraph and even less a book, with a postpositional particle and so we must decide that, originally, a continuation of v. 8 existed (alongside a possible Easter appearance) until the final page of the original Gospel of Mark was irretrievably lost. But the issue is more than the last word, γαρ, but the preceding verb too. As far as the verb φοβεομαι in v. 8 is concerned, the imperfect is followed by a direct object four times elsewhere in Mark

---

[24] For an unnecessarily cautious view about the validity of the linguistic arguments see M.D. McDill, 'A Textual and Structural Analysis of Mark 16:9–20' *FilNeo* XVII (2004) pp. 27–43.

[25] P. van der Horst, 'Can a Book end with γαρ? A Note on Mark xvi. 8' *JTS* 23 (1972) pp. 121–124.

(6:20; 9:32; 11:18,32) and that is normal in the New Testament and LXX, but there is no firm example of the imperfect in Mark where φοβεομαι is used absolutely. (At 10:32 *v.l.* by D and others omit the clause containing this verb.) At 16:8 we await a motive for the women's fear. An English rendering that would indicate the interrupted sentence could end as follows: "... because they were fearful of".

Just an aside: In assessing differences in language in this section, we ought to ask if we should expect authors to be consistent in such matters throughout. Could we perhaps find another passage in Mark of a length comparable to 9–20, and examine if its language and style are equally dissimilar to the rest of Mark? But I doubt if another similar passage betraying such anomalies exists. Yes, obviously, some stories have a higher than average run of different, distinctive vocabulary, but that is often explicable because of the requirements of the context. But the nature of the differences between 16:9–20 and Markan usage elsewhere is, as we have demonstrated, more than mere vocabulary.

Turner subjected the whole of Mark (excluding the longer ending) to a closely detailed linguistic analysis. Nowhere does he have to except any pericope because it stands out as markedly different. Mark's fingerprints, that is to say his distinctive style, are recognisable throughout.

b. *Contents & Theology*

Now to turn to the contents. Those have struck many commentators as peculiar too. For instance, the opening words suggest that it is Jesus who is the subject in the preceding context and Mary is introduced as if for the first time. These verses hardly continue and explain what is written in vv. 1–8. The listing of the Resurrection appearances in a scanty manner in these verses looks more like a summary of Luke and John rather than a catalogue such as is found in the (earlier) 1 Corinthians 15; and it follows a *Jerusalem* tradition, *pace* Mark 16:7, which looks to a Christophany in Galilee. The reference to signs following believers looks more Johannine than Markan. 'Tongues' are nowhere else in our Gospels. Drinking poison without harm is nowhere else in the New Testament; this detail seems to belong better in the New Testament apocrypha. The picking up of snakes differs from Luke 10:19. Some of these anomalies can be argued over but cumulatively they too tell against Markan authorship.

LE CODEX DE BÈZE :
BASE INDISPENSABLE POUR UNE
ÉDITION DE L'ÉVANGILE DE MARC

Josep Rius-Camps

La thèse principale de l'édition de l'Évangile de Marc que j'ai publié en 2008[1], est que le texte grec du Codex de Bèze (D.05) est une base indispensable pour comprendre le processus de rédaction de l'Évangile de Marc, entrepris par l'auteur même. En raison de sa situation unique parmi les témoins grecs de Marc, je soutiens qu'il est nécessaire de publier le texte, une fois corrigées les erreurs d'orthographe et autres fautes de copiste de ce type, tel qu'il se trouve dans le manuscrit. Dans cette édition, je présente, dans une colonne en face du texte du Codex de Bèze, le texte du Codex Vaticanus (B.03), représentant principal du texte alexandrin qui est repris presque entièrement dans l'édition critique de Nestle-Aland, *Novum Testamentum Graece* ([27]NTG) ; l'édition plus restreinte *The Greek New Testament* ([4]GNT) partage le même texte de base. Cette édition parallèle permet au lecteur de saisir facilement la nature et la quantité des variantes entre le texte habituellement lu et un autre que je juge plus ancien en raison des traces de l'œuvre qu'il laisse voir de son auteur. Le texte grec est accompagné d'une introduction qui expose en détail l'analyse du texte et des notes qui commentent les variantes.

Dans la présente étude je commenterai les fautes de copie de D.05 qui ont été corrigées dans l'édition publiée.

La grande majorité des exégètes qui font des recherches sur l'Évangile de Marc prennent comme point de départ le texte grec des éditions courantes. C'est un texte éclectique basé essentiellement sur le Codex Vaticanus appuyé souvent par le Codex Sinaiticus (ℵ.01). Il s'agit bien sûr d'une *editio minor*, mais le fait est qu'elle est devenue, grâce au tirage de presque trois cents mille exemplaires, une sorte de *textus communiter acceptus*. D'après l'expérience que nous avons fait, Jenny Read-Heimerdinger

---

[1] Josep Rius-Camps, *El Evangelio de Marcos : etapas de su redacción. Redacción jerosolimitana, refundición a partir de Chipre, redacción final en Roma o Alejandría*, Estella (Navarra), 2008.

et moi, d'abord séparément[2] et maintenant en étroite collaboration, sur le texte des Actes des Apôtres en analysant de très près le Codex de Bèze (grec et latin) et en le comparant à ℵ.01 et B.03[3], nous sommes arrivés à la conviction que le Codex de Bèze est d'une cohérence plus marquée—par exemple, dans l'onomastique et l'usage des noms doubles, dans l'utilisation des formes lexicales apparemment synonymes, mais en réalité bien distinctes, dans l'emploi des particules, pour ne citer que quelques exemples.

Muni de ces découvertes, j'avais entrepris, il y a déjà dix ans, l'analyse de toutes les variantes du Codex de Bèze dans l'Évangile de Marc collationnées avec les leçons fournies par ℵ.01 et B.03. À présent, j'ai publié dans la *Revista Catalana de Teologia* vingt notes critiques qui couvrent plus de deux tiers de l'évangile, c'est-à-dire Mc 1,1–14,11, et j'ai compté 1346 *vll*, desquelles 651 *vll* (soit la moitié) n'ont pas été enregistrées dans l'édition critique de Nestle-Aland[4]. En faisant une extrapolation, le nombre de *vll* prévisibles pourrait atteindre à peu près 1630.

Grâce à cet examen attentif du texte de Marc suivant la recension conservée par le Codex de Bèze, je me suis rendu compte qu'il y avait une fluctuation considérable en ce qui concerne l'usage du nom de Jésus non seulement à l'intérieur du Codex de Bèze mais encore par rapport au Codex Vaticanus et qu'il était possible de formuler une hypothèse qui permettrait de distinguer clairement trois niveaux rédactionnels dans l'évangile en son état actuel, chacun étant l'oeuvre de l'auteur lui-même. Je fais cette hypothèse et la développe dans les notes qui accompagnent l'édition du texte. Selon mon analyse, les péricopes où le nom de Jésus est absent seraient de la première rédaction, et celles où il est présent appartiendraient à une rédaction ultérieure; enfin quelques péricopes auraient été ajoutées par la suite dans une troisième rédaction.

---

[2] Jenny Read-Heimerdinger, *The Bezan Text of Acts. A Contribution of Discourse Analysis to Textual Criticism*, London-New York, 2002.— Josep Rius-Camps, *El camino de Pablo a la misión de los paganos. Comentario lingüístico y exegético a Hch 13–28*, Madrid, 1984; *De Jerusalén a Antioquía. Comentario lingüístico y exegético a Hch 1–12*, Córdoba, 1989; *Comentari als Fets dels Apòstols*. 4 vols., Barcelona, 1991–2000.

[3] Josep Rius-Camps, Jenny Read-Heimerdinger, *The Message of Acts in Codex Bezae: A Comparison with the Alexandrian Tradition*. I. *Acts 1.1–5.42: Jerusalem*; II. *Acts 6.1–12.25: From Judaea and Samaria to the Church in Antioch*; III. *Acts 13–18.23: The Ends of the Earth*; IV. *Acts 18.24–28.31: Rome*, London, 2004–2009.

[4] «Les variants de la recensió occidental de l'Evangeli de Marc» I–XX, *RCatT* 22–32 (1997–2011).

L'hypothèse fonctionne bien, en effet, uniquement si l'on part de la forme du texte conservée par le Codex de Bèze. Lorsque j'ai voulu la contrôler à partir d'autres états du texte, tels que par exemple ceux du Codex Vaticanus ou du Codex Sinaiticus, j'ai dû constater que le point de départ de mon hypothèse n'aurait pas mené à des résultats concluants.

Pour la fixation du texte grec du Codex de Bèze j'ai tenu compte des éditions modernes, mais surtout de l'édition diplomatique du Codex de Bèze faite par F.H. Scrivener[5]. Il s'agit d'un codex pre-récensionnel bilingue dont la colonne grecque a échappé presque toujours à la contamination du texte byzantin, devenu dominant dans les églises de la Méditerranée. Ce phénomène était sans doute dû, en partie au moins, à son isolement en Gaule où l'on parlait latin. Dans la colonne latine, au contraire, on peut identifier de fréquentes harmonisations avec les autres versions vielles latines de l'entourage.

On peut aisément remonter bien des leçons uniques du Codex de Bèze au IIe siècle, suivant le témoignage des anciennes versions latines (it), syriaques (sy[s.pal.hmg]) et coptes (co[mae]) qui en sont les meilleurs garants, ainsi que des pères grecs et latins, tels Irénée et Tertullien.

Cependant la page grecque du Codex de Bèze contient beacoup d'erreurs orthographiques dûes à la prononciation historique de cette langue[6] et d'autres erreurs causées par le travail des différents scribes qui ont participé à la transmission du texte. Après sa confection vers la fin du IVe siècle, le Codex de Bèze a été corrigé successivement par plusieurs correcteurs de manière non-systématique. Vous trouverez ci-dessous toutes les erreurs possibles que j'ai pu identifier dans l'Évangile de Marc d'après le texte conservé par le Codex de Bèze.

Dans une première table (Table 1) on trouvera, pour l'Évangile de Marc selon le Codex de Bèze, les divers types d'erreurs dûes à la prononciation

---

[5] *Bezae Codex Cantabrigiensis*. Edited with a critical introduction, annotations and facsimiles by Frederick H. Scrivener, Cambridge, 1864 ; Pittsburgh, Pennsylvania, 1978 [réimpression]. Il existe une édition plus récente faite au Vatican par A. Ammassari, *Bezae Codex Cantabrigiensis*, Città del Vaticano, 1996, mais qui présente de remarquables déficiences surtout en ce qui concerne la page latine (le texte grec n'est qu'une reproduction photomécanique de l'édition fac-similée du Scrivener).

[6] Voir le chapître IV. « The Historical Pronunciation of Greek » de Chrys. C. Caragounis, *The Development of Greek and the New Testament. Morphology, Syntax, Phonology and Textual Transmission*, Grands Rapids, Michigan, 2006, pp. 350–396.

historique des voyelles grecques. Ángel Urbán a déjà dressé l'inventaire et la classification de tous les échanges vocaliques[7]. Ainsi j'énumérerai seulement les fréquences statistiques dans la table ci-jointe.

Table 1. Échanges vocaliques dans Mc D.05

Son de la voyelle	Type d'erreur	Nombre d'erreurs	Total
Son ε	ε au lieu de αι	39	
	αι au lieu de ε	75	
	η au lieu de ε	8	122
Son ι	ι au lieu de ει	50	
	ε au lieu de η	4	
	ει au lieu de ι	235	
	η au lieu de ι	2	
	υ au lieu de ι	2	
	υ au lieu de οι	3	
	ου au lieu de υ	2	298
Son ο	ο au lieu de ω	3	
	ου au lieu de ω	3	6
Grand total			426

Le nombre total d'erreurs de prononciation identifiées en D.05 s'élève à 426. L'erreur la plus fréquente est celle du son ι (itacisme), notamment la confusion de ι au lieu de ει (50 ×) et viceversa, ει au lieu de ι (235 ×), suivie de celle du son ε (etacisme), notamment la confusion de ε au lieu de αι (39 ×) et viceversa, αι au lieu de ε (75 ×).

Dans une deuxième table (Table 2) j'ai fait l'inventaire et la classification de toutes les autres erreurs que j'ai pu identifier dans D.05, en signalant s'il y a des corrections et en évaluant si telle erreur possible est ou non une erreur réelle et si telle ou telle correction est justifiée ou bien si elle provient d'une harmonisation avec le texte devenu majoritaire.

Dans la première colonne je donne la référence (Réf.) de la variante; dans la deuxième, le numéro du folio et de la ligne correspondante (*Fol./l.*); dans la troisième, la *Leçon originale* de D.05 (*p.m.*); dans la quatrième, les *Corrections* qui figurent dans les *Adnotationes editoris*[8] de l'éditeur Scrivener ou des corrections propres; dans la cinquième sont annotés (*Ann.*) les sigles des correcteurs (*s.m.*, D[A], D[B], D[C], etc.), des

---

[7] Ángel Urbán, « Bezae Codex Cantabrigiensis (D): intercambios vocálicos en el texto de Marcos », *Collectanea Christiana Orientalia* 4 (2007), pp. 245–268.

[8] Scrivener, *Bezae Codex Cantabrigiensis*, pp. 429ss.

corrections propres (corr.), des conjectures (cj., une conjecture propre), des annotations de Scrivener (Scr.) ou des leçons que je considère tout à fait bonnes (b.l.) ; dans la sixième figurent les *Harmonisations* (*Harm.*) avec B.03 que j'ai pu déceler ; dans la septième je donne la *Bonne leçon* ; finalement, dans la huitième colonne (*Or.*) je signale avec un astérisque quand celle-la que j'ai considérée comme la bonne leçon coïncide à peu pres avec la leçon originale de D.05 et non pas avec la leçon proposée par le correcteur ou celle attestée par B.03, ces dernières leçons n'ayant pas été enregistrées en général dans l'édition de Nestle-Aland (sigle : B *vl* n.e.).

Table 2. Table des erreurs possibles dans Mc D.05

Réf.	Fol./l.	Leçon originale	Correction	Ann.	Harm.	Bonne leçon	Or.
1,5	285b/13	ΕΝ ΪΟΡΔΑΝΗ	εν τω ϊορδανη	D[C]	B *vl* n.e.	ἐν Ἰορδάνῃ[9]	*
1,6	"/15	ΚΑΜΕΛΟΥ	καμηλου	D[C]		καμήλου	
1,9	"/25	ΙΣ ΤΗΝ ΪΟΡΔΑΝΗΝ	εισ τον ϊορδανην[10]	D[A.D]		εἰς τὸν Ἰορδάνην	
1,10	"/28	ΚΑΤΑΒΑΙΝΩΝ	καταβαινον	D[D]	B *vl* n.e.	καταβαί-νων[11]	*
1,11	"/30	ΕΥΔΟΚΗΣΑ	ηυδοκησα	D[C]	B *vl* n.e.	εὐδόκησα[12]	*
1,15	286b/6	ΒΑΒΑΣΙΛΕΙΑ	βασιλεια[13]	D[s.m.]		βασιλεία	
1,17	"/13	ΑΝΘΡΩΠΩ		corr.		ἀνθρώπων[14]	
1,19	"/15	ΠΡΟΣΒΑΣ	προβασ	D[s.m.]	B *vl* n.e.	προσβάς[15]	*

---

[9] Cf. B-D-R, § 261, n. 9 : « Josephus lässt im Bell.Jud. gewöhnlich den Artikel aus. » Pour Marc c'est la première mention. Voir « Les variants » I, n° 6.

[10] Confusion du copiste latin dûe à la forme féminine du nominatif et de l'accusatif, Ἰορδάνης, ου : voir « Les variants » I, n° 24.

[11] Malgré la forme neutre du τὸ πνεῦμα, D.05 le fait concerter toujours avec le pronom masculin pour indiquer son caractère *personnel* : « Les variants » I, n° 27.

[12] « ευ- wird im Att. mit ηυ- augmentiert …, später lieber mit ευ-, das auch im NT überwiegt » (B-D-R, § 67,1c et n. 2).

[13] Erreur par dittographie.

[14] Omission d'un tilde sur l'Ω à la fin de la ligne.

[15] À la différence de προβαίνω du texte alexandrin, le verbe προσβαίνω de D.05 contient un sème de rapprochement : voir « Les variants » II, n° 46.

Réf.	Fol./l.	originale	Correction	Ann.	Harm.	Bonne leçon	Or.
1,22	"/26	ΕΧΩΝ ΟΥΧ ΩΣ ΟΙ ΓΡΑΜΜΑ·ΕΙΣ	εχων και ουχ ωσ οι γραμματεισ	D^B Scr[16].	B vl n.e.	ἔχων· οὐχ ὡς οἱ γραμματεῖς	*
1,24	"/30	ΑΠΟΛΕΣΑΠΟ-ΛΕΣΑΙ		corr.		ἀπολέσαι[17]	
1,27	287b/6	ΤΟΙΣ ΠΝΕΥΝΑ	τοισ πνευν[18]	$D^{s.m.}$		τοῖς πνεύμασιν	
1,34	"/25	ΗΙΔΙΣΑΝ	ηδισαν	$D^{s.m.}$		ᾔδεισαν	*
1,35	"/30	ΠΡΟΣΗΥΞΕΤΟ		cj[19].	(B vl n.e.)	προσηύξατο	
1,36	"/31	ΤΟ^{TE}		$D^{p.m.}$		τότε[20]	-
1,40		ΕΑΝ ΘΕΛΕΙΣ ΔΥΝΑΣΑΙ		corr.	B vl n.e.	ἐὰν θέλῃς δύνασαι[21]	
1,42	288b/10	ΕΝΕΒΡΙΣΑΜΕ-ΝΟΣ		corr.		ἐμβρισάμε-νος[22]	
2,2	"/22	ΣΥΝΗΚΘΗΣΑΝ	συνηχθησαν	D^A		συνήχθη-σαν[23]	
2,7	289b/5	ΤΑΣ ΑΜΑΡΤΙΑΣ	αμαρτιασ	$D^{s.m.}$	B vl n.e.	τὰς ἁμαρτίας	*
2,9	"/9	ΠΑΡΑΛΥΤΩ		b.l.[24]?	B vl n.e.	παραλύτῳ	
2,13	"/22	ΠΑΣ ΟΧΛΟΣ	πασ ο οχλοσ	D^A	B vl n.e.	πᾶς ὄχλος[25]	*

---

[16] «τ in γραμματεισ tantum non periit» (Scrivener, *Bezae Codex Cantabrigiensis*, p. 437, col. 3).

[17] Erreur par dittographie.

[18] «πνευνα has been altered by a later hand to πνευν» (D.C. Parker, *Codex Bezae. An early Christian manuscript and its text*, Cambridge, 1992, p. 296).

[19] προσηύξατο, aor., conjecture propre, au lieu de ΠΡΟΣΗΥΞΕΤΟ : «χο eiot. sub ξε p. m. in προσηυξετο» (Scrivener, *Bezae Codex Cantabrigiensis*, 437, col. 3). ΠΡΟΣΗΥ-ΞΕΤΟ paraît une tentative d'harmonisation avec l'imperfet προσηύχετο de B ℵ rell.

[20] Erreur corrigée par la *p.m.*

[21] δύνασαι D ℵ rell || δύνῃ B : voir «Les variants» IV, n° 99.

[22] Participe aoriste moyen de ἐμβρίθω, «fondre avec violence», différent de ἐμβριμη-σάμενος B ℵ rell, participe aoriste de ἐμβριμάομαι.

[23] Par dissimilation.

[24] La vl παραλύτῳ, dans la bouche de Jésus, pourrait être correcte (par substantivation de παράλυτος, ος, ον, «paralysé»). Dans les autres allusions au paralytique le narrateur utilise l'adjectif substantivé παραλυτικός, ός, όν, «paralytique» : voir «Les variants» IV, n° 133.

[25] Le manque d'article dans D.05 indique que cette «foule» n'a rien à voir avec «la foule» mentionnée auparavant en 2,4 : voir «Les variants» IV, n° 141.

Réf.	Fol./l.	originale	Correction	Ann.	Harm.	Bonne leçon	Or.
2,21	290b/20	ΡΑΚΚΟΥΣ		b.l.[26]	vl n.e.	ῥάκκους	*
"	"/24	ΧΕΙΡΩΝ ΣΧΙΣΜΑ		corr.		χεῖρον σχίσμα[27]	
3,2	291b/15	ΑΥΤΟΝ	αυτου	D^B		αὐτοῦ[28]	
3,3	"/17	ΕΞΗΡΑΜΕΝΗΝ	εξηραμμενην	D^B		ἐξηραμμέ-νην[29]	
3,14	292b/21	ΙΝΑ ΑΠΟΣΤΕΛΗ	ινα αποστελλη	D^B	B vl n.e.	ἵνα ἀποστελῇ[30]	*
3,17	"/28	ΒΟΑΝΕΡΓΗΣ		corr.	B vl n.e.	Βοανηργές[31]	
3,18	"/32	ΤΟ ΚΑΝΑΝΑΙΟΝ		corr.		τὸν Καναναῖον	
"	"/33	ΙΟΥΔΑΣ ΣΚΑΡΙΩΘ		corr.		Ἰούδας[32] Σκαριώθ	
3,21	293b/5	ΓΡΑΜΜΑΤΕΙΝ	γραμματεισ	D^B		γραμματεῖς	
"	"/6	ΚΡΑΤΗΣΑΙΣΑΙ	κρατησαι	D$^{s.m.}$		κρατῆσαι	
"	"/7	ΕΞΕΣΤΑΤΑΙ	εξεσται	D$^{s.m.}$	B vl n.e.	ἐξέστατα ι αὐτούς[33]	*
		ΑΥΤΟΥΣ	αυτουσ				
3,26	"/19	ΜΕΜΕΡΙΣΘΑΙ	μεμερισται	D$^{H?}$		μεμέρισται[34]	
3,28	"/27	ΚΑΙ ΒΛΑΣΦΗΜΙΑΙ	και αι βλασφημιαι	D^B	B vl n.e.	καὶ βλασφημίαι[35]	*
4,1	294b/15	ΚΑΘΗΣΤΑΙ	καθησθαι	D^A		καθῆσθαι[36]	

---

[26] La même réduplication figure dans Mt 9,16 D. Sans réduplication B א al.

[27] Cf. Mt 9,16 D, χεῖρον σχίσμα.

[28] L'accusatif ΑΥΤΟΝ est dû probablement à l'influence du latin *accusarent eum*, le scribe étant un latin.

[29] Cf. Mc 11,20 D. Voir « Les variants » V, n° 188.

[30] « the future (indicative) usually denotes a *lasting* state » (Winer, 361).

[31] Βοανεργής D | Βοανεργές U Γ 2. 28. 124. 1582^c M | Βοαναργές Δ* | Βανηρεγές 565. 700. 1071 | Βοανανηργέ W ‖ Βοανηργές B א *rell*. Il y a une grande confusion dans la transcription de l'hébreu.

[32] La même erreur se présente dans la page latine, *Simonem Cananeum et Iudas Scarioth*.

[33] Le parfait moyen transitif ἐξέστατα ι αὐτούς est correcte : voir « Les variants » VI–VII, n° 238 (pour la n. 25, lire « Mayser I/II », au lieu de « Mayser II/I »). Dans le texte Césaréen (Θ f^{13} 69. 565. 788) on lit encore le parfait ἐξέστατα ι, mais sans le pronom αὐτούς. Au contraire, B א *rell* lisent ἐξέστη, puisqu'ils attribuent l'action aux familiers de Jésus (οἱ παρ' αὐτοῦ, au lieu de περὶ αὐτοῦ οἱ γραμματεῖς καὶ οἱ λοιποί D W it).

[34] Par dissimilation.

[35] L'omission de l'article pourait être intentionnée : voir « Les variants » VI–VII, n° 251.

[36] Par dissimilation progressive.

Réf.	Fol./l.	originale	Correction	Ann.	Harm.	Bonne leçon	Or.
4,5	" 25	ΕΞΑΝΕΣΤΕΙΛΕΝ	εξανετειλεν	D[s.m.]	B vl n.e.	ἐξανέστει-λεν[37]	*
4,12	295b/13	ΣΥΝΩΣΙΝ	συνϊωσιν	D[B]	B vl n.e.	συνῶσιν[38]	*
"	"/14	ΑΦΕΘΗΣΟΜΑΙ	αφησω	D[B]		ἀφεθήσο-μαι[39]	*
4,16	"/25	ΤΑ ΠΕΤΡΩΔΗΣ ΣΠΕΙΡΟΜΕΝΟΙ		corr.		τὰ πετρώδη σπειρόμε-νοι[40]	
4,19	296b/2	ΑΙ ΜΕΡΙΜΝΑΙΣ	αι μεριμναι	D[s.m.]		αἱ μεριμναί[41]	
4,24	"/18	ΤΑ ΑΚΟΥΕΤΕ		b.l[42].	B vl n.e.	τὰ ἀκούετε	*
4,25	"/20	ΑΝ ΕΧΕΙ	αν εχῃ	corr.	B vl n.e.	ἂν ἔχῃ[43]	
4,31	297b/3	Ο ΟΤΙΑΝ	οσ οταν	D[H]	B vl n.e.	ὃ ὅταν[44]	
"	" "	Ο ...	οσ ...	D[C]?		ὃ[45] ...	*
		ΜΕΙΚΡΟΤΕΡΟΝ ΕΣΤΙΝ	μεικροτεροσ [μεν] εστιν			μικρότερόν ἐστιν	
4,32	"/5	ΜΕΙΖΩΝ		b.l[46].		μείζων	
4,34	"/12	ΚΑΘ ΙΔΙΑΝ		corr.		κατ᾽ ἰδίαν[47]	
"	" "	ΕΠΕΛΥΕ	επελυεν	D[B]		ἐπέλυεν	
4,35	"/14	ΔΙΕΛΘΩΝΜΕΝ		corr.		διέλθωμεν	
4,36	"/16–17	ΑΛΛΑΙ ΔΕ ΠΛΟΙΑΙ ΠΟΛΛΑΙ	αλλα δε πλοια πολλα	D[s.m.]	B vl n.e.	ἄλλαι δὲ πλοῖαι πολλαί[48]	*
5,4	298b/12	ΪΣΧΥΝ	ϊσχυιν	D[s.m.]		ἰσχύειν	

[37] L'aoriste 2 de ἐξαναστέλλω, au sens transitif, est correcte : voir « Les variants » VI-VII, n° 288.

[38] συνῶσιν (subjonctif aoriste) D L W 1. 565. 1582*. 1071. 1424 ‖ συνιῶσιν (subjonctif présent) B ℵ rell : cf. Urbán, « Intercambios vocálicos », 266.

[39] ἀφεθήσομαι D* (ΑΦΗΣΩ D[B]), demittam d ‖ ἀφεθήσεται Α Κ Π 565 | ἀφεθῇ B ℵ C W rell : voir « Les variants » VI-VII, n° 305.

[40] Erreur par dittographie.

[41] Sous l'influence du latin errores ?

[42] L'interrogation indirecte τά au lieu du pronom ἅ est correcte : voir « Les variants » VI-VII, n° 329.

[43] D.05, à la différence du texte alexandrin, parle d'une éventualité : voir « Les variants » VI-VII, n° 331.

[44] ὃ (scil. σπέρμα) : voir « Les variants » VI-VII, n° 346.

[45] ὃ (scil. σπέρμα) : voir « Les variants » VI-VII, n° 348.

[46] μείζων (scil. κόκκος σινάπεως) : voir « Les variants » VI-VII, n° 350.

[47] Par aspiration devant une voyelle.

[48] À nouveau le Codex de Bèze change le genre neutre de πλοῖα par le féminin pluriel πλοῖαι en indiquant qu'ici il ne s'agit pas simplement de « barques » mais de « communautés rassemblées dans les barques » : voir « Les variants » VIII, n° 357.

Réf.	Fol./l.	originale	Correction	Ann.	Harm.	Bonne leçon	Or.
5,8	"/21	Ο ΙΗΥ	ο Ιησουσ	D^A		ὁ Ἰησοῦς	
5,14	299b/4	ΑΥΤΟΣ	αυτουσ	D^B		αὐτούς	
5,19	"/18	ΙΗΣ	Ιησουν	D$^{s.m.}$		Ἰησοῦς	
5,27	300b/6	ΠΕ	περι	D^A		περί	
"	"/7	ΚΑΙ ΗΨΑΤΟ	ηψατο	D$^{s.m.}$	B vl n.e.	καὶ ἥψατο[49]	*
5,30	"/15	ΤΗΝ ΔΥΝΑΜΙΝ ΕΞΕΛΘΟΥΣΑΝ	την δυναμιν την εξελθουσαν	D^E	vl n.e.	τὴν δύναμιν ἐξελθοῦ-σαν[50]	*
5,41	301b/17	ΡΑΒΒΙ ΘΑΒΙΤΑ ΚΟΥΜΙ	ΡΑΒΒΙΘΑ ΚΟΥΜΙ	cj. de Wel[51].		ΡΑΒΒΙΘΑ ΚΟΥΜΙ	
6,1	"/25	ΚΑΠΕΛΘΕΝ		corr.		καὶ ἀπῆλθεν[52]	
6,3	302b/1	ΟΥΚ ΟΥΤΩΣ	Ουχ' ουτωσ	D^A		οὐχ οὕτως[53]	
6,4	"/8	ΕΝ ΤΥΙΣ[54] ΣΥΝΓΕΝΕΣΙ<	εν τοισ συνγε-νευσι</συγ-γενεσι	D^A corr.	B vl n.e.	ἐν τοῖς συγγενέσιν[55]	
6,13	303b/1	ΑΡΩΣΤΟΥΣ		corr.		ἀρρώστους[56]	
6,18	"/18	ΣΕ ΕΧΕΙΝ ΑΥ | ΤΗΝ ΓΥΝΑΙΚΑ	σε εχειν την γυναικα	D$^{s.m.57}$?	B vl n.e.	σε ἔχειν αὐτήν, γυναῖκα[58]	*

---

[49] ἐλθοῦσα ὄπισθεν καὶ ἥψατο, construction caractéristique du Codex de Bèze : « participle followed by καί and a finite verb » (Parker, *Codex Bezae*, 253). Le καί adverbial place l'emphase sur le verbe personnel.

[50] *txt* D* || τὴν ἐξ αὐτοῦ δύναμιν ἐξελθοῦσαν B ℵ *rell.*

[51] ῥαββι θαβιτα κουμι D (« ῥ. θ. *ex* ῥαβιθα = puella Welhausen *cj.* », ^{27}N-A), *rabbi thabita cumi* d | *tabea acutha kumhi* e | ταβιθα W a r^1 (+ κουμι it) || ταλιθα κουμ B ℵ C L M f^1 33. 892. 1071. 1241. 1424. 2427 *al* co | ταλιθα κουμι A K N U Δ Θ Π 0126 f^{13} 565. 579. 700 M q vg sy^h.

[52] Par crase.

[53] Par dissimilation.

[54] « I think that p.m. wrote τυισ, not ταισ » (Parker, *Codex Bezae*, 296).

[55] συγγενέσιν (adjectif substantivé de συγγενής, -ές) D* B^2 ℵ^2 A C K M S Y W Π Ω 2. 157. 565. 700. 1582^C || συγγενεῦσιν B* D^2 L N U Δ Θ f^{13} 1. 28. 33. 69. 124. 579. 1071.1424. 1582* M. Peut être on doit lire ἐν ταῖς συγγενέσιν, « dans les réunions » : voir « Les variants » IX, n° 480.

[56] Les deux formes sont possibles, mais voir 6,5.

[57] « *av* (*av* Mill. *errore*) *elot. ad finem* » (Scrivener, *Bezae Codex Cantabrigiensis*, 438, col. 2) : « Il ne t'est pas permis d'avoir la femme de ton frère. »

[58] « Il n'est pas permis que tu aies celle-ci, étant femme de ton frère. » Cf. Urbán, « Intercambios vocálicos », 266.

Réf.	Fol./l.	originale	Correction	Ann.	Harm.	Bonne leçon	Or.
6,19	"/22	ΟΥΧ ΗΔΥΝΑΤΟ	ουκ ηδυνατο	D^A		οὐκ ἠδύνατο[59]	
6,21	"/28	ΚΑΙ ... ΔΕ	και	D^s.m.	B vl n.e.	καὶ ... δέ[60]	*
"	"/29	ΓΕΝΕΧΛΙΟΙΣ	γενεθλιοισ	D^A		γενεθλίοις	
6,25	304b/12	ΪΩΑΝΟΥ		corr.	B vl n.e.	Ἰωάννου[61]	
6,27	"/17	ΣΠΕΚΟΛΑ-ΤΟΡΑΝ	σπεκολα-τορα	D^s.m.		σπεκουλά-τορα[62]	
6,31	"/33	ΕΥΚΑΙΡΟΣ ΕΙΧΟΝ	ευκαιρωσ ειχον	D^B		εὐκαίρως εἶχον	
6,33	305b/5	ΠΑΝΤΩΝ ΠΟΛΕΩΝ		cj[63].		πα⟨σῶ⟩ν τῶν πόλεως	
6,35	"/13–14	ΤΟΠΟΣ | ΗΔΗ ΩΡΑ ΠΟΛΛΗ	ο τοποσ και | ηδη ωρα πολλη	D^B	B vl n.e.	τόπος, ἤδη ὥρα πολλή[64]	*
6,37		ΔΩΣΩΜΕΝ		b.l[65].		δώσωμεν	
6,38	"/22	ΕΧΕΤΕΣ		corr[66].		ἔχετε	
"	"/24	ΔΥΩ[67]	δυο	D^D	B vl n.e.	δύω[68]	*
6,45	306b/7	ΠΡΟΣΑΓΕΙΝ ΑΥΤΟΝ	προαγειν αυτον	D^s.m.	B vl n.e.	προσάγειν αὐτόν[69]	*
"	"/8	ΒΗΣΣΑΪΔΑΝ		corr.		Βηθσαῖδαν[70]	
6,51	"/27	ΕΞΕΣΤΑΝΤΟ	εξεισταντο	D^A		ἐξίσταντο	
6,55	307b/2	ΓΡΑΒΑΤΤΟΙΣ[71]		corr.		κραβάττοις	

[59] Par aspiration devant une voyelle.

[60] Voir « Les variants » X, n° 514 (mais au lieu de « única », lire « raríssima » : cf. Mc 4,36).

[61] D.05 écrit toujours Ἰωάννου avec double -νν- ; B.03 toujours avec une seule -ν-.

[62] Du « lat. speculator, *soldat chargé de la garde des prisonners* » (Bailly, s.v.). L'accusatif ΣΠΕΚΟΛΑΤΟΡΑΝ de D* est dû probablement à l'influence du latin, si bien que le traducteur a traduit ici ΑΠΟΣΤΕΙΛΑΣ ΣΠΕΚΟΛΑΤΟΡΑΝ par *misso spiculatore*.

[63] Erreur par haplographie (conjecture propre).

[64] ἔρημός ἐστιν τόπος, ἤδη ὥρα πολλή D*, sans article et avec une construction asyndétique : voir « Les variants » XI, n°ˢ 557–558.

[65] δώσωμεν (subjonctif : cf. ἀγοράσωμεν) D א N f¹³ 28. 33. 69. 565. 892. 1424 *pc* ‖ δώσομεν (futur) B P⁴⁵ A L Δ 2427. 2542 *pc* | δῶμεν (aoriste) K M U W Γ Θ Π f¹ 2. 157. 579. 700. 1071 M.

[66] La Σ de ΕΧΕΤΕΣ pourrait être dûe à l'influence du latin *habetis*.

[67] « for δυο, read δυω p.m. » (Parker, *Codex Bezae*, 296).

[68] « *les deux finales -o et—ω sont également anciennes* » (Bailly, s.v.).

[69] Noter la différence parmi προσάγειν αὐτόν D*, « l'amener » (transitif), et προάγειν B א *rell*, « s'avancer » (intransitif). Θ Ω f¹³ 1. 28. 118. 565. 700. 1346. 1582 lisent προάγειν αὐτόν (transitif : une conflation).

[70] Par assimilation.

[71] Par influence du latin *grabattis* : cf. 2,4.9.11.12.

Réf.	Fol./l.	originale	Correction	Ann.	Harm.	Bonne leçon	Or.
7,3	"/19	ΠΥΚΜΗ		corr.		πυκνῇ[72]	
"	"/21	ΠΑΡΑΔΟΣΙΑΝ		corr.[73]		παράδοσιν	
7,6	308b/4	ΑΦ ΕΜΟΥ		corr.		ἀπ' ἐμοῦ[74]	
7,8	"/9	ΤΗΝ ΤΟΛΗΝ	την εντολην	D^C		τὴν ἐντολήν[75]	
7,9	"/11	ΑΤΕΘΕΙΤΕ		corr.		ἀθετεῖτε[76]	
7,10	"/16	ΤΕΛΕΥΤΕΙΤΩ		corr.		τελευτάτω[77]	
7,11	"/20	Ο ΑΝ ΜΟΥ	ο αν εξ εμου	D^E	B vl n.e.	ὃ ἄν μου	*
7,13	"/24–25	ΤΑ ΑΥΤΑ	ται[78] | τα αυτα	D^E		τοιαῦτα	
7,14	"/27	ΣΥΝΙΤΕ		corr.	B vl n.e.	συνίετε[79]	
7,15	"/28	ΟΥΔ ΕΣΤΙΝ	ουδεν εστιν	D^C		οὐδέν ἐστιν[80]	
7,21	309b/15	ΚΑΚΟΙ	οι κακοι	D^C	B vl n.e.	κακοί	*
7,25	"/25	ΩΣ ΑΚΟΥΣΑΣΑ	ακουσασα	D^s.m.	B vl n.e.	ὡς ἀκούσασα[81]	*
"	"/26	ΚΑΙ ΠΡΟΣΕΠΕΣΕΝ	προσεπεσεν	D^s.m.	B vl n.e.	καὶ[82] προσέπεσεν	*
7,34	310b/20	ΕΦΦΕΘΑ		b.l.[83] ?		Εφφεθα	
"	"/21	ΔΙΑΝΥΚΘΗΤΙ		corr.		διανοίχθητι[84]	

---

[72] « γ elot. sub κ in πυκμη p. m. » (Scrivener, *Bezae Codex Cantabrigiensis*, 438, col. 2). Voir la différence entre πυγμῇ B et πυκνῇ dans « Les variants » XII, n° 626 (lire πυκνῇ, au lieu de πυκνός, ή, όν [πυκνά ℵ]).

[73] « ν elot. sub α tert. in παραδοσιαν p. m. » (Scrivener, *Bezae Codex Cantabrigiensis*, 438, col. 2). Le copiste (*p. m.*) avait écrit premièrement ΠΑΡΑΔΟΣΙΝΝ et avait corrigé par erreur en ΠΑΡΑΔΟΣΙΑΝ. Voir vv. 5, 8, 9.

[74] Par aspiration devant une voyelle.

[75] Par haplographie.

[76] Par métathèse.

[77] « La lectura es exclusiva de D » (Urbán, « Intercambios vocálicos », 267).

[78] « l. 24 *ad finem addit* ται E » (Scrivener, *Bezae Codex Cantabrigiensis*, 438, col. 3).

[79] συνίετε (aoriste 1 impératif) D(*) ℵ A K M U W Γ Θ Π f^{1.13} 565. 579. 700 M \|\| σύνετε (aoriste 2 impératif) B H L Δ 1424.

[80] Par haplographie.

[81] Cf. B-D-R, § 425,3 ; Winer, 770s. Cette construction équivaut à ὡς ἤκουσεν (p. ex., Mc 6,26 D).

[82] καί adverbial emphasisant le verbe personnel : voir « Les variants » XIII, n° 676.

[83] Εφφεθα D ℵ^2 W \|\| Εφφαθα B ℵ* *rell.*

[84] Par dissimilation et échange de -Υ- au lieu de -ΟΙ-.

Réf.	Fol./l.	originale	Correction	Ann.	Harm.	Bonne leçon	Or.
7,36	"/25	ΟΙ ΔΕ ΑΥΤΟΙ	αυτοι	D[s.m.]		(B *vl* n.e.)	οἱ δὲ αὐτοί[85]	*
8,8	311b/18	ΣΦΥΡΙΔΑΣ		b.l[86].		*vl* n.e.	σφυρίδας	*
8,10	"/22	ΜΕΛΕΓΑΔΑ	μαγαιδα[87]	D[A?]		Μελεγαδά	*
8,14	312b/1	ΜΕΤ ΕΑΥΤΩΝ		corr.		μεθ’ ἑαυτῶν[88]	
8,19	"/13	ΑΡΤΟΥΣ ΤΟΥΣ		corr.		ἄρτους οὕς[89]	
8,20	"/18	ΣΦΥΡΙΔΑΣ		b.l[90].		*vl* n.e.	σφυρίδας	*
8,21	"/20	ΣΥΝΝΟΕΙΤΕ	νοειτε	D[s.m.]		B *vl* n.e.	συννοεῖτε[91]	*
8,35	314b/1	ΤΗΝ ΨΥΧΗΝ ΑΥΤΟΥ	την ψυχην εαυτου	D[A]	B[92]	τὴν ψυχὴν αὐτοῦ	*
8,37	"/6	Η ΤΙ ΓΑΡ	η τι	D[s.m.]		A C Θ *vl* n.e.[93].	ἢ τί γάρ	*
9,1	"/14	ΤΙΝΕ ΩΔΕ ΤΩΝ	τινεσ των τινεσ των ωδε	D[s.m. H] D[B94]		τινὲς ὧδε τῶν[95]	
9,2	"/21	ΤΑΤΕ ΜΟΡΦΩΘΗ		corr.		μετεμορ-φώθη	
9,3 "	"/23 "/24	ΕΓΕΝΕΝΟΝΤΟ ΛΙΑ	λιαν	corr. D[B]		ἐγένοντο[96] λίαν	

---

[85] D.05 lit simplement οἱ δὲ αὐτοὶ μᾶλλον κτλ., tandis que le texte alexandrin élabore un *crescendo*: ὅσον δὲ αὐτοῖς διεστέλλετο, αὐτοὶ μᾶλλον κτλ. Voir «Les variants» XIII, nᵒ 700.

[86] D א A* Θ ont la forme aspirée σφυρίς (cf. Mt 15,37 D; 16,10 B D; Mc 8,20 D א; Ac 9,25 א [D lac.]), tandis que le texte alexandrin lit σπυρίς.

[87] *Ex lat. magidan* d?

[88] Par dissimilation.

[89] ΤΟΥΣ D au lieu de οὕς *f*[13] 28 par dittographie (ΑΡΤΟΥΣΟΥΣ).

[90] Voir *supra*, 8,8.

[91] νοεῖτε B D[s.m.] 2 ‖ συννοεῖτε D* א A *rell.*

[92] τὴν ἑαυτοῦ ψυχήν B D[s.m.] 28 ‖ τὴν ψυχὴν αὐτοῦ D* א A *rell.*

[93] ἢ τί γάρ D ‖ τί γάρ B P[45] א L W Δ 28. 565. 579. 1424 | ἢ τί A C D[s.m.] K M U Γ Θ Ψ *f*[1.13] M.

[94] «*Primò* τινε ωδε (sic) *potius quam* τινεσ δε, *sed* δε *eras. s. m.*; ω *in* σ *mutato per* H: B *habet* ωδε *supra lineam ante* εστηκοτων» (Scrivener, *Bezae Codex Cantabrigiensis*, 438, col. 3 [d’après Parker, *Codex Bezae*, 296, «the whole correction is by B»]).

[95] τινὲς ὧδε τῶν ἑστηκότων D[(*)H], *quidam hic circumstantium* d B 2427: cf. «Les variants» XIV, nᵒ 799; Parker, *Codex Bezae*, 145: «For the question of the attribution of this correction, see I.A. Moir, «The Reading of Codex Bezae (D-05) at Mark ix. 1», *NTS* 20 (1974) 105; H. Greeven, «Nochmals Mk ix. 1 in Codex Bezae (D, 05)», *NTS* 23 (1977) 305–308.

[96] Par dittographie.

Réf.	Fol./l.	originale	Correction	Ann.	Harm.	Bonne leçon	Or.
9,7	315b/3	ΑΥΤΟΥ | ΑΥΤΟΥ	|[97] αυτου	D[s.m.]?	B *vl* n.e.	αὐτοῦ | αὐτοῦ	*
9,13	"/21	ΕΛΗΛΥΘΕ	εληλυθεν	D[D]		ἐλήλυθεν	
9,18	316b/2	ΡΑΣΣΕΙ			*vl* n.e.	ῥάσσει[98]	*
9,25	"/25	ΕΞΕΛΘΕΛΘΕ	εξελθε	D[s.m.]		ἔξελθε[99]	
9,28	"/33	ΚΑΤΙΑΝ	corr.			κατ᾽ ἰδίαν[100]	
9,29	317b/3	ΕΝ ΟΥΔΕΝ	corr.			ἐν οὐδενί	
9,31	"/8	ΥΙΟΣ ΤΟΥ ΑΝΘΡΩΠΟΥ	ο υιοσ του ανθρωπου	D[A]	B *vl* n.e.	υἱός τοῦ ἀνθρώπου[101]	*
9,36	"/21	ΑΝΑΚΛΙΣΑΜΕΝΟΣ	εναγκαλισα-μενοσ	D[C]	B *vl* n.e.	ἀνακλισάμε-νος[102]	*
9,41	318b/5	ΑΠΟΛΕΣΕΙ		b.l[103].	*vl* n.e.	ἀπολέσει	*
9,43	"/13	ΕΕΕΛΘΕΙΝ	εισελθειν	D[A104]		εἰσελθεῖν	
9,48	"/31	ΣΚΩΛΗΣ	σκωληξ	D[A?]		σκώληξ	
10,1	319b/4	ΕΚΕΙΘΕΝ ΑΣΤΑΣ	εκειθεν αναστασ	D[C]		ἐκεῖθεν ἀναστάς[105]	
10,3	"/12	ΥΜΙΝ ΕΤΕΙΛΑΤΟ	υμιν ενετειλατο	D[C]		ὑμῖν ἐνετείλατο[106]	
10,6	"/18	ΘΗΛΥΝ	θηλυ	D[s.m]	B *vl* n.e.	θῆλυν[107]	*

---

[97] « αυτου elot. ad finem lineae » (Scrivener, *Bezae Codex Cantabrigiensis*, 438, col. 3). La répétition du pronom souligne que c'est seulement à Jésus à qui ils doivent écouter : voir « Les variants » XV, n° 813.

[98] ῥάσσει D d 565 ‖ ῥήσσει B ℵ *rell*.

[99] Erreur par dittographie.

[100] Erreur par haplographie.

[101] Outre l'explication donnée dans « Les variants » XVI, n° 870, on pourrait suggérer aussi que l'absence de l'article soit dûe à la volonté de souligner le sort du Fils de l'homme parmi les hommes, au singulier et sans article dans le Codex de Bèze : υἱὸς τοῦ ἀνθρώπου παραδίδοται εἰς χεῖρας ἀνθρώπου.

[102] Le text alexandrin a corrigé ici intentionnellement la référence à « le petit servant » (τὸ παιδίον, avec l'article en D.05) en lisant ἐναγκαλισάμενος au lieu de ἀνακλισάμενος, et en 10,16 il a fait la même chose cette fois au lieu de προσκαλεσάμενος : voir « Les variants » XVI, n° 882.

[103] ἀπολέσει (futur) D E 2. 28 ‖ ἀπολέσῃ (subjonctif) B ℵ *rell*.

[104] « the p.m. reading is σε. Corrector A altered this to εισ » (Parker, *Codex Bezae*, 296).

[105] Par haplographie.

[106] Par haplographie.

[107] Cf. Mt 19,4 D*. D.05 se sert de la forme θῆλυς de l'adjectif θῆλυς, θήλεια, θῆλυ comme féminin (cf. B–A–G, *s.v.* : « but also θῆλυς as fem. »).

138   JOSEP RIUS-CAMPS

Réf.	Fol./l.	originale	Correction	Ann.	Harm.	Bonne leçon	Or.
10,10	"/26	ΕΙΕΙΣ ΤΙΝ ΟΙΚΙΑΝ	εισ την οικιαν	D^{s.m.C}		εἰς τὴν οἰκίαν[108]	
10,14	320b/4	ΠΑΙΔΑΡΙΑ	παιδια	D^{s.m}	B vl n.e.	παιδάρια[109]	*
10,25	321b/5	ΕΙΣΕΛΕΥΣΟΝΤ. Τ..ΕΙΟΝ[110]		cj.		εἰσελεύσονται: τάχειον	
10,33	322b/8	ΘΑΝΑΤΟΥ	θανατω	D^B	B vl n.e.	θανάτου[111]	*
10,34	"/11	ΕΝΠΤΥΞΟΥΣΙΝ	ενπτυσουσιν	D^B		ἐμπτύσουσιν[112]	
10,39	"/29	ΒΑΠΤΙΣΘΗΕΣ-ΘΑΙ		corr.		βαπτισθή-σεσθε[113]	
10,40	"/31	ΑΛΛΟΙΣ	αλλοισ	D^B		ἀλλ' οἷς / ἄλλοις[114]	*
10,42	323b/3	ΚΑΙΚΑΤΑΚΥ-ΡΙΕΥΣΟΥΣΙΝ	κατακυ-ριευσουσιν	D^{s.m}	B vl n.e.	καὶ κατακυ-ριεύσουσιν[115]	*
10,46	"/17	ΒΑΡΙΤΕΙΜΙΑΣ		cj.		Βαρυτι-μίας[116]	
10,47	"/18	ΝΑΖΟΡΗΝΟΣ	ναζωρηνοσ	D^B		Ναζο-ρηνός[117]	*

[108] Par dittographie et itacisme.

[109] Voir « Les variants » XVI, n° 939.

[110] D'après Parker, Codex Bezae, 290, « the line should read εισελευσονται · ταλειον [sic!] καμηλος ».

[111] Les deux constructions sont valables: voir « Les variants » XVI, n° 985.

[112] Par échange consonantique. D d pc (ff²) (k) sont les seuls témoins qui omettent, avec raison, καὶ μαστιγώσουσιν αὐτὸν καὶ ἀποκτενοῦσιν, puisque ce ne seront pas les grands prêtres et les scribes qui « le flagelleront et le mettront à mort »; A² 2*. 157. 1346 omettent seulement καὶ ἀποκτενοῦσιν.

[113] Par haplographie.

[114] Dans l'écriture continue les deux leçons sont possibles. Le Codex de Bèze montre une préférence pour la seconde (ΑΛΛΟΙΣ / aliis): voir « Les variants » XVI, n° 998.

[115] Voir « Les variants » XVI, n° 1004. Dans cette Note j'avais oublié de commenter l'omission du καί adverbial par D^{s.m.}. Moyennant ce καί adverbial le Codex de Bèze souligne l'action de « commander en maîtres » de « ceux qu'on regarde comme les chefs des nations ».

[116] Par un double échange de I au lieu de Y et de EI au lieu de I: voir « Les variants » XVI, n° 1013.

[117] Voir mon article « "Nazareno" y "Nazoreo" con especial atención al Códice Bezae », en R. Pierri (ed.), Grammatica intellectio Scripturae. Saggi filologici di greco biblico in onore di Lino Cignelli OFM, Jérusalem, 2006, pp. 183–204, esp. 183–186.

Réf.	Fol./l.	originale	Correction	Ann.	Harm.	Bonne leçon	Or.
11,2	324b/9	ΚΑΙΚΑΘΗΚΕΝ	καικαθεικεν	D^A		κεκάθικεν	
″	″ ″	ΚΑΙ ΑΓΑΓΕΤΕ	αγαγετε	D^s.m	B vl n.e.	καὶ ἀγάγετε[118]	*
11,8	″/24	ΔΕ ΕΣΤΙΒΑΔΑΣ	δε στιβαδασ	D^s.m		δὲ στιβάδας[119]	
11,10	″/30	ΚΑΙ ΕΥΛΟΓΗΜΕΝΗ	ευλογημενη	D^s.m	B vl n.e.	καὶ εὐλογη-μένη[120]	*
″	″/32	ΟΣΣΑΝΝΑ	ωσαννα	D^A		ὡσαννά	
11,11	″/33	ΕΡΟΣΟΛΥΜΑ	ϊεροσολυμα	D^A		Ἰεροσό-λυμα[121]	
″	325b/2	ΟΥΣΑΣ ΩΡΑΣ	ουσησ ωρασ	D^A?	B vl n.e.	οὔσας ὥρας[122]	*
11,12	″/4	ΕΠΑΥΡΙΟΝΟΝ	επαυριον ⟨αυτ⟩ον	D^s.m. cj.	B vl n.e.	ἐπαύριον ⟨αὐτ⟩όν[123]	*
11,14	″/11	ΕΞ^ΚΣΟΥ		D^p.m.		ἐκ σοῦ[124]	-
11,15	″/19	ΠΕΡΙΣΤΑΣ		corr.		περιστε-ράς[125]	
11,17	″/24	ΑΥΤΗΝ	αυτον	D^A	B vl n.e.	αὐτήν[126]	*
11,23	326b/7	ΔΙΑΚΡΙΘΗΣ	διακριθη	D^s.m.		διακριθῇ	
11,25	″/13	ΕΙΤΕΙ		corr.		εἴ τι	
11,31	327b/1	ΔΙΕΛΟΓΙΖΟΝΤΟ	διελογιζον	D^s.m.		διελογί-ζοντο[127]	*
″	″/3	ΥΜΙΝ	ημιν	D^D		ἡμῖν	

---

[118] λύσαντες αὐτὸν καὶ (adverbial) ἀγάγετε D*, avec l'emphase sur l'action d'amener l'ânon : voir « Les variants » XVII, n° 1033.

[119] Par dittographie.

[120] D'après le Codex de Bèze, le καί sépare clairement les cris diamétralement opposés de l'un et l'autre chœurs : voir « Les variants » XVII, n° 1052.

[121] Erreur du copiste.

[122] ὀψίας ἤδη οὔσας ὥρας (scil. τῆς ἡμέρας) D*, c'est un très rare accusatif absolu : voir « Les variants » XVII, n° 1056.

[123] τῇ ἐπαύριον ⟨αὐτ⟩ὸν ἐξελθόντα, un nouvel accusatif absolu (n. précédente) : voir « Les variants » XVII, n° 1058. On pourrait considérer ΕΠΑΥΡΙΟΝΟΝ comme une dittographie, mais dans ce cas le pronom ferait défaut, surtout car le participe est à l'accusatif (ἐξελθόντων αὐτῶν B ℵ rell [– αὐτῶν f^13 69. 565. 788. 1346]).

[124] Erreur par échange consonantique (Ξ)^ΚΣ) corrigée par la p.m.

[125] Par haplographie. Quant au sens symbolique sous-entendu dans le Codex de Bèze, voir « Les variants » XVII, n° 1069.

[126] ἐποιήσατε αὐτήν (scil. τὴν προσευχήν, avec le sens de «lieu de prière, sanctuaire, temple») : voir « Les variants » XVII, n° 1072.

[127] ἐλογίζοντο A N U Γ 2. 579. 700. 1241 pm || txt D B ℵ^2 C G K L M N W Δ Θ Π Ψ f^1.13 28. 33. 69. 118. 157. 565. 892. 1071. 1424. 2427. 2542 pm.

Réf.	Fol./l.	originale	Correction	Ann.	Harm.	Bonne leçon	Or.
11,32	"/5	ΦΟΒΟΥΜΕΝ	φοβουμεθα	D^A		φοβοῦμεν[128]	*
11,33	"/8	ΑΥΤΩ		cj.		αὐτοῖς[129]	
"	"/9	ΕΙΣ ΠΟΙΑΝ	εν ποια	D^A	B vl n.e.	εἰς ποίαν	*
		ΕΞΟΥΣΙΑΝ	εξουσια			ἐξουσίαν[130]	
12,1	"/12	ΑΝΠΕΛΩΝΑ		corr.		ἀμπελῶνα[131]	
12,4	"/23	ΕΚΕΦΑΛΑΙΩ-		b.l[132].	vl n.e.	ἐκεφαλαίω-	*
		ΣΑΝ				σαν	
"	"/24	ΗΤΙΜΗΣΑΝ			vl n.e.	ἠτίμησαν[133]	*
12,17	329b/2	ΕΘΑΥΜΑΖΟΝΤΟ	εθαυμαζον	D$^{s.m}$	(B vl n.e.)	ἐθαυμάζοντο	*
12,23	"/20	Η ΓΥΝΗ	γυνη	D$^{s.m}$	B vl n.e.	ἡ γυνή[134]	*
12,25	"/26	ΑΝΑΣΤΗΣΟΥΣΙΝ	αναστωσιν	D^B	B vl n.e.	ἀναστήσου-	*
						σιν[135]	
12,28	330b/3	ΑΥΤΩ ΣΥΝΖΗ-	αυτων	D$^{A?}$	B vl n.e.	αὐτῷ συζη-	*
		ΤΟΥΝΤΩΝ	συνζη-			τούντων[136]	
			τουντων				
12,33	"/23	ΩΣ ΣΕΑΥΤΟΝ	ωσ εαυτον	corr.		ὡς ἑαυτόν[137]	

[128] φοβέω + accusatif, D*, « effrayer quelqu'un », ici τὸν λαόν : « Si nous répondons … nous effrayons le peuple. » D^A a corrigé le texte suivant le parallèle de Mt 21,26. D'après Parker, Codex Bezae, 132, « D* is simply a mistake for that (the active being obsolete in the Hellenistic period) ». Le caractère singulier de la leçon de D*, posée par Marc dans la bouche des dirigeants juifs, confirme que c'est la bonne leçon.

[129] Le scribe a confondu OIC avec la lettre onciale oméga (ω).

[130] À la question posée par les grands prêtres, les scribes et les anciens (οἱ ἀρχιερεῖς καὶ οἱ γραμματεῖς καὶ οἱ πρεσβύτεροι) : «Par quelle autorité fais-tu cela ?» (ἐν ποίᾳ ἐξουσίᾳ ταῦτα ποιεῖς ;), laissant entendre que Dieu seul a l'autorité, Jésus (ὁ Ἰησοῦς) non seulement leur répond negativement, mais, en changeant la formule, leur laisse entendre que c'est lui même qui a l'autorité divine : «Moi non plus je ne vous dis pas avec quelle autorité je fais cela » (οὐδὲ ἐγὼ λέγω ὑμῖν εἰς ποίαν ἐξουσίαν ταῦτα ποιῶ : cf. 1,22 : ὡς ἐξουσίαν ἔχων, οὐχ ὡς οἱ γραμματεῖς ; 1,27 D: αὕτη ἡ ἐξουσία ; 2,10 : ἐξουσίαν ἔχει ὁ υἱὸς τοῦ ἀνθρώπου ἐπὶ γῆς) : voir «Les variants» XVIII, n° 1111.

[131] Cf. 12,2.8.9a.9b.

[132] Les aoristes respectifs ἐκεφαλαίωσαν de κεφαλαιόω (D A C K M N U A C K M N U [W] Δ Γ Θ Π ƒ^{13} 2. 33. 157. 579. 1071. 1424. [1. 28. 118. 565. 700. 1582] M) et ἐκεφαλίωσαν de κεφαλιόω (B ℵ L Ψ) ont le même sens, «blesser à la tête» : voir «Les variants» XVIII, n° 1119.

[133] Les aoristes respectifs ἠτίμησαν de ἀτιμάω (D) et ἠτίμασαν de ἀτιμάζω (B ℵ L Ψ) ont le même sens, «mépriser, traiter avec dédain» : voir «Les variants» XVIII, n° 1120.

[134] ἡ γυνή D A ƒ^{13} 579 || γυνή B ℵ rell : voir «Les variants» XIX, n°. 1196.

[135] ἀναστήσουσιν D* (futur indicatif: cf. B-D-R, §§ 379,1 ; 382,2) || ἀναστῶσιν (subjonctif) B ℵ rell : voir «Les variants» XIX, n°. 1200.

[136] Noter la position emphatique du pronom. Cf. 8,11 συζητεῖν (+ σὺν D) αὐτῷ B ℵ rell : voir «Les variants» XIX, n°. 1205.

[137] Par dittographie.

Réf.	Fol./l.	originale	Correction	Ann.	Harm.	Bonne leçon	Or.
12,36	331b/3	ΘΩΣΩ	θησω	D^A		θήσω	
"	" "	ΕΚΧΘΟΥΣ	εχθουσ	D$^{s.m138}$		ἐχθρούς	
12,38	"/10	ΚΑΙ ΤΩΝ		corr.		καὶ τῶν	
		ΤΕΛΩΝΩΝ				θελόντων^{139}	
12,42	"/20	ΑΜΑ	μια	D$^{A?}$	B vl n.e.	ἅμα^{140}	*
12,43	"/26	ΓΑΖΟΦΥΛΑ- ΚΙΟΝ	γαζοφυλα- κιον	D^A		γαζοφυλά- κιον^{141}	
13,1	"/33	ΠΟΔΑΠΟΙ	ποταποι	D^D	B vl n.e.	ποδαποί^{142}	*
"	332b/1	ΠΟΔΑΠΑΙ	ποταπαι	D^D	B vl n.e.	ποδαπαί^{143}	*
13,4	"/14	ΟΤΑΝ ΜΕΛΛΕΙ		b.l^{144}.	vl n.e.	ὅταν μέλλει	*
13,5	"/16	ΜΗ ... ΠΛΑΝΗΣΕΙ		b.l^{145}.	vl n.e.	μὴ ... πλανήσει	*
13,10	"/30	ΕΙΣ ΠΑΝΤΑ ΕΘΝΗ	εισ παντα τα εθνη	D^B	B vl n.e.	εἰς πάντα ἔθνη^{146}	*
13,16	333b/20	ΕΠΙΣΤΡΕΨΕΤΩ	επιστρεψατω	D^B		ἐπιστρεψάτω	
13,31	335b/2	ΟΥ	ου μη	D^D		οὐ^{147}	*
13,34	"/13	ΘΥΡΟΥΡΩ	θυρωρω	D^B		θυρωρῶ	
14,1	"/24–25	ΚΑΙ | ΑΠΟΚΤΕΙΝΩΣΙΝ	αποκτειν- ωσιν	D$^{s.m.}$	B vl n.e.	καὶ ἀποκτείνω- σιν^{148}	*
14,3	"/29	ΓΥΓΗ	γυνη	D^B		γυνή	

---

^{138} D$^{s.m.}$ a eliminé le K, mais sans y ajouter un P.

^{139} et qui volunt d. Il y a une inversion de ΤΕΛΩΝΩΝ pour ΘΕΛΩΝΤΩΝ : voir « Les variants » XIX, n°. 1239.

^{140} ἐλθοῦσα δὲ ἅμα χήρα D* || καὶ ἐλθοῦσα μία χήρα πτωχή B (א) rell : voir « Les variants » XIX, n°. 1248.

^{141} La lettre « G » dans GAZOΦΥΛΑΚΙΟΝ met en évidence que le scribe est un latin.

^{142} ποδαπός (D.05 : Lc 1,29 ; 7,39) / ποταπός (B א rell). Cf. Bailly, s.v. : voir « Les variants » XX, n°. 1252.

^{143} Voir n. précédente.

^{144} μέλλει (indicatif présent) D E M Γ Δ f^{13} 2. 33. 69. 124*. 1071 || μέλλῃ (subjonctif présent) B א rell : Urbán, « Intercambios vocálicos », 266.

^{145} πλανήσει (futur) D H G Y f^{13} 2*. 28. 1071 || πλανήσῃ (subjonctif) B א rell : Urbán, « Intercambios vocálicos », 266.

^{146} καὶ εἰς πάντα ἔθνη ... ἐν πᾶσιν τοῖς ἔθνεσιν D*, et in omnes gentes ... in omnibus gentibus d || εἰς πάντα τὰ ἔθνη B א rell : voir « Les variants » XX, n°s. 1274–1275.

^{147} οὐ παρέλθωσιν D* | οὐ παρελεύσονται B || οὐ μὴ παρέλθωσιν D^D A C K M W U Δ Γ Θ Π Ψ f$^{1.13}$ 2. 28. 157. 28. 565. 579. 700. 1071 M | οὐ μὴ παρελεύσονται א L 1424 : voir « Les variants » XX, n°. 1308.

^{148} Participe + καί adverbial (séparé par un espace en blanc et placé à la fin du stique) + verbe personnel est une caractéristique du Codex de Bèze : voir « Les variants » XX, n°. 1324.

Réf.	*Fol./l.*	*originale*	*Correction*	*Ann.*	*Harm.*	*Bonne leçon*	*Or.*
14,5	336b/4	ΕΝ ΑΥΤΗ	αυτην[149]	D[s.m.]	B *vl* n.e.	ἐν αὐτῇ	*
14,13	"/31	ΥΠΑΓΕ	υπαγετε	D[B]		ὑπάγετε[150]	
14,16	337b/7–8	ΚΑΙ ΕΞΗΛΘΟΝ ΟΙ ΜΑΘΗΤΑΙ ΑΥΤΟΥ ǀ ΚΑΙ ΕΞΗΛΘΟΝ ΟΙ ΜΑΘΗΤΑΙ ΑΥΤΟΥ	ǀ και εξηλθον οι μαθηται αυτου	D[s.m.][151]		καὶ ἐξῆλθον οἱ μαθηταὶ αὐτοῦ	
14,20	"/21	ΤΡΥΒΑΛΙΟΝ	τρυβλιον	D[s.m.]		τρύβλιον	
14,24	"/33	ΤΟ ΤΗΣ ΔΙΑΘΗΚΗΣ	τησ διαθηκησ	D[s.m.]	B	τὸ τῆς διαθήκης[152] ἐκχυννόμε-νον[153]	*
"	338b/1	ΕΧΧΥΝΝΟΜΕ-ΝΟΝ		corr.			
14,27	"/8	ΣΚΑΝΔΑΛΙΣΑΣ-ΘΑΙ		corr.		σκανδαλί-σεσθε[154]	
14,29	"/15	ΑΛΛ ΟΥΚ ΕΓΩ ΟΥ ΣΚΑΝΔΑ-ΛΙΣΘΗΣΟΜΑΙ	αλλ ουκ εγω σκανδαλι-σθησομαι	D[s.m.]	B *vl* n.e.	ἀλλ᾽ οὐκ ἐγὼ οὐ σκανδαλι-σθήσομαι[155]	*
14,31	"/20	ΕΑΝ ΜΗ ΔΕΗ	εαν δεη με εαν με δεη	D[B] corr.		ἐάν με δέῃ[156]	
14,32	"/24	ΓΗΣΑΜΑΝΕΙ		corr.		Γεθσημανί[157]	

---

[149] « εν punctis supra positis abrogat s. m., lineolâ 'I.e. ν) supra η in αυτη positâ » (Scrivener, *Bezae Codex Cantabrigiensis*, 439, col. 2). Seulement D[s.m.] présente la leçon ΑΥΤΗΝ, D* list ἐν αὐτῇ (cf. B-D-R, § 220,1) ; tous les autres manuscrits ont le datif αὐτῇ : voir « Les variants » XX, n°. 1336.

[150] Par haplographie.

[151] « και εξ erasit s. m., lineâ recenti per και εξηλθον οι μαθηται αυτου ductâ » (Scrivener, *Bezae Codex Cantabrigiensis*, 439, col. 2). Répétition du stique par inadvertance du scribe.

[152] τὸ τῆς διαθήκης D* W 2427 ǀ τὸ τῆς καινῆς διαθήκης A K M P S U Γ Δ Π Ω *f*[1.13] 28. 700 M lat sy sa[mss] bo[pt] ǀǀ τῆς διαθήκης B 𝔁 C D[s.m.] L Θ Ψ 563 k sa[mss] bo[pt].

[153] Par assimilation.

[154] Futur passif : -ΣΑ- au lieu de -σε- est une erreur du copiste ; -ΣΘΑΙ au lieu de -σθε, par échange vocalique.

[155] ἀλλ᾽ οὐκ ἐγὼ οὐ σκανδαλισθήσομαι D* ǀǀ ἀλλ᾽ οὐκ ἐγώ B 𝔁 *rell.*

[156] Ἐάν με δέῃ D(*) C H K M S U W Γ Δ Θ Π Ω 2. 28. 157. 565 M ǀ Ἐάν με ᾖ 𝔁* ǀǀ Ἐὰν δέῃ με B 𝔁[2] A D[B] L N Ψ 083 *f*[13] 2[c]. 579. 700. 892. 1071. 1118. 1424. 1582. 2427. 2542 *al.* D* lit erronément ΜΗ ; D[B] lit ΜΕ mais en harmonisant avec le texte alexandrin.

[157] Par assimilation et double échange vocalique. Γησαμανεί D ǀ Γηθσεμανεί 1. 1582* ǀ Γηθσεμανῆ 1582[c] ǀ Γεθσημανεί B[2] 𝔁 A C L M N S *f*[13] 2[c]. 565 ǀ Γετσημανεί B* ǀ Γεθσημανί K U Γ Δ Π ǀ Γεσσημανεί M ǀ Γεσσημανί Ω ǀ Γεσσημανίν W ǀ Γεσσημανῆ Ψ ǀ Γεθσιμανεί 2* ǀ Γεθσημανῆ Θ 118. 157. 579. 700. 1071. 1424. Grande confusion dans la transcription du terme hébreu.

Réf.	Fol./l.	originale	Correction	Ann.	Harm.	Bonne leçon	Or.
14,33	"/29	ΑΚΗΔΕΜΟΝΕΙΝ	αδημονειν	D^A	B *vl* n.e.	ἀκηδεμο-νεῖν[158]	*
14,41	339b/20	ΑΝΑΠΑΕΣΘΑΙ		corr.		ἀναπαύ-εσθε[159]	
14,51	340b/14	ΣΥΝΔΟΝΑ	σινδονα	D^A		σίνδονα	
14,54	"/23	ΤΩ ΫΠΗΡΕΡΩΝ	τω ὑπηρετων	D^B		τῶν ὑπηρετῶν	
14,56	"/30–31	ΕΨΕΥΔΟΜΑΡ-ΤΥΡΟΥΝ | ΕΛΕΓΟΝ	εψευδομαρ-τυρον και | ελεγον	D^{B160}	B *vl* n.e.	ἐψευδομαρ-τύρουν, ἔλεγον[161]	*
14,62	341b/18	ΔΥΝΑΜΕΩΣ	τησ δυναμεωσ	D^D	B *vl* n.e.	δυνάμεως[162]	*
14,64	"/25	ΑΥΤΩ	αυτον	D^D		αὐτόν	
14,68	342b/3	ΗΠΙΣΣΑΜΑΙ	ηπισταμαι επισταμαι	D^B corr.		ἐπίσταμαι[163]	
14,69–70	"/6–8	ΠΑΛΙΝ ΔΕ … Η ΠΑΙΔΙΣΚΗ | Ο ΔΕ ΠΑΛΙΝ ΗΡΝΗΣΑΤΟ · ΚΑΙ ΗΡΞΑΤΟ ΛΕΓΕΙΝ | … ΕΞ ΑΥΤΩΝ ΕΣΤΙΝ		corr.		πάλιν δὲ … ἡ παιδίσκη | καὶ ἤρξατο λέγειν | … ἐξ αὐτῶν ἐστιν. ὁ δὲ πάλιν ἠρνήσατο[164]	
14,72	"/17	ΙΗΝ[165]	ο Ιησους	D^B	B *vl* n.e.	Ἰησοῦν[166]	*
15,6	343b/2	ΑΠΕΛΑΥΕΝ	απελαυεν	D$^{s.m.}$		ἀπέλαυεν[167]	
15,11	"/14	ΤΩ ΟΧΛΩ	τον οχλον	D^D?	B *vl* n.e.	τῷ ὄχλῳ[168]	*

---

[158] « ἀκηδεμονέω (found nowhere else) for ἀδημονέω » (B–A–G, *s.v.*).

[159] Par haplographie.

[160] Voir Parker, *Codex Bezae*, 148.

[161] ἐψευδομαρτύρουν, ἔλεγον κατ' αὐτοῦ D* ‖ ἐψευδομαρτύρουν κατ' αὐτοῦ B ℵ *rell.*

[162] δυνάμεως D* ‖ τῆς δυνάμεως B ℵ *rell.*

[163] Par échange de H au lieu de E et par assimilation consonantique.

[164] L'inversion des incises est antérieure à la confection du Codex de Bèze, pusqu'il se trouve aussi dans la page latine : *cum vidisset eum ancilla* \| *at ille rursus negavit · et coepit dicere … ex ipsis est.*

[165] D'après Parker, *Codex Bezae*, 290, « for ιην read ιην ».

[166] Voir mon article «"TO PHMA O EIPEN IHN", ¿Un error del copista del Còdex Bezae o la lliçó original de Mc 14,72 ? », *RCatT* 31 (2006) 429–438.

[167] Par haplographie.

[168] ἔπεισαν τῷ ὄχλῳ D* (*suaserunt turbas* d) \| ἀνέπεισαν τὸν ὄχλον 33 \| τὸν ὄχλον ἔπεισαν 565 ‖ ἀνέσεισαν τὸν ὄχλον B ℵ *rell.*

Réf.	Fol./l.	originale	Correction	Ann.	Harm.	Bonne leçon	Or.
15,12	"/17	ΒΑϹΙΛΕΙ	τω βασιλει	D[B]	(B) vl n.e.	βασιλεῖ[169]	*
15,15	"/24	ΦΛΑΓΕΛΛΩϹΑϹ	φραγελ- λωσασ	D[A]		φραγελ- λώσας[170]	
15,17	"/29	ΕΝΔΥΔΙϹΚΟΥϹΙΝ		corr.		ἐνδιδύσκου- σιν[171]	
15,20	344b/5	ϹΤΑΥΡΩϹΟΥϹΙΝ		b.l.[172].		σταυρώσου- σιν	
15,26	"/20	ΗΝ ΔΕ ΕΠΙΓΡΑΦΗ	η δε επιγραφη		B vl n.e.	ἦν δὲ ἐπιγραφή[173]	*
"	"/22	ΒΑϹΙΛΕΟΥϹ	βασιλευσ	D[s.m.]		βασιλεύς	
15,27	"/23	ΛΗϹΤΑΙ	ληστασ	D[A]	B vl n.e.	λησταί	*
15,34	345b/8	ΗΛΕΙ ΗΛΕΙ ΛΑΜΑ ΖΑΦΘΑΝΕΙ		b.l.?[174]		ελι ελι λαμα ζαφθανι	
15,36	"/13	ϹΦΟΝΓΟΝ		corr.		σπόγγον[175]	
"	"/14	ΕΠΙΘΕΙϹ ΚΑΛΑΜΩ		corr.		ἐπιθεῖν καλάμῳ ⟨καὶ ἐπότιζεν αὐτὸν λέγων⟩[176]	

[169] D* est le seul à omettre l'article et à considérer que βασιλεῖ τῶν Ἰουδαίων est le complément indirect; A W Θ f[1.13] 565. 700 le changent en complément direct, τὸν βασιλέα τ. Ἰ.; la plupart des manuscrits ajoutent ὃν λέγετε βασιλέα τ. Ἰ. (K M N U Γ Π 2. 333 M) ou ὃν λέγετε τὸν βασιλέα τ. Ἰ. (ℵ C D Ψ 1071. 1346); B est le seul à écrire λέγετε τὸν βασιλέα τ. Ἰ.

[170] La forme ΦΛΑΓΕΛΛΩϹΑϹ est dûe probablement à l'influence du latin *flagellare*.

[171] Par metathèse -ΔΥΔΙ → -ΔΙΔΥ-.

[172] ἵνα σταυρώσουσιν (futur) D A C L N P Δ Θ 0250. 33. 1424 al ‖ ἵνα σταυρώσωσιν (subjonctif) B ℵ K M S U Γ Π Ψ f[13] 118. 157. 565. 579. 700. 1071 M | ἵνα σταυρωθῇ 28 pc | ὥστε σταυρῶσαι f[1] 2542[s].

[173] ἦν δὲ ἐπιγραφή D* | καὶ ἦν ἐπιγραφή Δ f[13] ‖ καὶ ἦν ἡ ἐπιγραφή B ℵ rell.

[174] Ελει ελει λαμα ζαφθανει D (σαβαχθανι) Θ (-νη) 565 ‖ Ελωι ελωι λαμα ζαβα- φθανει B (σαβαχθανει) N (f[1] 1424) | Ελωι ελωι λεμα σαβακτανει ℵ*, (-αχθανει) ℵ[2] C, (-αχθανι) L Δ Ψ | Ελωι ελωι λιμα σαβαχθανι K M N U Γ Π f[13] 33. 700, (σαβαχνανι) P (118) | Ελωι ελωι λειμα σαβαχθανι 2. 28. 124. 157. (579) M, (-θανει) G H 1071 | Ελωι ελωι λιμα σιβαχθανει A. Grande confusion dans la transcription de l'hébreu. D.05 tra- duit ΖΑΦΘΑΝΕΙ par ὠνείδισάν με, tandis que le texte alexandrin traduit σαβαχθανει (ζαβαφθανει B) par ἐγκατέλιπέν με (Ps 21,2 LXX).

[175] Par assimilation.

[176] L'incise omis par le scribe dans la page grecque figurait sans doute dans l'original, ce qu'atteste la page latine: *et potum dabat* (cf. 9,41: *potum dederit* = ποτίσῃ) *ei dicens*, si bien le même scribe dans la page latine a oublié de traduire ἐπιθεῖς καλάμῳ.

Réf.	Fol./l.	originale	Correction	Ann.	Harm.	Bonne leçon	Or.
15,43	"/32	ΑΡΙΜΑΘΙΑΣ		b.l[177].		7Ἀριμαθίαν	
"	346b/3	ΕΤΗΣΑΤΟ	ητησατο	D[B178]		ᾐτήσατο	
15,44	"/4	ΕΙΤΕΘΝΗΚΕΙ	τεθνηκει	D[s.m.]		τεθνήκει[179]	
16,3	"/23	ΗΜΙΟΝ	ημιν	D[p.m.]		ἡμῖν	-
16,6	"/33	Η	μη[180]	Yoder	(B vl	μή	
"	347b/2	ΤΟΠΟΝ ΑΥΤΟΥ	τον τοπον	D[C]	n.e.)	τόπον αὐτοῦ[181]	*

J'ai pu identifier un nombre total de 205 possibles erreurs dans la première main de D.05. Parmi elles on doit en écarter 92 qui ne sont pas des erreurs réelles : de nombreuses corrections sont dûes à des harmonisations avec le type de texte qui était familier aux correcteurs (65 ×) ; certaines figuraient déjà dans la première main (*p.m.* 3 ×) ou bien elles étaient tout à fait inutiles, corrections qui en général n'ont pas été pas enregistrées dans le [27]N-A (79 ×). Le plus grand nombre de corrections que j'ai approuvées (parmi lesquelles il y a 45 corrections propres) sont des erreurs par assimilation, dissimilation, métathèse, dittographie, haplographie ; d'autres sont dûes à des échanges consonantiques par dissimilation progressive ou regressive ou à l'influence de la page latine. Je tiens compte des erreurs réelles identifiées et décrites dans les Tables 1 et 2 pour les rectifier dans l'édition imprimée du Codex de Bèze.

Ce travail était une tâche préliminaire qu'il était utile d'entreprendre pour identifier le texte du Codex de Bèze sans les fautes de copie[182].

---

[177] Ἀριμαθίαν D, *Arimathia* d ℵ² 69. 124. 1071. 1346. 2427 *pc* lat : cf. Lc 23,51 D ‖ Ἀριμαθαίαν B ℵ* *rell*.

[178] « ... this correction is by B » (Parker, *Codex Bezae*, 296).

[179] Probablement par dittographie : ΗΔΗ ΕΙΤΕΘΝΗΚΕΙ.

[180] Cf. Parker, *Codex Bezae*, 290 : « for η read μη (Yoder) ».

[181] ἴδετε ἐκεῖ (+ τὸν D²) τόπον αὐτοῦ D* | ἴδετε· ἐκεῖ ὁ τόπος αὐτοῦ ἐστιν W | ἴδε ἐκεῖ ὁ τόπος αὐτοῦ Θ 565 ‖ ἴδε ὁ τόπος B ℵ *rell*.

[182] Cet article a été publié dans *Collectanea Christiana Orientalia* 5 (2008) 255–285 de l'Université de Córdoba, complété d'une analyse littéraire de Marc à partir du texte de D.05, et est reproduit ici avec la permission du directeur de la revue.

LUKE–ACTS: THE PROBLEM OF EDITING A TEXT WITH A MULTIPLE TEXTUAL TRADITION

Jenny Read-Heimerdinger

INTRODUCTION

The aim of my paper is to present the recent edition of Luke's Gospel and Acts according to Codex Bezae (D05), published in collaboration with Josep Rius-Camps from the Facultat de Teologia de Catalunya: *Lluc. Demostració a Teòfil: Evangeli i Fets dels Apòstols segons el Còdex Beza* (Barcelona: Fragmenta Editorial, 2009). I would like to give an account of the reasons for creating this edition and to demonstrate the purpose that we believe it serves.

1. PRESENTATION OF THE EDITION OF LUKE–ACTS IN CODEX BEZAE

The edition sets out the text of Luke and Acts on two facing pages, with the Greek text of Codex Bezae on the left hand side and the Catalan translation on the right hand page in corresponding lines. We have kept the lines short in order to make it easier to maintain the parallels between the two pages, following any indications given by the copyist of Codex Bezae as to the *stichoi* of the exemplar (or even earlier stages of the text), which appear to have been frequently combined to make longer lines.[1] The translation is designed to reflect as closely as possible the nuances of meaning in the Greek, being based on the results of our earlier exegetical study of the Bezan text.[2] The edition is designed in such a

---

[1] The question of the lines in the exemplar of Codex Bezae is complex. In general, we have followed the conclusion reached by David C. Parker, *Codex Bezae. An Early Christian Manuscript* (Cambridge, 1994): "I suggest that the argument for medial points and small spaces both representing a line division in the exemplar is well established" (p. 79). In addition, as he also suggests, the double point, the high point (in Acts) larger spaces and projecting lines may well serve as indicators of earlier line length, though apparently not always at the same time in the history of the text (*ibid.*, pp. 31–34; 79–81).

[2] With regard to Luke, see, for example, J. Read-Heimerdinger, 'Enslavement and

way that the Catalan can be easily replaced with other languages, such as English or French, for example. In the samples set out in the appendix, the text is printed in parallel columns in the interest of the economy of space. The letters in square brackets in the translation are provided to indicate the narrative structure, starting from the smallest division of the text (a sentence with a finite verb and dependent clauses indicated with small letters) and ending with sections made up of groups of related episodes.[3] The text is annotated (not shown in the sample) in order to comment on specific features of the Bezan text or to justify the choice of translation.

In presenting the manuscript of Codex Bezae as a continuous text, the edition treats it as a text in its own right, rather than as a series of variant readings. The text was initially established from Scrivener's edition of Codex Bezae, with reference made to the actual manuscript of Codex Bezae, kept in Cambridge University Library, whenever there was doubt over the original reading.[4] A difficulty arises for Acts because of the large number of lacunose passages in Codex Bezae. In those places, we have cited the text of witnesses that give occasional and sporadic support to Codex Bezae elsewhere. In consequence, those passages do not have the same status as that of the secure Bezan text. I will say more about this issue later.

Redemption: The Census of Augustus and the Birth of Jesus in Luke 2.1–7 Codex Bezae', in Facultat de Teologia de Catalunya (ed.), *A la recerca del sentit de la paraula*, *Revista Catalana de Teologia* 35 (2010), pp. 127–141; 'Where is Emmaus?', in D.J. Taylor (ed.), *The Early Text of the Gospels and Acts* (Birmingham, 1998), pp. 229–244; J. Rius-Camps— J. Read-Heimerdinger, 'After the Death of Judas: A Reconsideration of the Status of the Twelve Apostles', *Revista Catalana de Teologia* 29 (2005), pp. 305–334. With regard to Acts, see especially J. Rius-Camps—J. Read-Heimerdinger, *The Message of Acts in Codex Bezae: A Comparison with the Alexandrian Tradition*. I. *Acts 1.1–5.42: Jerusalem*; II. *Acts 6.1–12.25: From Judaea and Samaria to the Church in Antioch*; III. *Acts 13–18.23: The Ends of the Earth*; IV. *Acts 18.24–28.31: Rome* (JSNTSup. 257; LNTS 302, 465, 415; London, 2004, 2006, 2007, 2009), where details of studies on specific passages are given at the appropriate points.

[3] The thinking behind the structural analysis is explained in Rius-Camps—Read-Heimerdinger, *The Message of Acts*, vol. III, pp. 7–9.

[4] A facsimile edition of Codex Bezae was published in 1864 by F.H. Scrivener, *Bezae Codex Cantabrigiensis* (Pittsburgh, Pennsylvania, repr. 1978), which is largely accurate; its Greek text was reproduced in an edition by A. Ammassari, *Bezae Codex Cantabrigiensis* (Città del Vaticano, 1996), where the original arrangement of the Latin text was unfortunately not respected. A digitalized online copy of the manuscript has recently been made available by Cambridge University library at http://www.lib.cam.ac.uk/exhibitions/KJV/codex.php?id=1.

In the edition of the text, we do not give a critical apparatus. For the book of Acts, this is to be found in our 4-volume commentary comparing the text of Codex Bezae with that of the Alexandrian tradition (represented by Codex Vaticanus B03, and Codex Sinaiticus ℵ01);[5] a similar comparative commentary on Luke is anticipated. Our aim in the commentary was to compare not only the wording of the manuscripts, but especially to bring out the differences in the message each tradition transmits. Thus, the first step for each section of the narrative was to note every variant reading between the selected manuscripts and to list its support among the available witnesses (Greek, versional, patristic and lectionary).[6] The readings were evaluated one by one, examining them from a linguistic point of view as well as analysing their contribution to the distinctive message of each of the two texts. A separate section of the commentary discusses in greater detail this latter aspect, bringing out the differences in their theology and historical perspective.

2. The Textual Tradition of Luke's Work

The primary purpose of this edition of Luke's work is to make accessible his text in its entirety as it has been preserved in Codex Bezae, in the same way that the text of the Alexandrian manuscripts has long been available, whether in Greek in the current editions or in modern translations since the beginning of the 20th century. I would like to explain in more detail the rationale behind the edition. Why was it important to combine Luke's Gospel and Acts in one volume? And why in this particular manuscript?

---

[5] *The Message of Acts*, see note 2.

[6] In addition to a range of specialist studies of individual verses, the following critical editions were consulted: for the Greek text of Luke and Acts, Eb. Nestle, *Novi Testamenti Graeci: Supplementum editionibus de Gebhardt Tischendorfianis. Codex Cantabrigiensis Collatio* (Leipzig, 1896); R. Swanson, *New Testament Greek Manuscripts: Variant Readings Arranged in Horizontal Lines against Codex Vaticanus. Luke; The Acts of the Apostles* (Sheffield, 1995, 1998); for Luke in general, The American and British Committees of the International Greek New Testament Project (eds), *The Gospel According to St. Luke. Part I, Chapters 1–12; Part II, Chapters 13–28* (Oxford: Clarendon Press, 1984, 1987); for Acts in general, M.-E. Boismard—A. Lamouille, *Le texte occidental des Actes des Apôtres. Reconstitution et ré-habilitation.* Vol. I, *Introduction et Texte*; vol. II, *Apparat critique* (Paris: Editions Recherche sur les Civilisations, 1984); J.H. Ropes, *The Text of Acts*, in F.J. Foakes Jackson—K. Lake (eds), *The Beginnings of Christianity*, Part I. *The Acts of the Apostles*, vol. III, (London, 1926).

The need for a continuous edition of Luke's work in Codex Bezae arose from our study of the text of Acts first of all. The textual situation of the book of Acts is well-known, that it has come down to us in two forms, the familiar Alexandrian form and the so-called 'Western' one which has generally been classed as secondary. The impression has often been given that the texts represent two distinct traditions of Acts, two separate developments with which all other witnesses are to be assimilated and classified as having *either* a "Western (or D) text" *or* an "Alexandrian (or B) text".[7] Our analysis of the text of Acts leads us rather to the conclusion that the text of D05 and that of B03 stand at the two extremes of a period of development, a period in which changes were introduced progressively, and to some extent freely; and furthermore, that the text of D05 represents the earlier of the extremes.

The text of Acts known to the Church in the West, that of the Alexandrian manuscripts, has few differences between its main representatives, ℵ01 and B03, and has a extensive support from other witnesses. The alternative form of text is represented by a diverse range of witnesses, of which D05 is the principal extant Greek witness and the manuscript that differs the most from ℵ01 and B03—indeed, in over one quarter of the length for Acts. Approximately 40% of this variation arises through material present in D05 that is absent from the Alexandrian manuscripts, and some 16% through the reverse—material absent in D05 but present in the Alexandrian manuscripts; some 37% arises through material that is present in both texts but in a different lexical or grammatical form; and finally 7% of variation is accounted for by identical material with a different order of words. The result is a considerable amount of variation, rather more complex than the usual picture that is painted, of one text that is simply much longer than the other and to which the label 'the long text' is given. Despite the figure of 10% that is often repeated to refer the extent by which D05 is longer than ℵ01 and B03, more precise calculations show it to be 6.6%.[8]

The text of the witnesses that attest a text that diverges from the Alexandrian tradition tends to be treated globally as a type of text. The fallacy of regarding the variation as a 'text-type' is illustrated by

---

[7] The portrayal of a two-fold textual tradition of Acts is challenged by D.C. Parker—S.R. Pickering, *4968: Acta Apostolorum 10–12, 15–17*, in *The Oxyrhynchus Papyri 74* (GRM, 95; London, 2009), pp. 1–45, who describe the early text of Acts as a 'free text'.

[8] The figures are taken from the analysis presented in J. Read-Heimerdinger, *The Bezan Text of Acts: A Contribution of Discourse Analysis to Textual Criticism* (JSNTSup. 236; Sheffield, 2002), pp. 2–21.

the lack of homogeneity among the witnesses. Codex Bezae stands out not only by the amount and the consistency of its difference from the Alexandrian text, but also because it presents a coherent and cohesive text that has a perspective and a message quite distinct from those of the Alexandrian text. Some of its readings are singular in so far as they have no known support. However, this situation is a relative one, for some Bezan readings were considered to be singular until the discovery in the 1960s of such versions as the Middle Egyptian manuscript of Acts 1–15, known as *mae* or G^{67}, or at around the same time, the discovery of the fragment in Syro-Palestinian found at Khirbet-Mird (sypal). Versional support is, indeed, present for many of the Bezan readings, especially in the earliest translations in Latin and Syriac,[9] and over a wider geographical area that is far from being confined to the west. The recent collation of a 8th century Gospel manuscript in Arabic has revealed further support for some Bezan readings of Luke's Gospel.[10] The citations in the writings of the Church Fathers in Greek, Latin and Syriac lend additional support. From among the Greek manuscripts, the papyrus P^{38} from around 300 is the earliest to display Bezan readings;[11] there is further sporadic support, in content if not in form, in the text of the Latin-Greek bilingual manuscript, Codex Laudianus (E08). It is not uncommon, either, for the Byzantine manuscripts, such as H015, L020 P025 Ψ044 or the mass of minuscules (𝔐), to support a Bezan

---

[9] Caution must nevertheless be exercised in appealing to the versions for support of Codex Bezae, as underlined by the work of Peter Williams on the Syriac tradition (*Early Syriac Translation Technique and the Textual Criticism of the Greek Gospels*, [Texts and Studies, 2; Piscataway, NJ, 2004]).

[10] See H. Kachouh, *The Arabic Versions of the Gospels: The Manuscripts and their Families (Arbeiten zur neutestamentlichen Textforschung*, 42), Berlin, forthcoming July 2011 (available online as his PhD thesis, Birmingham, UK, 2008 [vol. I, pp. 88–90] at http://ethos.bl.uk/). For a study of the manuscript, see *Idem.*, 'Sinai Ar. N.F. Parchment 8 and 28: Its Contribution to Textual Criticism of the Gospel of Luke', *NovT* 50 (2008), pp. 28–57.

[11] For a detailed analysis of the Greek papyrus support for Acts in Codex Bezae, see J. Read-Heimerdinger—J. Rius-Camps, 'Tracing the Readings of Codex Bezae in the Papyri of Acts', in C. Clivaz—J. Zumstein (eds), *Reading New Testament Papyri in Context/Lire les Papyrus du Nouveau Testament dans leur contexte* (Leuven—Paris—Walpole, MA, 2011), pp. 307–338. The study develops and refines the presentation of the Acts papyri in B. Aland, 'Entstehung, Charakter und Herkunft des sog. westlichen Textes untersucht an der Apostelgeschichte', *EThL* 62 (1986), pp. 5–65; and J.K. Elliott, 'Codex Bezae and the Earliest Greek Papyri', in C.-B. Amphoux—J.K. Elliott (eds.), *The New Testament Text in Early Christianity: Proceedings of the Lille Colloquium, July 2000/Le texte du Nouveau Testament au début du christianisme: Actes du colloque de Lille, juillet 2000* (Lausanne, 2003), pp. 161–182, esp. pp. 178–181.

reading against the Alexandrian text, but this is far from consistent for at other times these manuscripts support the Alexandrian readings or have a conflation of both readings.

The fact remains that Codex Bezae is the only manuscript to differ consistently from the Alexandrian text of Acts. A problem thus arises for the extensive passages of Acts missing from Codex Bezae when it comes to presenting a text for the parallel edition, as noted earlier. What we have done is to give the readings of the manuscripts that commonly support Codex Bezae in its extant text, the Middle Egyptian, or the Old Latin Fleury palimpsest (h55) or Codex Laudianus, for example. It turns out that at any given place of variation, there is usually only one reading that varies from א01 and B03, but the attestation for the variant differs from one place to another. Much the same picture emerges in the support for the extant text of Codex Bezae, with the variants supported here by one witness and there by another. The solution for the lacunose passages is, nevertheless, far from satisfactory, not least because the high number of singular readings evident in the extant Bezan text means that there may well be readings of the missing Greek text of Codex Bezae that have not been preserved in any other witnesses.

Our conclusion is quite different from that arrived at by Boismard and Lamouille in their edition of Acts. They, too, present two texts in parallel columns, one Alexandrian and one 'Western'. The latter, 'le texte occidental', was reconstituted from a wide range of available witnesses including late versions, Church Fathers and lectionaries, on the basis of a statistical analysis of recurring stylistic features, which they deemed to be characteristically Lukan. According to their criteria, the text of Codex Bezae is 'un témoin très abâtardi [du texte occidental]'[12] but, as I have argued elsewhere,[13] the identification by Boismard and Lamouille of linguistic features that are presumed to be typically Lukan and that serve as a standard against which variant readings are judged, depends on circular reasoning and *a priori* assumptions.

The preceding description in this section relates to the book of Acts. The textual picture of Luke's Gospel is somewhat more complex. Apart from the shorter readings in the final chapters of the Gospel, which are a well-known feature of non-Alexandrian manuscripts, detailed compari-

---

[12] Boismard and Lamouille, *Le texte occidental*, I, p. 11.
[13] See my review of J. Taylor, *Les Actes des Deux Apôtres*, *Journal of Theological Studies* 47 (1996), pp. 239–245.

son of its witnesses and the development of its text remains to be carried out. Our exploratory analysis tends to lead to the same conclusion as for Acts, namely that the Bezan text predates the Alexandrian one. This view was arrived at on the basis of the cohesion and coherence of the Bezan text, aspects of its language and of its theological message and historical perspective already alluded to above. The unique readings of its text in Luke's Gospel display the same linguistic features as the firm text (the text without variants) and, most importantly, serve as anchors to the essential differences in the message as will be illustrated in Section 4 below.

With regard to the content of Codex Bezae in general, the view of Kurt Aland was that its text is the end product, 'ein Höhepunkt', of a series of texts which sought to provide a paraphrase of a previous version.[14] David Parker likewise deemed it to be made up of successive layers of emendation and error.[15] Our conviction is that the inner coherence of the language of Codex Bezae and of its message, both with regard to the text of Acts as also the Gospel of Luke, speaks against its representing the culmination of a process of revision, or its being the work of different hands from different times with different intentions.

3. Luke and Acts

I have mentioned the book of Acts and the Gospel of Luke together, and indeed, the parallel edition is intended to present both books as a unity, as two volumes of the same work. As far as we are aware, this has not been done before. The reason for this decision is quite simple: as we examined the text of Acts, it became increasingly clear with every chapter of Codex Bezae that Acts was intended as the second volume of a single work by one author, whose first volume prepared for the second, and whose second volume depends closely on the first for its full meaning and sense. The fact that they have a common author, whom tradition has designated Luke, and a common addressee whom the author refers to by

---

[14] K. Aland, *Text und Textwert der griechischen Handschriften des Neuen Testaments*. III. *Apostelgeschichte* (2 vols., ANTF, 20–21; Berlin, 1993), vol. I, pp. 710–719. See also B. Aland ('Entstehung, Charakter und Herkunft des sog. westlichen Textes') who likewise assigns to D05 a position at the end of a period of development.

[15] D.C. Parker, *Codex Bezae*, pp. 279–286; and see also his 'Professor Amphoux's History of the New Testament Text: A Response', *New Testament Update* 4 (1996), pp. 41–45.

name as 'most excellent Theophilus', is a minor consideration compared with the cohesion of the work from the point of view of its purpose and message. The common author and addressee did not prevent the two volumes becoming separated at an early date, as evidenced by the lack of any manuscript that presents them as successive books. It is probable that the Gospel was separated from Acts in order to group it with the other Gospels; certainly, it seems to have taken longer for Acts itself to be viewed as having the authority of a canonical book.[16]

The unity of Luke and Acts is contested by some[17] because of a perceived theological disparity between the two books. Most scholars, nevertheless, argue for its unity on the basis of a similarity of language, themes, and narrative style. Codex Bezae, more than any other manuscript, displays a high degree of homogeneity in both language and message. In particular, the Gospel anticipates the narrative of Acts, and in Acts there is a constant echoing and development of themes and terms used in the Gospel; further evidence is to be found in the way Luke holds over elements of Mark's Gospel to Acts instead of using them in his own Gospel. All of these factors are more evident in the text of Codex Bezae compared with the Alexandrian text. As for the theological discrepancies between the two volumes, these can be accounted for by recognizing the true nature of the speeches in Acts, which constitute the main passages that have a theological (as opposed to narrative) content. In Codex Bezae, it is clear that the speeches are devices Luke uses to express the thinking of his protagonists. Their thinking could, and in many cases did, change over time, and it could well differ also from that of another character. In any case, Luke by no means necessarily endorses their theology, and his practice of placing words in their mouths to convey the development of their thought explains why it is so difficult to construct a consistent and unified theology from Luke's writings. As far as the Bezan text is concerned, it *is* possible to identify Luke's own theology, but only from the actions and the speeches of the characters for whom he indicates his approval by mentioning their being in harmony with the Holy Spirit (Barnabas generally; Stephen also generally; Philip after Acts 8.26; Peter only in Acts 15; Paul only after Acts 28.25).

---

[16] The evidence for knowledge of the Gospel of Luke and Acts among the earliest Church Fathers is examined by A. Gregory, *The Reception of Luke-Acts in the Period before Irenæus: Looking for Luke in the Second Century* (WUNT 2,169; Tübingen, 2006).

[17] M.C. Parsons and R.I. Pervo, *Rethinking the Unity of Luke and Acts* (Minneapolis, 1993).

The unity, and singularity, of Luke and Acts in Codex Bezae is the justification for publishing the text of the manuscript in its entirety, and as a consecutive text.

4. Difference in Message

I have mentioned several times a distinct narrator's perspective in the text of Codex Bezae and also a distinct message. In summary, in Codex Bezae, the narrator tells his account from a Jewish perspective. His purpose in the Gospel is to show how the person of Jesus and the events of his life fit into the expectations of Jewish tradition, both written (the Scripture) and oral (their interpretation in teachings and legends). He is not telling a chronological story but presenting a theological account from an insider Jewish point of view, using sophisticated techniques of Jewish exegesis to make his points and alluding to complex scriptural interpretations transmitted in oral tradition. The same is true of the book of Acts, which covers the years of the early Church. There, the characters are not only portrayed as re-enacting early Jewish history, but they are also compared with Jesus as their model. The comparison is by no means always favourable, for the disciples are seen to struggle to come to terms with the radical nature of Jesus' teachings and to accept the changes these require to their traditional Jewish mentality and expectations.

The purpose of the narrator in the Bezan text impacts on the classification of the genre of his work and results in a description that differs somewhat from those proposed in studies of the Alexandrian text. Though we retain the conventional title 'Gospel', the first volume is not a gospel in the sense of proclaiming good news and to that extent is not comparable with the other gospels. The second volume, likewise, is neither biography nor history. Both volumes share the common purpose of providing, for Theophilus as a particular enquirer, trustworthy information about known persons and events, and evaluating their worth and significance. As such, it fulfils the function of epideictic rhetoric, or a 'demonstration', the term we have chosen as a title for Luke's work.

In the Introduction to the published edition, the considerations outlined here are presented in some detail in order to facilitate the reading of the text and the appreciation of the features of Luke's work in Codex Bezae. Two examples, one from the Gospel and one from Acts, will serve here to illustrate these features and bring out their distinctive character compared with the perspective and message of the Alexandrian narrative.

a. *Luke 24.13–36*

In the story of the journey away from Jerusalem made by two disciples after the crucifixion, during which the resurrected Jesus appears to them, the name of the village in Codex Bezae is Oulammaous, with no support in any other extant document. All other witnesses read the familiar 'Emmaus'. In the Bezan version of the story, the name 'Oulammaous' is the key to the narrator's purpose in telling the story; it serves as a hook to connect the incident with a paradigmatic event in the history of Israel, God's self-disclosure to Jacob and his designation as the father of Israel (Gen. 28.10–19). The name occurs at the point when Jacob awakes from his dream in which God spoke to him; he calls the place Bethel, the 'house of God', because of the presence of God there, and the Hebrew text then continues:

28.19 MT: ואולם לז שם־העיר לראשנה
'however, Luz was the name of the place beforehand':

This half of sentence is translated in the LXX as:

28,19 LXX: καὶ Οὐλαμλοῦς ἦν ὄνομα τῇ πόλει τὸ πρότερον

The Greek translation renders the first two Hebrew words—oulam luz— as a single word, thus giving the former name of the place as 'Oulamlous' which, by phonetic transformation, becomes 'Oulammaous' in several minuscules of the LXX (as well as the references of Justin and Eusebius to Gen. 28.19), the form that is found in the Bezan text of Lk. 24.13. The use of the name by Luke confers on the scene a spiritual reality, whereby the two disciples are presented as re-enacting the flight of Jacob from his brother whom he has just tricked out of his birthright.[18] In the Bezan text of Luke 22, the betrayal of Jesus by Judas was already modelled on this act of deception,[19] and now the two are presented as taking flight just as Jacob did.

---

[18] A different justification for the Bezan reading than the one given here is indicated by C.-B. Amphoux, 'Le Chapitre 24 de Luc et l'origine de la tradition textuelle du Codex de Bèze (D.05 du NT', *Fil Neo* 4 (1991) pp. 21–49. He proposes an underlying play on words between Bethel (house of God, temple worship) and Bethlehem (house of bread, represented by Jesus who replaces the ancient cultic practices with the breaking of bread). Though his proposal is intriguing, this interpretation tends to see the coded language as concealing the deeper meaning whereas Luke's purpose in using Scriptural allusions is to unveil it. Furthermore, there would have been no need for Luke to use the singular designation of Bethel as 'Oulammaous' if it were the name 'Bethel' itself that were important.

[19] Compare Jacob who approached his father Isaac and kissed him as a (false) proof

The parallels between the two scenes—the divine revelation in the evening, the characters being unaware of what was taking place because they were asleep or had their eyes closed, the subsequent realization—are obvious and do not need to be spelt out in detail here.[20] What is striking in the Bezan text, however, is that by means of the paradigm—aligning the disciples of Jesus with the Father of Israel—Luke also draws attention to a negative contrast. Whereas Jacob aligned himself totally with the plan of God for Israel, the disciples understand so little of it that when Jesus disappears from the scene in the Lukan story, the disciples are left in a state of profound grief (λυπούμενοι, 24.33 D05, a verb found only once more in Luke's writings but only according to Codex Bezae, in his account of the reaction of Jesus' parents when they thought they had lost him in Jerusalem [Lk. 2.48 D05]). The reason for their grief is that they have not properly understood what he had been trying to explain to them about the Messiah in the Scriptures—they comment that their heart was 'veiled' (κεκαλυμμένη, 24.32 D05), and not 'burning' (καιομένη) as in the other manuscripts. Indeed, Jesus had only begun to interpret the Scriptures according to this text (ἦν ἀρξάμενος … ἑρμηνεύειν αὐτοῖς ἐν ταῖς γραφαῖς, 24.27 D05, cf. ἤνοιγεν ἡμῖν τὰς γραφάς, v. 32), rather than bringing the task to completion by interpreting all the Scriptures thoroughly (cf. B03: διερμήνευσεν αὐτοῖς ἐν πάσαις ταῖς γραφαῖς [v. 27] … διήνοιγεν ἡμῖν τὰς γραφάς [v. 32]); again, their eyes were opened, but not completely (ἠνοίχθησαν οἱ ὀφθαλμοί, 24.31 D05; cf. διηνοίχθησαν οἱ ὀφθαλμοί, B03). They have understood something of Jesus' explanation and they have realized that he has been resurrected—but now he has disappeared for a second time, and they have no idea what this means. Consequently, they immediately go back again to Jerusalem, Ἰηρουσαλήμ, the religious centre of Judaism (24.33). It will take 16 chapters of the book of Acts in Codex Bezae for them to detach themselves from the

---

of his identity (Gn 27.27 LXX ἐγγίσας ἐφίλησεν αὐτόν) with Judas who approached Jesus and kissed him (Lk. 22.47 D05: ἐγγίσας ἐφίλησεν τὸν Ἰησοῦν) to confirm the identity of Jesus to the chief priests and the guards. All other manuscripts apart from D05 read: ἤγγισεν τῷ Ἰησοῦ φιλῆσαι αὐτόν, so losing the linguistic clue to the parallel.

[20] Discussion of the parallels is developed in detail in J. Read-Heimerdinger, "Where is Emmaus? Clues in the Text of Luke 24 in Codex Bezae", in D.C. Parker—D.G.K. Taylor (eds), *Essays in New Testament Textual Criticism* (Texts and Studies n.s., 3/1; Birmingham, 1999), pp. 227–249; see also J. Read-Heimerdinger—J. Rius-Camps, 'Emmaous or Oulammaous? Luke's Use of the Jewish Scriptures in the Text of Luke 24 in Codex Bezae', *Revista Catalana de Teologia* 27 (2002), pp. 23–42.

ancient Jewish traditions and ways of thinking, which Luke indicates by associating them for the first time at 16.4 with the neutral city of Ἱεροσόλυμα.[21]

Even from this brief consideration of the readings in this passage of Codex Bezae it can be seen how the whole text hangs together to form a coherent story, with a consistent message. It is quite a different one from that derived from the story in the other manuscripts. How often this passage is taken in Church sermons precisely to exemplify the joy of the resurrection! In the usual account, the disciples understand perfectly what Jesus teaches them in his final hours before he ascends to heaven, and they are ready to begin spreading the good news exactly in accordance with the divine plan. This complete understanding sets the scene for the book of Acts in which the apostles, to whom Paul is added, are presented as infallible figures of authority. The narrative of Codex Bezae, in contrast, continues with the same picture that had been painted in the Gospel, of fallible human beings who only gradually come to grasp the full extent of the radical nature of Jesus' message.

b. *Acts 19.1*

The portrait of Paul in the Bezan Acts is carefully and subtly painted, showing how he gradually progressed in his acceptance of the mission to the Gentiles. A major difficulty that Luke presents is his determination to maintain the privileged status of Israel as the chosen people of God, into which the nations are to be grafted. This view was, of course, at the very centre of his Jewish heritage and is taken up in his letters, but Bezan Acts consistently presents it as erroneous. Paul's insistent attempts to persuade the Jews about the messiahship of Jesus cause him to disobey the divine will on repeated occasions.

His disobedience is seen particularly in his plan to take a collection of money to Jerusalem from the churches where there are Gentile believers—this is the purpose of his final journey to Jerusalem where he ends up being taken prisoner. From the outset, the Bezan text presents this fatal journey as being Paul's own plan which the Holy Spirit opposes, as seen in the text at 19.1 D05: Θέλοντος δὲ τοῦ Παύλου κατὰ τὴν ἰδίαν βουλὴν πορεύεσθαι εἰς Ἱεροσόλυμα, εἶπεν αὐτῷ τὸ πνεῦμα ὑποστρέφειν εἰς τὴν Ἀσίαν. Following this initial conflict, Luke in Codex Bezae

---

[21] On the distinction between Ierousalem and Hierosoluma in Codex Bezae, see Read-Heimerdinger, *The Bezan Text*, pp. 311–344.

will describe five more attempts to dissuade Paul from carrying out his plan because it was contrary to the will of God. The group represented by the intermittent first person plural narrative (the 'we' group) plays an important part in these attempts, for they have the specific function of reminding Paul of the divine will and persuading him to accept it, all of which Paul doggedly resists until he finally capitulates in Rome when Luke brings his story to a close.

The Spirit's guidance at 19.1 D05 is missing from the Alexandrian text, which simply reports that Paul went to Ephesus while Apollos was in Corinth. Indeed, in this text only four warnings of the danger that Paul would meet in Jerusalem are recorded, as against six in Codex Bezae, and the wording of these four is so much weaker than that of the corresponding Bezan passages that they are generally not interpreted as expressing opposition so much as prophecies of suffering which Paul will, nobly and heroically, bear. In the Bezan text, Paul does not emerge as a hero but rather as a flawed, very human character whose arrest in Jerusalem is viewed as arising through his own stubbornness and as constituting a hindrance to the mission with which he had been entrusted.

5. An Historical Explanation

On the surface, the opposition of Luke in Codex Bezae to Paul's teaching about the privileged status of Israel looks like the work of a Gentile believer who is critical of the ancient claims of Judaism.[22] That it is the work rather of an insider is seen by repeated references in that text (more frequent and more intricate than in the Alexandrian text) to Jewish scriptural paradigms that are used to justify the change in the status of Israel. The use is quite different from the later typology of the Church Fathers—in Codex Bezae as in Jewish exegesis, the events and characters of ancient Israel are viewed as foundational and the contemporary events and characters as re-enactments of the ancient ones. There is no sense of triumphalism but instead a sense of tragedy and regret. The narrator's opposition to traditional Jewish beliefs and expectations is made with

---

[22] This was the contention of E.J. Epp, *The Theological Tendency of Codex Bezae Cantabrigiensis in Acts* (SNTS Monograph, 3; Cambridge, 1966). See also *Idem.*, 'Anti-Judaic Tendencies in the D-Text of Acts: Forty Years of Conversation', in T. Nicklas— M. Tilly (eds), *Apostelgeschichte als Kirchengeschichte. Text, Traditionen und antike Auslegungen* (BZNW, 122; Berlin-New York, 2003), pp. 111–146.

insider knowledge, in Jewish terms, in much the same way as it is in the books of the Prophets. This is seen in chapter after chapter of the Bezan text of Luke and Acts.

When the evidence for the Jewish perspective of Luke in the Bezan readings is compared with the Alexandrian text, it can be seen that not only is the criticism of the apostles toned down in that text but, moreover, the narrative is presented more as a straightforward chronological account than a theological demonstration. A great number of the Jewish allusions is absent.

The combination in Codex Bezae of the Jewish perspective and the critical evaluation of the disciples suggests an explanation for the development of two such different texts of Luke-Acts: the text written from a Jewish perspective dates from a time when the Church was still very much a part of Judaism. It was composed for a distinguished and highly educated member of Jewish society who had a sophisticated knowledge of Judaism and who was familiar to some extent with the people and events in the narrative. He was aware of the conflicting ideas and deeds of the disciples, and of the contrast between many of the followers of Jesus and the model laid down by the master, and he wanted to understand what it all meant. To this person Luke, a similarly educated Jew who was a believer in Jesus, set about explaining from the point of view of their shared heritage just what happened.

The more realistic picture of fallible leaders of the Church would also be more acceptable the closer it was to the date of the actual events. However, as the Church moved away from its Jewish roots and the apostles took on the status of infallible heroes, the more subtle Jewish allusions, especially to oral teachings or legends, would have been incomprehensible, or even offensive. Consequently, the narrative was toned down to soften them or remove them altogether. At the same time, where the narrator indicated his disapproval of the apostles, showing them to have made mistakes or taught things that were contrary to the plan of God, the text was modified in order to remove traces of such criticism.

Both books were known to the communities that received them (indeed, that continued to receive them, in the case of the Alexandrian text), and served as their two volumes of Luke's work. It is because the text of Codex Bezae is so different from the familiar text, as I have aimed to show from some few examples here, that it is important to let it stand as a continuous text instead of relegating its readings to a critical apparatus. This is the justification for the edition of Luke-Acts in Codex Bezae, whose first publication has been in Catalonia, Spain, and which we hope will contribute to reinstating the text of Codex Bezae as a text of unique importance for the historical and theological study of the Church in the early centuries.

LUKE, *DEMONSTRATION TO THEOPHILUS*

Volume 1: *The Gospel According to Luke*

Section XX. The Resurrection

[B] Appearances to the Disciples
[B–A] The Disciples of Oulammaous

24,13 Ἦσαν δὲ δύο
πορευόμενοι ἐξ αὐτῶν
ἐν αὐτῇ τῇ ἡμέρᾳ
εἰς κώμην
ἀπέχουσαν σταδίους ἑξήκοντα
ἀπὸ Ἰερουσαλήμ,
ὀνόματι Οὐλαμμαοῦς,
14 ὡμίλουν δὲ πρὸς ἑαυτοὺς
περὶ πάντων ⟨τῶν⟩
συμβεβηκότων τούτων.

[a] 24.13 There were two
who travelled away from them
that same day,
to a village
60 stadia away
from Ierusalem,
called Oulammaous.
[b] 14 They were talking between
themselves about all these things
that had happened.

[B–B] Jesus Teaches Them about the Messiah

24.15 Καὶ ἐγένετο
ἐν τῷ ὁμιλεῖν αὐτοὺς
καὶ συζητεῖν
καὶ ὁ Ἰησοῦς ἐγγίσας
συνεπορεύετο αὐτοῖς.
16 (οἱ δὲ ὀφθαλμοὶ αὐτῶν
ἐκρατοῦντο
τοῦ μὴ ἐπιγνῶναι αὐτόν.)
17 ὁ δὲ εἶπεν·
Τίνες οἱ λόγοι οὗτοι
οὓς ἀντιβάλλετε πρὸς ἑαυτοὺς
περιπατοῦντες σκυθρωποί;
18 ἀποκριθεὶς δὲ εἷς
ᾧ ὄνομα Κλεοπᾶς
εἶπεν πρὸς αὐτόν·
Σὺ μόνος παροικεῖς
Ἰερουσαλήμ,
οὐκ ἔγνως
τὰ γενόμενα ἐν αὐτῇ
ἐν ταῖς ἡμέραις ταύταις;

[a] 24.15 It happened
while they were talking
and trying to work things out
that Jesus himself came up to them
and started travelling with them.
[b] 16 (Their eyes, however,
were prevented
from recognizing him.)
[c] 17 He said,
"What are these words that
you are arguing over between yourselves
as you walk, looking so sad?"
[d] 18 One of them,
by the name of Cleopas,
answered him,
"Are you the only person
who has been staying in Jerusalem,
who doesn't know
the things that happened there
these past days?"

19 ὁ δὲ εἶπεν αὐτῷ· Ποῖα;
Τὰ περὶ Ἰησοῦ τοῦ Ναζωραίου,
ὃς ἐγένετο ἀνὴρ προφήτης
δυνατὸς ἐν λόγῳ καὶ ἔργῳ
ἐνώπιον τοῦ θεοῦ
καὶ παντὸς τοῦ λαοῦ,
20 ὡς τοῦτον παρέδωκαν
οἱ ἀρχιερεῖς
καὶ οἱ ἄρχοντες ἡμῶν
εἰς κρίμα θανάτου
καὶ ἐσταύρωσαν αὐτόν.
21 ἡμεῖς δὲ ἠλπίζομεν
ὅτι αὐτὸς ἦν ὁ μέλλων
λυτροῦσθαι τὸν Ἰσραήλ·
ἀλλά γε καὶ
σὺν πᾶσιν τούτοις
τρίτην ἡμέραν σήμερον ἄγει
ἀφ᾽ οὗ ταῦτα γέγονεν.
22 ἀλλὰ καὶ γυναῖκές τινες
ἐξέστησαν ἡμᾶς·
γενόμεναι ὀρθριναὶ
ἐπὶ τὸ μνημεῖον
23 καὶ μὴ εὑροῦσαι
τὸ σῶμα αὐτοῦ
ἦλθον λέγουσαι
ὀπτασίαν ἀγγέλων ἑωρακέναι,
οἳ λέγουσιν αὐτὸν ζῆν.
24 καὶ ἀπῆλθόν τινες
ἐκ τῶν σὺν ἡμῖν
ἐπὶ τὸ μνημεῖον,
καὶ εὗρον οὕτως
ὡς εἶπον αἱ γυναῖκες,
αὐτὸν δὲ οὐκ εἴδομεν.
25 ὁ δὲ εἶπεν πρὸς αὐτούς·
Ὦ ἀνόητοι
καὶ βραδεῖς τῇ καρδίᾳ
ἐπὶ πᾶσιν
οἷς ἐλάλησαν οἱ προφῆται·
26 ὅτι ταῦτα ἔδει παθεῖν
τὸν Χριστὸν
καὶ εἰσελθεῖν εἰς τὴν δόξαν αὐτοῦ.
27 καὶ ἦν ἀρξάμενος
ἀπὸ Μωϋσέως
καὶ πάντων τῶν προφητῶν
ἑρμηνεύειν αὐτοῖς
ἐν ταῖς γραφαῖς
τὰ περὶ αὐτοῦ.

[e] 19a He said to him, "What things?"
[f] 19b "About Jesus the Nazorene,
a man who was a prophet,
powerful in word and in deed
before God
and all the people,
20 how the high priests
and our leaders
handed him over
to be sentenced to death
and they crucified him.
21 But we had been hoping
that he would be the one
who was going to redeem Israel;
not only that, though,
but on top of it all,
today is the third day
since this happened.
22 And yet some women
startled us:
they went at dawn
to the tomb
23 and when they couldn't find
his body,
they came back saying
they had seen a vision of angels.
who said he was alive.
24 And some of our company
went off
to the tomb,
and they found it
just as the women had said,
but we didn't see him."
[f'] 25 He said to them,
"O you foolish men,
how dim-witted you are
regarding everything
the prophets spoke,
26 when they said that the Messiah
had to suffer these things
and enter into his glory!"
[e'] 27 And he made a start
with Moses
amd all the prophets
to explain to them
from the Scriptures
the things relating to himself.

28 καὶ ἤγγισαν εἰς τὴν κώμην
οὗ ἐπορεύοντο,
καὶ αὐτὸς προσεποιήσατο
πορρωτέρω πορεύεσθαι.
29 καὶ παρεβιάσαντο αὐτὸν
λέγοντες·
Μεῖνον μεθ᾽ ἡμῶν,
ὅτι πρὸς ἑσπέραν
κέκλικεν ἡ ἡμέρα.
καὶ εἰσῆλθεν μεῖναι μετ᾽ αὐτῶν.

[d'] 28a They had come close to the village
where they were going,
[c'] 28b and he made as if
he were travelling on further.
[b'] 29a They pressed him,
saying,
"Stay with us
for the day has turned
to evening",
[a'] 29b and he went in to stay with them.

[B–C] JESUS MAKES HIMSELF KNOWN

24.30 Καὶ ἐγένετο
ἐν τῷ κατακλιθῆναι αὐτὸν
λαβὼν ἄρτον ηὐλόγησεν
καὶ προσεδίδου αὐτοῖς·
31 λαβόντων δὲ αὐτῶν
τὸν ἄρτον ἀπ᾽ αὐτοῦ
ἠνοί⟨χθ⟩ησαν οἱ ὀφθαλμοὶ αὐτῶν
καὶ ἐπέγνωσαν αὐτόν·
καὶ αὐτὸς ἄφαντος
ἐγένετο ἀπ᾽ αὐτῶν.
32 οἱ δὲ εἶπον πρὸς ἑαυτούς·
Οὐχὶ ἡ καρδία ἦν ἡμῶν
κεκαλυμμένη
ὡς ἐλάλει ἡμῖν ἐν τῇ ὁδῷ,
ὡς ἤνοιγεν ἡμῖν τὰς
γραφάς;
33 καὶ ἀναστάντες λυπούμενοι
αὐτῇ τῇ ὥρᾳ
ὑπέστρεψαν εἰς Ἰερουσαλήμ,
καὶ εὗρον
ἠθροισμένους τοὺς ἔνδεκα
καὶ τοὺς σὺν αὐτοῖς,
34 λέγοντες
ὅτι Ὄντως ἠγέρθη
ὁ κύριος
καὶ ὤφθη Σίμωνι.
35 καὶ αὐτοὶ
ἐξηγοῦντο τὰ ἐν τῇ ὁδῷ
καὶ ὅτι ἐγνώσθη
αὐτοῖς
ἐν τῇ κλάσει τοῦ ἄρτου.

[a] 24.30a It happened that
while he was reclining at table,
taking bread he said a blessing
[b] 30b and shared it with them.
[c] 31a As they took
the bread from him
their eyes were opened
[d] 31b and they recognized him;
[e] 31c and he disappeared
from their sight.
[d'] 32 They said to each other,
"Wasn't our heart
veiled
while he was talking to us on the road,
while he was opening the Scriptures up to
us?"
[c'] 33a They got up, profoundly sad,
and at that very hour
went back to Ierusalem.
[b'] 33b They found
the Eleven gathered together
and those who were with them
34 and they told them
"The Lord really
has been raised
and he appeared to Simon!"
[a'] 35 And they went on
to relate what had happened on the road
and that he had made himself known to
them
when he broke the bread.

VOLUME 2: *ACTS OF THE APOSTLES*

PART IV. ROME: VIA EPHESUS
AND JERUSALEM

SECTION I. THIRD PHASE OF THE
MISSION: EPHESUS

[A] THE BAPTISM OF JOHN
[A–A] ...
[A–A'] THE TWELVE DISCIPLES AND THE
BAPTISM OF JOHN

19.1 Θέλοντος δὲ τοῦ Παύλου
κατὰ τὴν ἰδίαν βουλὴν
πορεύεσθαι εἰς Ἱεροσόλυμα,
εἶπεν αὐτῷ τὸ πνεῦμα
ὑποστρέφειν εἰς τὴν Ἀσίαν.
διελθὼν δὲ τὰ ἀνωτερικὰ
μέρη
ἔρχεται εἰς Ἔφεσον ...

[a] 19.1a Although Paul wanted
according to his own plan
to go to Hierosoluma,
the Spirit told him
to return to Asia.
[b] 1b Having gone through the upper
parts
he arrives in Ephesus ...

THE PROBLEM OF ESTABLISHING
THE RECENSIONS OF THE GEORGIAN VERSION
OF THE GOSPELS

Sophio Sarjveladze

Georgian translations of the Gospels, Psalter and lectionaries were made after the conversion to Christianity beginning from the second half of the 4th. Century. The fact is corroborated by the existence of texts dated to 5th–7th centuries (the "khanmeti" Gospels fragments, "khanmeti" Lectionary, fragments of several books of the Old Testament).[1] The fragments of the khanmeti Gospels were published in 1923 by Ivane Javakhishvili, and in 1984 by Lamara Kajaia.[2] These early translations form the basis for the Georgian literary language.

In Georgia the study of the separate mss. of the Georgian version of Gospels was begun in the 19th century and carried on later by several scholars (N. Marr, M. Janashvili, A. Khakhanashvili, I. Javakhishvili, A. Shanidze, S. Kaukhchishvili, I. Imnaishvili, P. Ingorokva, L. Kajaia, Z. Sarjveladze). Nevertheless, the critical text of all recensions of the Gospels has not yet been published, the extant publications being mostly that of isolated manuscripts.[3]

---

[1] Khanmeti is a text, where the marker of the 2nd. person subject and 3rd. person object of the verb in the Old Georgian language is represented by the letter kh- e.g. **khc'** er (you write), mi**kh**ca (he gave him); Haemeti is a text, where the aspirate h- is found, e.g. hc' er, mihca. Khanmeti manuscripts and inscriptions are dated as V–VIII centuries, Haemeti as VII–VIII centuries. Later, one of the alomorphs of the marker of the 2nd. person subject and 3rd. person object of the verb is s-, e.g. sc' er (you write), misca (he gave him); these kind of texts are called sannarevi ("s- mixed"), which are found starting from IX c.

[2] The first edition of these fragments belongs to I. Javakhishvili, *Georgian Paleography*, (Tbilisi, 1949); the second revised edition was edited by L. Kajaia, *Khanmeti Texts*, v. I, (Tbilisi, 1984).

[3] *Quattuor Evangeliorum versio Georgiana vetus e duodus codicibus (aa. p. Ch. n. 913 at 995)* edidet Vladimir Beneševič. Fasc. I. *Evangelium secundum Matthaeum*. (St. Petersburg 1909). Fasc. II. *Evangelium secundum Marcum*. (St. Petersburg 1911); *Kartuli otxtavis ori dzveli redakcia sami šat'berduli xelnac'eris mixedvit (897, 936 da 973 cc'.)* gamosca A.Šanidzem, (Tbilisi, 1945) ("Two Old Recensions of the Georgian Gospels According to three Shatberd Manuscripts (A.D. 897, 936 and 973)" edited by A. Shanidze,

Some decades ago, a group of scholars, led by late prof. Zurab Sarjveladze, started to study the Old Georgian version of Gospels. The group
members are: El. Giunashvili, M. Machkhaneli, the late G. Ninua, S. Sarjveladze and D. Tvaltvadze. We have sought to collect, study and ana-
lyze all extant manuscript evidence (complete mss. and fragments) for
the Old Georgian version of the Gospels in a more comprehensive way
than hitherto essayed and to publish a critical text of the Old Georgian
Gospels. Research of Gospel manuscripts has revealed nearly three hundred complete and fragmented mss., a great number of which have never
been studied; they contain important new material for the history of the
Georgian version of the New Testament.

Conclusions reached through research may be summed up in the
following way: It is possible to distinguish four main text-types revealed
in the extant manuscripts: a) The Adyshi text-type. This group derives
its name from the famous ms. copied in 897; b) The Proto-vulgate text-
type, as A. Shanidze named the text-type, bringing together more than 20
manuscripts; c) compound or "mixed" recension and d) Giorgi Athonite's
recension, a text-type represented in more than 200 manuscripts.

THE RECENSIONS OF THE
OLD GEORGIAN VERSION OF THE GOSPELS

During the study of the recensions of Matthew's and Mark's Gospels the
group members[4] examined up to 300 manuscripts and ascertained that
during the khanmeti period of the Old Georgian language (up to VIII c.)
there already existed three recensions of the Old Georgian version of the

---

(Tbilisi, 1945); I. Imnaishvili, *Ksnis otxtavi, gamok'vleva, tekst'i, P'ušk'inis saxelobis tbili-
sis p'edinst'it'ut'is gamocema*, (Tbilisi, 1949), pp. 211–344; I. Imnaishvili, "T'betis otxtavi,
gamok'vleva da t'ekst'i," *Dzveli kartuli k'atedris šromebi*, v. 20, 1977, pp. 165–231; "Kartuli otxtavis ori bolo redakcia", *t'ekst'i gamosca da gamok'vleva* daurto I. Imnaišvilma,
(Tbilisi, 1979); *Xanmeti t'ekst'ebi, I, t'ekst'i gamosacemad moamzada, gamok'vleva da
simponia* daurto L. Kajaiam, v. I, (Tbilisi, 1984); L. Kajaia, *Die ältesten georgische Vier-
Evangelien-Handschrift*, Teil I, *Prolegomena*. by H. Greeven and M. Job, (Bochum, 1989);
Adyshis otkhtavi 897 c'lisa, t'ext'i gamosacemad moamzades, gamok'vleva da leksik'oni
edited by El. Giunashvilma, D. Tvaltvadzem, M. Machkhanelma, Z. Sarjveladzem da
S. Sarjveladzem, Z. Sarjveladzis saerto redakciit, (Tbilisi, 2003).
    [4] The group members have carried out several projects during 1999–2009 to study the
mss. of the Old Georgian version of the Gospels and prepare for publication the critical
texts of Old Georgian version of Matthew's and Mark's Gospels.

Gospels: a) the Adyshi (or Adish) recension, the text found in the Adyshi codex and in the fragments of palimpsests of the khanmeti Gospels (A-89/A-899, Palimpsest from Svaneti no 4)[5]; b) so-called Georgian Proto-vulgate (A-89/A-899) and c) compound or "mixed" recension, compiled by editing and mixing variant readings of the Adyshi and Proto-vulgate recensions (this kind of khanmeti text is partly represented in the Tviberi codex).[6] The text of these three recensions is represented in the Gospel readings of khanmeti lectionaries.[7]

The Adyshi recension is represented in a) the Adyshi codex, copied in 897, kept in the Svaneti Museum of History and Ethnography (excluding the text of verses 3,9–15,5 and 17,25–23,2 of Luke's Gospel). Occasionally, this part of the text was placed in the original of the Adyshi Gospel's copy and the copyist completed the text with the text of the Proto-vulgate; b) The text of the Adyshi recension is partial (Matthew 5,18–11,6) found in the V–VII c. khanmeti palimpsest fragments of the Gospels (A-89/A-844); c) The text of Matthew 19,20–21; 23–24; 26–28 of the Adyshi recension is found in 1 leaf of the Svaneti palimpsest no 4, kept in the National Centre of Manuscripts; and in two other X c. manuscripts: d)[8] part of

---

[5] A-89/A-899, khanmeti palimpsest, V–VII cc., kept in the National Centre of Manuscripts, Tbilisi were edited in L. Kajaia's edition: *Khanmeti Texts*, I, … ; The palimpsest from Svaneti no 4 was first read but never published by P. Ingorokva. This khanmeti palimpsest is briefly mentioned in P. Ingorokva's work: *Dzveli kartuli lit'erat'uris mimoxilva, šromebi*, IV, (Tbilisi, 1978), pp. 341–342 (P. Ingorokva, *A Short Review of Old Georgian Literature, Collected Works*, v. IV, Tbilisi), The text of this fragment together with khanmeti lectionary fragment H-1445 (National Centre of Manuscripts) was published by S. Sarjveladze: S. Sarjveladze, "Two Khanmeti Palimpsestic Fragments kept in the National Centre of Manuscripts", *Issues of Linguistics*, I–II, (Tbilisi, 2009), pp. 215–228.

[6] S. Sarjveladze and D. Tvaltvadze, "Tviberi Gospels Codex kept in the Svaneti Museum of History and Ethnography, Folia Caucasica", ed. Jost Gippert 55th. Anniversary Collection, (Frankfurt am Main-Tbilisi, 2011), pp. 99–118.

[7] a) Khanmeti lectionary kept in the University Library of Graz (ms. 2058/1), edited by A. Shanidze, *The Georgian Khanmeti Lectionary*, Phototypic reproduction, (Tbilisi, 1944) and V. Imnaishvili, *The Old Georgian Manuscripts in Austria*, (Tbilisi, 2004), pp. 55–61; b) Khanmeti lectionary kept in the Austrian National Library, Vienna (georg. no 2), edited by J. Gippert: *The Old Georgian Palimpsest Codex Vindobonensis Georgicus 2*, v. I (Turnhout, 2007) and c) the khanmeti lectionary fragment H-1445 kept in the National Centre of Manuscripts, Tbilisi, edited by S. Sarjveladze, *Two Khanmeti Palimpsest Fragments*.

[8] B. Outtier, "Deux fragments inédits de la première traduction géorgienne des évangiles", in: *The New Testament Text in Early Christianity, Proceedings of the Lille colloquium, July 2000*, ed. Christian-B. Amphoux and J. Keith Elliott (Lausanne 2003) pp. 195–200.

Mark's Gospel in 2 folios of the manuscript Q-213 kept in the National Centre of Manuscripts, Tbilisi and e) 1 leaf of the manuscript H-3181 kept in the National Centre of Manuscripts, Tbilisi. This leaf contains the text of verses 6,51–54 and 6,57–58 of John's Gospel. f) This text-type was found in the text of verses 14,60–15,47 in the XI c. H-1240 Gospel manuscript, in the National Centre of Manuscripts, Tbilisi.[9] A number of Gospel readings of the Adyshi text-type are represented in X–XI century Lectionaries.

Of all the Georgian manuscripts of the Gospels, the one from Adyshi is the oldest dated. It was copied at the end of the 9th century, in the year 897, which is attested by the scribe's adscript (fol. 387r). In 1916 a phototypic edition of the manuscript was published.[10] Subsequently several printed editions followed it by A. Shanidze, R. Blake, M. Brière and J. Molitor.[11] In 1945, A. Shanidze published the text of the Adyshi Gospels together with two other (Jruchi and Parkhali Gospels) 10th century manuscripts of Shatberdi origin. In this edition, the text of the Adyshi Gospels, quite different in recension, is published as a separate column (C) in parallel with the text of the Jruchi (D) and Parkhali (E)

---

[9] S. Sarjveladze, "On an Eleventh-century Manuscript of the Gospels Copied from the Khanmeti Original" *Issues of Linguistics*, 2 (14) (Tbilisi, 2002) pp. 79–90; S. Sarjveladze, "Relation of the Adyshi Recension to other Recensions of Old Versions of Gospels" in *Adyshis otkhtavi 897 c'lisa* ... pp. 42–51.

[10] In 1910, Ermakov photographed the whole text of the Adyshi Gospels. Based on the photographs the Moscow Archaeological Society began to prepare a phototypic edition. The 200 folios of the text of the Adyshi Gospels were published: *Adišskoe evangelie*, 200 fot' ografičeskix t' ablic i p'redislovie E.S. Takaišvili, Mat' eriali p' o Arxeologii K' avk' aza, XIV, P' od redak'ciei P'.S. Uvarovoi, A.S. Xaxanašvili i E.S. Takaišvili (Moscow, 1916).

[11] *The Old Georgian version of the Gospel of Mark, from the Adysh Gospels with the Variants of the Opiza and Tbet' Gospels* edited with a Latin translation by Robert P. Blake, *Patrologia Orientalis*, t. XX: fasc.3. (Paris, 1928); *The Old Georgian Version of the Gospel of Matthew, from the Adysh Gospels with the variants of the Opiza and Tbet' Gospels*, edited with a Latin translation by Robert P. Blake, *Patrologia Orientalis*, t. XXIV: fasc.3. (Paris, 1933); *The Old Georgian Version of John from the Adysh Gospels, with the variants of the Opiza and Tbet' Gospels*, edited with a Latin translation by Robert P. Blake and Maurice Brière, *Patrologia Orientalis*, t. XXVI; fasc. 4, (Paris, 1950); *La Version géorgienne ancienne de l'Évangile de Luc, d'après les évangiles d'Adysh avec les variantes des évangiles d'Opiza et de Tbet*, Ed. avec une trad. latine par Maurice Brière, *Patrologia Orientalis*, t. XXVII, fasc. 3. (Paris, 1955). J. Molitor, *Synopsis latina Evangeliorum ibericorum antiquissimorum secundum Matthaeum, Marcum, Lucam, desumpta e codicibus Adysh, Opiza, Tbeth necnon e fragmentis biblicis et patristicis quae dicuntur Chanmeti et Haemeti*, (Louvain, 1965), *Corpus Scriptorium Christianorum Orientalium*, vol. 256, Subs. t. 24.

manuscripts. The leaf, unknown until then, was found in St. Petersburg library and published by Ts. Chankievi. The leaf was missed in the phototypic edition of the Gospels; hence, it was absent from A. Shanidze's and other publications as well, for all of them were based on the phototypic edition.[12] The last edition of the Adyshi codex was published in 2003.[13]

In the numerous publications discussing the text-critical issues of the Greek New Testament and versions of the Gospels by western scholars one can find the same conclusion: the Old Georgian version of the Gospels is translated from Armenian, which itself is translated from Syriac. This opinion is based on the works of F.G. Kenyon,[14] S. Lyonnet,[15] A. Vööbus,[16] D.M. Lang,[17] R. Blake, J. Molitor and other western scholars, who considered that the text of the Adyshi Gospels was translated from Armenian. If one tries to examine the texts of Old Georgian version of the Gospels of the Adyshi and the Proto-vulgate recensions, especially when they are given in columns, everyone can observe the differences between these two and can agree with the opinion: the Adyshi text is translated from another source. The Georgian scholar S. Kaukhchishvili considered that the text of the Adyshi codex was translated from Greek and produced his arguments.[18] Bearing in mind both possibilities Zurab Sarjveladze and I compared the text of the Adyshi codex with Greek and the Armenian version of the Gospels.[19] Based on the multiple linguistic data, Z. Sarjveladze came to the conclusion that the source of the text

---

[12] The leaf of the Adyshi codex discovered by Ts. Chankievi, contains Luke 19,9–14; 36–42. Ts. Chankievi, "Adyshis ori gamoukveq'nebeli gverdi", *Xelnac'erta inst'it'ut'is moambe*, II, (Tbilisi, 1960).

[13] *Adyshis otkhtavi 897 c'lisa* ....

[14] F.G. Kenyon, *Our Bible and the Ancient Manuscripts*, 4th ed, (London, 1939).

[15] S. Lyonnet, *Les origines de la version arménienne et le Diatessaron* (Rome, 1950).

[16] A. Vööbus, *Early Versions of the New Testament: Manuscript Studies* (Stockholm: Estonian Theological Society in Exile, 1954) pp. 173–209.

[17] D.M. Lang, "Recent Work on the Georgian New Testament" *Bulletin of the School of Oriental and African Studies*, 19, 1957 pp. 82–93. [This article is reproduced in this volume.]

[18] S. Kaukhchishvili, "Adyshis xelnac'eris berdznizmebi (the Graecisms of the Adyshi Manuscript)" *Enimkis Moambe*, IV, (Tbilisi, 1944) pp. 93–116.

[19] *The Greek New Testament*, Fourth Revised Edition edited by Barbara Aland, Kurt Aland, Johannes Karavidopoulos, Carlo M. Martini, and Bruce M. Metzger, (Stuttgart, 1994). For the Armenian version we used the edition by Hovhannēs Zōhrapean (Venice, 1805).

attested in the Adyshi codex is Greek.[20] One can distinguish two layers in the text found in the Adyshi codex: first, the archaic, translated directly from Greek, and second, the later revision of the text according to the Armenian version.[21] The revision itself took place not later than the 6th century, as **after** that time the Georgian and Armenian Churches were separated: Georgians chose the Diophysite orientation, the Armenians Monophysite.

The arguments that the text of the Adyshi codex is translated from Greek may be based on: 1) the linguistic data; 2) the misunderstandings of the Greek words; 3) translation of Greek words with specific meanings; 4) the great number of different variant readings between the Georgian and Armenian versions.

1) After the study of the language of the text of the Adyshi codex Z. Sarjveladze revealed the influence of the Greek original on the Georgian translation. A number of phrases not typical of the Old Georgian language are found in the Adyshi manuscript which can only be explained by the influence of the language from which the text was translated. The influence of the Greek original is indicated by the infinitive construction: μὴ φοβηθῇς παραλαβεῖν Μαριὰμ τὴν γυναῖκά σου, ნუ გეშინინ მიქვანებად Mariamisa, colisa šenisa (... fear not to take unto thee Mary, thy wife) (Matt. 1,20); ἤλθομεν προσκυνῆσαι αὐτῷ, მოვედით თაყუანის-ცემად misa (... come to worship him) (Matt. 2,2); οὐ γάρ ἐστιν καλὸν λαβεῖν τὸν ἄρτον, არა კეთილ ars miɣebad p'uri (... it is not good to take the bread) (Mark 7,27) etc.

In many cases the use of the passive construction is also caused by the influence of the Greek original: ὁ Ἰησοῦς ἀνήχθη εἰς τὴν ἔρημον ὑπὸ τοῦ πνεύματος πειρασθῆναι ὑπὸ τοῦ διαβόλου, Iesu aɣiq'-vana **sulisa misgan** udabnod gamocdad ešmak'isagan (Then was Jesus led up of the spirit into the wilderness to be tempted of the devil) (Matt. 4,1); ὅπως δοξασθῶσιν ὑπὸ τῶν ἀνθρώπων, რაჲთა იდიდენ იგინი k'actagan (... that they may have glory of men) (Matt. 6,2); πάντα μοι παρεδόθη ὑπὸ τοῦ πατρός μου,

---

[20] Z. Sarjveladze, "The Issues of the Text and Language of the Adyshi Codex", in: *Adyshis otkhtavi 897 c'lisa* ..., pp. 71–132.

[21] S. Sarjveladze, "Relation of the Adyshi Recension ...", pp. 15–70.

ყოვ[ელ]ივე მომეცა მე მამისა ჩემისა მიერ q'ovelive momeca me **mamisa čemisa mier** (All things are delivered unto me of my Father) (Matt. 11,27), etc.

In the text of the Adyshi codex there are sentences without predicates which must be due to Greek influence: μεθ᾽ ἡμῶν ὁ θεός, ჩ[უე]ნ თანა ღმერთი **čuen tana γmerti** (God with us) (Matt. 1,23) etc.

The pleonastic construction with a pronoun is formed in the Old Georgian by the influence of the translation of the Greek Gospels: ἐκάλεσεν τὸ ὄνομα **αὐτοῦ** Ἰησοῦν, ეწ[ო]დეს სახელი მისი იესუ uc'odes saxeli **misi** Iesu (... and they called (him) **his** name Jesus) (Matt. 1,25); δήσαντες αὐτοῦ πόδας καὶ χεῖρας, შე[უ]კრენით მაგისნი ფერჴნი და ჴელნი šeuk'renit **magisni** perqni da qelni (Bind (him) **his** feet and hands) (Matt. 22,13) and so on.

Greek influence caused the formation of postpositional syntactical constructions: βάλε **ἀπὸ σοῦ**, განაგდე იგი შენგან ganagde igi **šengan** (... cast it from thee) (Matt. 5,29; 5,30); ἀποχωρεῖτε **ἀπ᾽ ἐμοῦ**, განმეშორენით ჩემგან ganmešorenit **čemgan** (depart from me) (Matt. 7,23); ἐπυνθάνετο **παρ᾽ αὐτῶν**, იკითხვიდა მათგან ik'itxvida **matgan** (... he demanded of them ...) (Matt. 2,4), etc.

It is known that the use of the participle construction is due to Greek influence: πᾶν δένδρον μὴ ποιοῦν καρπὸν καλὸν ἐκκόπτεται, ყოველი ხე, არა გამომღებელი ნაყოფისა კეთილისა, მოიკუეთოს q'oveli xe, **ara gamomγebeli** naq'opisa k'etilisaj, moik'uetos (Every tree that bringeth not forth good fruit is hewn down) (Matt. 7,19); ὁμοία ἐστὶν παιδίοις **καθημένοις** ἐν ταῖς ἀγοραῖς, მსგავს არს იგი ყრმათა, მსხდომარეთა შორის უბნებსა msgavs ars igi q'rmata, **msxdomareta** šoris ubnebsa (It is like unto children sitting in the markets ...) (Matt. 11,16) and so on.

The forms containing the prepositions of place and direction must have been caused by the influence of the Greek original: οἱ δὲ **παρα-πορευόμενοι** ἐβλασφήμουν αὐτόν, ხოლო თანაწარმავალნი იგი ჰბასრობდეს მას xolo **tanac'armavalni** igi hbasrobdes mas (and they that passed by reviled him) (Matt. 27,39); μὴ **ἀποστραφῇς**, ნუ გარემიიქცევ პირსა nu **garemiikcev** p'irsa (... turn not your face away) (Matt. 5,42); ἰσχυρότερος αὐτοῦ **ἐπελθὼν** νικήσῃ αὐτόν, ოდეს უყლიერესი მის ზედამოუჴდეს odes uγlieresi mis **zedamouqdes** (But when a stronger than he shall come upon him ...) (Luke 11,22) etc.

Sometimes in the Georgian translation there is an alien construction whereas a direct translation from Greek would have resulted in the form acceptable to the Georgian language: **οὕτως** καὶ **ὑμεῖς** ποιεῖτε αὐτοῖς, ეგრეცა თქუენ ჰყოფდით მათდა მიმართ egreca tkuen hq'opdit matda mimart (. . . do ye even so to them) (Matt. 7,12) etc.

A verbless construction is considered to be Semitic by some scholars. Though this construction is characteristic of the Semitic languages it penetrated into Georgian under the influence of Greek: **οὗ** τὸ πτύον ἐν τῇ χειρὶ **αὐτοῦ**, რომლისაჲ ნიჩაბი ჴელსა მისსა **romlisaj** ničabi qelsa **missa** (whose fan is in his hand) (Matt. 3,12), etc.

The euphemistic use of some words is also caused by the influence of Greek: οὐκ **ἐγίνωσκεν** αὐτήν, არა იცოდა იგი ara **icoda** igi (knew her not . . .) (Matt. 1,25); τελευτήσαντος δὲ Ἡρῴδου, აღესრულა ჰეროდე **aɣesrula** Herode (in the Jruchi manuscript there is მოკუდა "mok'uda") (. . . Herod was dead) (Matt. 2,19).

The use of the nominative case in the function of the vocative in the Old Georgian must be the result of the influence of the Greek language: ἀποκριθεὶς δὲ ὁ Ἰησοῦς εἶπεν· **ὦ γενεὰ ἄπιστος καὶ διεστραμμένη**, ხოლო იესუ ჰრქუა: ჰ, ნათესავი გულარძნილო! xolo Iesu hrkua: hoj, **natesavi gulardznili!** (And Jesus answering said: O, perverse generation . . .) (Luke 9,41); ἀπεκρίθη Θωμᾶς καὶ εἶπεν αὐτῷ· **ὁ κύριος μου καὶ ὁ θεός μου**, მიუგო და ჰრქუა თომა: უფალი ჩემი და ღმერთი ჩემი miugo da hrkua Toma: **upali čemi da ɣmerti čemi** (And Thomas answered and said unto him: My Lord and my God) (John 20,28) etc.

The prepositional construction is formed under the influence of Greek: ἐν ταῖς συναγωγαῖς καὶ **ἐν** ταῖς ῥύμαις, შორის შესაკრებელთა და შორის უბნებთა **šoris** šesak'rebelta da **šoris** ubnebta (. . . In the synagogues and in the streets . . .) (Matt. 6,2); **ἄνευ** τοῦ πατρὸς ὑμῶν, თჳნიერ მამისა თქუენისა **tuinier** mamisa tkvenisa (. . . without your father . . .) (Matt. 10,29); **εἰς** τὸ πέραν, წიაღ ზღუასა **c'iaɣ** zɣuasa (. . . through the sea the other side) (Matt. 8,18); ἐξέβαλον αὐτὸν **ἔξω** τοῦ ἀμπελῶνος, განაგდეს იგი გარეშე საყურძენსა მას ganagdes igi **gareše** saq'urɣensa mas (cast him out of the vineyard) (Mark 12,8) etc.

Under the influence of the Greek language the infinitive is used to denote the adverbial modifier of cause: ἐρχομένους ἐπὶ τὸ βάπτισμα αὐτοῦ, მომავალნი ნათლის-ღებად მისგან momavalni **natlis-ɣebad** misgan (came to be baptised by him) (Matt. 3,7); ἐξῆλθεν ὁ σπείρων τοῦ σπείρειν, გამოვიდა მთესვარი თესვად gamovida mtesvari **tesvad** (a sower went forth to sow) (Matt. 13,3) etc.

The prepositional construction with ვიდრე (vidre) is a result of translation from Greek: σεισμος μέγας ἐγένετο ἐν τῇ θαλάσσῃ, **ὥστε** τὸ πλοῖον καλύπτεσθαι ὑπὸ τῶν κυμάτων, ძრვა იყო დიდ ზღუასა შინა ვიდრე დაფარვადმდე ნავისა მის დელვათაგან dzrvaj iq̕o did zɣuasa šina **vidre daparvadmde** navisa mis ɣelvatagan (... there arose a great tempest in the sea, insomuch that the ship was covered with the waves ...) (Matt. 8,24) etc.

The construction with the adverb უფროს (uprojs) may have a similar explanation: ἐὰν μὴ περισσεύῃ ὑμῶν ἡ δικαιοσύνη πλεῖον τῶν γραμματέων καὶ τῶν φαρισαίων, არა თუ მატდეს სიმართლე თქუენი უფროს მწიგნობართასა და ფარისეველთასა ara tu mat̕des simartle tkueni **uproys** mc̕ignobartasa da pariseveltasa (your righteousness shall exceed the righteousness of the scribes and Pharisees) (Matt. 5,20) etc.

The use of the noun in the genitive case with the comparative degree is caused by the influence of Greek: παραλαμβάνεται μεθ' ἑαυτοῦ **ἑπτὰ ἕτερα** πνεύματα πονηρότερα **ἑαυτοῦ**, მოიყვანნის მის თანა სხუანი სულნი შჳდნი, უბოროტესნი მისა moiq̕vannis mis tana sxuani sulni šuidni, uborot̕esni misa (taketh with himself seven other spirits more wicked than himself ...) (Matt. 12,45) and so on.

The presence of the phrase და იყო da iq̕o, which has no function, at the beginning of the sentence is also due to the influence of Greek: **καὶ ἐγένετο** ὅτε ἐτέλεσεν ὁ Ἰησοῦς τοὺς λόγους τούτους, და იყო, რაჟამს წარასრულნა იესუ სიტყუანი ესე da iq̕o, ražams c̕arasrulna Iesu sit̕q̕uani ese (... when Jesus had ended this) (Matt. 7,28; 19,1) etc.

Mention should be made of the coordinative conjunction და (da) which is not used in its usual function: da = rom (that): τί θέλετε ποιήσω ὑμῖν, რაჲ გნებავს და გიყო თქუენ raj gnebavs **da** giq̕o tkuen? (What will ye that I shall do unto you?) (Matt. 20,32; Mark 10,51); da=xolo (but): ἀπέλαβες τὰ ἀγαθά σου ἐν τῇ ζωῇ σου, **καὶ** Λάζαρος ὁμοίως τὰ κακά, მიიღე კეთილი ცხოვრებასა შენსა, და ლაზარე ეგრევე ჳირნი იგი miiɣe k̕etili cxovrebasa šensa, **da** Lazare egreve ɣuirni igi (thou in thy lifetime receivedst thy good things; **but** likewise Lazarus evil things) (Luke 16,25) and so on.

It is due to the influence of the Greek language that the preposition ზედა (zeda) is used in the function not characteristic of Georgian: ἐπὶ χειρῶν ἀροῦσίν σε, ჴელთა ზედა აღგიქუან შენ qelta **zeda** aɣgikuan šen (... and in their hands they shall bear thee up) (Matt. 4,6); ἐὰν οἰκία ἐφ' ἑαυτὴν μερισθῇ, თუ სახლი თავსა თჳსსა ზედა განიყოს tu saxli **tavsa tvissa zeda** ganiq̕os (And if a house be divided against itself ...) (Mark 3,25) etc.

It is because of the influence of the Greek language that the genitive case is used as a unit of measure: οὐχὶ **πέντε στρουθία** πωλοῦνται ἀσσαρίων δύο, ანუ არა ხუთი სირი განიყიდების ორის დანგის? anu ara xuti siri ganiq'idebis **oris dangis?** (Are not five sparrows sold for two farthings ...) (Luke 12,6); διὰ τί τοῦτο τὸ μύρον οὐκ ἐπράθη **τριακοσίων δηναρίων**, რაჲსა არა ნელსაცხებელი ege განიყიდა სამასის დრაჰკნის rajsa ara nelsacxebeli ege ganiq'ida **samasis drahk'nis** (Why was not this ointment sold for three hundred denarii ...) (John 12,5) etc.

The use of the prepositional genitive in the function of the ablative is also due to the influence of the Greek language: ἔκβαλε πρῶτον ἐκ **τοῦ ὀφθαλμοῦ σου** τὴν δοκόν, καὶ τότε διαβλέψεις ἐκβαλεῖν τὸ κάρφος ἐκ **τοῦ ὀφθαλμοῦ τοῦ ἀδελφοῦ σου**, აღმო–ღა–იღე პირველად დირე იგი თუალისაგან შენისა, და მაშინ იხილო აღმოღებად წუელი თუალისაგან ძმისა შენისა aγmo-γa-iγe p'irvelad dire igi **tualisagan šenisa,** da mašin ixilo aγmoγebad c'ueli **tualisagan ýmisa šenisa** (... first cast out the beam out of thine eye; and then shall thou see clearly to cast out the mote out of thy brother's) (Matt. 7,5); ἀκούσαντες οἱ ὄχλοι ἠκολούθησαν αὐτῷ πεζῇ **ἀπὸ τῶν πόλεων**, ვითარცა ესმა ერსა მას, მისდევდა მას მკურცხილ ქალაქებისაგან vitarca esma ersa mas, misdevda mas mk'urcxil **kalakebisagan** (... and when the people had heard thereof, they followed him on foot out of cities) (Matt. 14,13) and so on.

The construction with the postposition -ებრ -ebr is the result of Greek influence: **κατὰ** δὲ τὰ ἔργα αὐτῶν μὴ ποιεῖτε, საქმეთა მათთაებრ ნუ იქმთ sakmeta **mattaebr** nu ikmt (but do not ye after their works ...) (Matt. 23,3); in the same construction -ებრ -ebr is replaced by მსგავსად msgavsad: **κατὰ** δὲ τὰ ἔργα αὐτῶν μὴ ποιεῖτε, მსგავსად სარწმუნოებისა თქუენისა გეყავნ თქუენ **msgavsad** sarc'munoebisa tkuenisa geq'avn tkuen! (According to your faith be it unto you) (Matt. 9,29) etc.

Translated loan phraseology is also the result of the influence of the Greek text: οἱ ζητοῦντες τὴν **ψυχὴν** τοῦ παιδίου, რომელნი ედიებდეს სულსა მაგის ყრმისასა romelni **ey'iebdes sulsa** magis q'rmisasa (... which sought the young child's life) (Matt. 2,20) etc.

In the text of the Adyshi Gospels there are many cases of word for word translation: κατῴκησεν εἰς Καφαρναούμ, დაეშენა კაფარნაომდ **daešena k'aparnaomd** (... dwelt in Capernaum) (Matt. 4,13); καὶ ἐγένετο ὅτε ὁ Ἰησοῦς ἐτέλεσεν τοὺς λόγους τούτους, და იყო, რაჟამს წარასრულნა იესუ სიტყუანი ესე da iq'o, ražams **c'arasrulna** Iesu sit'q'uani ese (And it came to pass, when Jesus had ended these sayings) (Matt. 7,28); ὃς ἂν ποτίσῃ ἕνα τῶν μικρῶν τούτων ποτήριον ψυχροῦ μόνον εἰς ὄνομα μαθητοῦ, რომელმან ასუას ერთსა მცირეთა-განსა სასუმელ ერთ წყალი გრილი სახელად მოწაპისა romelman asuas ertsa mciretagansa sasumel ert c'q'ali grili **saxelad** moc'-apisa (And whosoever shall give to drink unto one of these little ones a cup of cold water only in the name of a disciple) (Matt. 10,42) etc.

The translated loan compound words should also be referred to: πολυ-λογία, მრავლისმეტყუელებითა **mravlismet'q'uelebita** (vain repetition) (Matt. 6,7); ὀλιγόπιστοι, მცირედმორწმუნენო **mciredmorc'-muneno** (ye of little faith) (Matt. 8,26; 16,8); πολύτιμον, მრავალ-სასყიდლისა **mravalsasq'idlisa** (of great price) (Matt. 13,46); ψευ-δομαρτυρίαι, ცილისწამებანი **cilisc'amebani** (false witness) (Matt. 15,19) etc.[22]

2) Several examples of the misunderstandings of the Greek words in the Adyshi codex: In Matthew 27,27 it is said that after releasing Barabbas the soldiers of the governor took Jesus into the praetorium and gathered all the cohort against him. In this verse instead of the cohort, band of soldiers (σπεῖρα) in the Adyshi codex is written: gathered all descendents ნათესავი natesavi (= relative; descendent, generation, people, tribe) against him. The word ნათესავი natesavi is frequently used in the Old Georgian version of the Gospels for σπέρμα together with თესლი tesli (with the same meaning). The translator has written ნათესავი natesavi in this case by mistake as he confused σπεῖρα with σπέρμα or he was translating from a Greek manuscript, in which there was a misspelling. In the Armenian translation there is զուն gund, which means unit, gathering, regiment, company, battalion, legion, cohort, phalanx.[23]

Mt. 27,27: τότε οἱ στρατιῶται τοῦ ἡγεμόνος παραλαβόντες τὸν Ἰη-σοῦν εἰς τὸ πραιτώριον συνήγαγον ἐπ' αὐτὸν ὅλην τὴν σπεῖραν,

Adyshi: მაშინ ერისა კაცთა მათ ბჩისათა წარიყვანეს იესუ ურაკპარაკად და შეკრიბეს მის ზედა ყოველი ნათესავი იგი mašin erisa kacta mat bč'isata c'ariq'vanes iesu urak'p'arak'ad da šek'ribes mis zeda q'oveli natesavi igi (Then the soldiers of judge took Jesus to the square and gathered against him all descendents).

[22] Z. Sarjveladze, "The Issues of the Text and Language of the Adyshi Codex", in: *Adyshis otkhtavi 897 c'lisa …*, pp. 71–132.
[23] Armenian-Russian Dictionary compiled after the dictionary edited in Venice and increased with new words by Alexander Xudabashev (Moscow, 1838), p. 293.

Arm: Յայնժամ զինուորք դատաւորին առին զՅիսուս յապարանս, և ժողովեցին ի վերայ նորա զամենայն զգունդն Jajnžam zin-
uork dat'avorin arin Jisus hjaparans, ev žogovecin i veraj nora zamenajn
zgundn (Then soldiers took Jesus to the judge into the palace and gathered against him all the band of soldiers).

In this verse the word ურაკპარაკი urak'p'arak'i which means
square, street is used. Scholars often speak about the prominence of the
Armenian text when they see this word in the Adyshi codex. But as can
be seen here, instead of the word from the same root հրապարակ hra-
parak in the Armenian version there is the word յապարանս hjaparans
(in the palace).

S. Kaukhchishvili in his article listed multiple examples of Greek
words misunderstood by the Georgian translator of the text found in
the Adyshi codex.[24] I will quote here only some of them. He has noticed
that in verse 1,3 of Luke's Gospel the translator has not understood
the word Θεόφιλε as a proper name and has translated it literally as
ღმრთისმოყუარეო gmrtismoq'uareo (one who loves God).[25] In the
Armenian translation of the same verse is read: Թէոփիլէ Teophile. In
this and in the previous cases the Armenian translation is correct and
if the Georgian translator had used the Armenian text these mistakes
would not have occurred.

S. Kaukhchishvili noted that in the text of the Adyshi codex in John
5,2 the Greek προβατικὴ κολυμβήθρα is translated literally ცხოვარ-
თასაბანელი cxovartsabaneli (sheep's (pl.) pool) and there is no sign
of understanding προβατική by the translator as the proper name—the
northern gate of Jerusalem 'the Sheep Gate.'

Adyshi: იყო იერუსალჱმს ცხოვართასაბანელსა მას, რომელსა ერქუა ჰებრაელებრ ბეთესდა, ხუთ ეზოდ იყო iq'o
ierusalejms cxovartsabanelsa mas, romelsa erkua hebraelebr betesda, xut
ezod iq'o (Was in Jerusalem sheep's pool, which was called in Hebrew
Bethesda, five porches were).

In the Armenian version the word προβατικὴ is not translated and
is used as a proper name: Էր ... ի Պրոբատիկէ աւազանին ejr ... i
Probat'ik'e avazanin (was ... at the Probatike the pool).[26]

---

[24] S. Kaukhchishvili, *Adyshis xelnac' eris berdznizmebi* ... pp. 93–116.
[25] S. Kaukhchishvili, *Adyshis xelnac' eris berdznizmebi* ... p. 103.
[26] S. Kaukhchishvili, *Adyshis xelnac' eris berdznizmebi* ..., pp. 102–103.

3) In Matthew 20,3 and Mark 7,4 the Greek ἀγορά is translated in Georgian in the Adyshi codex as სავაჭრო savač'ro (= marketplace). In both verses in the Armenian version is written հրապարակ hrap'arak.' In Mt. 11,16; 23,7; Mk. 6,56; 12,38; Lk. 20,46 ἀγορά in translated into Georgian as უბანი ubani (= square, street, marketplace). In the same verses in the Armenian version is written the same հրապարակ hrap'arak.'[27]

The study of the text of the Adyshi manuscript gives evidence that the translator of this recension used as an original the Greek text. In the Adyshi recension some expressions differ from the ones used in the Proto-vulgate recension. This fact may be explained by a different understanding of the same Greek expressions by the Georgian translators, as these same Greek expressions in later centuries changed their meanings. The translators and editors knew well the Greek literary language, but the live spoken language together with the old idiomatic expressions were unknown to them. The translator of the Adyshi recension was better learned and knew the spoken language better, so he comprehended the specific meanings of some words in different ways. There are several examples of this kind.

The ordinary meaning of the Greek verb ὁράω is to see, to pay attention to, to understand, to learn about. But in Matthew's Gospel verse 9,30 and 24,6 it is used with the specific meaning: to be careful, to be guarded, wary, having foresight.[28] In Mt. 9,30 after opening the eyes of two blind men Jesus warns them: ὁρᾶτε μηδεὶς γινωσκέτω. In the Proto-vulgate recension as in most other versions of the Gospels is written: see, no one let know. In the Adyshi recension it is written: იგულე, ნუმცა ვინ აგრძნობნ igule, numca vin agrdznobn (be careful, no one let know). In verse 24,6 the same ὁρᾶτε in the text of the Adyshi codex is translated as ეკრძალენით ekrdzalenit (the verb with the same meaning: be careful).[29]

The Greek ἁπλοῦς means healthy, generous, but in context in the Gospels (Mt. 6,22) it is used with the meaning of light (opposite to dark, evil πονηρός.[30] In the Adyshi codex, Mt. 6,22, is written: უკუეტუ თუალი შენი ნათელ იყოს, ყოველი ჴორცნი შენნი ნათელი უყვნენ uk'uetu tuali šeni natel iq'os, q'ovelni qorxni šenni nateli

[27] S. Kaukhchishvili, *Adyshis xelnac'eris berdznizmebi* …, p. 110.

[28] W. Bauer, *Wörterbuch zum Neuen Testament* (Berlin, New York, 1971) p. 1149.

[29] S. Kaukhchishvili, *Adyshis xelnac'eris berdznizmebi* …, p. 111.

[30] W. Bauer, p. 170.

iq'vnen (lit: if eye your light will be, all body your light will be) ἐὰν ᾖ ὁ ὀφθαλμός σου ἁπλοῦς, ὅλον τὸ σῶμά σου φωτεινὸν ἔσται.

S. Kaukhchishvili noted that in the text of the Adyshi codex, Mt. 19,24; Mk, 10,25 and Lk. 18,25, is written ზომსაბელი zomsabeli, ზომთსაბელი zomtsabeli and მანკანისსაბელი mankanissabeli (in the third case (Lk. 18,25) in the Adyshi codex is written მან-კანისსაბელი mankanissabeli. This verse is not in the original part of the codex, which is from the Proto-vulgate recension. Here is represented the well-known expression about the camel and an eye of a needle. In the Greek manuscripts we have two variants: κάμηλος (camel) and κάμιλος (cable, rope). εὐκοπώτερόν ἐστιν κάμηλον διὰ τρήματος ῥαφίδος εἰσελθεῖν ἢ πλούσιον εἰς τὴν βασιλείαν τοῦ θεοῦ, (κάμηλον, B C D L W Z Δ Θ f^1 f^{13} 28 33 157 180 205 565 597 700 892 1006 1010 1071 1241 1243 1292 1342 1505 Byz [E F G H O Σ] Lect it [a, aur, c, d, f, ff1, 2, g1, h, l, n, q, r1], vg syr[c, s, pal] cop[sa, meg, bo] eth slav Origen[gr, lat] Chrysostom; Hilary Ambrose Gaudentius Jerome Augustine // κάμιλον (by itacism?) 579 1424 l 211 l 524 l 673 l 858 l 859 l 866 Cyril[31]). In Greek manuscripts in Mk. 10,25 κάμιλον is written in f^{13} 28, 579 l 514 manuscripts[32] and in Lk.18,25 in f13 180 579 1010 1424 l 68 l 184 l 211 l 514 l 524 l 547 l 673 l 858 l 859 l 866.[33]

In the latest, Giorgi Athonite's recension of Old Georgian version of the Gospels, in these three verses is written აქლემი aklemi (camel), but in the Proto-vulgate recension there is მანკანისსაბელი mankanissabeli (cable). In the Armenian translation of these three verses is written մալխոյ malxoy, this word according to Xudabashian's *Dictionary of Old Armenian* means «верблюд или канат» (camel or cable). Occasionally the word մալխոյ malxoy is unknown for the author of the dictionary, as he has in mind exactly these verses, and according to the Greek text there are both possibilities for defining this word. But if we look closer, from the other three verses of the Gospels (Mt. 3,4; 23,24; Mk. 1,6) where κάμηλος is translated in Armenian with ուխտ uxt' (camel) and not մալխոյ malxoy, we can conclude that in the previous verses մալխոյ malxoy means cable and not camel.[34]

---

[31] *The Greek New Testament*, Fourth Revised Edition edited by Barbara Aland, Kurt Aland, Johannes Karavidopoulos, Carlo M. Martini, and Bruce M. Metzger (Stuttgart, 1994) p. 73.

[32] *The Greek New Testament* p. 161.

[33] *The Greek New Testament* p. 281.

[34] S. Kaukhchishvili, *Adyshis xelnac'eris berdznizmebi* ... pp. 103–106.

What does Adyshi's ზომ zom (ზომთ zomt) mean? S. Kaukhchishvili points to the Origen's scholion (according to Tischendorf): "κάμηλος is not an animal here, but it means a wide cable, which is used by the sailors to tie the anchors." In the other scholion it is written: "some mean by κάμηλος a cable, and others—an animal." The word ზომ zom is used by the Armenian writers Sebios, Levond and Asołik' with the meaning of the cable for tying boats (նաւակապունջ navak'amurj, Acharian, *Etymological Dictionary of Armenian*). So the meaning of ზომსაბელი zomsabeli (ზომთსაბელი zomtsabeli) becames clear in the Adyshi manuscript—cable, which was used by sailors."[35] In the oldest khanmeti manuscript of the Proto-vulgate recension and in the H-1240 manuscript (which was copied from the khanmeti original) in Mt. 19,24 for Greek κάμηλος is used ნავისა მანქანის საბელი navisa mankanis sabeli (literally: cable for boat machine).[36] As S. Kaukhchishvili considers it, the Georgian translator knew these comments, as he writes მანქანისა საბელი mankanisa sabeli and ზომსაბელი zomsabeli (τὸ σχοινίον τῆς μηχανῆς).[37] Without knowing the Greek text with comments, only reading in Greek manuscripts the word κάμηλος or in Armenian մալխոյ malxoy Georgian translators could not have written here ზომსაბელი zomsabeli (attested in the two mss. of Adyshi recension: Adyshi codex and Svanetia palimpsest no 4) or ნავის მანქანის საბელი/ მანქანის საბელი navis mankanis sabeli/mankanis sabeli (Proto-vulgate recension).

R. Blake in his edition of the Latin translation of the Adyshi codex of Mark's Gospel translates ზომ zom in Latin with the word mensura (measure).[38] He considered that here is used the word ზომ zom with the same meaning in modern Georgian (ზომა zoma, საზომი sazomi, ზომიერი zomieri). It is a mistake. S. Lyonnet also considered that in the previous verses the Georgian translation depends on the Armenian text, as we have here the word meaning not camel, but cable.[39] According

---

[35] S. Kaukhchishvili, *Adyshis xelnac'eris berdznizmebi* ... p. 106.

[36] *Xanmet'i textebi*, I, edited by Lamara Kajaia (Tbilisi, 1984) p. 324; S. Sarjveladze, *xanmeti dednidan gadac'erili otxtavis erti* ... pp. 84–85.

[37] S. Kaukhchishvili, *Adyshis xelnac'eris berdznizmebi* ... p. 106.

[38] *The Old Georgian Version of the Gospel of Mark from the Adysh Gospels with the Variants of the Opiza and Tbet' Gospels*, edited with a Latin translation by Robert P. Blake, *Patrologia Orientalis*, t. XX: fasc.3. (Paris, 1928) p. 526.

[39] S. Lyonnet, *Les origines de la version arménienne et le Diatessaron*, (Rome, 1950), p. 148.

to dictionaries in the Armenian language there is no possibility to understand the word մալխոյ malxoy as a rope or cable used by the sailors to tie the boats, as is the case of the Georgian manuscripts. Մալխոյ malxoy in Armenian means a simple cable, a wide rope and nothing more. S. Lyonnet states that the word ზომსაბელი zomsabeli is corresponding to საზომთ საბელი sazomt sabeli (a rope for measuring). This is not right, as he also tries to correspond ზომ zom to modern Georgian meaning (სა- sa- prefix, ზომ zom-measure, -თ -t mark of gen. pl.)[40], and thus he accepts not a cable in Georgian, but a rope of measure (literally: a rope used for measuring something).

Elene Dochanashvili has studied the lexicography of the Adyshi manuscript and has compared it with the text of the Proto-vulgate and Giorgi Athonite's recensions, Greek and Armenian texts. She has singled out from the text of the Adyshi codex and the Armenian version the words that agree in these texts and listed them by their origin.

Words borrowed from Greek

Greek	Georgian	Armenian
Καῖσαρ	კეისარი k'eisari	կայսր k'aysr
κόγχη	კონქი k'onki	կոնք k'onk
λαμπτήρ (λαμπάς)	ლამპარი lamp'ari	լամպար lamp't'er (lambar)
λεγιών	ლეგიონი legioni	լեգէովն legeovn
λίτρα	ლიტრა lit'ra	լիտր lit'r
μαργαρίτης	მარგალიტი margalit'i	մարգարիտ margarit'
μίλιον	მილიონი milioni	մղոն młon
ναῦς	ნავი navi	նաւ nav
οἶνος	ღვინო gvino	գինի gini
στάμνος	სტამანი st'amani	ստոման st'oman
πήγανον	ტეგანი t'egani	փեգանա pegana
ψαλμός	ფსალმუნი psalmuni	սաղմոս sałmos
χλαμύς	კლამინდი klamindi	քղամիդ k‌łamid

---

[40] S. Lyonnet, *Les origines de la version arménienne et le Diatessaron*, (Rome, 1950), p. 148.

Words borrowed from Persian or via Persian

Persian	Georgian	Armenian
pal. anbārtavān	ამპარტავანი amp'art'avani	ամբարտավան ambart'avan
pal. bēvar	ბევრი, ბევრეული bevri, bevreuli	բիւր. բիւրաւոր ber, bivravor
pal. grīw	გრივი grivi	գրիւ griv
pal. Kunduk	გუნდრუკი gundruk'i	կնդրուկ k'ndrovk'
pers. mar	მარი mari	մար mar
(gr. μάρες)		
pal. mog	მოგვი mogwi	մոգ mog
pal. pātrōk	პატრუკი p'at'ruk'i	պատրոյկ p'at'ruk (p'at'ruk')
pāhrak	პაჰრაკი p'ahrak'i	պահակ p'ahruk
pal. takōk	ტაკუკი t'ak'uk'i	թակոյկ tak'uk'

Words borrowed from Semitic languages directly and via Greek

	Semitic	Georgian	Armenian
hebr.	be'elzebub be'elzebul	ბელზებული belzebuli ბერზებული berzebuli	բէեղզեբուղ bēelzebuł
gr.	βεελζεβούλ		
hebr.	Gēi-hinnom	გეჰენია gehenia	գէհեան gehean
gr.	γέεννα		
syr.	būsā	ზეზი zeezi	բէհէզ behez
gr.	βύσσος		
gr.	Νάρδος	ლარდიონი lardioni ნარდიონი nardioni	նարդու nardos
syr.	māmōna	მამონა mamona	մամոնայ mamonaj
gr.	μαμωνᾶς		
hebr.	mān	მანანაჲ manana	մաննայ mananaj
gr.	μάννα		
hebr.	mešixa	მესია mesia	մեսիայ mesiaj
gr.	Μεσσίας		
hebr.	mor/arab. mura	მური muri	զմուռս zmu'rs
gr.	σμύρνη, μύρρα		
hebr.	pesax	პასქა p'aska	պասէք p'asek
gr.	πάσχα		
hebr.	sion	სიონი sioni	Սիոն Siovn
gr.	Σιών		
syr.	kakkōrā	კანკარი kankari	քանքար kankar
hebr.	šabbāj	შაბათი šabati	շաբաթ šabat
gr.	Σάββατον	შაფათი šapati	
syr.	Šušan	შროშანი šrošani	շուշան šrvšan
hebr.	xarīšī	ხორშაკი xoršak'i	խորշակ xoršak'

Words borrowed from Armenian or via Armenian

Armenian

Georgian

գայլ gajl   მგელი mgeli
կալ k'al   კალო k'alo
հարկ hark'   ხარკი xark'i
ժրմոգ žrmog   ჟურღმელი žurgmuli
հասակ hasak'   ჰასაკი hasak'i

Words borrowed from Georgian into Armenian

Georgian

Armenian

პარი p'ari   պար p'ar
წყურვილი c'q'urvili ծարաւ c'arav
ხვალე xvale   վալ vał

Words also agreeing in the Adyshi codex and the Armenian version of the Gospels

Georgian

Armenian

ავაზაკი avazak'i   աւազակ awazak (from Persian)
ანგაჰრება angahreba   ագահութիւն agahutiwn (from Persian)
ბალარჯობაჲ   բաղարճակեր bagaržak'er
balaržoba
ზუარაკი zuarak'i   զուարակ zuarak' (from Syriac)
მკელობელი   կաղ k'ał
mk'elobeli
რეზი rezi   երէզ erēz
ტალავარი t'alavari   տաղաւար t'aławar (from Persian)
წუმწუბი c'umc'ubi   ծծումբ c'c'umb.[41]

Georgian and Armenian as neighbouring languages have an amount of common lexemes, some of which are borrowings from Greek, Persian, Semitic in both languages, some borrowings from Armenian into Georgian and some borrowings from Georgian into Armenian. These words belonged to the spoken language and their appearance in the text cannot be a witness for textual influence. Most of these words are used not only in the Adyshi, but also in the Proto-vulgate and Giorgi Athonite's recensions, as they were used in the spoken Georgian language. Other words borrowed from these languages also may be found in the Adyshi codex

[41] E. Dochanashvili, "Masalebi Adyshis otxtavis c'armomavlobis sak'itxisatvis", *Masalebi sakartvelosa da k'avk'asiis ist'oriisatvis*, vol. 32 (Tbilisi) pp. 178–181.

and the Armenian version of the Gospels, but often they do not agree in the same verses. For example, in Mk. 13,31 for Greek ἀγρός there is ագարակ agarak' in the Armenian version and აგარაკი agarak'i in the Adyshi codex, while in Mk. 13,16 in the Adyshi codex is written ველი veli (valley) but in the Armenian in this case there is the same ագարակ agarak'. There is also an opposite example in Lk. 12,16, in Adyshi codex is written აგარაკი agarak'i, but in the Armenian անդ 'and'. For Greek ἐκκλησία in Mt. 16,18 in both languages is used ეკლესია ek'lesia (geo) and եկեղեցի ek'ełeci (arm), but in Mt. 18,17 in the Adyshi codex is written კრებული k'rebuli (gathering), while in the Armenian version there is եկեղեցի ek'ełeci.

There are nine words that agree in the Adyshi Gospels and the Armenian version, which are not used in other Georgian recensions: ბალარჟობა balaržoba (the feast of Passover Mt. 26,27; Mk. 14,12); დანგი dangi (quadrans Mt. 5,26); ვარშამაგი varšamagi (the cloth used for covering the head Jn. 20,7); პარი p'ari (dance Lk. 15,25); რეზი rezi (material Jn. 11,14); სტევი st'evi (hair Mk. 1,6); ტაკუკი t'ak'uk'i (vessel Jn. 2,6; 2,7); შიში šiši (vessel Mt. 26,7); ჩორორდი čorordi (fourth Mt. 14,1).[42] From these nine words only three (რეზი rezi, შიში šiši, ჩორორდი čorordi) are not attested in other Georgian translated or original texts.

Despite her general position that the text of the Adyshi codex is translated from Armenian, E. Dochanashvili mentions that from the words that coincide in the Adyshi manuscript and the Armenian version, only one small part is borrowed from Armenian or via Armenian.[43] But this does not mean that the Adyshi text depends on the Armenian version of the Gospels, for most of these words are borrowed not from written sources, but verbally. The existence of these words can be explained by the connexion of the translator or the reviser of the text to the group of people living in the southern part of Georgia neighbouring Armenia.

In the text of the Adyshi codex can be singled out the layer, which the later reviser has corrected according to the Armenian version of the Gospels. Here we can see the Armenianisms, which are taken by scholars as evidence of the translation of the text of this codex from Armenian. It must be mentioned that these Armenianisms in the Adyshi

---

[42] E. Dochanashvili, *Masalebi Adyshis otxtavis* ... p. 206.
[43] E. Dochanashvili, *Masalebi Adyshis otxtavis* ..., p. 206.

text belong only to the lexical level (the result of later revision) while from a recensional point of view a great number of verses differ between the Adyshi Gospels and the Armenian version.

There are some 'real' Armenianisms in the text of the Adyshi codex, for example, in Mt. 14,1 there is written: ესმა ჰეროდე ჩორორდსა *esma Herode čorordsa* (heard Herod forth). In Armenian there is a word չորրորդապետ *čorrordap̣et̄* (tetrarch). In Mk. 5,14, for Greek οἱ βόσκοντες αὐτούς, there is Georgian მეღორენი იგი megoreni igi (swine-herds) as in the written Armenian version of the Gospels խոզարածքն xozarackn (swine-herds), instead of shepherds (მწყემ-სნი მათნი mc̣q̇emsni matni), found in the Proto-vulgate and Giorgi Athonite's recensions.[44] The whole verse represented in the Adyshi codex is translated from Greek, as it follows its text exactly:

Mk. 5,14: οἱ βόσκοντες αὐτοὺς ἔφυγον καὶ ἀπήγγειλαν εἰς τὴν πόλιν καὶ εἰς τοὺς ἀγροὺς καὶ ἦλθον ἰδεῖν τί ἐστιν τὸ γεγονός.

Adyshi: ხოლო მეღორენი იგი ივლტოდეს და უთხრეს ქალაქსა და აგარაკებსა, და გამოვიდეს იგინი ხილვად, რაჲ-იგი ქმნულ იყო xolo meǧoreni igi ivlt̄odes da utxres kalaksa da agara-kebsa. da gamovides igini xilvad, raj-igi kmnul iq̇o (And swine-herds fled and told to city and fields. And came they to see, what done was).

B. Outtier noted the examples of the revision of the text of the Adyshi codex according to the Armenian version in Mark 1,38 and 4,35: in Mk. 1,38 for Greek ἄγωμεν, in the Adyshi codex is written მოვედით და მივიდეთ "movedit da mividet" (come and let us go), as it is in the Armenian version. For Greek διέλθωμεν Mk. 4,35 in Georgian is written მოედით და წიაღვქდეთ მიერ moedit da c̣iaǧvqdet mier (come and let us pass over).[45] But the dependence on Armenian is not clear in this case, for Georgian მოდი "modi" (come) is equivalent to English "let us," Russian "даваете," and is a common expression in the Georgian spoken language.

In John 5,7 the sick person answered Jesus: Lord, I do not have a man, that when the water is agitated he may throw me into the pool; but while I am coming, another goes down before me. The man was sick for thirty-eight years and he was moving slowly. In the Adyshi codex for Greek ἔρχομαι, like the Armenian version is written მივჶონჶმანებდი miv-

---

[44] S. Lyonnet, *Les origines de la version arménienne et le Diatessaron*, (Rome, 1950), p. 154; B. Outtier, "Les versions géorgiennes de Marc, Évangile de Marc: Recherches sur les versions du texte", *Revue Trimestrielle* Tome 56, N° 3, p. 71, etc.

[45] B. Outtier, "Les versions géorgiennes de Marc ..." p. 71. [See note 49.]

tontmanebdi (I was staggering), Armenian—դանդաղիմ dandałim (I was staggering).[46] Here and in the previous examples it can be seen that the later reviser of the text found in the Adyshi codex tries to make the style of the narration of the Old Georgian translation more elevated, which is a general characteristic of the Armenian version of the Gospels.

The main text of the XI century Gospels manuscript H-1240 (National Centre of Manuscripts, Tbilisi) is of the Proto-vulgate recension, but the text of verses 14,60–15,47 of Mark's Gospel of manuscript H-1240 is not an original part of it, as it follows the Adyshi recension archetype. The part of the words and phrases characteristic of only the Adyshi recension of the Old Georgian version of the Gospels[47] is also represented in H-1240: მკუსოლარე mk'usolare (one who warms himself); მუნქუესვე munkuesve (მუნთქუესვე muntkuesve H-1240, immediately); ძჳრის თქუმა dzviris tkuma (to speak evilly), ძჳრის ქმნა dzviris kmna (to make evil things); ჴორცნი qorcni (body pl.); მტარვალი mt'arvali (for Greek κεντυρίων), არდაგი ardagi (linen cloth). The comparison of the texts of the verses 14,60–15,47 of Mark's Gospel in these manuscripts gives us the possibility to judge the work carried out by the later reviser of the text found in the Adyshi manuscript. For example there are some different words is these manuscripts:

Adyshi H-1240

კუართი k'uarti	სამოსელი samoseli (cloth Mk.14,63)
ბასრობაჲ basrobaj	გმობაჲ gmobaj (blasphemy Mk. 14,64)
გიჩს gičs	გნებავს gnebavs (you want Mk. 14,64)
ჰრეკ'ედ hrek'ed	სცემედ scemed (beat him Mk. 14,65)
ჰრუფესი hrupesi	როფესი ropesi (῾Ρούφου Mk. 15,21)

In Mark 14,65 is described how people treated Jesus: they started to spit at Him in His face, covered His face, and to beat Him with a fist and say to Him: Prophesy! And attendants struck Him. In this verse we have an important difference between the texts of these manuscripts: in the Adyshi codex it is written: ჶიჩჳ დაჰბურიან პირსა მისსა p'ičwi dahburian p'irsa missa (they were covering His face with cloths) as it is also is the Armenian version: ձորձ զգլխով dzordz zglxov ark'anel, while in Greek: περικαλύπτειν αὐτοῦ τὸ πρόσωπον, and other

---

[46] S. Lyonnet, *Les origines de la version arménienne et le Diatessaron* (Rome, 1950) p. 155.
[47] I. Imnaishvili, "Adišis otxtavi redakciulad", *TSU šromebi* pp. 120–162.

versions it is not specified what people were putting around Jesus' face, as in H-1240: დაჰბურიან თავსა მისსა dahburian tavsa missa (they were covering His face). The word ჭიჩჳ pičwi is frequently used in the Adyshi codex and means "cloth" as Armenian ﬓﬓ dzordz means the same.[48] The reviser of the text found in the Adyshi codex has added the word ჭიჩჳ pičwi to make the text of the verse clearer.

4) Some examples of variant readings between the text of the Adyshi codex and the Armenian version of the Gospels.

In the text of Mark 1,1 in the Adyshi codex is written: დასაბამი სახარებისა იესუ ქრისტესი dasabami saxarebisa iesu kristesi (beginning of the Gospel of Jesus Christ), as it is in Greek ℵ* Θ 28: Ἀρχὴ τοῦ εὐαγγελίου Ἰησοῦ Χριστοῦ.

In the Armenian version there is a variant reading which adds: որդի Աստուծոյ vordi ast'uc'oj (son of God), υἱοῦ θεοῦ, as in ℵ* D W B L.

In verse 1,2 of the Mark's Gospel in the Adyshi codex is written: ვითვარცა წერილ არს ესაია წინაწარმეტყუელსა: აჰა, ესე-რა, წარვავლინებ ანგელოზსა ჩემსა წინაშე პირსა შენსა, რომელმან განმზადოს გზაჲ შენი, წინაშე პირსა შენსა vitarca c'eril ars esaia c'inac'armet'q'uelsa: aha, esera, c'arvavlineb angelozsa čemsa c'inaše p'irsa šensa, romelman ganmzados gzaj šeni, c'inaše p'irsa šensa (as is written by Isaiah the Prophet, behold, I send my messenger before your face, who will prepare your way, before your face).

The same variant reading is in ℵ B D. This reading differs from the variant reading in W and A and the Armenian version of the same verse: ὡς γέγραπται ἐν τοῖς προφήταις (as it is written in the Prophets).

At the end of Mark 1,2 in the text of the Adyshi codex the phrase წინაშე პირსა შენსა c'inaše p'irsa šensa (before your face) is added. There is nothing like that in the Armenian version. In A and M the phrase: ἔμπροσθέν σου (before you) is added to the end of verse 1,2. Only this kind of variant reading of the Greek original text from which the text of the Adyshi codex is translated could have caused the additional phrase წინაშე პირსა შენსა c'inaše p'irsa šensa (before your face) in the Adyshi manuscript.[49]

---

[48] S. Sarjveladze, "Relation of the Adyshi Recension . . ." pp. 45–46.

[49] I want to express my special thanks to Christian B. Amphoux and Keith Elliott, who gave me permission to attest the as yet unpublished text of the Greek of Mark's Gospel edited by them.

B. Outtier drew attention to the fact that in the text of verse 2,1 of Mark's Gospel in the Adyshi codex like the Greek Vth century Washington codex is written მოვიდა **movida**—ἔρχεται; in other Greek manuscripts is written εἰσελθών—შევიდა **ševida**.[50]

There are some other examples, where the text of the Adyshi manuscript is very close to the Greek W and Δ. Verse 3,14 of Mark's Gospel in the Adyshi manuscript differs from the text of Georgian Proto-vulgate and the Armenian version:

Adyshi: და ყვნა იგინი ათორმეტ, რაჲთა იყვნენ იგინი მის თანა, და მოციქულ სახელი დასდვა მათ და რაჲთა წარავლინნოდის იგინი ქადაგებად da q'vna igini atormet', rajta iq'vnen igini mis tana, **da mocikul saxeli dasdva mat** da rajta c'aravlinnodis igini kadagebad (and made them twelve, that they might be with Him, and apostles named them and that He might send them to proclaim).

The reading **καὶ ἀποστόλους ὠνόμασεν, da mocikul saxeli dasdva mat** (and apostles named them) is found in Greek W -Vth and Δ -IXth century manuscripts:

καὶ ἐποίησεν δώδεκα μαθητὰς ἵνα ὦσιν μετ' αὐτοῦ, οὓς **καὶ ἀποστό-λους ὠνόμασεν** καὶ ἵνα ἀποστέλλη αὐτοὺς κηρύσσειν W (Δ μετ' αὐτοῦ δώδεκα but omit μαθητάς).[51]

The text of the same verse represented in the Proto-vulgate and Giorgi Athonite's recensions is the translation of the text found in most Greek manuscripts and its versions, including Armenian:

Proto-vulgate, Giorgi Athonite's recensions: და ყვნა ათორმეტნი იგი, რაჲთა იყვნენ მის თანა და რაჲთა წარავლინნეს იგინი ქადაგებად da q'vna atormet'ni igi, rajta iq'vnen mis tana da rajta c'aravlinnes igini kadagebad (and made them twelve, that they might be with Him, and that He might send them to proclaim).

Καὶ ἐποίησεν δώδεκα ἵνα ὦσιν μετ' αὐτοῦ καὶ ἵνα ἀποστέλλη αὐτοὺς κηρύσσειν A C² (D ἵνα ὦσιν δώδεκα) L f¹ 33 157 180 205 565 579 597 (700 ὦσιν περὶ αὐτόν) 892 1006 1010 1071 1241 1243 1292 1342 1424 1505 2427 Byz [E F G H P] *Lect* (*l* 68 *l* 76 *l* 673 *l* 813 *l* 1223 δέκα) it[b, e, f, q] (it[a, aur, c, d, ff2, i, l, rl, t] vg Augustine ἵνα ὦσιν δώδεκα) syr[s, p, h] co.

The text of Mark 4,15 in the Adyshi codex and the manuscripts of the Proto-vulgate recension is similar to the text of some Greek manuscripts:

---

[50] B. Outtier, "Les versions géorgiennes de Marc: Évangile de Marc, Recherches sur les versions du texte" *MSR* 56 (Lille, 1999), p. 71.

[51] *The Greek New Testament*, p. 128.

Adyshi: მოვიდის ეშმაკი და მიუღის სიტყუაჲ იგი დათესული მათდა მიმართი movidis ešmaki da miuġis sitʼqʼvaj igi datesuli matda mimarti.

Proto-vulgate: მოვიდის ეშმაკი და მიუღის მათ სიტყუაჲ იგი
დათესული მათა მიმართ movidis ešmaki da mouġis mat sitʼqʼvaj igi
datesuli mata mimart (comes Satan and takes the word having been sown
to (into) them).

ἔρχεται ὁ Σατανᾶς καὶ αἴρει τὸν λόγον τὸν ἐσπαρμένον εἰς αὐτόν, B
W f^1f^{13} 28 205 2427.

In several Greek manuscripts instead of αὐτόν is written: ἐν ταῖς
καρδίαις αὐτῶν D Θ 33 257 180 565 700 1006 1010 1071 1241 1243
1342 1424 1505 Byz [E F G H Σ] Lect. The variant reading is represented
in the text of Giorgi Athonite's recension and the Armenian version:

Giorgi: მოვიდის ეშმაკი და მიუღის მათ სიტყუაჲ იგი
გულთაგან მათთა movidis ešmaki da mouġis mat sitʼqʼuaj igi **gult-
agan matta**.

Գայ սատանայ և հանէ զբանն սերմանեալ ի սիրտս նոցա gay
satanay ew han zbann sermaneal i **sirts noa** (comes Satan and takes the
word sown in their hearts).

The large number of the verses of the Gospels in which different variant readings are represented in the text of Adyshi codex and the Armenian version of the Gospels is listed and discussed by S. Sarjveladze.[52]

The conclusion drawn from the basis of this comparison of the text of
the Gospels found in the Adyshi codex with the Greek original and the
Armenian version is as follows: the text of the Adyshi codex is translated
from the Greek original and some Armenianisms used occasionally are
only of a lexical character and are not recensional, hence it is a secondary
phenomenon and can be seen only in the layer which was revised by
the later editor of the copy in accordance with the Armenian text of the
Gospels.[53]

---

[52] S. Sarjveladze, "Relation of the Adyshi Recension …," pp. 15–44; 59–68.
[53] S. Sarjveladze, "Relation of the Adyshi Recension …" p. 69.

LES TYPES DE TEXTE DES
ÉVANGILES EN GÉORGIEN ANCIEN

Bernard Outtier

Il est clair que les Évangiles sont au cœur des textes du christianisme. C'est pourquoi plus que tous les autres textes, ils n'ont jamais cessé d'être lus et commentés, mais aussi copiés et révisés. La transmission de ces textes a donc une très longue histoire.

Malgré cela, l'histoire des textes et la critique textuelle ont commencé relativement tard à s'appliquer au texte géorgien des Évangiles. Mon propos n'est pas ici de retracer toute l'histoire en détail, mais simplement de rappeler quelques noms et quelques dates. Après cela, je discuterai quelques hypothèses, puis finirai en indiquant ce qui reste encore à faire en ce domaine.

I

C'est, me semble-t-il, Dimitri Bakradzé qui a le premier attiré l'attention du monde savant sur des variantes anciennes des Évangiles en géorgien : voir sa communication à la Cinquième session archéologique, publiée à Tiflis en 1881. Il venait de découvrir et d'apporter à Tiflis le tétraévangile de Ksani, aujourd'hui manuscrit A-509 du Centre national des manuscrits, dont Sabinini avait emporté quelques cahiers à Saint-Pétersbourg un an auparavant.

Puis Bessarion Nijaradzé fit connaître le texte du manuscrit de Hadich, dans un article du *Moambe* de 1904. Une magnifique édition photographique est publiée en 1916 à Moscou par les soins d'Ekvtime Taqaïchvili, les photographies étant de D.I. Ermakov.

Entretemps, Vladimir Benechevitch, qui s'était enthousiasmé pour la littérature géorgienne, édite à Saint-Pétersbourg en 1909 et 1911 les Évangiles selon Matthieu et selon Marc, d'après deux manuscrits du dixième siècle : les tétraévangiles d'Opiza (913) et de Tbéti (995).

Dans notre monde, R.P. Blake publie une édition du texte de Hadich et de deux manuscrits anciens—les deux de Benechevitch—avec une traduction latine, dans la *Patrologia orientalis*, aidé, pour la fin du travail,

par M. Brière. Il distingue des types de texte, voyant dans le texte de
O(piza)-T(beti) une révision du type de texte représenté par le manucrit
de Hadich.

En Géorgie, dès 1945, Akaki Chanidzé ose publier, d'une façon plus
lisible : sur deux colonnes, les deux types de texte anciens, Hadich et la
protovulgate. Il enrichit notre connaissance du second type de texte en
éditant non O et T, mais deux autres manuscrits du dixième siècle.

Le tétraévangile de Ksani, permier type de texte ancien découvert, on
vient de le voir, est identifié par Ivané Imnaichvili en 1949 comme une
rédaction particulière, intermédiaire entre le type de texte Hadich et celui
des autres manuscrits du dixième siècle. Il l'éditera en grande partie ; les
cahiers de Luc, conservés à Leningrad, sont identifiés et édités par Tsatsa
Tjankievi en 1962.

En 1979, Ivane Imnaichvili édite les *Deux dernières rédactions du
tétraévangile géorgien*. Il pense avoir identifié une révision due à Euthyme
l'Hagiorite vers l'an 1000 : il ne sera pas suivi sur ce point.

En 1984, Lamara Kadjaïa réédite de façon plus complète les textes
évangéliques khanmeti palimpsestes découverts et publiés par Ivané Dja-
vakhichvili en 1923. En occident, J.N. Birdsall édite les fragments palimpsestes khanmeti du manuscrit de Wien, en 1971. Ces publications sont
très importantes, car elles montrent clairement que, dès l'époque khanmeti, c'est-à-dire quatrième-septième siècle, deux types de texte anciens
coexistent, parfois dans le même manuscrit, à savoir le type Hadich et la
protovulgate.

Il reste un unique témoin khanmeti non palimpseste, le Lectionnaire
de Graz, originaire de Sainte-Catherine du Sinaï, qui ne donne les lectures
que de Pâques et du dimanche qui suit. Akaki Chanidzé a édité ce texte
dès 1929 ; en 1945, il en publie une reproduction phototypique. Les textes
khanmeti ont été rendus accessibles chez nous par J. Molitor.

Korneli Danelia édite le texte du Lectionnaire géorgien de Jérusalem
d'après le manuscrit conservé à la Bibliothèque nationale de France,
en 1987 et 1996. Il montre que le texte ancien du Lectionnaire est une
traduction particulière, qui n'utilise pas la version biblique courante,
au point que, quand la même lecture revient, elle est traduite à frais
nouveaux.

Dans la première moitié du xie siècle, Giorgi (Georges) l'Hagiorite
accomplit une nouvelle révision, très précise, d'après des modèles grecs
byzantins. C'est cette révision qui s'imposera comme texte « vulgate »
pour l'Église géorgienne et qui est toujours en usage, même si des efforts
de révision auront encore lieu.

La terminologie s'est fixée : Hadich, ou géorgien 1 ; protovulgate, ou géorgien 2 ; vulgate.

Voici donc, trop brièvement résumée, l'historiographie des recensions géorgiennes des Évangiles. Il est clair qu'une présentation aussi rapide a le défaut de trop simplifier : du moins permettra-t-elle de suivre la discussion suivante.

II

Les avis divergent au sujet de divers points relatifs aux rédactions géorgiennes des Évangiles : que ce soit au sujet de l'ordre et des relations des recensions, ou au sujet du modèle de la traduction.

C'est ici, je pense, que le travail de l'équipe dirigée par Christian-Bernard Amphoux, *Marc multilingue*, peut apporter une contribution de valeur. En effet, l'édition parallèle et la traduction, réalisée déjà pour Mc 1–8, permet d'avoir une vue d'ensemble qui est rare dans l'histoire des textes, où l'on est trop souvent amené à raisonner sur des cas limités— que certes l'on voudrait significatifs.

Du côté géorgien, le grand travail d'équipe initié par Zourab Sardjvéladzé d'une édition académique *maior* va apporter aussi de belles découvertes, comme celle de Sopio Sardjvéladzé : sept formes xanmeti dans un fragment de tétraévangile du XIᵉ siècle, le manuscrit H-1240 du Centre national des manuscrits de Tbilisi.

La rédaction du tétraévangile de Ksani est singulière. L'éditeur, I. Imnaïchvili, a indiqué, tout au long des marges de son édition, les nombreux cas d'accord avec les leçons propres à la rédaction de Hadich, ainsi que les nombreux cas de leçons propres. Comme cette rédaction est peu connue, je donne ici quelques détails.

Certaines des leçons propres sont tout-à-fait curieuses, comme celle de Lc 10,17, où le nombre, symbolique, des disciples n'est ni soixante-dix, comme dans une partie de la protovulgate (GH) et la vulgate, ni soixante-douze, comme dans les manuscrits anciens de la protovulgate et le Lectionnaire de Paris, mais soixante-treize !

L'addition à Lc 10,16 : და რომელმან ჩემი ისმინოს, ისმინოს მისი, რომელმან მომავლინა მე (et celui qui m'écoutera, écoutera celui qui m'a envoyé) est attestée en grec dans l'*Apologie* de Justin, on la trouve aussi en arménien, mais elle n'est actuellement connue nulle part ailleurs dans les tétraévangiles géorgiens.

Parfois, c'est une correction qui est unique : en Lc 6,40, განკრდა-

ლუღი de toutes les rédactions est remplacé par განსრულებული (parfait): les autres rédactions ont sans doute lu καρτερούμενος au lieu de κατηρτισμένος.

Le volume de parfum répandu sur la tête du Christ en Mc 14,3 კერძოჲ ქსესტისაჲ (un demi setier) = ἡμίξεστον: cela peut difficilement provenir d'une autre langue que le grec. Parfois, la révision a un modèle grec connu: შევიდა, il entra (au singulier) se trouve dans la famille 1, alors que tous les autres manuscrits ont, en grec et en arménien, le pluriel.

La remarquable édition, textuelle et phototypique, du manuscrit 107 des Archives historiques centrales de Géorgie par Manana Matchkhanéli, montre un nouveau manuscrit qui a des accords remarquables avec la rédaction de Hadich, d'autres avec la protovulgate, enfin des leçons propres. Cela indique que le manuscrit de Ksani n'est pas un cas isolé, d'autres manuscrits ont pris aux deux plus anciennes rédactions et en ont fait un mixte.

K. Danélia et Z. Sardjvéladzé ont remarqué d'une façon générale, la transposition en géorgien des préverbes grecs. Prenons un seul exemple: ἐπί—ზედა: ἐπ' ἐρημίας traduit littéralement par უდაბნოსა ზედა— ce qui ne fait pas sens. On trouve partout aussi le préverbe ზედა pour rendre le verbe ἐπιπίπτειν, en Mc 3,10. On ne peut donc plus dire, comme R.P. Blake en 1928: « There is no trace of any direct Greek influence in language, in syntax, or errors in translation. » D'ailleurs, S. Qaoukhtchichvili a montré que les « grécismes » étaient plus anciens, dans la rédaction de Hadich, que les arménismes. De même, A. Chanidzé, lui aussi, pensait que le modèle de la traduction était grec. Donc, sur ce point, la majorité des chercheurs occidentaux, sur la trace de N. Marr, se séparent des chercheurs géorgiens. Je dois avouer que j'ai longtemps, moi aussi, partagé cette opinion: mais C.-B. Amphoux, m'a fait remarquer que, lorsque les familles 1 et 13 se séparaient, l'arménien suivait en général la famille 1, mais le géorgien, la famille 13. Ici encore, on comprend tout l'intérêt d'un travail d'équipe, avec le regard porté sur les diverses rédactions grecques. Je reviendrai dans une étude séparée sur ce que peuvent nous dire les préverbes composés.

De toute façon, en Géorgie comme dans l'ensemble du monde chrétien proche-oriental voisin, le modèle culturel dominant devint vite le modèle byzantin: les révisions des textes bibliques se font dans cette direction, aussi bien en syriaque, en arménien, qu'en géorgien.

Je me demande même si l'on a pas été jusqu'à vouloir calquer le grec de façon à avoir le même nombre de mots. C'est ainsi que, par exemple,

Hadich Mc 9,50 განწბილდეს (s'affadit) devient წბილ იყოს en protovulgate et Ksani, et უმარილო იქმნეს en vulgate, pour traduire ἄναλον γένηται.

Il faut parler ici d'une hypothèse nouvelle proposée en novembre 2004 par E. Tchélidzé. Le chercheur, après avoir montré de façon convaincante que les arménismes du Psautier de Mtskhéta étaient le résultat d'une révision tardive, a voulu montrer que Hadich serait une révision de la protovulgate sur l'arménien. Malheureusement, il ne donne qu'un seul exemple, promettant une étude plus complète, laquelle, à ma connaissance, n'a pas encore paru. On a envie de lui demander : serait-il possible qu'un réviseur ait enlevé du premier verset du premier chapitre de l'Évangile selon Marc (Jésus-Christ) **fils de Dieu** ?

Est-il possible que les révisions de vocabulaire aient, par exemple, remplacé მეყსეუკლად par მოჳნქოჳესვე ? On pourrait multiplier les exemples. Il me semble que le codex Ksani et similaires deviennent aussi plus difficile à placer dans ce schéma.

Avant cela, en 2003, Lamara Kadjaia a proposé de voir dans les fragments khanmeti qu'elle a réédités, la rédaction de Saint-Sabbas pour Matthieu et Luc. Je crois qu'il y a, de fait, une sous-famille de la protovulgate qui a été en usage à Saint-Sabbas, puis au Sinaï, représentée par les manuscrits Sinaï géorgien 15, 30, 38 et 66 et les manuscrits d'Ourbnissi (A-28) et Palestinouri. Il faudra une étude d'ensemble pour pouvoir conclure : le laboratoire Orioni est le mieux placé pour ce faire. E. Giounachvili vient d'éditer les manuscrits Sinaï géorgien 15, 30 et 38.

La vulgate, enfin, a été révisée sur un modèle proche du manuscrit copié en 913 à Opiza, et qui est toujours au monastère d'Iviron. Un seul exemple ici : უძლურებაჲ (infirmité) en Mc 3,10, alors que les autres manuscrits anciens de la protovulgate ont სალმობაჲ (douleur) pour traduire ἀσθένεια.

Quelques remarques sur les problèmes de méthode.

Lorsque l'on a voulu montrer que la rédaction de Hadich est une traduction d'un modèle arménien, on a cité comme preuve des emprunts de vocabulaire. Malheureusement, la plupart de ces emprunts ont un modèle iranien. Par exemple, მიში au sens de vase, récipient (Mt 26,7 et Mc 14,3). Ce mot iranien : *šišag* en moyen-perse, a été emprunté par les langues sémitiques : araméen, hébreu. Le mot, en géorgien, se retrouve ailleurs, dans des textes qui n'ont pas de modèle arménien : Passion de saint Michel le Sabaïte (*Keimena* I 170, 27) et dans des textes composés en géorgien : Vie de saint Jean Zedazneli (მი(ჳ)შაჵი). C'est clairement un mot répandu dans toute l'aire proche-orientale. Les autres rédactions géorgiennes se sont rapprochées du grec, lui empruntant ალაბასტრი (*alabastr-i*). Jn 13,5 კონქი (*konk'-i*) vient-il de l'arménien կոնք (*konk'*) ou du grec κόγχη ?

Il y a ici un problème général, rarement pris en compte : comment prouver le passage par l'arménien d'emprunts faits à l'iranien par le géorgien et l'albanien du Caucase ?

La prudence s'impose donc, surtout lorsque les autres indicateurs : linguistiques et type de texte, indiquent une autre solution. Notons d'ailleurs que même les partisans de l'hypothèse arménienne ne s'entendent pas entre eux : S. Lyonnet juge ainsi les hypothèses de R.P. Blake : « malheureusement, les exemples cités paraissent peu concluants » (p. 151) !

III

Pour terminer, quelques indications sur le travail à faire.

Il est primordial de poursuivre la description de tous les manuscrits des Évangiles en géorgien. Les chercheurs du laboratoire Orioni ont déjà réalisé de belles découvertes en ce domaine. Nous avons travaillé aussi ensemble en 2009 à Sainte-Catherine du Sinaï sur des fragments de Lectionnaire des IXe–Xe siècles.

Il faudrait rééditer l'ensemble du manuscrit de Ksani en déchiffrant, grâce aux technologies contemporaines de prise de vues et de travail informatique, la fin de Jean. Il faudrait aussi chercher à Saint-Pétersbourg s'il n'y a pas là d'autres fragments encore. Il conviendrait aussi d'établir une concordance complète du texte.

La poursuite du travail du laboratoire Orioni sera déterminante pour enrichir notre connaissance des rédactions anciennes des tétraévangiles géorgiens, en particulier pour établir les sous-familles de la proto-vulgate et les types mixtes.

Le travail de notre groupe apportera, lui, une meilleure visibilité des recensions grecques et fera connaître de façon plus accessible et plus complète la riche tradition géorgienne, la rendant accessible sur la Toile (texte et traduction).

Pour conclure, je reprendrai les paroles bien connues de Giorgi l'Hagiorite : « tous nos Évangiles, depuis le début, ont été traduits proprement et bien, et les xanmeti et ceux de Saint-Sabbas. »

BIBLIOGRAPHIE

Deux ouvrages récents sur les traductions de la Bible en géorgien

N. Melikichvili, *Les traductions géorgiennes anciennes des livres bibliques*, Tbilisi, 2009 [en géorgien].

Ts. Kourtsikidzé, *La Bible géorgienne*, Tbilisi, 2010 [en géorgien].

Rédaction de Hadich

Édition princeps, phototypique: E. Taqaïchvili, photographies de Ermakov (Monuments pour l'archéologie du Caucase, XV).

[R.P. Blake- M. Brière, dans Patrologia orientalis]

A. Chanidzé, *Deux rédactions anciennes du tétraévangile géorgien selon trois manuscrits de Chatberdi (de 897, 936 et 973)*, Tbilisi, 1945 [en géorgien; rédaction de Hadich et deux manuscrits de la protovulgate, sur deux colonnes].

L. Kadjaia, *Textes khanmeti*, fasc. 1, Tbilisi, 1984 [en géorgien; jusque Mt 11,8].

Le tétraévangile de Hadich de 897, éd. Sous la direction de Z. Sardjvéladzé, Tbilisi, 2003 [avec une importante introduction linguistique et textuelle; en géorgien].

B. Outtier, «Deux fragments inédits de la première traduction géorgienne des Évangiles», *The New Testament Text in Early Christianity, Proceedings of the Lille colloquium, July 2000*, ed. C.-B. Amphoux et K. Elliott, Histoire du texte biblique 6, Lausanne, 2003, pp. 195–200.

Z. Aleksidzé a identifié un nouveau fragment, provenant du même manuscrit que Q-213, dans les feuilles de garde du manuscrit Tbilisi, Centre national des manuscrits, arménien 24; voir *Matériaux du Premier congrès international des caucasologues*, Tbilisi 2007, pp. 13–15 [en géorgien].

S. Sarjvéladzé, *Au sujet d'un manuscrit du xiᵉ siècle copié d'un modèle xanmeti, Questions de linguistique*, Tbilisi, 2002, n° 2, pp. 79–90 [en géorgien]. Leçons de la rédaction Hadich en Mc 14–15.

Rédaction de Ksani

I. Imnaïchvili, *Les particularités du tétraévangile de Ksani d'après Mc 1–16*, Travaux de l'Institut pédagogique d'Etat de Tbilisi Pouchkine, t. 6, 1949, pp. 211–240 [en géorgien]. Leçons communes avec Hadich signalées.

I. Imnaïchvili, *Les particularités du tétraévangile de Ksani d'après Mt 21–28 et Jn 1–12*, Travaux de l'Institut pédagogique d'Etat de Tbilisi Pouchkine, t. 8, 1950, pp. 299–344 [en géorgien]. Leçons communes avec Hadich signalées.

Ts. Tjankiévi, *Le fragment de Leningrad du tétraévangile de Ksani*, Bulletin de l'Institut des manuscrits 4 (1962), pp. 163–223 [en géorgien].

M. Machkhanéli, *Anbandidi. Un manuscrit des évangiles du ixᵉ siècle*, Tbilisi, 2010, [en géorgien; édition phototypique et typographique; leçons communes avec Hadich].

Protovulgate

A. Chanidzé, *Deux rédactions anciennes du tétraévangile géorgien selon trois manuscrits de Chatberdi (de 897, 936 et 973)*, Tbilisi, 1945 [en géorgien; rédaction de Hadich et deux manuscrits de la protovulgate, sur deux colonnes].

L. Kadjaia, Textes khanmeti, fasc. 1, Tbilisi, 1984 [en géorgien; après Mt 11,8].

I. Imnaïchvili, *Les deux dernières rédactions du tétraévangile géorgien*, Tbilisi, 1979 [protovulgate tardive et vulgate, sur deux colonnes; en géorgien].

E. Giounachvili, *Les tétraévangiles géorgiens de 978–979 (Sin-15, Sin-30, Sin-38)*, Tbilisi, 2010 [en géorgien].

Vulgate

I. Imnaïchvili, *Les deux dernières rédactions du tétraévangile géorgien*, Tbilisi, 1979 [protovulgate tardive et vulgate, sur deux colonnes; en géorgien].

Ts. Moumladzé, *Le tétraévangile de 1060*, Koutaïsi 76, Évangiles de Kalipos [en géorgien].

Texte du Lectionnaire

Le manuscrit de Paris du Lectionnaire géorgien, éd. Sous la direction de K. Danelia, t. 1, 2e partie, Tbilisi, 1997 [en géorgien].

Rédaction de Soulkhan Saba Orbéliani pour la Bible imprimée (xviiie siècle).

Le manuscrit de Mtskhéta, éd. E. Dotchanachvili, t. 5, Tbilisi, 1986, pp. 115–261 [Mt, Mc et Lc; en géorgien].

On peut trouver une version électronique de toutes ces rédactions sur le site animé par J. Gippert: http://titus.uni-frankfurt.de.

RECENT WORK ON THE GEORGIAN NEW TESTAMENT

†David M. Lang

In 1955, the appearance in the *Patrologia Orientalis* of the Old Georgian version of St. Luke's Gospel brought to a successful conclusion the project initiated some thirty years ago by the late Professor Robert P. Blake of Harvard University, namely the critical editing of the famous Adysh (or Adishi) Gospel manuscript, copied at Shatberd in Tao-Klarjet'i in AD 897, and later removed thence to be preserved in a remote village in highland Svanet'i.[1] After Blake's death in May 1950, his work was brought to completion by Canon M. Brière, who had already collaborated on the edition of St. John.[2] Now that their pioneer work has made this important Biblical text fully accessible to Western scholars, the time seems ripe to attempt a brief survey in the most general terms of recent work published or in progress in Georgian New Testament studies.

There is no doubt that the Gospels were among the very first works to be translated into Georgian following the invention and introduction of the Georgian alphabet early in the fifth century.[3] The question has, however, been raised whether the Georgians first received the four Gospels as such, or whether they first became acquainted with the life of Christ through the *Diatessaron* or Gospel harmony of Tatian, which was widely diffused throughout the early Church and existed in Syriac, Greek, and possibly also in Armenian. In particular, attention has been drawn to the

---

[1] 'The Old Georgian version of the Gospel of Mark, from the Adysh Gospels with the variants of the Opiza and Tbet' Gospels. Edited, with a Latin translation, by Robert P. Blake', *Patrologia Orientalis*, XX, 3, 1928. 'Gospel of Matthew ...', *Patr. Orient.*, XXIV, 1, 1933.

[2] '... Gospel of John .... Edited, with a Latin translation, by Robert P. Blake and Maurice Brière', *Patr. Orient.*, XXVI, 4, 1950.—'La version géorgienne ancienne de l'Évangile de Luc, d'après les Évangiles d'Adich avec les variantes des Évangiles d'Opiza et de Tbet'. Éditée avec une traduction latine par Maurice Brière', *Patr. Orient.*, XXVII, 3, 1955.— Canon Brière is now engaged on a collation of the various Georgian versions of the four Gospels with the Greek.

[3] See the suggestive article by Gerhard Deeters, 'Das Alter der georgischen Schrift', *Oriens Christianus*, XXXIX, 1955, 56–65.

Passion of St. Eustace of Mtskhet'a, a document of the second half of the sixth century, which contains an exposition of Christian doctrine where the life of Christ is related in an order more reminiscent of Tatian's *Diatessaron* than of any one of the Gospel accounts.[4] At the same time, it would be going too far to postulate that a translation of the *Diatessaron* necessarily preceded the rendering of the complete Gospels into Georgian, for although the Adysh text is represented only in a manuscript of the late ninth century, its language retains features characteristic of the fifth.[5] There is, of course, nothing to prevent us from supposing that the four Gospels existed in early Christian Georgia alongside with some form of Gospel harmony, very possibly deriving from the *Diatessaron*.

That the first Georgian Gospels were translated from an ancient Armenian version, based in its turn on Syriac, has been demonstrated beyond doubt.[6] Indeed, one of the valuable features of the Adysh text is that it helps scholars to gain an insight into the probable nature of the earliest Armenian Gospels, which are now in the main lost to us. However, the schism which separated the Georgian and Armenian Churches from the year AD 607 led to a number of attempts to revise the Georgian Scriptures by direct reference to the Greek. The result of this is that the earliest Georgian Gospels now extant, as represented by the Adysh manuscript, reveal errors manifestly deriving from misunderstanding of an Armenian model. At the same time, other peculiarities of phrase and wording point to imitation of an imperfectly mastered Greek text. The latter, be it noted, is especially the case with the Adysh St. Luke, large portions of which belong to a different recension and seem to have been interpolated.

It is interesting to observe in this connexion that the Adysh Gospels, though copied as late as 897, transmit readings even more archaic than those found in the so-called Khanmeti lectionary, as well as the Khan-

---

[4] Arthur Vööbus, *Early versions of the New Testament: manuscript studies* (Papers of the Estonian Theological Society in Exile, 6), Stockholm, 1954, 181; the relevant passage in the Passion of St. Eustace is translated in D.M. Lang, *Lives and legends of the Georgian saints*, London, 1956, 105–110.

[5] This view is expressed by Shanidze and now generally accepted: see Brière in the Introduction to his edition of St. Luke, *Patr. Orient.*, XXVII, 3, 291. The present writer would hesitate to follow Shanidze as far as attributing the idiom of the Adysh Gospels to the fourth century, however, since our knowledge of Georgian does not extend so far back.

[6] S. Lyonnet, *Les origines de la version arménienne et le Diatessaron* (Biblica et Orientalia, 13), Rome, 1950, 144–165.

meti and Haemeti palimpsest fragments, which can be attributed with confidence to the seventh and eighth centuries.[7] (The terms Khanmeti and Haemeti refer to the archaic use of the velar fricative letter *Khan* and of the aspirate *Hae* in certain verbal forms and in the comparative form of adjectives.) This entitles us to presume that the archetype of the Adysh codex was itself a Khanmeti text, the superfluous *Khan* prefixes of which had been eliminated as outmoded by successive copyists, while the substance of the text transmitted underwent little change.[8]

These Khanmeti and Haemeti Gospel fragments already show signs of revision by reference to the Greek, and thus represent an intermediate stage of development between the prototype of the Adysh Gospels, and the text we find in such codices as the Opiza (AD 913) and the Tbet'i (AD 995), the variants of which are included by Blake and Brière in their edition, as well as the manuscripts of Jrutchi (AD 936) and Parkhali (AD 973), a conflation of which is provided by Shanidze.[9] In these tenth-century versions, many of the incongruities found in the Adysh Gospels have been eliminated, though the primitive Armenian substratum still shows through in some places.

Thanks to the editions of Blake and Brière and of Shanidze, scholars are in possession of five pre-Athonite recensions or variants of the Old Georgian Gospels. This evidence has already been put to good use in the new series of *Oriens Christianus*, a journal which in Baumstark's time did much to further Georgian studies, and has now been revived under the editorship of Fathers Hieronymus Engberding and Joseph Molitor.[10] The first issue of the new series contained a study by Dr. Molitor on the history of Georgian translations of the Bible, and the present state of studies relating thereto, together with the first instalment of a new

---

[7] These texts are conveniently assembled in A. Shanidze, *Dzveli k'art'ulis k'restomat'ia lek'sikonit'urt'*, Tiflis, 1935 (*Caucasus Polyglottus*, No. 1). Dr. J. Molitor has just published a critical edition of them in the *Corpus Scriptorum Christianorum Orientalium*, Vol. 166, 1956.

[8] J. Molitor, 'Die georgische Bibelübersetzung: ihr Werdegang und ihre Bedeutung in heutiger Sicht', *Oriens Christianus*, XXXVII, 1953, 27.

[9] Shanidze's edition gives the Adysh text and the Jrutchi/Parkhali version in parallel columns: *K'art'uli ot'kht'avis ori dzveli redak'tsia sami Shatberduli khelnadseris mikhedvit' (897, 936 da 973 dsds.)*, Tiflis, 1945 (*Dzveli k'art'uli enis dzeglebi*, No. 2). Discussion of this edition will be found in the Introductions to Blake and Brière's editions of St. John and St. Luke.

[10] *Oriens Christianus. Hefte für die Kunde des christlichen Orients. Im Auftrag der Gorres-Gesellschaft herausgegeben von Georg Graf* .... Bd. XXXVII = Vierte Serie, Erster Band. Wiesbaden, 1953 ff.

critical rendering of the Adysh Gospels into Latin.[11] Dr. Molitor found Blake's translation 'für textkritische Untersuchungen ... nicht zuverlässig genug', and is now attempting to give a rigorously word-for-word version. In particular, Dr. Molitor is trying to ensure that every Georgian word shall be rendered in all cases by one and the same Latin equivalent, whereas Blake, to avoid monotony, had occasionally permitted himself a certain latitude in the use of synonyms. Dr. Molitor's method has great advantages for the Biblical scholar ignorant of Georgian, though his rendering loses something in elegance, being in fact a scholarly 'crib'.

The group of Gospel manuscripts which we have been considering so far originated in the monasteries of Tao-Klarjet'i in south-western Georgia, adjacent to Byzantium. The founding of most of these is bound up with the career and personality of St. Gregory of Khandzt'a (759–861), a militant and energetic religious leader. There is good reason to associate this group of monasteries with the transition of the Georgian Gospel text from the early stage represented by the Adysh codex to the so-called 'proto-Vulgate' family of manuscripts represented by the Opiza, Tbet'i, and other tenth-century copies. In this connexion, however, account must also be taken of the evolution of the Georgian Gospel text as witnessed by the contemporary Sinai manuscripts, which are now in the process of being made available to Western scholars.[12]

An addition to the 'proto-Vulgate' group of Georgian Gospel manuscripts came to light by chance in 1940, on the opening of a locked chest of drawers deposited at the Andover-Newton Theological School in the United States of America. This codex, 'written in the Great Lavra of Bert'a, the abode of the Holy Mother of God' in or about the year 988,[13] was acquired at Kars in the Caucasus and brought back to America in 1830 by the missionaries Smith and Dwight. Its text, which awaits

---

[11] 'Das Adysh-Tetraevangelium. Neu übersetzt und mit altgeorgischen Paralleltexten verglichen von Joseph Molitor.' So far, the Gospel of Matthew has appeared complete in four parts in Bd. xxxvii–xl, 1953–1956.

Attention should also be drawn to Dr. Molitor's article, 'Evangelienzitate in einem altgeorgischen Väterfragment', *Oriens Christianus*, xl, based on a Georgian palimpsest collection of patristic texts.

[12] Kenneth W. Clark, *Checklist of manuscripts in St. Catherine's Monastery, Mount Sinai, microfilmed for the Library of Congress, 1950*, Washington, 1952. The Georgian manuscripts in Jerusalem have also been catalogued and similarly made available through the Library of Congress Photoduplication Service.

[13] This date is given by K.S. Kekelidze, *Dzveli k'art'uli mdserlobis istoria*, i, third edition, Tiflis, 1951, 384, though the particulars given in the original description of the

full critical examination, shows affinities with the Opiza and Tbet'i versions. The manuscript contains contemporary miniatures portraying the four Evangelists, and illuminated canon tables, each inscribed within a frame designed to represent a decorative arcade consisting of a semicircular arch supported by two columns. Some of the ornamental motifs have parallels in Byzantine and Armenian manuscripts of the period, but the ensemble is original enough to support the view that the style of this manuscript 'opens up a new chapter in the history of canon table decorations'.[14]

Another important Georgian 'proto-Vulgate' Gospel manuscript is the K'sani codex, now in the Tiflis Museum (No. A. 509). It is attributed to the early tenth century, if not to the end of the ninth, and is thought to emanate from one of the monasteries of Tao-Klarjet'i. It has had a chequered history, being accidentally discovered in a ruined church in Georgia. It was removed to Paris on the fall of Tiflis to the Soviet army in 1921, but returned to Tiflis in 1945. It is ironical to think that this precious manuscript remained for a quarter of a century in France in the custody of the Georgian government in exile, without any scholar having facilities to study or edit it. However, since the K'sani manuscript's return to Georgia, portions of it have been published in the excellent chrestomathy of I.V. Imnaishvili,[15] who has also written a critical study of the text, concluding that while in many respects it resembles the Parkhali and Jrutchi variants, it retains certain archaisms reminiscent of the Adysh Gospels, as well as a few aberrant features of its own.[16]

A new stage in Georgian ecclesiastical literature was inaugurated by the Athonite School, the activities of which became intense from the year 980 onwards. The Georgian monks of the Iviron Monastery, sensitive to any accusation of doctrinal deviation which might be levelled at them by their Greek confrères, set to work to revise all their Church books according to Greek models. In addition, many works of Biblical exegesis were rendered into Georgian for the first time, notably by St. Euthymius

---

manuscript by R.P. Blake and Sirarpie Der Nersessian ('The Gospels of Bert'ay: an Old-Georgian Ms. of the tenth century', *Byzantion*, XVI, 1, 1942–1943, 226–285, with 8 plates), scarcely seem to permit of such precise dating.

[14] Blake and Der Nersessian, *Byzantion*, XVI, 285.

[15] *K'art'uli enis istoriuli k'restomat'ia: V-X saukuneebis dzeglebi*, Tiflis, 1949; in the second edition of 1953, the extracts from the K'sani codex have been replaced by sections of the Tbet'i manuscript, already sufficiently well known through the *Patr. Orient.* edition of Blake and Brière.

[16] 'K'snis ot'kht'avis redak'tsia', *Literaturuli Dziebani*, v, Tiflis, 1949, 291–321.

the Athonite (d. 1028), who 'went on translating without respite and gave himself no repose; day and night he distilled the sweet honey of the books of God, with which he adorned our language and our Church'.[17]

St. Euthymius had early turned his attention to revising and completing the Georgian New Testament. One of his earliest works was the first rendering into Georgian of the Apocalypse of St. John the Divine, which had not previously been recognized by the Georgian Church among its canonical books. Indeed, it appears that he completed his translation even before he and his father John took up their residence on Mount Athos, since it was copied by the monk Saba in the Krania cloister on Mount Olympus as early as the year 978.[18] St. Euthymius' revision of the four Gospels is evidently represented in the Mestia and Metekhi manuscripts of A.D. 1033 and 1049 respectively, as well as the Allaverdi manuscript of 1054 (Tiflis Museum, No. A. 484), on which is inscribed; 'The Gospels of Holy Father Euthymius'. The first nine chapters of St. Matthew were published from the Allaverdi codex for the first time in Imnaishvili's chrestomathy, the editor commenting that 'its idiom closely follows the general trend of the language of the tenth century; and those fresh norms which begin to assert themselves in the eleventh century find not even the most distant echo therein'.[19]

Imnaishvili's conclusion may entitle us to ascribe the revision of the Gospels to the first half of Euthymius' literary career, i.e. to between the years 975 and 1000; it also helps to explain why St. George the Hagiorite found it necessary to embark on yet another revision in the middle of the following century. It is, indeed, the version of the New Testament prepared by St. George the Hagiorite (d. 1065) who, like Euthymius, was abbot of the Iberian Monastery on Mount Athos, which is termed the Georgian Vulgate.

The evolution of the style and language of the Georgian Gospels from the Adysh version to the Athonite redaction has been traced in some detail by Professor Arthur Vööbus. In the Adysh rendering, one finds traces of asyndeton as found in early Armenian texts, where one Greek verb is rendered by two Armenian ones; this was subsequently eliminated from the Georgian Gospels. The simplicity of construction

---

    [17] Lang, *Lives and legends of the Georgian saints*, 161.
    [18] M. Tarchnišvili, 'Die Anfänge der schriftstellerischen Tätigkeit des hl. Euthymius und der Aufstand von Bardas Skleros', *Oriens Christianus*, XXXVIII, 1954, 118: see also the same author's *Geschichte der kirchlichen georgischen Literatur*, Vatican City, 1955, 131.
    [19] Imnaishvili, *K'restomat'ia*, second edition, p. iii; see further Kekelidze, *Dzveli k'art'uli mdserlobis istoria*, I, third edition, 171.

characteristic of the Adysh text, which avoids complicated syntax and prefers simple parataxis, is modified in favour of the use of participles and, in general, of the hypotaxis characteristic of Greek models. In the Adysh Gospels, technical terms were rendered by their idiomatic Georgian equivalents, this even extending to the 'Amen', which was not transcribed, but rendered by the word *mart'liad* 'in truth'; all this now ceases in favour of a more thoroughly Hellenized vocabulary. None the less, Dr. Vööbus points out that the Georgian Vulgate is not an entirely new translation, but a revision of existing models by reference to the Greek Koine text. Thus, even the final form occasionally discloses a trace inherited from the oldest layer, and unsuspected variants lurk to arrest the attention of the careful reader.[20]

So far, we have been considering the history of the four Gospels specifically. It must be borne in mind that before the Athonite period, the Georgians did not possess the New Testament complete, the Apocalypse being first translated from the Greek by St. Euthymius. In addition, the Gospels and the *Apostolos* (*Samotsik'ulo*), i.e. the Acts with the Pauline Epistles and, in most cases, the Catholic Epistles, were habitually copied and transmitted as separate volumes.

However, there are strong grounds for assuming that the Acts and the Pauline Epistles were translated into Georgian together with or very soon after the Gospels, and certainly before the schism with the Armenian Church (A.D. 607). On the one hand, we have Khanmeti fragments of Romans XV, 25–29 and Galatians VI, 14–18, as well as a portion of an apocryphal narrative of the Acts of the Apostles, none of which fragments can well be much later than the seventh century. On the other, we have the convincing evidence recently presented by Professor G. Garitte in his edition of the Georgian version of the Acts, namely that this version was originally translated from an Armenian text now lost, which in its turn derived from a Syriac model different from the Peshitta; in the course of time, the first Georgian version was revised by successive redactors to bring it into greater conformity with the Greek, a process which, as already noted, also occurred in the case of the four Gospels.[21]

---

[20] Vööbus, *Early versions of the New Testament*, 193–197; the same author's *Zur Geschichte des altgeorgischen Evangelientextes*, announced as No. 5 of the Papers of the Estonian Theological Society in Exile, Stockholm, 1953, is not to hand at the time of writing.

[21] *L'ancienne version géorgienne des Actes des Apôtres, d'après deux manuscrits du Sinaï* (Bibliothèque du Muséon, 38), Louvain, 1955.

As with the Gospels, so with the Acts and Epistles, the task of editing the texts and examining their mutual relationships is complicated by the wide dispersion of the principal manuscripts; few scholars have facilities for combining the evidence of manuscripts preserved in Tiflis and Leningrad with that provided by the Athos and Sinai codices. For this reason, one must be thankful for the parallel appearance of two editions of the Georgian Acts, namely that published at Tiflis by Ilia Abuladze in collaboration with Professor A. Shanidze,[22] and the one more recently edited by Garitte at Louvain.

In the preface to their edition the Tiflis scholars regret particularly that they were not able to consult two manuscripts on Mount Sinai, namely No. 39 of A.D. 974, and No. 31 of A.D. 977; fortunately, it is precisely these two manuscripts which form the basis of Professor Garitte's publication, so that all the principal known manuscripts have now appeared in print. (To say that they are all freely accessible to scholars would be too much, in view of the extreme difficulty of procuring the Tiflis edition, which was not even available to Professor Garitte.)

The Tiflis editors were able to distinguish four main recensions of the Georgian Acts.

1. Version A, in their view the earliest, is represented by MS S. 407 of the Tiflis State Museum (tenth century), and MS S. 1398 of the same collection (c. A.D. 970, the hand showing affinities with the Shatberd codex).

2. Version B, which is a corrected and somewhat revised development of Version A, is represented by the defective MS 176 of the K'ut'ais Historical and Ethnographical Museum (the colophon mentioning a certain Zak'aria, conjectured to be Zak'aria Valashkerteli, this MS has been provisionally dated c. 1030–1040); also by the Athos Iviron MS No. 42, which was copied on Mount Olympus in the reign of Nicephorus Phocas (959–969) while Polyeuctus was patriarch in Constantinople (photographs of this manuscript were made available to the Tiflis editors by the late Professor Blake).

3. The third recension, namely the revised text established by St. George the Hagiorite (d. 1065) by reference to the Greek (Version G), is represented by Tiflis Museum MS A. 584, written in the year 1083 by the Priest and Monk Giorgi, himself a pupil of George the

---

[22] *Sak'me motsik'ult'a, dzveli khelnadserebis mikhedvit'*, Tiflis, 1950 (*Dzveli k'art'uli enis dzeglebi*, No. 7).

Hagiorite, who had at his disposal a copy made directly from the master's own autograph. This, the Vulgate text of the Georgian Acts, is also contained in Tiflis Museum MS A. 34, a thirteenth century manuscript.

4. The fourth and most recent recension of the Georgian Acts (Version D) is really a mere revision of George the Hagiorite's version, prepared by Ephrem Mtsire (d. about 1100) by collation with Greek manuscripts. Ephrem's revision is represented in the Tiflis Museum MSS A. 137 (fourteenth century) and A. 677 (twelfth century), as well as in a thirteenth century manuscript in the Oriental Institute of the Academy of Sciences in Leningrad.[23]

Dr. Vööbus has already drawn attention to interesting and curious readings contained in the oldest Georgian Acts.[24] Professor Garitte was able to compare a portion of the Sinai text with the corresponding section of the Athos manuscript as available from photographs published by Conybeare; he concluded tentatively that the Athos version had been revised by reference to the Greek.[25] As Garitte promises a detailed study of the evolution of the Georgian version of Acts, it will suffice here to say that a rapid comparison of the Sinai Acts with the Tiflis edition shows that the Sinai version has strong affinities with Abuladze and Shanidze's Version A, which they regard with justice as the most ancient text extant. Almost all the curious readings noted by Garitte in the Sinai text are found in the Tiflis Version A, and many persist in Version B, though as might be expected, a number of archaisms and incongruities have been smoothed away in the Athos codex of B which was copied on Mount Olympus. This certainly confirms Garitte's view, namely that the Athos copy of Version B of Acts was revised by comparison with the Greek. This Version B thus represents a stage in the evolution of the Georgian Acts comparable to that occupied by the Opiza, Tbet'i, and other tenth century manuscripts in the development of the four Gospels in Georgian, and deserves a like designation as the Georgian proto-Vulgate.

It may be asked whether the work of revising the Georgian New Testament by reference to the Greek was initiated in the pre-Athonite period by the Georgian monastic communities of Tao-Klarjet'i, or by their brethren on Mount Sinai. Without venturing any dogmatic conclusion on this point, there would seem to be reasons for attributing the greater

---

[23] See also Tarchnišvili, *Geschichte der kirchlichen georgischen Literatur*, 186.
[24] *Early versions of the New Testament*, 190–191, 195–196.
[25] *Actes des Apôtres*, 18.

initiative to Tao-Klarjet'i. Account should be taken of the early date of such proto-Vulgate Gospel manuscripts of south-west Georgian provenance as the Opiza codex of 913, older than any of the Sinai Gospels; similarly the Athos manuscript No. 42 of the Georgian Acts and Epistles, which is earlier than 969, was copied by a priest named Michael from Bert'a in Tao-Klarjet'i,[26] and shows a more extensively revised text than the Sinai Acts of the years 974 and 977.

It has also to be borne in mind that the many monasteries of Tao-Klarjet'i were the foyers of Georgian cultural life and national self-consciousness in the tenth century, and enjoyed the patronage of rich and powerful Georgian princes.[27] They had close liaison with Constantinople and the intellectual life of Byzantium. By comparison, the Georgian monks on Sinai must have been somewhat isolated. It is doubtful whether they could do much more than copy faithfully the Church books inherited from earlier times, or any fresh ones brought from the homeland. The florescence of Athos at the end of the tenth century evidently coincided with a certain deterioration in the fortunes of the Sinai Georgian community, who seem now to have felt themselves intellectually outclassed. This very fact, however, means that the Sinai manuscripts preserve all kinds of ancient readings lost in other recensions of the Holy Scriptures and liturgies in Georgian, so that one must eagerly await the edition of the tenth century Sinai lectionary promised by Father Tarchnišvili,[28] as well as Professor Garitte's catalogue of the Sinai Georgian manuscripts.[29]

For the Pauline and the Catholic Epistles, we have so far comparatively little material to go on. However, comparison of the portions of Romans

---

[26] *Sak'me motsik'ult'a*, ed. Abuladze and Shanidze, p. 021; in Blake's Athos catalogue (*Revue de l'Orient Chrétien*, XXIX, 1934, 237), *Bert'a(s)* is read as the genitive plural of *beri*, i.e, 'of the monks', but this was before Blake himself had discovered the now well-known Bert'a Gospel manuscript, mentioned earlier in this essay.

[27] See P. Ingoroqva, *Giorgi Merchule, k'art'veli mdserali meat'e saukunisa*, Tiflis, 1954, a remarkable study of Georgian history, literature, and religion in the tenth century; over 1,000 pages in length, this book contains the text of a number of early Georgian hymns.

[28] Garitte. *Actes des Apôtres*, 18.

[29] This admirable work of reference is now to hand: 'Catalogue des manuscrits géorgiens littéraires du Mont Sinaï', *Corpus Scriptorum Christianorum Orientalium*, Vol. 165, 1956. A number of the manuscripts described contain books of the New Testament: Nos. 15 (Four Gospels, AD 978), 16 (Four Gospels, wrongly dated by Tsagareli AD 992, should probably be c. 1042), 19 (Four Gospels, AD 1074), 30 and 38 (Four Gospels in two sections, AD 979), 81 (Four Gospels, 12th–13th cent.), 39 (Acts and Catholic Epistles, AD 974), 58–31–60 (Pauline Epistles and Acts, AD 977), 85 (Apocalypse, 12th cent.), in addition to other codices containing prescribed Lessons from the New Testament, commentaries, and works of New Testament exegesis.

and Galatians preserved in the archaic Khanmeti fragments with the same passages in the Georgian New Testament published by the British and Foreign Bible Society shows remarkably little change in vocabulary, style, or word-order. There is good reason to expect, as Dr. Vööbus has remarked, that the Sinai lectionary texts of the Epistles, on which Father Tarchnišvili is working, will prove to contain readings more ancient than any known up to now.[30]

Such, then, is the background of St. George the Hagiorite's revised version of the Georgian New Testament, completed on Mount Athos about the middle of the eleventh century.[31] In substance, it is this version which is regarded to this day as canonical by the Georgian Church. It forms the basis of the various printed editions, beginning with that of 1709 published at Tiflis by King Wakhtang VI, and concluding up till now with the British and Foreign Bible Society's New Testament of 1912. It is a fine monument of classical Georgian. However, the presence in the Georgian Vulgate of certain inevitable archaisms, as well as a number of cumbrous verbal forms and outdated orthographical conventions, some of these introduced in the eighteenth century, makes it difficult reading for the Georgian layman. It has more than once been represented to the British and Foreign Bible Society in recent years that a rendering of the New Testament, or at least the four Gospels, into modern literary Georgian would be a desirable undertaking. Such a project was in fact embarked on in 1953–1954, but difficulties attendant on achieving a rendering acceptable to all sections of the Georgian public caused the undertaking to lapse for the time being.

It will thus be clearly seen that since the Second World War, scholars have been provided with a great deal of material for the study of the Old Georgian New Testament. Their task, it should be noted, has been greatly facilitated by the appearance of two useful and meritorious lexicographical works: Imnaishvili's concordance and lexicon to the Georgian Gospels, and Molitor's select glossary to Georgian Biblical texts.[32] The former work is mainly of use to those who already have a thorough

---

[30] Dr. Vööbus has compared the Khanmeti fragment of Galatians with the corresponding passage in the Sinai lectionary (Georgian MS No. 37), and reports the Sinai text to be the more archaic (*Early versions of the New Testament*, 198–200).

[31] Further details in Kekelidze, *Dzveli k'art'uli mdserlobis istoria*, I, third edition, 198–200, 385–386; Tarchnišvili, *Geschichte der kirchlichen georgischen Literatur*, 161–163, 315.

[32] I.V. Imnaishvili, *K'art'uli ot'kht'avis simp'onia-lek'sikoni*, edited by A. Shanidze, Tiflis, 1948–1949 (*Dzveli k'art'uli enis dzeglebi*, No. 6); J. Molitor, *Altgeorgisches Glossar zu ausgewählten Bibeltexten* (Monumenta Biblica et Ecclesiastica, No. 6), Rome, 1952.

knowledge of Georgian, since the definitions are given in that language, apart from a few Greek or Russian equivalents; it contains some 80,000 entries, and is notable for the ingenious classification of verbal forms adopted by the compiler, enabling these to be traced and identified with a minimum of difficulty. Dr. Molitor's more succinct glossary, with definitions in German and Greek, covers most of the Gospel text, as well as portions of Genesis, Exodus, etc., and is a practical manual for those taking up the study of the Georgian Bible.

In addition, progress is currently being made in locating, classifying, and describing the principal Georgian Bible codices. The Jerusalem, Sinai, and Athos manuscripts have been made known to Western scholarship through the labours of Tsagareli, Marr, Blake, and the recent expeditions organized by the Library of Congress.[33] The Georgian State Museum in Tiflis, which now holds the manuscript collections of the former Ecclesiastical Museum (Collection A), the old Society for the Spreading of Education among the Georgians (Collection S), and the Historical and Ethnographical Society (Collection H), has produced a serviceable one-volume guide to the manuscript collections, illustrated by many facsimiles.[34] Many of the latter have great paleographical interest, and can help the scholar in dating Georgian Biblical manuscripts.[35] A number of illuminated canon tables and other decorative features from Gospel manuscripts are reproduced in black and white.[36] There is a chronological table of the manuscripts described; this includes a convenient list of the New Testament manuscripts now preserved in Tiflis, and refers the reader to more detailed descriptions in the body of the text. Fourteen manuscripts of all or part of the Gospels dating from the eleventh century or earlier are enumerated, and five of the *Apostolos*.

---

[33] The Sinai manuscripts were catalogued by Marr and Javakhishvili in collaboration in 1902, each tackling one portion. Marr's catalogue of his section was published posthumously by the Soviet Academy of Sciences in 1940: *Opisanie gruzinskikh rukopisey Sinayskogo Monastyrya*; Javakhishvili's catalogue of his portion of the manuscripts was published, also posthumously, at Tiflis in 1947: *Sinis mt'is k'art'ul khelnadsert'a aghdser-iloba*. See further M. Tarchnišvili, 'Kurzer Überblick über den Stand der georgischen Literaturforschung', *Oriens Christianus*, xxxvii, 1953, 89–99.

[34] *Sak'art'velos sakhelmdsip'o muzeumis dzvel khelnadsert'a satsavebis gzamkvlevi*, Tiflis, 1951.

[35] The standard work on Georgian paleography is by I. Javakhishvili, *K'art'uli damd-serlobat'amtsodneoba anu paleograp'ia*, second edition, Tiflis, 1949.

[36] See further on early Georgian illuminated Gospel manuscripts, Sh. Ya. Amiranash-vili, *Istoriya gruzinskogo iskusstva*, I, Moscow, 1950, pp. 202–208, and plates 91–103.

This one-volume guide can best be used in conjunction with the detailed catalogue of the Tiflis Museum manuscripts, the publication of which is now in progress. Since this catalogue is not widely available, particulars are given below of the volumes which have so far reached the library of the British Museum:–

Sak'art'velos sakhelmdsip'o muzeumis k'art'ul khelnadsert'a aghdseriloba ... (*H kolek'tsia*): *Description des manuscrits géorgiens du Musée d'État de Géorgie* ... (*collection H*).

Vol. I, compiled by L. K'ut'at'eladze and N. Kasradze, and edited by Ilia Abuladze. Tiflis, 1946. (Containing description of MSS H. 1–500.)

Vol. II, compiled by L. K'ut'at'eladze, and edited by I. Abuladze. Tiflis, 1951. (Containing description of MSS H. 501–1000.)

Vol. III, compiled by K'ristine Sharashidze, and edited by K.S. Kekelidze. Tiflis, 1948. (Containing description of MSS H. 1001–1500; note that MS H. 1346 is the oldest Georgian manuscript of the Apocalypse, copied by Saba Kuti on Mt. Olympus in AD 978.)

Vol. IV, compiled by Elene Metreveli, and edited by K.S. Kekelidze. Tiflis, 1950. (Containing description of MSS H. 1501–2000; note that MS H. 1660 is the Jrutchi Gospel codex of AD 936; H. 1741 is a Gospel manuscript copied by Mik'ael Mdsiri at Gethsemane in Jerusalem in AD 1048.)

Vol. V, compiled by Luba Mep'arishvili, and edited by A. Baramidze. Tiflis, 1949. (Containing description of MSS H. 2001–2500, which include several early copies of the Gospels as revised by George the Hagiorite.)

Vol. VI, compiled by Kasradze, Metreveli, Mep'arishvili, K'ut'at'eladze, and Sharashidze, and edited by Baramidze. Tiflis, 1953. (Containing description of MSS H. 2501–3265.) This volume completes the catalogue of the former Historical and Ethnographical Society's collection.

Collection A (A kolek'tsia)

Vol. IV [being a continuation of the three-volume *Opisanie rukopisey Tserkovnogo Muzeya*, compiled by T'. Zhordania and M.G. Janashvili, Tiflis, 1902–1908]. Compiled by K'. Sharashidze, edited by K.S. Kekelidze. Tiflis, 1954. (Containing description of MSS A. 1041–1450; MS A. 1335 comprises the Vani Gospels, which reproduce a memorial written by George the Hagiorite.)

Great interest also attaches to the catalogue of the K'ut'ais State Historical Museum manuscript collection, which amounts to over 600 items.[37]

---

[37] *K'ut'aisis sakhelmdsip'o istoriuli muzeumi: Khelnadsert'a aghdseriloba.* Tom. I, compiled by E. Nikoladze and edited by K. Kekelidze, Tiflis, 1953. Note that the colophon to an eleventh century manuscript of the Epistles and Homilies of Macarius of Egypt, No. 181, gives the essential clue to the meaning of the title *niap'ori*, encountered in the

Among the 250 manuscripts described in the first volume are many
of interest for New Testament studies, including St. John Chrysostom's
Commentary on the Gospels of St. Matthew and St. John (Nos. 19, 20,
and 21, dated 1047, 1048, and 1053); the eleventh century codex from
Seva in Ratcha containing the Gospels, Acts, and Pauline Epistles (this
manuscript, No. 176, is defective, as previously noted; it is written in
ecclesiastical majuscules, two columns to a page, on parchment); in all,
22 New Testament manuscripts are listed, 17 being of the four Gospels
only.

The foregoing brief notes may help to show how much important work
has been done of late years on the study of the Georgian New Testament
and its textual evolution. The current interest in this field of research
gives hope that others, too, will be attracted to a subject which has
already proved rewarding, and will certainly provide scope for original
scholarship over a long period to come.

POSTSCRIPT. In the light of Father M. Tarchnišvili's latest study, 'À propos
de la plus aucienne version géorgienne des Actes des Apôtres', *Le Muséon*,
LXIX, 1956, 347–368, it is necessary to modify the view expressed earlier
in this article concerning the role of the Tao-Klarjet'i monasteries in
the revision of the Georgian New Testament. Tarchnišvili considers this
revision to have been initiated at Mtskhet'a. Should one not also look
to Jerusalem, source of some of the earliest Georgian liturgies, and in
particular, to the Lavra of St. Savva?

Life of St. Nino, and previously translated by the present writer as 'the venerable' (*Lives and
legends of the Georgian saints*, 20); this colophon, published on p. 335 of the present catalogue, states the manuscript to have been copied by Gregory the Priest at the Church of
the Holy Virgin at Dari-Derb'up'a, during the *niap'oroba* of T'ebronia (Fevronia), daughter of Vache Mkhweli. This clearly shows that *niap'ori* signifies 'abbess' or some closely
related ecclesiastical rank. The word is possibly a distorted form of the Greek νεωκόρος,
which has both masculine and feminine gender, and was used in pagan times to designate
a temple-warden, but taken over by the Christians, according to Du Cange, as a modest
ecclesiastical grade. (This observation was kindly suggested to me by Professor W.B. Hen-
ning.) The change of *k* into *p* has been explained as having possibly occurred through a
Syriac transcription, in which alphabet the letters *kaf* and *pē* bear a close resemblance.
This hypothesis was used by Conybeare as a basis for asserting that the Acts of St. Nino
may have been originally written in Syriac (see Tarchnišvili, *Geschichte der kirchlichen
georgischen Literatur*, p. 410, n. 5); this view, scarcely convincing in itself, is seen to be
even more unrealistic now that we know *niap'ori* to represent a regular rank in the Georgian Church hierarchy.

THE MANUSCRIPTS OF
GEORGIAN TRANSLATIONS OF THE GOSPELS
FROM THE BLACK MOUNTAIN

Darejan Tvaltvadze

Contemporary philology divides the process of the translation and recension of Old Georgian Gospels into two stages: Preathonite, which starts in the V–VI centuries and lasts until the XI century and the Athonite started by the Athonite School. Nowadays it is absolutely clear that the old Georgian translations of the Gospel are represented by four main recensions or revised texts: first Adish[1]; second Opisa (or Jruji-Parkhali)[2]; third the Giorgi Athonite recension[3] and fourth a mixed recension which can be singled out relying on one group of manuscripts[4]. A group of scholars further points out one more recension, which is connected to Euthymius Athonite[5]. Today major manuscripts containing these recensions are published, and there exists a wide range of philological and

---

[1] This was published twice: "Two Old Recensions of the Georgian Gospel according to three Shatberd Manuscripts (897,936 and 973)" was published by A. Shanidze, Tbilisi, 1945; In the recension the Adish Gospel is denoted by the letter C; The Adish Gospel dates back to 897; the text, the appendix and the glossary was prepared by Elguja Giunasgvili, Darejan Tvaltvadze, Manana Machkhaneli, Zurab Sarjveladze, Sophio Sarjveladze and edited by Z. Sarjveladze. Tbilisi, 2003.

[2] "Two Old Recensions of the Georgian Gospel according to three Shatberd Manuscripts (897, 936, 973)". In this edition the Jruji Gospel is denoted by the letter D, and the Parkhal by E.

[3] "The Two Final Redactions of the Georgian Gospels". The text was studied and the appendix was made by Iv. Imnaishvili. Tbilisi, 1979. In this edition the manuscripts containing Euthymius Athonite's recension, Vani (A1335), Echmiadzin (Rt.XIX N1) and Gelati Gospel (Q908) are denoted respectively by H, I and K.

[4] Ksani Gospels and several other manuscripts. See Iv. Imnaishvili, "The Recension of the Ksani Gospel". *Literary Studies* V (1949) pp. 291–321; id., "The particularities of the Ksani Gospel according to Mark" *Tbilisi State Pedagogic University's Scientific Works*; Vol. VI, 1949, pp. 211–240; id., "Particularities of the Ksani Gospel according to Matthew and John" ibid, vol. VIII, 1950, pp. 299–344; S. Sarjveladze, "Concerning One 11th Century Manuscript Rewritten from the "Khanmeti" Original": *Linguistic Issues*, III, Tbilisi, 2002.

[5] "The Two Final Redactions of the Georgian Gospels" edited by Iv. Imnaishvili. Tbilisi, 1979. In this edition the manuscripts containing Euthymius Athonite's recension Urbnisi (A28) and Palestine (H 1741) are denoted respectively by F and G.

textual studies about the characteristic features of separate manuscripts but still there is no single, independent, monograph where all of the above-mentioned materials would have been bound and presented. This was the reason why Professor Z. Sarjveladze started the team[6], the members of which have already made a complete list of the manuscripts containing the texts of the Gospels and are currently working on stating the interrelation between them. It should be noted that some of the manuscripts selected for the academic edition have not yet been studied at this time. This is true of several manuscripts of the Gospels copied on the Black Mountain.

Why did we decide to study the Gospels copied on the Black Mountain? The Black Mountain or "mysterious Mountain" is situated in Antiochia (currently in Turkey). Georgian monks lived and worked there as early as the VI century though the Georgian influence was felt most strongly in the 30s of the XI century. At that time the Georgians owned several monasteries in the region (for example Romantsminda, Kastana, Kalipos, Lertsmiskhevi, Prokopitsminda and Ezra[7]). They worked in a well-known Simeontsminda Lavra. Georgians working on the Black mountain were closely connected with the Athonian Iver monastery. In addition, the people living in the monasteries developed and enhanced the traditions of the Tao-Klarjet Literary School.

The scholars living and working on the Black Mountain had distinct philological interests: they revised and corrected the existing translations, compared them with the Greek originals, edited and made amendments in the previous works, equipped the texts with colophons and commentaries. All of this can be considered to be the style of this school. Using updated terminology we can classify their endeavour as creating a "Scientific-Bibliographical" apparatus which the translators or copyists working on the Black Mountain usually attached at the end of their works. Apparently, they played a great role in the process of definition and inter-relationship between the manuscripts. It should also be taken

---

[6] The members of the Group created by Prof. Zurab Sarjveldze working on the academic edition of the Georgian Gospels are: Elguja Giunashvili, Darejan Tvaltvadze, Manana Machkhaneli, Sophio Sarjveladze. The group is currently preparing the academic edition of the Georgian translation of Matthew and Mark Gospels.

[7] L. Menabde, *Schools of Old Georgian Literature*, II Tbilisi, 1980, pp. 152–167; E. Metreveli, "Concerning the History of the Black Mountain in the First Half of the Twentieth Century". *Moambe*, XX-B, 1959; W. Djobadze, CSCO 372, Subsidia 48 *Materials for the Study of the Georgian Monasteries in the Western Environs of Antioch on the Orontes*,1976, pp. 12–20.

into account that Giorgi Athonite[8] who is known as the creator of the latest recension of the Georgian translation also worked here. Giorgi Athonite was "ordered and forced" by his teacher, Giorgi Shekhenebuli, to compare books of the utmost importance to Christianity (Psalms and the Gospels) to their Greek originals and to create their "reliable and true" recension. The recension created by Giorgi Athonite spread widely in his lifetime, found its place in liturgy and private practice and attained the status of a Georgian Vulgate. Thus the Gospels copied in the scriptorium of the Black Mountain could provide interesting material for the history of Giorgi Athonite's recension.

Generally, in spite of the fact that the Black mountain was a well-established translation centre and the Georgians had a rich library there in the second half of the XI century[9], only 12 manuscripts have reached us. It is significant that several of them are manuscripts of the Gospel. These are: The Alaverdi Gospel, copied in 1054 in the monastery of Kalipos (currently kept in the National Centre of Manuscripts, Tbilisi (A 484))[10]; Manuscript N 845 of the same collection (XI century), the so-called "Ruisi Gospel" sometimes referred to as the Black Mountain Gospel b (I. Abuladze)[11]; Manuscript H 1791 of the former Society for History and Ethnography (current H collection) which dates back to the XII century (1213–1216)[12], which was copied in the Thorne Monastery; Manuscript Kutaisi N 76 copied in the Kalipos Monastery and thus referred to as the Gospel of Kalipos[13]. (A. Shanidze referred to this

---

[8] Giorgi Mtsire, "The life of Giorgi Mtatsmindeli" *Old Georgian Hagiographical Books*, II, Tbilisi, 1976, pp. 101–207.

[9] Efrem Mtsire, being the head of this school translated more than 150 works by 50 Byzantine authors and at the same time, created a lot of manuscripts. T. Bregadze, "Monuments translated by Ephrem Mtsire" (bibliography) *Mravaltavi* 1971 pp. 429–460.

[10] The description of the Georgian Manuscripts of the A collection of the Former Church Museum, v.II$_1$, Tbilisi, 1986, pp. 212–213.

[11] I. Abuladze, *Samples of Georgian Script and Alphabet: Paleographic Album*. Tbilisi, 1949.

[12] The Manuscripts of the Former Museum of the Georgian Ethnographic and Historic Society, IV, (H collection), Tbilisi, 1950.

[13] T. Jordania, *Chronicles*, I, Tbilisi, 1892, pp. 207–208. "Description of Manuscripts of the Kutaisi State Museum" compiled and prepared for publication by E. Nikoladze, I. Tbilisi, 1953; Ts. Mumladze, "Concerning the Dating of Manuscript N 76 of the Kutaisi Museum" *Proceedings of Kutaisi State Historical-Ethnological Museum* XV, pp. 20–23; D. Tvaltvadze, "The Kalipos Gospel—One of the Oldest Manuscripts of the Giorgi Mtatsmindeli Recension" *Materials of the First Scientific Conference, Faculty of Humanities, TSU*, Tbilisi, 2007, pp. 66–67.

manuscript as "Lechkhumuri").[14] Among the manuscripts containing Giorgi Athonite's recension this manuscript is one of the oldest dated manuscripts. This manuscript was copied in 1060 and very important colophons are attached to it.; The so-called Vaticanus, which was also copied on the Black Mountain, is currently kept in the Vatican Library (Vat. Iberico N1).

Among the above-mentioned manuscripts three, Kalipos (Kutaisi N76), the Ruisi Gospel (A 845) and H 1791 contain a colophon created either by the translator or copyist which states that the texts they contain belong to Giorgi Athonite's recension. The copyist of the Kalipos Gospel, Basili Torelkhopili, announced that he copied a "newly purified" Gospel from Giorgi Athonite's copy (352v). In addition, this Gospel presents a well-known colophon by Giorgi Athonite where he talks about two recensions of the Gospel (Khanmeti and Sabatsminduri) and advises the copyists to give up the desire of copying the text of his recension if they are not certain about its exactness. If they choose not to follow his advice, he begs them to rely on other recensions—such as Khanmeti or Sabatsminduri.

The fact that the Kalipos recension contains the text of Giorgi Athonite's recension was confirmed by the textual study as well. The comparison of this manuscript with the other manuscripts of Giorgi Athonite's recension[15] made it clear that the Kalipos Gospel shows a slight variation (mostly of an orthographical type). But as it is the oldest relevant manuscript known, it retains its paramount importance which increases further if we remember that up to now only Gospels created in the XII to the XIII century were used to establish the Giorgi Athonite text-type.

Iv. Imnaishvili, the editor of the critical text of the Giorgi Athonite recension, relies on these three manuscripts of this epoch—Vani, Echmiadzini and Gelathi (abridged as: HIK)[16]. The Kalipos Gospel, which was copied in 1060 (when Giorgi was still alive), obviously by the master copyist from the exemplar, which, in its turn, was copied from the original by Giorgi. This manuscript seems to be the most reliable, thus it should be taken into consideration while establishing the critical text

---

[14] A. Shanidze, "Literary Information about Newly-discovered Georgian Texts in the Eleventh Century", *Research Papers*, II, Tbilisi, 1981, pp. 282–283.

[15] H I K N Q Yq g z p u J k.

[16] "The Two Final Redactions of the Georgian Gospels" Edition and appendix by Iv. Imnaishvili, Tbilisi, 1979.

of the Gospel. Similar to the Kalipos Gospel, the Ruisi Gospel (A 845) is an old manuscript, but the exact date of its creation is unknown. The latter was copied by a certain "black" Zakharia "(*šav zakaria*) on the Black Mountain, in the monastery of Lertsmikhevi, close to Selavkia". The copy was made from the copy made by Nikolaos Khutsesi who had copied it from the copy made by Giorgi Athonite himself (A 845, 305v)[17]. H 1791 also contains the text of the Giorgi Athonite recension. The textual comparison of the three above-mentioned Gospels copied on the Black Mountain makes it clear that all of them contain a similar text and this is the text which is attested in other manuscripts of the Giorgi Athonite recensions.

The Alaverdi Gospel (A 484)[18] is one of the most valuable of the manuscripts containing the Georgian Gospel. It contains 324 folios and is written on a high quality ivory parchment, bound in a cover of wood wrapped in leather and adorned with 72 precious stones. The manuscript contains several miniatures. The manuscript itself is copied in gold ink. The text is preceded by the "Epistle of Eusebius to Carpianus" (*ep'ist'ole evsebi k'arpianes mimart*) and has the "Epistle of Talisman" (*Avgarozis epistole*) attached to it.

The manuscript is rich in colophons and inscriptions by which it is possible to state that it was copied in 1054 in Kalipos, in the Lavra of St. Mary (311v–314r). It was copied by several people who are listed in the colophon, for example Simon, Giorgi, Michael and Johan Dvali—all of them pursuing a similar style of handwriting. One of them, Dvali, who is also known as the copyist of the "Epistle of Talisman" is especially distinguished by his excessive décor and the manner of writing majuscule letters[19]. The commissioner of the manuscript and one of the copyists, Simeon, wrote a long colophon for the text of the Gospel, where he describes in a most interesting way the reason and circumstances of the creation of the manuscript[20].

---

[17] I. Abuladze, *Samples of Georgian Scripts and Alphabet. Palaeographic Album.* Tbilisi, 1949.

[18] "Description of the Georgian Manuscripts of the A collection of the Former Church Museum", II₁, Tbilisi, 1986, pp. 210–216.

[19] It is worth noting that Vaticanus also reveals the same handwriting.

[20] "Description of the Georgian Manuscripts of the A collection of the Former Church Museum" II₁, Tbilisi, 1986 p. 212.

Which Text-Type Is Attested in the Alaverdi Gospel?

There is a difference of views in the literature regarding this question. Tedo Jordania, who was the first to describe the manuscript, argues that it contains the text of the Euthymius Athonite recension[21]. Ilia Abuladze[22] holds the same view. However Korneli Kekelidze seems more cautious while expressing his opinion on the problem. According to him: "Even if A484 is not translated by Euthymius himself, on folio 314 the inscription mentions the recension of St. Euthymius anyway"[23]. In his work "The Two Final Redactions of the Georgian Gospel" Iv. Imnaishvili claims that the text belongs to the Giorgi Athonite recension[24], though he does not put forward any arguments to support his opinion. A different and, to my mind, interesting point of view is expressed by Mikhail Kavtaria who is the author of a comprehensive description of this manuscript. He argues that "the Alaverdi Gospel must depict the first stage of Giorgi Mtatsmindeli's work on the manuscript, when he had already compared the recension by Euthymius with the Greek original and with its earlier Georgian translation."[25] In spite of the fact that the conclusions drawn by Kavtaria do not rely on the textual analysis and are mainly based on the data drawn from the attached colophons, we still argue that his approach stands closer to the conclusions which we came to after the codicological and textual study of the Alaverdi Gospels. We argue that the Alaverdi manuscript attests the middle period of Giorgi Athonite's work on the Georgian translation, when he had only compared the texts of the old Georgian translations with those of the Greek Gospel. The third and last comparison, which resulted in the creation of the text classed as Georgian Vulgate by the Georgian church, had not yet been made.

What Drives Us to Such a Conclusion?

First of all, the analysis of the manuscript's colophons and the comparison of the Alaverdi Gospel with the texts of the Preathonite and Georgi

---

[21] Т.Жордания, Описание рукописей и старопечатных книг Церковного Музея, II, 1902, p. 48.

[22] I. Abuladze, "Samples of Georgian Scripts and Alphabet. Palaeographic Album", Tbilisi, 1949.

[23] K. Kekelidze, *The History of Old Georgian Literature*, I, Tbilisi, 1980, p. 171.

[24] "The Two Final Redactions of the Georgian Gospels". Edition and appendix by Iv. Imnaishvili, Tbilisi, 1979, p. 49.

[25] "Description of the Georgian Manuscripts of the A collection of Forrner Church Museum". II₁, Tbilisi, 1986, p. 320.

recensions. As we have already mentioned, the Alaverdi Gospel does not attest a famous colophon by Giorgi Athonite which announces that ესე საცნაურ იყავნ ყოველთა, რამეთუ ესე წმიდაჲ ოთხთავი არა ახლად გჳთარგმნია, არამედ ფრიადითა იჯულებითა ძმათა ვიეთმე სულიერთაჲთა ბერძულთა სახარებათაჲდა შეგჳკუა-მებია ფრიადითა გამოწულილვითა. და ვინცა ვინ სწერდეთ, ვითა აქა ჰპოოთ, ეგრე დაწერეთ, თუ ამისგან ჯერ გიჩნდეს დაწერაჲ, ღმრთისათჳს, სიტყუათა ნუ სცვალებთ, არამედ ვითარცა აქა სწერია, ეგრე დაწერეთ. და თუ არა რაჲმე გაშუნდეს, ჩუენნი ყოველნი სახარებანი პირველითგან წმიდად თარგმნილ არს და კეთილად, ხანმეტნიცა და საბაწმი-დურნიცა, მუნით დაწერეთ და ღმრთისათჳს ერთმანეთს ნუ გააჰრევთ და გლახაკისა გიორგისთჳს ლოცვა ყავთ. (It must be well-known to all that this holy Gospel has not been translated again now, but we have compared it with diligence with the Greek gospels driven by the orders from Holy fathers. And those who intend to copy the Gospel please write everything accurately. For God's sake, I beg you, do not change a word. If you do not like anything, then use our other Gospels, Khanmeti and Sabatsminduri, which are well-translated and for God's sake, do not confuse them with each other. Mention poor Giorgi in your prayers)[26].

However, at the beginning of the Alaverdi Gospel, the letter by Euse-bius (Iv–2v) and the canon tables written under decorative arches (2v–9v) 1or agree with the fragment of the other colophon by Giorgi and copied by the copyist which starts from the very first line of the A column of this page and which is incomplete ... სახარებათაჲდა შემიწამებია ბერძულსა ორჯერ და ქართულსა და ყოვლი-თურთ უნაკლულოჲ რიცხჳთა და კანონითა და განთესულნი არდარა დავწერენ ამისთჳს, რამეთუ ზანდუკი მასვე მოასწავებს და რაჲ არს ჭირი ორკეცი, პატივიცა წიგნისაჲ დაუშურებელ(ო)ბოდა და ყოველსავე ზედა შემინდვეთ. ღმერთმან გარწმუნოს [I] have compared [this] to the Gospels, twice to the Greek and to the Georgian. It is perfectly complete and the canon

---

[26] There exist two recensions of this colophon. They differ in their readings in sev-eral instances. In the manuscripts of the A recension the beginning of the colophon reads: ესე წმიდაჲ ოთხთავი ახლად გჳთარგმნია~ (ese c'midaj otxtavi axlad gvitargmnia) This holy Gospel has been translated by us again; the B recension reads as follows: გლახაკისა გიორგისთჳს ლოცვა ყავთ~ (glaxak'isa giorgistws locva q' avt). Thus A shows an extra phrase 'რომელმან ესე ვთარგმნე~ (romelman ese vtargmne)(A. Shanidze, "Literary Information about the Newly Discovered Georgian Texts in the Eleventh Century": Research Papers, II, Tbilisi, 1981, pp. 282–283.)

tables are also present. But I have not written the index on the margins of the manuscript as the contents refer to the same. It is not worth doing one and the same job twice. Besides the margins would be spoilt. Forgive me for everything~' (A 484,10r)[27]. Line B of the same folio begins by listing the chapters from Matthew. Doubtless, the fragment of the colophon was copied by the same copyist who copied the text of Gospel at the time of the manuscript's creation. Today the first part of the colophon which would indicate with which recensions it was compared is missing. This means that between pages 9 and 10 there must have been at least one page showing the beginning of the colophon.

At the end of the manuscript (314v) the text revealing the same content is repeated. This amends the mishap mentioned above to some extent and gives sense to the sentence *"I have compared it with the Gospel".* The colophon there reads: 'ესე უწყოდეთ, წმიდანო მამანო, ორმელნიცა მიემთხუნეთ წმიდასა ამას სახარებასა, ფრიად მართალი და წმიდაი არს მამისა ეფთუმეს სახარებათაედა შეჭამებული, ბერძულსა ორჯერ და ქართულსა და ყოვლი-თურთ უნაკლულოდ რიცხჳთა და კანონითა და განთესულნი არდარა დავწერენ ამისთუს, რამეთუ ზანდუკი მასვე მოა-სწავებს და რად არს ჯირი ორკეცი, პატივიცა წიგნისაი დაუ-სუერდებოდა და ყოველსავე ზედა შემინდვეთ. ღმერთმან გარწმუნოს ... 'you should know, holy fathers, who will have this holy Gospel in your hands, that it is genuine and true and [is] compared with Father Euthymius' Gospel, twice to the Greek and Georgian texts. Everything is perfectly complete including the canon tables and I did not write the index because the contents also refer to the same and it is not worth doing the same job twice; the margins would also be spoilt and forgive me for everything'*[28].

The text of this colophon which precedes the colophon of the person donating the Gospel is separated by a special technical sign. Obviously this is done in order to show that it does not belong to the donator (John Proedros) but to the reviser or the translator of the text (Giorgi Athonite) who must have placed it either at the beginning or at the end of his auto-graph and in this way it appeared later in Alaverdi Gospel. The text of the colophon is complete and identical to the fragment (10 r) preceding

---

[27] "Description of the Georgian Manuscripts of the A collection of the Former Church Museum". II₁, Tbilisi, 1986, p. 212.

[28] "Description of the Georgian Manuscripts of the A collection of the Former Church Museum" II₁, Tbilisi 1986, p. 213.

the manuscript. The only difference being that in the fragment (10 r) the colophon is written in the first person singular შემიწამებია (*I have compared*) დავწერn (*I have written*). In the second variant, (314v) the colophon is written in the third person. შეწამებულ არს [*šec'amebul ars*] (*it is compared*) instead of შემიწამებია [*šemic'amebia*] (*I have compared*), though the second verb is still in the first person დავწერn [*davc'eren*] (*I have written*). It is obvious that we are dealing with one and the same text and the colophon is the constituent part of the manuscript copied simultaneously with the book itself. Consequently the information provided by the colophon deserves our attention. The colophon shows that the text of the Alaverdi Gospel is reliable and true. It was compared with three reliable sources which are: a) მამისა ევთიმეს სახარება [*mamisa eptwimes saxareba*] (the Gospel of Father Evtimius);[29] b) ქართული სახარება [*kartuli saxareba*][30] Georgian Gospels and c) ბერძული სახარება [*berzuli saxareba*] Greek Gospels[31].

The author twice compared the manuscript in question with the last source. Naturally, the text which was created after such comparison differs from the text of the old recensions (Georgian Gospel) as well as from that translated by Euthymius Athonite, as it is expected to have undergone considerable changes after having been compared with the Greek text twice.

In the process of considering the work of Giorgi Athonite on the text of the Gospel, the colophon written by Black Zacharia, the copyist of the Ruisi Gospel, is of significant importance (A 845). The copyist writes: ... ნიკოლაოს ხუცესსა მიეცინ ღმერთმან სასყიდელი და მადლი ჩემისა კეთილისათჳს და წყალობისა. მისითა დედითა დავწერე, რომელ მას დაეწერა გიორგი მთაწმიდელის სახარებისაგან, რომელი გიორგი მთაწმიდელსა ბერძულთა სახარებათა შეემოწმა მესამე. ორჯერ პირველ შეემოწმა. ღმერთმან მიეცინ სასყიდელი სულსა მისსა შრომისათჳს, ამენ. ... *Priest Nikolo will be paid by God for the kindness and mercy he treated me with. I have copied this Gospel from the manuscript copied by him from the Gospel compared for the third time by Giorgi*

---

[29] Another problem is what Giorgi Athonite meant by Euthymius Gospel. He may have meant readings of the Gospel translated by Euthymius or the translation of the text of Gospel presented in the explanatory part of Matthew and Mark translated by Euthymius.

[30] Presumably old Khanmeti or Sabatsminduri recensions are meant here.

[31] Presumably wide-spread at that period in Byzantium.

Mtatsmindeli to the Greek version. He had compared it twice before. May
God pay him for his work (305v) thus here we should change the text created
after the third comparison with the Greek source and the text created after
two comparisons.

Black Zacharia must have copied the text of the final recension of the
Gospel from the copy copied from the original by Giorgi or rather he
must have copied the version of the Gospel which later spread all over
Georgia and became the Vulgate. This version was referred to by the
copyist of the Kalipos Gospel, Basili Thorelkhopili as "newly purified and
true, brighter than the sun which did not have a single imperfect letter
either extra or lacking" (312v).

If we compare the data of the above-mentioned two colophons, we can
conclude that the Alaverdi Gospel copied in 1054 depicts the first stage of
the work carried out by Giorgi Mtastsmindeli on the text of the Gospel,
when he had already compared the text of the Georgian translation to the
Greek text but only twice. At that stage, the process of editing was not yet
complete. Thus the text of the Vulgate had not yet received its final shape.
This was because the final, third comparison had not yet been conducted.
This is why the well-known colophon by Giorgi Mtatsmindeli which he
attached to the text of the Vulgate after completing the third comparison
and which is attested in the majority of the manuscripts containing this
recension is missing here.

Obviously, the desire to bring the Georgian translation as close as possible to the Greek text inspired Giorgi Mtatsmindeli to return to the text
of the Gospels once more and compare the text of the Georgian translation with that of the Greek translation for the third time (presumably
this recension was the most popular and widespread in Byzantium). His
aim was to make an exact translation rendering all the nuances of the
original. In order to achieve his goal he either inserted or omitted words
in the Georgian text, changed the word order, lexical or grammatical
forms and took into consideration the grammatical and stylistic properties of the Georgian language. Thus he refined and perfected the translation.

Comparision of the Alaverdi Gospel with the old manuscripts of the
so-called Preathonite period[32] and on the other hand with the

---

[32] Presumably, the so-called Protovulgate, Jruji and Parlkhali Gospels (ODE) and the
texts presumably containing Euthymius recensions—Urbnisi, Palestinian, Tbeti, Mestia
Gospels (FGBM).

manuscripts containing the manuscripts of the Giorgi recension[33] reveals that the readings of the text of the Alaverdi Gospel different from the old Alaverdi recension are often attested in HIK-type manuscripts. Thus Giorgi must have revised and corrected the text of the old translation. This must have happened during the first stage of his work—hence their presence in the Alaverdi and in the Vulgate.

Matt 2,2.   Prot.— სада арс ахалშомбილი меуpе ჰуриатаჯ? *(sada ars axalšobili meupe huriataj) where is the new-born king of the Jews?*; A, Vulg.— რომელი-იგი иშва *(romeli-igi išva) who is born.*

Matt 2,11   Prot.— და моартуეს мас დღуენი*(da moartues mas ōyueni) and they presented him gifts*; A, Vulg.— შეწирес мисა დღуенი *(šec' ires misa ōyueni)they offered to him gifts.*

Matt 3,15.   Prot.— ესრეთ ჯер-арс აღсрулебад ყовели симართლე. (... *esret jer ars aysrulebad) in this way must be carried out every righteousness*; A, Vulg.— შуенис წуенда აღсрулебад *(šuenis čuenda aysrulebad) we have to carry out.*

Matt. 3,16.   Prot.— да раჟамс აღმовიда წყлиса мисგан*(da ražams aymovida c' q'lisa misgan) and at the time he went up out of the water.* A, Vulg.— да меყсеулад აღმовიда раჲ *(meq'seulad aymovida raj) and suddenly when he went up.*

Matt. 17,27. Prot.- да ჰპოо мис შорис сასწ'ори ... *(da hp'oo mis šoris sasc'ori ...) and you will find in it a weight*; A, Vulg.— саტири*(sat'iri) a stater.*

Matt. 18,6.   Prot.— дамо-ту-к'идос фквили квაჲ вирити сафквели*(damo-tu-k'idos pkvili kvaj virit sapkveli ...) if were hanged a grind-stone, (a stone) to grind with an ass*; A, Vulg.— წисквили *(c' iskvili) a mill;*

Matt. 19,17. Prot.— раჲса мკ'итхав ме к'етилиса сакмисатჳс? *(rajsa mk' itxav me k' etilisa sakmisatwis?) why do you ask me about good deed*; A, Vulg.— раჲса меტყჳ ме сахиерит? *(rajsa met'q'w me saxierit?) why do you call me benign?;*

Matt. 26,17. Prot.— да моგимбадот შен ჭамад გнебაჲ (**vnebaj**) (ზатики C **zatiki**) ესე? *And we shall prepare for you to eat pascha (C easter). A, Vulg.— pasკаჲ (paskaj) pascha.*

Matt. 5,25.   Prot.— ... შეგაგдон саპ'ყробилеса. *(šegagdon sap' q'robilesa) they will cast you in prison*; A, Vulg.— саპ'ყробилед შеჰварде *(sap' q'robiled šehvarde) to prison you will rush.*

---

[33] The so-called Vulgate, Vani, Echmiadzine, Gelathi and other Gospels (HIK ...).

Matt. 25,13. **Prot.**— ... რამეთუ არა იცით არცა დღეჲ იგი, არცა ჟამი *(rametu ara icit arca dyej igi, arca žami) because you do not know either the day or the hour.* **A, Vulg.**— ჟამი + რომელსა შინა ძეჲ კაცისაჲ მოვიდეს. *(žami + romelsa šina ōej k'acisaj movides)hour + in which the son of man will come.*

Matt. 25,15. **Prot.**— და რომელსამე მისცა ხუთი ტალანტი, რომელ არს ქანქარი, და რომელსამე—ორი და ... *(da romelsame misca xuti t'alan t'i, romel ars kankari, da romelsame—ori da ...) and to some he gave five talents, that is kankar, and to another—two, and.* **A, Vulg.**— და რომელსამე მისცა ხუთი ქანქარი, და რომელსამე ორი ქანქარი ... *(da romelsame misca xuti kankari, da romelsame—ori kankari ....) and to some he gave five kankar, and to another—two kankar*
...

Matt. 25,25. **Prot.**— დავჰფალ ტალანტი შენი ქუეყანასა. *(davhpal t'alan t'i šeni kve q'anasa) I buried your talent in the earth.* **A, Vulg.**— დავმალე ქანქარი შენი ქუეყანასა *(davmale kankari šeni kveq'anasa) I hid your kankar in the earth.*

Matt. 25,29. **Prot.**— ... მო-ვე-ეღოს მისგან *(mo-ve-eyos misgan) it will even be taken from him;* **A, Vulg.**— მისგან + და მას ეტყოდა ჴმითა: რომელსა ასხენ ყურნი სმენად, ისმინენ *(misgan+da mas e t' q'oda qmita: romelsa asxen q'urni smenad isminen) from him + and he said that with loud voice: who has ears to listen, let him listen.*

Matt. 27,34. **Prot.**— ... ძმარი, ნავღლითა შეზავებული და მი-რაჲ-იყო, არა უნდა სუმის. *(... ōmari, navylita šezavebuli da mi-raj-iyo, ara unda sumis.) vinegar mixed with gall and when he took, he did not want to drink;* **A, Vulg.**— ძმარი ნავღლითა აღზავებული და გემო-რაჲ-იხილა *(... ōmari navglita ayzavebuli da gemoj-raj-ixila) vinegar mixed with gall and when he tasted;*

Mrk. 7,5 **Prot.**— ... შეგინებულითა ჴელითა **SeginebuliTa PeliTa** *(šeginebulita qelita) with defiled hands;* **A, Vulg.**— უბანელითა ჴელითა ubaneliTa PeliTa *(ubanelita qelita) with unwashed hands.*

On the other hand, there are cases when the reading of the Alaverdi Gospel is different to that of the final recension by Giorgi and coincides with the old recension, or in other words, Giorgi did not alter these extracts at the first stage of editorial work. He must have altered them at the third stage of his work after the third comparison was completed.

Matt. 1,11 **Vulg.**—იოსია შვა იექონია და ძმანი მისნი ტყუეობასა მას ბაბილოვნელთასა *(iosia šva iekonia da ōmani misni t'q'ueobasa mas babilovneltasa) Iosia gave birth to Iekonia and to* *his brothers in the captivity of Babylon*; **A**, **Prot.**— იოსია + შვა იოაკიმ; იოაკიმ შვა იეკონია და ... *(iosia+ šva ioak'im; ioak'im šva iekonia da ...) Iosia + gave birth to Ioakim; Ioakim gave birth to Iekonia and ....*

Matt. 2,6. **Vulg.**— ... რამეთუ შენგან გამოვიდეს წინამძღუარი *(rametu šengan gamovides c'inam õyuari) because from you will come out a leader*, **A**, **Prot.**— რამეთუ შენგან გამოვიდეს მთავარი *((rametu šengan gamovides mtavari) because from you will come out a prince.*

Matt.2,11. **Vulg.**— ... და აღაღეს საუნჯეთა მათთა *(saunjeta) ... and they opened their treasures* **A**, **Prot.**— საფასეთა *(sapaseta) and they opened their valuables.*

Matt. 4,10. **Vulg.**— წარვედ ჩემგან მართლუკუნ, სატანა! *(c'arved čemgan martluk'un, sat'ana!) go far from me, Satan!* **A**, **Prot.**— ეშმაკო! *(ešmako!) ..., devil!.*

Matt. 5,26. **Vulg.**—ვიდრე არა მისცე უკუანასკნელი კოდრატი *as long as you have not given the last kodrat(... vidre ara misce uk'uanaisk'neli k'odrat'i)*; **A**, **Prot.**— ვიდრე არა მისცე დანგისა კოტორი *as long as you have not given a morsel of dang(... vidre ara misce dangisa kot'ori).*

Matt. 19,24. **Vulg.**— უადვილეს არს აკლემი განსვლად ჯურელსა ნემსისასა ... *(uadviles ars **aklemi** gansvlad qruelsa nemsisa ...;) it is easier for a camel to pass a hole of needle* **A**, **Prot.**— მანქანისა საბელი *(mankanisa sabeli) ... for a cord of machine*

Matt. 21,18. **Vulg.**—განთიად მო-რაჲ-ვიდოდა ქალაქად ... *(gantiad mo-raJ-vidoda kalakad) at dawn as he came to the town*; **A**, **Prot.**—ხვალისაგან*(xvalisagan) next day.*

Matt. 21,32. **Vulg.**— ... ხოლო მეზუერეთა და მეძავთა ... *(... xolo mezuereta da **meõavta** ...) but the publicans and the harlots* **A**, **Prot.**— ცოდვილთა *(codvilta) the sinners.*

Matt. 25,41. **Vulg.**—და ანგელოსთა მისთა *(da **angelosta** mista) and to his angels*; **A**, **Prot.**— მსახურთა *(msaxurta) to his servants.*

Mrk. 3,4. **Vulg.** სულისა ცხოვნებაჲა, ანუ მოკლვაჲ?*(sulisa cxovnebaj anu **moklvaj**?) to salve a soul or to kill?*; **A**, **Prot.**— წარწყმედაჲ *(c'arc'kmedaj) ... to damn?*

Mrk. 5,33. —ეთხრა მას ყოველივე ჭეშმარიტი *(utxra mas q'ovelive chešmarit'i) she told him everything true*; **A**, **Prot.**— ბრალი brali (**brali**) guilt.

There are certainly cases where the text is identical in all three texts (the old recensions, Alaverdi Gospels and Giorgi recension).

Vaticanus (V) which, arguably, was copied in the same scriptorium and at the same time as the Alaverdi, shows the identical picture in this respect. Although the manuscript is not dated, the palaeographic and codicological analyses show that it is connected to the same period and place as the Alaverdi Gospel. One of the copyists appears to be Johan Dvali, who copied the A 484 part of the Alaverdi Gospel (the hand writing is identical). The same people are mentioned in the Vaticanus (Michael, Giorgi and Simeon).

There is one more factor which connects the Vaticanus to the School of the Black Mountain. As we have mentioned above, scholars who worked on the Black mountain added colophons and explanatory notes to their manuscripts. For example, the Alaverdi Gospel attests a very interesting text where the meaning of the Gospel is explained. The similar text in the Kalipos Gospel also explains the meaning of the Gospel. This text presents a sermon on this topic and deserves attention from the point of view of stylistics as well. Interestingly, such texts are only found in the manuscripts created on the Black Mountain (the Vaticanus and in fragments of Ruisi). Thus, arguably, the text of Homilia also comes from the Black Mountain and the copyists who worked there found it necessary to attach it to the manuscripts. In Vaticanus the text is not complete (the last page is missing) but nevertheless, we were able to restore the damaged fragments of the Kalipos Gospel.

Which text is attested in the Vaticanus Gospel? As the textual comparison reveals, the Vaticanus manuscript arguably attests the Alaverdi text-type. In many examples above the readings from the Vaticanus (V) and the Alaverdi (A) are identical.

There are several examples where the Alaverdi Gospel and the Vaticanus reveal identical readings. Their reading coincides with the Giorgi Athonite recension but differs from the Protovulgate.

There are cases when the Alaverdi and Vaticanus differ in this respect, the Vaticanus comes closer to the Giorgi Athonite recension than to the Alaverdi recension. The Alaverdi in its turn follows the old recension, and the Vaticanus the Giorgi recension[34].

Matt. 2,2   A.V. Vulg.—სადა არს, რომელი-იგი იშვა? *(sada ars romeli- igi išva?)where is the one who is born*; Prot.— ახალ'შობილი (*axalšobili*) *the new-born.*

Matt. 2,11   A.V. Vulg.—და შეწირეს მისა ძღუენი (*šec' ires misa ōyueni) and they presented him gifts*; Prot.— მოართუეს მას (*moartues mas*) *they offered to him.*

---

[34] It is possible that the Vaticanus Gospel, which bears evident traces of text-correction was corrected later, in accordance with the Giorgi Athonite recension. This trace is obvious in several other manuscripts, especially in the Gospel copied in Oshki in the XI century which is now kept on Mount Athos (Ath.62).

Matt. 3,16. **A.V. Vulg.**—და მეყსეულად აღმოვიდა რაჲ წყლისა მისგან (*da* ***meq'seulad aymovida raj*** *c' q'lisa misgan) and suddenly when he went up out of the water*; **Prot.**— და რაჟამს აღმოვიდა წყლისა მისგან (*da* ***ražams*** *aymovida c'q'lisa misgan) and at the time he went up out of the water.*

Matt. 17,27. **A.V. Vulg.**—ჰპოო მის შორის სტატირი (*hpoo mis šoris* ***st' a t' iri***) *and you will find in it a weight*; **Prot.**— სასწორი *(sasc'sori) a stater.*

Matt. 18,6. **A.V. Vulg.**—წისქვილი*(c' iskvili) a mill*; **Prot.**— ფქვილი, ქვაჲ ვირით საფქველი (*… pkvili kvaj virit sapkveli …) a grind-stone, to grind with an ass*

Matt. 19,17. **A.V. Vulg.**—რაჲსა მეტყჳ მე სახიერით? *(rajsa met'q'w me saxierit?) why do you ask me about good deed?*; **Prot.**— რაჲსა მკითხავ მე კეთილისა საქმისათჳს?*(rajsa m k' itxav me k' etilisa sakmisatwis?) why do you call me benignant?*

Matt. 26,17. **A.V. Vulg.**—პასქაჲ *(p' askaj) pascha*; **Prot.**— ვნებაჲ, (ზატიკი C) *vnebaj (zatiki C) passion (easter C).*

Matt. 27,34. **A.V. Vulg.**—და გემოჲ რაჲ იხილა*(gemoj-raj-ixila) and when he tasted*; **Prot.**— მი-რაჲ-იღო (*mi-raj-iyo) when he took.*

Mark. 5,25. **A.V. Vulg.**—და საპყრობილედ შეჰვარდე*(da sap'q'robiled šehvarde) and to prison you will rush*; **Prot.**— შეგაგდონ საპყრობილესა *(šegagdon sap'q'robilesa) they will cast you in prison.*

Mark. 5,45. **A.V. Vulg.**– ცრუთა *(cruta) deceitfuls*; **Prot.**— ცოდვილთა *(codvilta) sinners*

Mark. 7,5 **A.V. Vulg.**—უბანელითა ჴელითა*(ubanelita qelita) with unwashed hands*; **Prot.**— შეგინებულითა ჴელითა *(šeyinebulita qelita) with defiled hands.*

Mark. 6,1. **A.V. Vulg.**—მოვიდა თჳსა მამულად *(movida twisa mamulad) he came to his land*; **Prot.**— სოფლად თჳსა*(movida soplad twisa) he came to his village.*

Mark. 10,4. **A.V. Vulg.**—წიგნი განშორებისაჲ *(c' igni ganšorebisaj) a letter of removal*; **Prot.**— წიგნი განტევებისაჲ *(c' igni gant' evebisaj) a letter of dismissal.*

We argue that the manuscripts copied by the copyists of the Black Mountain school especially the Alaverdi and Vaticanus manuscripts, occupy a special place in the history of the Georgian translation of the Gospel as they, in our opinion, depict a very interesting process in the formation of the final recension of the Georgian Gospel. These manuscripts do not contain the final text by Giorgi Athonite, but rather the middle version. Their detailed comparison to the oldest manuscripts containing the Giorgi Athonite recension (among these the Kalipos Gospel also copied on the Black Mountain is the oldest) will present interesting material depicting the specific features of Giorgi Athonite's translation work as well as stating typical features of the Greek manuscripts selected by Giorgi for comparison.

BIBLIOGRAPHY*

1. I. Abuladze, *Samples of Georgian Scripts and Alphabet: Palaeographic Album*. Tbilisi 1949.
2. *The Adish Gospel of 897*, Text, revision and glossary by Elguja Giunashvili, Darejan Tvaltvadze, Manana Machkhaneli, Zurab Sarjveladze and Sophio Sarjveladze. Editor: Zurab Sarjveladze, Tbilisi 2003.
3. T. Bregadze, "Monuments translated by Ephrem Mtsire" (Bibliography) *Mravaltavi*, 1971 pp. 429–460.
4. "The Life of Giorgi Mtatsmindeli" in *Old Georgian Hagiographical Books*. vol. II, Tbilisi, 1976, pp. 101–207.
5. D. Tvaltvadze, "The Kalipos Gospel. One of the Oldest Manuscripts of Giorgi Mtatsmindeli's Recension". *Materials of the First Scientific Conference, Faculty of Humanities, TSU*, Tbilisi, 2007, pp. 66–67.6. Iv. Imnaishvili, "The Recension of the Ksani Gospel" *Literary Studies*, vol. V, 1949 pp. 291–321.7. Iv. Imnaishvili, "The particularities of Ksani Gospel according to Mark" *Tbilisi State Pedagogic University's Scientific Works* vol. VI, 1949 pp. 211–240.
8. Iv. Imnaishvili, "Particularities of the Ksani Gospel according to Matthew and John" *Tbilisi State Pedagogic University's Scientific Works* vol. VIII, 1950 pp. 299–344.
9. K. Kekelidze, *The History of Old Georgian Literature*, I, Tbilisi 1980.
10. L. Menabde, "Old Georgian Literary Centers", II, Tbilisi, 1980, pp. 152–167.
11. E. Metreveli, "Concerning the History of Black Mountain in the first half of the Eleventh Century" *Moambe*, XX-B, 1959.
12. Ts. Mumladze, "Concerning the Dating of Manuscript N76 of the Kutaisi Museum" *Proceedings of the Kutaisi State Historical-ethnographical Museum*, vol. XV, Kutaisi, 2006, pp. 20–23.
13. T. Jordania, *Chronicles* I, Tbilisi 1892.
14. "Two Old Recensions of the Georgian Gospel according to three Shatberd Manuscripts (897, 936, 973)" edited by A. Shanidze. Tbilisi, 1945.
15. "The Two Final Redactions of the Georgian Gospels". Edition and appendix by Iv. Imnaishvili, Tbilisi, 1979.
16. "Description of the Georgian Manuscripts of the A Collection of the Former Church Museum", II₁, Tbilisi, 1986, edited by E. Metreveli.
17. "Description of the Manuscripts of Kutasi State Museum", edited and prepared for publication by E. Nikoladze, Tbilisi, 1953.

---

* Title 22 is in English; all other titles in English refer to publications in Georgian.

18. "Description of the Manuscripts of the Former Museum of the Georgian Ethnographic and Historic Society", IV, (H collection), Tbilisi, 1950.
19. S. Sarjveladze, "About One 11th Century Manuscript Rewritten from the "Khanmeti" Original: Linguistic Issues, III, Tbilisi., 2002.
20. A. Shanidze, "Literary Information about the Newly Discovered Georgian Texts in the Eleventh Century" *Research Papers*, II, Tbilisi, 1981, pp. 282–283.
21. Т. Жордания, Описание рукорисей и старопечатных книг Церковного Музея, II, 1902.
22. W. Djobadze, *CSCO, Subsidia, 48, Materials for the Study of the Georgian Monasteries in the Western Environs of Antioch on the Orontes*, 1976.

Appendix

The Letters Denoting the Most Important Manuscripts Containing the Giorgi Athonite Recension:

H—The Vani Gospel, A-1335 (XII–XIII centuries); I—The Echmiadzin Gospel (XII–XIII centuries); K—The Gelathi Gospel, Q-908 (XII–XIII centuries); N—Sin- 19 (1074); Q—Jer.-49 (XI c.); Y—Jer.-153 (XII c.); q—Jer-93 (XII c.); g—Kut.-74 (XII–XIII centuries); z—Kut.-75 (XII–XIII centuries); p—Kutasi.-182 (XII–XIII centuries); Z—Jer.-103 (XIII c.); U—Jer.-102 (XII–XIV centuries); J—Jer.-122 (XIII–XIV centuries); k—Kut.-145 (XIII–XIV centuries); Ө- The Kalipos Gospel (1054).

The Letters Denoting the Main Manuscripts Containing the Preathonite Recension:

X – The Khanmeti Gospel (VII c.); O –The Opisa Gospel (913); D – The Jruji Gospel (H –1660) (936); E –The Parkhal Gospel – A-1453 (973); B-The Berta Gospel (X c.); T-The Tskharostavi Gospel (X c.); M- the Martvili Gospel (S-391) (X c.); L-The Tbeti Gospel (995.); A- The Ksani Gospel (X c.); R -Sin.-15 (975); P-Sin.-30, Sin-38 (979); S- Sin.-16 (X c.); i -Kut.-176 (X c.); s-S-405 (X c.); b-A-1699, H-1887 (X c); e—The New Parkhal Gospel S-4927 (X c.); h-H-1240 (XI c.); F- The Urbnisi Gospel (XI c.); m-The Mestia Gospel (1033); G-The Palestine Gospel (1048); c—S-962 (1054); o-Ath.-62 (XI c.).

THE MANUSCRIPT ANBANDIDI[*]

Manana Machkhaneli

The Georgians do not possess a critically accepted text of the Gospel. Akaki Shanidze referred to this state as "lamentable reality" in 1945 and considered a separate study of the Gospels to be of primary importance.[1]

"Anbandidi" (A^d)-the manuscript containing four Georgian Gospels is registered as manuscript N107 in the Manuscript Fund of the Central Historical Archive of Georgia. Its initial part is missing. The manuscript was transferred to the Department of Manuscripts of the Archive in 1925 from Saltikov-Schedrin Leningrad Public Library. This is a 192-page document of a medium format (32,7 × 22 cm), written in two columns in Asomtavruli script (capital letters) on the parchment. Moderately decorated majuscule letters are made in purple. Five comments dating back to XVI–XVIII centuries written in nuskhuri (church script), which are of minor importance for the history of the manuscript, are also present. The remarks reveal neither the identity of the scribe nor the place and date of the creation of the document.

The descriptions of the Gospel (by Sargis Kakabadze and Petre Gago-shidze) dated this manuscript as IX–X centuries. I argue that it can be a little older—I dare not say more at the moment but in my opinion the date of its creation should not be later than IX century. I arrive at this preliminary conclusion not only by the textual analysis and the recension of the manuscript among the Gospels, but also by its palaeographic characteristics: first of all, the lapidary style of the script, the shape of the letters, wide margins, moderate decor, moderate use of majuscule letters, non-economic use of the space (in some cases a page contains only two verses), large, wide letters: that is the *ductus litterarum* of the manuscript. What is more: there are typical paleographic signs— "paleographic letters":

---

[*] Since this paper was first delivered, an edition of the manuscript with photographs and a full transcript has been published by the author, *Anbandidi: A Manuscript of the Gospels from the Ninth Century* (Tbilisi, 2010) (in Georgian).

[1] A. Shanidze, "Two Old Recensions of the Georgian Gospels according to three Shatberd Manuscripts" (Tbilisi, 1945) (in Georgian).

Five letters do not yet possess vertical lines (which appeared on the boundaries of the VIII–IX centuries).

ქ—(k)   the vertical line is situated below the central line.
ც—(c)   with a low heel or without a heel (the lower part is almost on the line).
ყ—(q') is written with a low base (sometimes without it). The base is on the lines.
მ—(m)   the curving line goes beyond the letter.
ო—(o)   the heel is written not as a "hook" but as a straight vertical line.

Separating signs are not yet commonly used; words are not separated.[2]

The above-mentioned properties are consistent throughout our manuscript and are of major importance.

Although the description of the collection of manuscripts of the Central Archive was published in 1949, "Anbandidi" has never been the focus of a special attention of the scholars. I say "special" because Iv. Imnaishvili (who has done much work for the Georgian four Gospels) had seen it earlier, prior to the publication of the description. Its importance, age (Iv. Imnaishvili argues that the manuscript belongs to X c) and its recension did not escape his attention. Imnaishvili places "Anbandidi" in the A recension of the Georgian Gospels beside the following well-known recensions of the Gospels: Opiza (936), Jruji (940), Parkal (937)[3]. Moreover, in an article published in 1947, where Imnishvili analyzed the relationship between the recensions of Jruji and Parkhal, in the final list of the Gospel recensions we can see that the manuscript N 107 was given the capital letter H. (Later this letter H was used by Imnaishvili to denote the Giorgiseuli gospel and arguably the manuscript was called by him "Anbandidi".) A. Shanidze who was in charge of the whole work must have also participated in this process[4]. Iv. Imnaishvili has not mentioned the text elsewhere, neither did he publish anything related to the manuscript or its variants. This is all. This manuscript has not been mentioned either in Georgia or abroad.

My goal was to find a place for the A[d] manuscript among the other manuscripts of the Gospels. I would like to remind readers what we know

---

[2] N. Shoshiashvili, "Lapidary Inscriptions. Eastern and Southern Georgia (V–X)" (Tbilisi, 1980) (in Georgian).

[3] I. Imnaishvili, "The Two Final Redactions of the Georgian Gospels", TSU Proceedings, XXVIII, 1946 (in Georgian).

[4] I. Imnaishvili, "The Recension of the Adish Gospels", TSU Proceedings, XXVIII (Tbilisi, 1946) (in Georgian).

about the relationships of the manuscripts containing Georgian Gospels. What are the most important results of a hundred-year investigation of the text of the Gospels?

- We know that before the Athonites the Georgians had two recensions of the Gospels:
    a. "Opisa" or Jruji-Parkal, or A recension, or the Georgian Protovulgate;
    b. Adish recension.
- The following texts contain the Protovulgate text:
    a. The major part of Khanmeti Gospels (A-89/A-844 (VII c));
    b. The parenthetical part of the Adish Gospel;
    c. Opisa manuscript (dated 913);
    d. Jruji (dated 936);
    e. Parkal (dated 973);
    f. Sin-15 (dated 975);
    g. Sin-30 (X c);
    h. Tskharostavi (X c);
    i. Berta (988);
    j. Martvili (X c);
    k. Ksani X c (there are three recensional layers there);
    l. H-1240 (XI c);
    et al.
- The Adish Gospel (C) consists of two totally different recensions:
    a. The Adish recension;
    b. The Protovulgate which accounts for about 1/5 of the text.
- The following recensions come from the Adish archetype:
    a. Adish, a small part of the Khanmeti Gospel;
    b. The text of Mark's Gospel in the Ksani codex, and several verses in H-1240 ms (3)[5].

The above may be represented schematically (see Table following).

Why did we place "Anbandidi" in this exact place in the maze of Georgian recensions of Gospels? "Anbandidi" is not a complete manuscript—The Gospels of Matthew and Mark and the first seven chapters of Luke's Gospel are missing completely; seven verses of chapter 8 of Luke are also missing in the manuscript. There is a large lacunose passage in the

---

[5] S. Sarjveladze, "On the Eleventh Century Manuscript of the Gospels Copied from the Khanmeti Original", *Problems of Linguistics*, 2. (Tbilisi, 2002) (in Georgian).

text. (Luke 11,46–12.16). Consequently in Luke only 729 verses remain out of which more than 330 display variants. Clearly these variants are not of the same importance. Keeping in mind the interests of all groups of philologists, I refer to all of them in the recently published edition.

In order to find a proper place for "Anbandidi" I grouped and analyzed all the existing variants. One of the stable and true textual characteristics enabling me to group A^d together with old recensions is the lack of Luke 17,36 and Luke 22,43–44. When speaking about missing words and places in the text we should single out these cases which were not included in the ancient recensions as they were not considered to be authentic (and necessary). I believe that A^d agrees with this ancient recension.

Luke 17,36 is not found in a number of Greek manuscripts either (B-Vaticanus, א- Sinaiticus, A-Alexandrinus, K, L, M, W, Θ f¹, 69, 2, 28, 33, 157, 565, 788, 1424). It is attested only in D-Bezae, f¹³, 579, 1071, 1346.

Luke 22,43–44 is missing in Jruji, Parkal, Urbnisi, Palestinian although it is already present in Giorgi Athonite's recension HIK- Vani, Echmiazin, Gelati mss. In Greek it is not attested in B, P⁷⁵, אᶜ, A, N, T, W, 13*, 69, 124, 788, 579. They are also attested in Θ (The Koridethi Four Gospels), as well as D, Ψ, 1424, K, L, M, Q. This means that Giorgi Athonite must have compared it to some of these manuscripts.[6]

Textual analysis of Luke in A^d drives us to the following conclusions. The A^d manuscript contains variants which may be set out as follows:

I. 1) A^d variants= Protovulgate (Opiza, Jruji-Parkal, A recension);

2) A^d variants = C. This does not mean that A^d comes from the Adish archetype. The fact is that the minor part of C (Adish *manuscript*) is identical to Jruji-Parkal in the parenthetical and not in the major part of the manuscript which comes from the Adish archetype. Consequently, we are interested in the cases which overlap within these two versions:

a) A^d = c; b) A^d ≠ A recension; c) A^d=X (Khanmeti Gospel); d) Attested only in A^d.

---

[6] Reuben J. Swanson, *New Testament Greek Manuscripts. Variant Readings Arranged in Horizontal Lines Against Codex Vaticanus.* (Sheffield: Sheffield Academic Press and Pasadena: William Carey International University Press 1995), *Luke,* pp. 305, 335. *John,* pp. 53, 105.

Table: A Scheme of the Main Manuscripts of Four Gospels

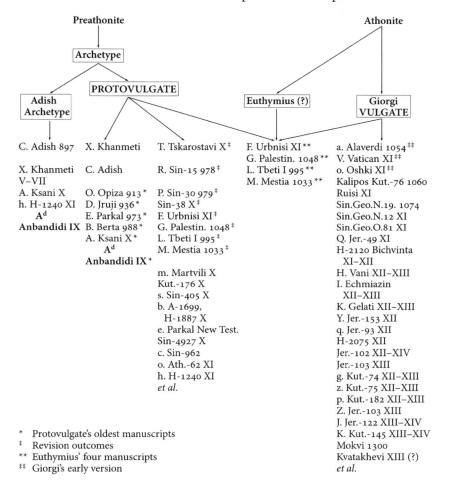

C. Adish 897	X. Khanmeti	T. Tskarostavi X ‡	F. Urbnisi XI **	a. Alaverdi 1054 ‡‡
			G. Palestin. 1048 **	V. Vatican XI ‡‡
X. Khanmeti	C. Adish	R. Sin-15 978 ‡	L. Tbeti I 995 **	o. Oshki XI ‡‡
V–VII			M. Mestia 1033 **	Kalipos Kut.-76 1060
A. Ksani X	O. Opiza 913 *	P. Sin-30 979 ‡		Ruisi XI
h. H-1240 XI	D. Jruji 936 *	Sin-38 X ‡		Sin.Geo.N.19. 1074
A[d]	E. Parkal 973 *	F. Urbnisi XI ‡		Sin.Geo.N.12 XI
Anbandidi IX	B. Berta 988 *	G. Palestin. 1048 ‡		Sin.Geo.O.81 XI
	A. Ksani X *	L. Tbeti I 995 ‡		Q. Jer.-49 XI
	A[d]	M. Mestia 1033 ‡		H-2120 Bichvinta
	Anbandidi IX *			XI–XII
		m. Martvili X		H. Vani XII–XIII
		Kut.-176 X		I. Echmiazin
		s. Sin-405 X		XII–XIII
		b. A-1699,		K. Gelati XII–XIII
		H-1887 X		Y. Jer.-153 XII
		e. Parkal New Test.		q. Jer.-93 XII
		Sin-4927 X		H-2075 XII
		c. Sin-962		Jer.-102 XII–XIV
		o. Ath.-62 XI		Jer.-103 XIII
		h. H-1240 XI		g. Kut.-74 XII–XIII
		et al.		z. Kut.-75 XII–XIII
				p. Kut.-182 XII–XIII
				Z. Jer.-103 XIII
				J. Jer.-122 XIII–XIV
				K. Kut.-145 XIII–XIV
				Mokvi 1300
				Kvatakhevi XIII (?)
				et al.

*   Protovulgate's oldest manuscripts
‡   Revision outcomes
** Euthymius' four manuscripts
‡‡ Giorgi's early version

II. Anbadidi can be considered as belonging to a group of manuscripts containing both recensions (Adish, Khanmeti H-1240) and is thus one more item which may be classed as a "mixed synthesis" and be added to this group.

III. As a textual phenomenon, A[d] resembles the Ksani recension which discerns three layers. A[d] like Ksani (A) shows the variant readings which are not attested either in the Protovulgate or Adish recension. These belong only to part of A[d].

IV. The "multi-recensional" character of some Georgian translations arguably drives us to the conclusion that while copying the above-mentioned codexes, the scribes may have had a common source, which is lost or not yet rediscovered today.

Editing the text of Georgian versions of Gospels together with a critical apparatus, and the systemic study of the manuscripts containing later Georgian versions, is our most ambitious goal. We have to restore this part of the intellectual property and activity of the Georgians and show how Jesus' words sounded in Georgian.

FRAGMENTS OF ST. JOHN'S GOSPEL
IN THE LANGUAGE OF THE
CAUCASIAN ALBANIANS*

Jost Gippert

The discovery of the first manuscript remains of the Caucasian "Albanians" in St. Catherine's Monastery on Mt. Sinai has provided a solid basis for the decipherment of the "Albanian" script and language. In an international cooperation project devoted to this task,[1] the two Georgian palimpsest manuscripts in question (Sin. N 13 and N 55)[2] have been thoroughly studied and analysed and a full account of their content has been published two years ago.[3] In the present paper, I intend to summarise the findings concerning the fragments of the "Albanian" version of St. John's Gospel that are contained in the palimpsests.

The edition project has proven beyond doubt that the two Sinai manuscripts (N 13 and N 55) comprise, as palimpsests, 166 leaves pertaining to at least six different original manuscripts, two of them Armenian, one Georgian, one Aramaic, and two written in the Albanian script and language. Of the latter two originals, one is a lectionary manuscript containing readings from three Gospels (Matthew, Mark, Luke) as well as Acts and Epistles (St. Paul's and Catholic), plus a few verses from the Psalms and a short reading from Isaiah. The 64 folios of the lectionary manuscript have been preserved well enough to provide the basis for the decipherment of the script and the language, and more than 95 % of its contents have been re-established with certainty. The second original manuscript written in the Albanian script has been much more difficult to account for, given that it was erased much more rigorously than the

---

* This is an extended and updated version of the paper read on the symposium "Le texte biblique et son édition. Recherches récentes sur les évangiles et les psaumes" in Tbilisi, Sept. 2007, parts of which were published in Gippert/Schulze 2007.
[1] The project was financed by the Volkswagen Foundation from 2003 to 2007; the project members were Zaza Aleksidze, Jean-Pierre Mahé, Wolfgang Schulze, Manana Tandaschwili, and myself. The project results here reported are the common property of the project members.
[2] Cf. Aleksidze (1997, 2001, 2003) and Aleksidze/Mahé (2003) for details.
[3] Cf. Gippert, Schulze et al. 2009.

lectionary manuscript for being re-used as a palimpsest. Nevertheless it is clear now that it was part of a Gospel manuscript, the 58 folios extant representing fragments of the Gospel of John. The following passages have been identified with certainty: Jo. 1,45–3,9; 3,27–4,10; 4,35–4,47; 5,17–7,17; 8,14–10,6; 11,7–11,29; 11,52–13,11; 15,13–16,22; 18,32–20,29. Possibly the first and the final leaves of St. John's Gospel (A40–A47 and B39–36,[4] containing Jo. 1,1–1,25 and 21,18–25) have also been preserved in this set; their identification is not certain though.

Calculating the amount of text contained in the individual folios that have been preserved, we arrive at 47 original folios covering the whole Gospel of John. If we further take into account that the last folio preserved of the set (B39–B36) seems to contain the beginning of a colophon (or other additional material) and that the set may have comprised one more folio at the beginning (containing a title or the like, now lost), we are led to assume that the given manuscript was confined to St. John's Gospel, consisting of 48 folios distributed among 6 gatherings of 8 folios each. The presumptive distribution is illustrated in Table I below.[5]

It must be stated, however, that in all the passages that have been preserved, it is hardly ever more than 50% of the contents of a given page that can be read. In a few cases, it is not the text proper but only the Ammonian section numbers (arranged left to the columns) or the Eusebian apparatus (in the bottom margin) which provide the basis for the identification of a given text passage.

The bad state of the Gospel manuscript fragments notwithstanding, the textual remains they reveal do admit of investigating the relationship of the given text version with those that might be assumed to have been used as its models, viz. the Greek, Armenian, Georgian, and Syriac Gospels. A very important indication in this respect is the name of the lake Siloam mentioned in Jo. 9,7 and 9,11, which appears as ⟨šiloham-⟩ and ⟨šilohan-⟩ in the Albanian text. It is clear that with its initial ⟨š-⟩ the Albanian form cannot represent the Greek form Σιλοάμ directly as there is no reason to assume a substitution of a Greek ⟨s-⟩ by an Albanian ⟨š-⟩, given that a sequence ⟨si⟩ does occur in Albanian words (cf., e.g., *owsi* 'soon(er)' in Jo. 11,29 and 20,4) as well as foreign names or terms such as *Simon* = Simon (Jo. 13,6 and elsewhere) or *eklesi* 'church,

---

[4] As in the edition, A and B are used hereafter to denote the two catalogued manuscripts, N 13 and N 55. Note that one folio each of the original manuscript has yielded two leaves of the palimpsest (all folios turned by 90°).

[5] In the Table, elements printed in italics have been reallocated after the publication of the edition.

Table I: Presumable distribution of palimpsest folios among original gatherings

I

(Title)	1,1–25	1,25–45	1,45–2,15	2,15–3,9	3,9–26	3,27–4,11	4,11–31
	A40r A40v		A6r A6v	A7r A7v		A41r A41v	
	A47v A47r		A1v A1r	[A0v A0r]		A46v A46r	

II

4,31–48	4,48–5,17	5,17–35	5,35–6,9	6,9–27	6,27–48	6,48–66	6,66–7,17
B18r B18v		A100r A100v	A101r A101v	A107v	A99r A99v		B17r B17v
B21v B21r		A97v A97r	A96v A96r	A107r	A98v A98r		B22v B22r

III

7,17–37	7,37–8,14	8,14–31	8,32–50	8,51–9,9	9,9–27	9,27–10,6	10,7–27
		A19r A19v	A50r A50v	A51r A51v	A18r A18v	A74r A74v	
		A20v A20r	A55v A55r	A54v A54r	A21v A21r	A102v A102r	

IV

10,27–11,7	11,7–30	11,30–47	11,48–12,6	12,6–26	12,26–44	12,44–13,11	13,11–28
A65r A65v	B1r B1v		B12r B12v	B11r B11v	B54r B54v	A66r A66v	
A60v A60r	B5v B5r		B9v B9r	B10v B10r	B55v B55r	A59v A59r	

V

13,28–14,7	14,7–24	14,24–15,13	15,13–16,5	16,5–22	16,22–17,6	17,6–25	17,25–18,16
			A30r A30v	A31r A31v			
			A25v A25r	A24v A24r			

VI

18,16–31	18,32–19,7	19,7–22	19,23–38	19,38–20,14	20,15–29	20,30–21,15	21,15–25/Col.
B40r B40v	A61r A61v	A17r A17v	B13r B13v	B14r B14v	A16r A16v		B39r B39v
B35v B35r	A64v A64r	A22v A22r	B8v B8r	B7v B7r	A23v A23r		B36v B36r

congregation' representing Gk. ἐκκλησία (~ Georg. *eḳlesia-*, vs. Arm. *ekełec'i* 'id.'; the term is not attested in St. John's Gospel but in the Lectionary ms. in Mt. 16,18, Act. 12,5, Eph. 5,25 and elsewhere). The case of Alb. *Šiloham* is all the more astonishing as the form also contrasts with its Georgian equivalent, which is ⟨siloam-⟩ in all ancient redactions (Adish, Protovulgate, Athonite Vulgate), as well as the form occurring in the Armenian tradition, i.e., ⟨silovam-⟩. As a matter of fact, it is the Syriac form ⟨šylwḥ'⟩, i.e. /šilōhā/, which comes closest to Alb. ⟨šiloham-⟩.

A similar case is provided by the Albanian rendering of the name of the prophet Isaiah which occurs in the form ⟨ešaya⟩ in Jo. 12,38, thus opposing itself to Gk. Ἡσαίας, Arm. *Ēsaya*, and Georg. *Esaia / Esaya* but matching Syr. *Ešaʿyā*. In the given case, there is further a remarkable contrast between the Gospel and the Lectionary manuscripts in that the prophet's name is spelt ⟨isa⟩ in the latter (in the genitive form *Isai*, attested in the text of Lk. 4,17 and a liturgical gloss pertaining to that passage, as well as the lection title of Is. 35,3–8, the only OT pericope preserved in the palimpsest). Nevertheless we can exclude that the Albanian text of the Gospel of John might reflect a Syriac model directly, given that it agrees with the Greek, Armenian, and Georgian versions in adding the explanatory note *"which is translated 'the sent one'"* after the first occurrence of the name *Šiloham* (in Jo. 9,7)—a note which is missing in the Syriac (Peshitta) text. Instead we may assume that the Albanian text reflects an older stratum of the "Caucasian" Bible translation which was not adapted as much to the Greek tradition as the NT text of the Armenian and Georgian "vulgates" was. This is all the more probable as the Lectionary ms. contains Biblical name forms with ⟨š⟩, too; cf., e.g., *Eliša* = Eliseus (Lk. 4,26; cf. Syr. *Elīšaʿ*, vs. Arm. *Ełise*, Gk. Ἐλισαῖος, Georg. *Elise*), *Yeš* = Jesse (gen. *Yeši* in Act. 13,22; cf. Syr. *Yišay*, vs. Arm. *Yesse*, Gk. Ἰεσσαί, Georg. *Iese*), or *Yešo* = Joshuah (in a liturgical gloss pertaining to Heb. 13,16; cf. Syr. *Yešu* vs. Arm. *Yesow*, Gk. Ἰησοῦς, Georg. *Iso*). The assumption that these forms are evidence for an older stratum is not contradicted by more common names with ⟨s⟩ such as *Elisabet* = Elisabeth (cf. Arm. *Ełisabet'*, Gk. Ἐλισάβετ, Georg. *Elisabet, Elisabed* vs. Syr. *Elīšbaʿ*) or Simon (cf. Arm. *Simovn*, Gk. Σίμων, Georg. *Simon* vs. *Šəmʿūn*) as these may have been adapted to Greek usage just like the Armenian and Georgian "vulgate" texts were.

Proceeding beyond this, there is good reason to assume that the extant Albanian NT translation was modelled upon an ancient Armenian version which is no longer extant as such. This is not only suggested by a few common words that are exclusive for Armenian and Albanian (note, e.g., *vardapeṭ* 'teacher' in Jo. 11,28),[6] but also by the text of the lectionary, where the differences between the Armenian text on the one hand and the Greek and partly, the Georgian texts on the other hand are extreme, esp. within the readings from St. Paul's Epistles; here, the Albanian text usually follows the extant Armenian version both in its wording and in its syntax as far as it can. Nevertheless the Albanian text of St. John's Gospel exhibits some remarkable divergences as to its Armenian counterpart that need further investigation. One such divergence is found in Jo. 5,28 where the Albanian text starts with the prohibitive formula "**do not marvel** (at this, for the time will be coming)" (*ee ma-ġa-nan-ameç-hē heġal-anaķe ṗ⁣ˤi*), thus agreeing with the Greek, the Syriac, and the two versions of the Georgian "Vulgate" while the Armenian text (and the Georgian "Adish" redaction matching it) have an interrogative formula "**why** (lit. **what**) do you marvel (at this, for the time is coming)" (Arm. *ənd ayn ziˤ zarmanaykˤ: Zi ekescˤē žamanak* / Georg. C *ese **raysa** gikwrs? rametu movides žami*, vs. Georg. DE etc. *nu gikwrn ese, rametu movals žami*, Gk. **μὴ** θαυμάζετε τοῦτο, ὅτι ἔρχεται ὥρα etc.).

On the other hand, there are some clear coincidences with the Armenian version within St. John's Gospel, too. One indication of this type is met with in Jo. 6,42 where the two texts agree in omitting the name of Jesus in the phrase "isn't that **Jesus**, the son of Joseph" (Alb. *te o-ne o ġar Yosēpi* / Arm. *očˤ sa ē ordin Yovsepˤow*), thus opposing themselves to the Greek, Syriac, and Georgian versions (Gk. Οὐχ οὗτός ἐστιν **Ἰησοῦς** ὁ υἱὸς **Ἰωσήφ** etc.). Furthermore, the "Albanian" palimpsest matches the Armenian text (and the Georgian of the so-called "Protovulgate") in the given verse in not mentioning the Saviour's mother, continuing with "of whom we know **the father**" alone (Alb. *ža aa-hanayoyaķe-ža o deχ* / Arm. *zoroy mer gitemkˤ zhayrn*, vs. Gk. οὗ ἡμεῖς οἴδαμεν τὸν πατέρα καὶ τὴν μητέρα etc.). It is interesting that at the given position there is a marginal gloss that can be read as ⟨y˜s⟩, i.e. the (regular) abbreviation of the name of Jesus; if this is true, we have an indication here that the text was re-adapted to another (Greek?) model in quite the same way as the famous Armenian Gospel manuscript of Echmiadzin was "corrected" by adding (the abbreviated genitive of) 'God', ⟨a˜y⟩, in a marginal gloss in Jo. 5,44. It must be stated, however, that such coincidences cannot be taken to prove

---

[6] Note that the same word is spelt *varṭapeṭ* in the Lectionary ms. (Mt. 22, 24,1. Cor. 12,28 and elsewhere).—For a preliminary account of such "common" words (mostly of Iranian origin) cf. Gippert (2005) and (2007).

the dependence of the Albanian text from the Armenian, given that there
are some Greek manuscripts, too, which mention neither Jesus nor his
mother in the given context, so that this might as well be due to a common (Greek) source such as the Codex Sinaiticus, which reads ου ημις
οιδαμεν και τον πατερα.[7]

A similar case is Jo. 8,40 where the Albanian text agrees with the
Armenian (plus the Georgian Adish redaction) in saying "which I have
heard **from my father**" (Alb. *dexoc bezi ihē-h˘ke-za* / Arm. *zor loway ï*
hawrē immē / Georg. C *ray mesma mamisagan čemisa*), thus opposing
itself to the Greek, Syriac, and Georgian vulgate versions which have
"**from God**" instead (Gk. ἣν ἤκουσα **παρὰ τοῦ θεοῦ** etc.). Here, too, we
do find some Greek manuscripts which support the "Armeno-Albanian"
tradition in having τοῦ πατρός (μου) instead of τοῦ θεοῦ.[8]

A peculiar problem is the rendering of the coin mentioned in Jo. 6,7,
which is a 'Denar' (δηνάριον, *dynr-*) in the Greek and Syriac texts, and
a *dahekan* / *drahkan-* in the Armenian and Georgian versions.[9] Here, the
Albanian text has a *hapax legomenon* which was hesitatingly restored as
⟨zaizowzña⟩ in the edition, with ⟨-ña⟩ representing a common derivative
suffix. In the edition,[10] we proposed to regard this as a derivate of the (La-
tinized) name of the Byzantine Emperor Mezezius (> **mezaizowz-*), who
reigned at about 669 AD and who was an Armenian by his provenance
(Mžež Gnuni), the coin being named after the ruler. If this were right, we
would arrive at a reasonable *terminus ad quem* for the emergence of the
Albanian Gospel text. This assumption has raised serious doubts, however, as the Emperor in question, who was enthroned in Sicily and ruled
for but a few months before he was killed at the same site, is not likely
to have had any impact on the Caucasian world. This is also true for the
coins (*solidi*) that were issued in his name in Sicily.[11] It is therefore indi-

---

[7] With και dotted to indicate deletion and κ(αι) την μ(ητε)ρα added in the margin by
a later hand; cf. http://codexsinaiticus.org/de/manuscript.aspx?book=36&chapter=6&lid
=de&side=r&verse=42&zoomSlider=0.—Swanson (1995, 81) lists at least one other
manuscript missing "mother" in the given context, viz. W = the Freer Gospels of Washington.

[8] Among them the Koridethi Gospels (Θ), a IXth c. ms. of Caucasian provenance; cf.
Swanson 1995, 118.

[9] Cf. Hübschmann 1897, 133, who connects the Armenian word with New Pers. *dah*
'ten' and *dahgānī* 'genus monetae aureae antiquis temporis usitatae', and Andronikašvili
1966, 314, who explains the consonant cluster of Georg. *drahkani* by analogy after its
quasi-homonym *drama-* 'drachm'.

[10] Gippert, Schulze et al. (2009), Vol. I, I-30; cf. also Gippert / Schulze (2007), 201–211.

[11] My thanks are due to Werner Seibt and Nikolaus Schindel of the Numismatic

cated to look for another interpretation. This can indeed be arrived at by reading not *zaizowźńa but dai-zowźńa, the latter element reflecting the Syriac equivalent of the drachm, zuzā.[12] The leading element would in this case be the same as in dai-zde, the Albanian word for 'gold' (Heb. 9,4), which is likely to be composed of dai 'green' and z(i)de 'iron'.[13] dai-zowźńa might then be a genitive case form of a stem *dai-zowz denoting the 'denar' as a 'green', i.e. 'copper' or 'bronze' coin equivalent to a drachm, matching the genitives of δηνάριον, dahekan and drahḳani in the Greek, Armenian and Georgian versions ('bread of 200 denars').[14] To illustrate this, the sentence in question may be restored and arranged interlinearily as displayed in Table II below. As the arrangement shows, it is the Armenian version again that comes closest to the Albanian text, at least in the word order, with Alb. pow ~ Arm. bawakan 'enough' being placed at the end.

Table II: Jo. 6,7 in interlinear arrangement

Alb.	viç-q̇oar	dai-zowźńa	śowm	te-n-	-å̃a	pow
Arm.	erkeriwr	dahekani	hacꞌ	čꞌē	docꞌa	bawakan
	200	of-denars	bread	not-is	to them	enough
Georg. C	orasisa	drahḳnisay	ṗuri	ver	eḳos	mat
Georg. DE	orasisa	drahḳnisa	ṗuri	ver	ḳma ars	amata
	of-200	of-denars	bread	not	enough-is	to them
Greek	Διακοσίων	δηναρίων	ἄρτοι	οὐκ	ἀρκοῦσιν	αὐτοῖς
	of-200	of-denars	breads	not	enough-are	to them
Syriac	m'tyn	dynryn	lḥm'	l'	spq	lhwn
	200	denars	bread	not	enough-is	to them

Commission of the Austrian Academy of Sciences who drew our attention to these problems.

[12] Proposal kindly offered by N. Schindel, personal communication of April 21, 2010.—Syriac zuzā (for which cf. Brockelmann 1928, 191b) does not occur in the present passage (where the Syriac text has dyn'ryn instead) nor anywhere else in the NT but, e.g., in Ex. 30,13 where the Greek text has ὄβολος; cf. further Luther 1997, 40 n. 47 as to Syr. zuzā and Ebeling et al. 1989, 513–514 as to Aramaic zūzu (with further reference). The Aramaic word is also used, in the form ZWZN, as the ideogram for Middle Persian drahm, cf. MacKenzie (1971), 27; for attestations cf. http://titus.fkidg1.uni-frankfurt.de/database/titusinx/titusinx.asp?LXLANG=922&LXWORD=ZWZN&LCPL=1&TCPL=1&C=A&T=0&LMT=100&K=0&MM=0&QF=1.

[13] Gippert, Schulze et al. (2009), Vol. I, IV-13.

[14] Proposal arrived at in personal communication with W. Schulze (8.–9.5.2010).

Taking these considerations into account, it is clear that the *terminus ad quem* provided by the rulership of Mezezius has to be given up. The dating of the Albanian palimpsests must therefore remain open until scientific methods as to their analysis can be applied.

BIBLIOGRAPHY

Aleksidze, Zaza, *Albanuri mçerlobis dzegli sinas mtaze da mis mnišvnebloba kavkasiologiisatvis / Obnaružena pis'mennost' kavkazskoj Albanii / A Breakthrough in the Script of Caucasian Albany / Preliminary Account on the Identification and Deciphering of the Caucasian Albanian Manuscript Discovered on the Mount Sinai* (Tbilisi, 1997).

———, "Albanuri enis gramaṭiḳuli da leksiḳuri aġçerisatvis (çinasçari šenišvnebi)" in *Enatmecnierebis saḳitxebi* 2001/4 pp. 3–24.

———, *Ḳavḳasiis albanetis damçerloba, ena da mçerloba. Aġmoçena sinas mtis çm. eḳaterinis monasṭerši / Caucasian Albanian Script, Language and Literature. Discovery in St. Catherine's Monastery on Mt. Sinai* (Tbilisi, 2003).

Aleksidzé, Zaza / Jean-Pierre Mahé, "Le déchiffrement de l'écriture des albaniens du Caucase" in *Comptes-rendus de l'Académie des Inscriptions et Belles-Lettres* 2001, Juillet-Octobre pp. 1239–1257.

Androniḳašvili, Mzia, *Narḳvevebi iranul-kartuli enobrivi urtiertobidan / Očerki po iransko-gruzinskim jazykovym vzaimootnošenijam / Studies in Iranian-Georgian Linguistic Contacts* I (Tbilisi, 1966).

Brockelmann, Carolus, *Lexicon Syriacum*. Editio secunda aucta et emendata (Halle, 1928)

Ebeling, Erich / Bruno Meissner / Ernst Weidner / Wolfram von Soden / Dietz Otto Edzard (eds.), *Reallexikon der Assyriologie und vorderasiatischen Archäologie*, Bd. 7, 5.–6. Lieferung: Maltai—Maße und Gewichte (Berlin / New York, 1989).

Gippert, Jost, "Armeno-Albanica" in: Schweiger, Günter (ed.), *Indogermanica. Festschrift Gert Klingenschmitt*. Taimering, 2005, pp. 155–165.

———, "Albano-Iranica" in: Macuch, Maria / Maggi, Mauro / Sundermann, Werner (eds.), *Iranian Languages and Texts from Iran and Turan. Ronald E. Emmerick Memorial Volume*. (Wiesbaden, 2007) pp. 99–108.

Gippert, Jost / Wolfgang Schulze, "Some Remarks on the Caucasian Albanian Palimpsests" in *Iran and the Caucasus* 11 / 2, 2007, pp. 201–211.

Gippert, Jost / Wolfgang Schulze / Zaza Aleksidze / Jean-Pierre Mahé, *The Caucasian Albanian Palimpsests of Mount Sinai*. Vols. I–II. (Turnhout, 2009) (Monumenta Palaeographica Medii Aevi / Series Ibero-Caucasica, 2/1–2).

Hübschmann, Heinrich, *Armenische Grammatik*. I: *Armenische Etymologie* (Leipzig, 1897)

Luther, Andreas, *Die syrische Chronik des Josua Stylites* (Berlin / New York, 1997).

MacKenzie, David Neil, *A Concise Pahlavi Dictionary* (London / New York / Toronto, 1971).

Swanson, Reuben: *New Testament Greek Manuscripts. Variant Readings Arranged in Horizontal Lines against Codex Vaticanus. John* (Sheffield, 1995).

REVIEW

Simon Crisp

Jost Gippert, Wolfgang Schulze, Zaza Aleksidze, Jean-Pierre Mahé (eds.), *The Caucasian Albanian Palimpsests of Mount Sinai* (Monumenta Palaeographica Medii Aevi, Series Ibero-Caucasica SIBE 2, Turnhout, 2008), 2 volumes, xxiv + 530 pp.

It would be hard to imagine a more romantic story. An ancient Christian civilisation rises and flourishes in the mountains of the Caucasus from the fourth century, producing among other things its own translation of the Scriptures, and then disappears almost without trace, leaving just a few enigmatic inscriptions. Then, a millennium later, biblical manuscripts in this hitherto virtually unknown language turn up, buried behind a wall in St Catherine's monastery in the Sinai desert. Painstakingly and with great care the ancient writing is retrieved from beneath the later Georgian texts with which the parchment leaves had been overwritten, the text is read with the help of the latest ultraviolet and multispectral imaging technology, the unique script and language are studied, and finally a careful edition of the texts is presented in the two magnificent volumes reviewed here.

The first of these two huge and beautifully produced volumes contains a historical introduction by Zaza Aleksidze, the first scholar to work on the manuscripts, and Jean-Pierre Mahé, the eminent historian of Christianity in the Caucasus. This is followed by a detailed description of the manuscripts themselves—a complex matter because the two Georgian palimpsests (Sin. Geo. N 13 and N 55) comprise reused sheets from no less than six earlier manuscripts in four languages: 42 folios in Armenian, 1 in Georgian and 2 in Syriac in addition to 121 folios in Caucasian Albanian itself (Vol. 1 page I-25 of the work under review). Next comes a full treatment (100 quarto pages) of the Caucasian Albanian language, an autochthonous member of the North-East Caucasian language group (and therefore linguistically unrelated to either Georgian or Armenian). This detailed linguistic section is a very necessary enterprise, because although it has been known for some time that the language of the Caucasian Albanians is closely related to modern Udi, a language spoken today in a few villages at the juncture of modern Armenia, Azerbaijan and Georgia (and this relationship is fully confirmed by the newly discovered texts), it is only the discovery of these new texts which gives any solid basis for a proper linguistic description of the language. The first volume concludes with an *Editio minor* of the Caucasian Albanian text (simplified transcription with a close English translation) and an extremely comprehensive set of indexes (including on page IV-72 f. an index of the Scripture passages referred to in the preceding discussion).

The second volume comprises the *Editio maior* of the Caucasian Albanian (CA) texts—and immediately demonstrates why the quarto format was chosen for this publication. Each two-page spread contains on the left, a photograph of the palimpsest leaf and on the right, a careful transcription of the lower writing in CA characters, distinguishing several different levels of readability. Across the bottom part of the two pages is a Roman script transcription of the CA text in each column of the manuscript, accompanied by the same text in English (KJV!), Armenian, the two principal Georgian redactions, Greek, Russian, Udi and Syriac. The editors have thus given as full an access as possible (short of examining the actual manuscripts) to the original material used both to create the *Editio minor* and to document the discussion in Volume 1 of their work—and at the same time have produced a marvel of multi-alphabet typography.

Looking in a little more detail at some of the individual sections of this publication, we may begin with Volume 1 Chapter 1 which is devoted to a full description of the manuscripts. The greater part of the chapter in fact deals with the upper layer of writing, which comprises a number of patristic works in Georgian (listed in detail on pages I-3 to 5); this part is perhaps of less intrinsic interest to the biblical scholar, but it is important from the point of view of codicology since it shows how the manuscript in its present form is physically made up. The rest of the chapter treats the lower layer of CA writing. It begins with a detailed table (pages I-25 to 27) showing the complicated way in which the extant texts are distributed through the two manuscripts. A section on possible ways of dating the manuscripts (2.3.1) devotes most attention to the evidence provided by abbreviations (primarily of *nomina sacra*) and layout of the text, and compares these with the systems found in Armenian and Georgian manuscripts to arrive at an estimated date for the CA originals between the late 7th and 10th centuries (section 2.3.1.3 on page I-32).

With respect to the Gospel of John in particular the editors make the ingenious suggestion that the CA word used to translate the denarius of John 6.7 (partially reconstructed as *zaizowzn'a*) may be a transliteration of the name of the Byzantine Emperor Mezezius, who reigned in the latter part of the 7th century: "If this assumption is right, we arrive at a remarkable *terminus a quo* for the compilation of the Albanian text of the Gospel of John as we find it in the palimpsests, and a *terminus post quem* for the emergence of the manuscripts containing it" (section 2.3.1.1 on page I-30).[1]

In the section on possible models for the CA translation (2.3.2), the alternatives of Armenian, Georgian, Greek and Syriac are all considered. There is interesting material here for the textual critic, since in instances like John 6.42 the CA joins the Armenian (against Greek, Syriac and Georgian) in omitting the name of Jesus from the phrase "Jesus son of Joseph", while in a few other cases like John 5.28 the CA joins Greek, Syriac and the Georgian "Protovulgate" in using the prohibitive form "do not marvel", while Armenian and the oldest Georgian (Adish) redaction use the interrogative "why do you marvel?". The authors conclude (on page I-36) that there can be no definitive proof of the translation source; the examples they cite "only prove that the Albanian version pertains to a certain branch of tradition which it shares ... with the Armenian Bible, and, to a lesser extent, with the older Georgian text redactions and which may have relied upon (or been influenced by) Syriac models at an early stage."

Not surprisingly, the primary audience for this work will be specialists in the field of Caucasian linguistics. A large proportion of Volume 1 is taken up with the grammatical study of CA (100 pages) and the various word indexes (70 pages); taken together these sections provide exemplary documentation and analysis of a language which until the discovery of these manuscripts had been considered essentially lost. Non-specialist readers will undoubtedly be interested in the richly illustrated section on previously known CA inscriptions (pages II-85 to 94), and perhaps especially in the discussion of the ethnonym "Alban-" which shows both that the term was well known to classical authors and that it has a derivation (cognate with Armenian "Ałowan") quite separate from the use of the same word to refer to the people and language of Mediterranean Albania (pages II-96 to 101).

---

[1] As indicated in the previous article by Jost Gippert (pp. 242 f.), the editors of the CA texts have now concluded that this interpretation is unlikely, and suggest instead a reading which would connect with a Syriac word for drachma.

At the same time there is much to interest scholars of the New Testament text (one of the CA manuscripts includes just a few short OT fragments). First of all, of course, there is the intrinsic importance of the discovery of a hitherto unknown ancient version, with all the implications this might have for future editions of the Greek New Testament. Secondly, the CA material is naturally of great significance for the light it can shed on the history of the biblical text in the Caucasus. And thirdly, the detailed presentation especially of the *Editio maior* allows the study of individual readings in the material now extant in CA and of how these fit into the overall history of the development of the NT text.

The text recovered by the editors from the 121 folios of Sin. Geo. N 13 and N 55 which contain CA material in their lower layer of writing comprises substantial portions of the Gospel of John and parts of a lectionary including passages from the Synoptic Gospels, Acts, Paul and the Catholic Epistles, plus a short passage from Isaiah 35 and a few fragments from the Psalms. Differences in handwriting indicate that these were originally two separate CA manuscripts. The lower writing in the lectionary manuscript is better preserved and easier to read than the continuous Gospel manuscript. The *Editio maior* in Volume 2 demonstrates just how painstaking the work of the editors has been; not only have they been scrupulously transparent in indicating the degree of certainty with which each individual visible letter of the text can be read, but they have gone to great lengths to reconstruct the missing parts of the text—very substantial parts in some cases. Such reconstructions are of course admirable in many ways and they are certainly a linguistic *tour de force*, but they can hardly have any text-critical value since at best they represent conjectures about what the scribe actually wrote. The reader needs to spend quite some time with the text and its complex presentation (especially in the case of the Gospel of John) to realise just how little is actually preserved in any kind of a readable form.

Detailed study of this newly discovered text of a hitherto unknown ancient version is of course a matter for the future. Certainly this edition of the text provides the necessary material, and it is much to be hoped that qualified scholars will be found to take up the challenge of studying what the CA material contributes to our understanding of the history of the NT text. In the meantime however there are some preliminary discussions of text critical matters both in the introductory part of the edition (see above) and in the footnotes to the presentation of the text in the *Editio maior*.

In the case of the Gospel of John, a check on the units of variation documented in Metzger's *Textual Commentary on the Greek New Testament* volume allows some initial conclusions to be drawn. In the first place, if we exclude cases where the CA text is physically lacking or is so poorly legible that it is entirely reconstructed by the editors, then the number of instances where there is any CA evidence for the point at issue reduces very considerably (disappointingly, for example, there appears to be no trace of the *pericope adulterae*, nor of the angelic appearance in 5.4). Secondly, in those variation units where the CA evidence is extant, the overwhelming majority of cases (for example 6.23 omission of ευχαριστη-σαντος του κυριου) show simply—though unsurprisingly—that the CA follows the reading of Armenian and Georgian (Adish redaction). Several of these cases—including instances not discussed by Metzger—are conveniently documented in the endnotes on page V-120. There is one example in these endnotes of what is claimed to be a unique CA reading (note 31 referring to 9.4), but this appears to be a matter either of translation or of simple scribal error ("perseveration from the beginning of the verse" is the editors' rather cryptic explanation). The omission of παρα του πατρος at 8.38 (note 28) is presumably also a scribal error.

Thirdly, there are some cases where the CA text seems to offer interesting material for the study of translational issues. At 6.1 for example, where Metzger's *Textual Commentary* notes the "clumsiness of the two successive genitives", the "close translation" of the CA text in the *Editio minor* offers "the lake of the Galilees, Tiberias" (and the corresponding page of the *Editio maior* shows the CA text to be clearly legible in this instance). And at 13.2 (δειπνου γινομενου versus γενομενου) the close translation of the CA text offers "with dinner coming up now", which might be thought to provide a further alternative to the standard translations of "after" or "during" supper. Further study of these and other examples is necessary, however, as it may be that the CA translational variants are easily explicable on the basis of Armenian and/or Georgian.

Given that the editors have presented us with so much with respect both to the text itself and to the accompanying material, it might seem churlish to criticise matters of detail. It is unfortunate however that, particularly in the Introduction to Volume 1, there are so many linguistic and stylistic infelicities: "a merely linguistical approach of the problem" (page vii, note 7, line 5), "flew" for "flowed" (page viii, paragraph 2, lines 2 and 3), "Tiber" presumably for "Tiberius" (page ix, section 1.3., paragraph 2, line 5), "notorious" presumably for "well-known" (page xii,

paragraph 3, line 3), "was tempting" for "is tempting" (page xiv, paragraph 2, line 2), "with some certainty" for "with any certainty" (page xx,
paragraph 3, line 5), "neglectible" presumably for "negligible" (page xxi,
line 8 up); further "repentence" for "repentance" (page I-5, line 2; page I-
23, section 2.1.3.7, line 1), "tableau" for "table" (page I-13, note 88, line 3;
page I-18, paragraph 2, line 1), "fix" for "fixed" (page I-34, paragraph 2,
line 2), "achieved" for "completed" (page II-1, note 1, line 11), "war" for
"was" (page II-35, example 44), "contacts ... was" for "contacts ... were"
(page II-66, line 7).

On a more general note, this reviewer at least found strange the
consistent use of the word "lecture" instead of "lection" to denote the
individual readings in a lectionary; and the lack of a general bibliography
or list of references means that tracking specific references to sources
through many hundreds of footnotes is a tedious process. More seriously,
the process of checking individual CA readings in the edition is made
more difficult (even physically, given the quarto size of the volumes) by
the need to switch back and forth between the two editions of the text.
This could have been avoided had a more literal English rendering of the
CA text been included in the *Editio maior*; as it is the use of the King
James version (which, as the note on page I-37 points out, comes from
quite a different tradition) does not give a reliable guide—for readers
not fully conversant with Classical Armenian and Old Georgian—to the
contents of the CA text. And finally, relatively intensive use of these large
and heavy volumes was already beginning to take its toll on their binding
by the time the work for this review was complete.

Despite these few criticisms, however, the editors have provided us
with a rich, detailed and accurate edition of a fascinating manuscript
which will surely open up many avenues of research for scholars dealing
with the history of the New Testament text and translation, particularly
as these have developed in the Caucasus. All those involved are to be
warmly congratulated for giving such abundantly documented access to
a previously unknown ancient version of the Scriptures.

LE CARACTÈRE HARMONISANT DES TRADUCTIONS DE L'ÉVANGILE DE MARC EN COPTE SAHIDIQUE

Anne Boud'hors

Au moment de préparer cette communication sur le texte copte de l'évangile de Marc, j'ai pris conscience que le sujet pourrait sembler quelque peu exotique à la plupart de mes auditeurs, et pas seulement les géorgiens. Je voudrais donc commencer par rappeler quelques idées générales concernant l'étude des versions coptes de la Bible, pour faire comprendre dans quelles conditions les recherches dans ce domaine s'effectuent. Puis j'en viendrai plus précisément à l'évangile de Marc, sur les versions coptes duquel je travaille depuis de nombreuses années, dans le cadre du projet « Marc multilingue » dirigé par Christian Amphoux[1]. J'espère avoir trouvé une clé de lecture qui permette d'expliquer un certain nombre de faits déroutants dans la tradition textuelle de ce texte en copte.

Nous admettons comme de point de départ, en nous basant sur l'état de la documentation manuscrite, que l'ensemble des textes de la Bible et notamment, pour ce qui nous occupe, les textes du Nouveau Testament, ont été traduits du grec dans les deux principaux dialectes du copte : le *sahidique* d'une part, langue « classique » de la vallée du Nil du IVe au Xe siècle, et le *bohaïrique* d'autre part, dialecte originaire du Delta, qui devint la langue liturgique de l'Église copte vers le Xe siècle et l'est encore aujourd'hui. Il est probable que la traduction sahidique est un peu antérieure au IVe siècle. La question de la date de la version bohaïrique est plus complexe et je n'en parlerai pas ici. Ces deux versions (désignées respectivement par « sa » et « bo ») ont bénéficié d'éditions critiques dès le début du XXe siècle[2] et ont depuis longtemps été prises en compte dans les études sur le texte du Nouveau Testament, d'une façon à la fois sommaire et générale, d'où il ressort qu'elles seraient des témoins du texte alexandrin, avec parfois des tendances occidentales. L'insuffisance, sinon l'inexactitude de cette vision des choses, avait déjà été relevée de

---

[1] Centre Paul-Albert Février, Aix-en-Provence.
[2] Cf. Horner 1898–1905 et Horner 1911–1924.

façon aussi pertinente qu'énergique par notre collègue allemand Gerd Mink, en 1972[3]. Les difficultés inhérentes à l'étude des versions de la Bible en langue copte qu'il relevait à l'époque n'ont guère changé. Il y en a deux principales, d'ordre assez différent.

La première n'est pas spécifique au copte. Elle se retrouve probablement pour presque toutes les versions. Il s'agit de la difficulté d'apprécier avec certitude la valeur d'une traduction et de déterminer, quand il y a plusieurs possibilités, c'est-à-dire quand il y a variation, quel substrat grec la version a traduit. Cette difficulté se rencontre généralement dans les versions anciennes, parce que nous avons souvent affaire à des langues mortes, dont nous ne maîtrisons pas toujours toutes les subtilités. Or, de l'avis des meilleurs spécialistes, notre connaissance du copte est encore rudimentaire, malgré les apparences produites par de nombreux travaux. Ajoutons à cela que les spécialistes de cette langue sont peu nombreux et qu'ils s'intéressent souvent à d'autres domaines que les études bibliques. On ne peut pas espérer non plus compter sur l'appui des membres de la communauté copte car, si certains d'entre eux s'intéressent à l'histoire du texte biblique, la langue qu'ils connaissent et pratiquent, le bohaïrique, est trop éloignée du sahidique pour qu'on puisse passer sans effort de l'une à l'autre facilement. Inutile de se cacher, donc, que du point de vue linguistique, la situation n'est pas favorable.

La deuxième difficulté réside dans l'état de la documentation, qui est très hétérogène et partielle[4]. Pour le bohaïrique, nous disposons d'un grand nombre de manuscrits complets, mais tous relativement tardifs (XIIe-XIIIe siècle pour la majorité des plus anciens) ; pour le sahidique, il existe une très grande quantité de fragments ayant presque tous la même origine (une bibliothèque monastique de Haute Égypte) et sans beaucoup de témoins anciens (la plupart de ces fragments sont attribuables au VIIIe siècle et au-delà) : ce sont ces fragments qui ont servi de matériau à l'édition critique de Horner, publiée de 1911 à 1924, qui donne un texte totalement éclectique, sans valeur aujourd'hui pour la critique textuelle. A partir des années 1960, plusieurs manuscrits complets de textes du Nouveau Testament en sahidique sont apparus sur le marché des antiquités, ont été acquis par des collectionneurs privés et publiés avec un grand soin. Mais les études sur la valeur textuelle de ces manuscrits sont restées très rares. Il faut bien avouer qu'une troisième difficulté, et non

---

[3] Mink 1972.
[4] Je résume ici ce qui est dit dans Boud'hors 1999.

des moindres, est d'arriver à la fois à acquérir les compétences techniques pour l'étude d'une version ancienne et à dominer les démarches complexes de la critique textuelle.

Dans ces conditions plutôt décourageantes, le projet d'édition multilingue de l'évangile de Marc a donc constitué un cadre idéal, à la fois pour examiner les processus de traduction du grec au copte, et pour essayer de débroussailler une tradition textuelle assez complexe. En effet, l'évangile de Marc constitue manifestement un cas un peu particulier par rapport aux autres traductions coptes des évangiles, ce qui n'a rien d'étonnant si on considère la situation du grec, pour lequel les recherches de Christian Amphoux ont établi l'existence de six types de texte[5].

Je voudrais d'abord résumer les principales étapes de la recherche sur ce texte dans les trente-cinq dernières années:

– Jusqu'en 1972, nous ne disposions que des fragments que je viens d'évoquer, rassemblés dans l'édition de Horner, où il était impossible d'apercevoir une cohérence quelconque.

– En 1972 parut l'édition par Hans Quecke d'un manuscrit complet de l'évangile de Marc datable du ve siècle, conservé à Barcelone[6]. Dans son introduction, Quecke relevait un accord général du texte avec le type grec alexandrin (représenté par B), ainsi que quelques variantes occidentales. Il s'est avéré par la suite que ce manuscrit faisait partie d'un manuscrit des évangiles où l'évangile de Marc occupait la quatrième place, conformément à l'ordre dit «occidental». Quecke notait aussi un nombre important de divergences entre les différents témoins sahidiques.

– En 1973, rendant compte de cette édition, Tito Orlandi fit l'hypothèse d'une division en deux branches de la tradition textuelle copte, sur la base d'arguments linguistiques et textuels[7]: une rédaction probablement ancienne et qu'on pouvait qualifier de «brève», attestée par le manuscrit de Barcelone et un témoin de l'édition de Horner; une rédaction plus longue, représentée par la majorité des fragments de l'édition de Horner et un manuscrit encore inédit de la collection Pierpont Morgan (M569), provenant d'une bibliothèque

---

[5] Et même sept pour les passages où le témoin P[45] est conservé. Pour l'histoire du texte grec, cf. Amphoux 1999.

[6] Quecke 1972.

[7] Orlandi 1973.

du Fayoum et attribuable au IXe siècle[8] (ce dernier manuscrit fut finalement publié en 1988 par Aranda Perez[9]: l'apparat de son édition soi-disant critique est truffé d'erreurs et inutilisable).

– En 1985, je repérai à la Bibliothèque nationale de Paris un autre témoin fragmentaire de la rédaction «ancienne», qui venait confirmer l'hypothèse d'Orlandi. Je tentai, avec l'aide de Christian Amphoux, de caractériser quelques variantes textuelles distinguant les deux rédactions. J'arrivai à la conclusion que la rédaction ancienne reflétait un type de texte égyptien, tandis que les variantes de la rédaction longue renvoyaient souvent à un type palestinien[10]. Je pense qu'il ne me contredira pas si je dis que cette conclusion me semble aujourd'hui insuffisante, sinon fausse.

– Entre 1986 et 1991 furent publiés à Münster les trois volumes de la *Liste der Koptischen Handschriften der Evangelien*, répertoire complet des manuscrits coptes sahidiques des évangiles, qui permettait désormais une étude complète de la tradition manuscrite[11].

– En 1992, je portai à quatre le nombre de témoins de la rédaction ancienne et je m'attachai alors à étudier de plus près les différences entre les deux rédactions, sur le plan lexical, morpho-syntaxique et textuel[12]. J'en conclus que la rédaction plus longue résultait d'une sorte de révision de la première, révision qui allait dans le sens d'une précision dans l'expression, d'une actualisation de certains archaïsmes et aussi, dans une large mesure, d'une harmonisation linguistique avec les passages parallèles de Matthieu et de Luc en copte. Cette tendance à l'harmonisation se retrouvait de manière nette dans un grand nombre de variantes textuelles différenciant les deux rédactions de l'évangile de Marc; de telles variantes harmonisantes étaient parfois partagées par des témoins du type palestinien (ou césaréen), mais je me demandais à l'époque s'il était vraiment nécessaire de remonter à un modèle grec et s'il ne suffisait pas d'invoquer une harmonisation faite avec les traductions coptes des autres évangiles. C'est une question que je continue à me poser aujourd'hui. Pour finir j'esquissai un *stemma* de la tradition manu-

---

[8] Cf. Depuydt 1993, n°13.
[9] Aranda Perez 1988.
[10] Cf. Boud'hors 1985.
[11] Mink & Schmitz 1986, 1989, 1991.
[12] Boud'hors 1993.

scrite de l'évangile de Marc en copte, dans lequel le manuscrit complet de la Pierpont Morgan Library occupait une position flottante et intermédiaire entre les deux rédactions.

– Dans les quinze dernières années, je n'ai pas eu le loisir de reprendre à fond toutes ces questions. J'ai pu cependant, notamment grâce à la collaboration de ma collègue espagnole Sofia Torallas Tovar, faire l'édition critique et la traduction des neuf premiers chapitres de l'évangile de Marc. Nous éditons donc trois types de texte pour la version sahidique et un seul (provisoirement) pour la version bohaïrique, qui est nettement moins complexe[13] :

1. « sa1 » désigne le témoin principal de la rédaction ancienne (le manuscrit de Barcelone attribuable au ve siècle) ;

2. « sa9 » désigne le manuscrit complet de la Pierpont Morgan Library, datable du ixe siècle ; étant donné sa position flottante, il ne peut pas être clairement rattaché à l'une ou l'autre rédaction.

3. « sa II » désigne la rédaction « révisée », qui ne peut pas être représentée par un manuscrit unique, étant donné le caractère fragmentaire de la documentation, mais par plusieurs manuscrits dont on s'est assuré qu'ils présentaient bien le même type de texte.

4. « bo » renvoie à la version bohaïrique donnée par l'édition de Horner.

Dans les derniers mois, j'ai procédé à un examen systématique des variantes textuelles pour les huit premiers chapitres. Celles qui opposent entre elles les deux rédactions sahidiques sont au nombre de 60, tandis que celles qui caractérisent l'ensemble des rédactions sahidiques par rapport à la version bohaïrique et à certains témoins grecs sont au nombre de 31. Sur les 60, 35 sont de type clairement harmonisant avec des textes parallèles ; sur les 31, la moitié environ le sont aussi, et on peut hésiter pour quatre autres.

Je prendrai un exemple de chaque catégorie de ces variantes, pour examiner quels problèmes elles posent et quels indices elles donnent, notamment quant à la question soulevée plus haut du recours ou non

---

[13] Voir une application de cette méthode à quelques versets du chapitre 1 dans Boud'hors & Torallas Tovar 2005.

à une version grecque dans le processus d'harmonisation. La traduction française est celle qui a été élaborée en commun dans le projet « Marc multilingue ».

5.13 (péricope de l'exorcisme à Gérasa, épisode du troupeau de porcs)

– grec : καὶ ὥρμησεν ἡ ἀγέλη κατὰ τοῦ κρημνοῦ εἰς τὴν θάλασσαν ὡς δισχίλιοι καὶ <u>ἐπνίγοντο</u> ἐν τῇ θαλάσσῃ.
et le troupeau s'élança du haut de l'escarpement dans la mer, environ deux mille (bêtes), et elles <u>s'étouffaient</u> dans la mer.

– Mt 8.32 : καὶ ἰδοὺ ὥρμησεν πᾶσα ἡ ἀγέλη κατὰ τοῦ κρημνοῦ εἰς τὴν θάλασσαν καὶ <u>ἀπέθανον</u> ἐν τοῖς ὕδασιν
… et ils <u>périrent</u> dans les flots.

– copte sa : … ⲁⲩⲱ ⲁⲩⲙⲟⲩ ϩⲛ ⲑⲁⲗⲁⲥⲥⲁ
… et ils/elles <u>périrent</u> dans la mer.

Pour le passage de Marc, l'ensemble de la tradition copte sahidique a traduit ἀπέθανον, « périrent », comme dans Matthieu, et non ἐπνί-γοντο, en-dehors de tout témoin grec connu. Il semblerait donc que l'harmonisation ait pu se faire indépendamment d'un modèle grec. Par ailleurs, la rédaction copte dite ancienne apparaît ici comme ayant déjà un trait harmonisant : la traduction copte de Marc aurait-elle été faite après celle des autres évangiles, ou bien avons-nous affaire déjà, avec sa1, à une sorte de révision ?

5.33 (péricope de la femme hémorroïsse)

– grec (leçon commune) : ἦλθεν καὶ προσέπεσεν αὐτῷ καὶ εἶπεν αὐτῷ <u>πᾶσαν τὴν ἀλήθειαν.</u>
(elle) vint et se précipita devant lui et lui dit <u>toute la vérité</u>.

– grec (W) : ἦλθεν καὶ προσέπεσεν αὐτῷ καὶ εἶπεν αὐτῷ <u>ἔμπροσ-θεν πάντων πᾶσαν τὴν αἰτίαν αὐτῆς</u>
(elle) vint et se jeta à ses pieds et lui dit <u>devant tous tout son cas</u>.

– copte sa1 : … ⲁⲥⲧⲁⲅⲟ ⲉⲣⲟϥ <u>ⲛⲧⲙⲉ ⲧⲏⲣⲥ</u>.
… elle lui dit <u>toute la vérité</u>.

– copte sa 9 et sa II : … ⲁⲥⲧⲁⲙⲟϥ <u>ⲙⲡⲉⲙⲧⲟ ⲉⲃⲟⲗ ⲛⲟⲩⲟⲛ ⲛⲓⲙ ⲉⲧⲉⲥⲁⲓⲧⲓⲁ ⲧⲏⲣⲥ</u>.
… elle lui raconta <u>devant tous tout son cas</u>.

En copte, la rédaction ancienne sa1 est conforme à la leçon commune, comme le bohaïrique, alors que sa9 et saII suivent celle du manuscrit W, avec l'emprunt du mot grec αἰτία. Il importe de noter que cette variante est également celle du type césaréen (sauf le manuscrit Θ) et qu'elle semble influencée par le passage parallèle de Luc 8,47 :

ἦλθεν καὶ προσπεσοῦσα αὐτῷ δι' ἣν <u>αἰτίαν</u> ἥψατο αὐτοῦ <u>ἀπήγγειλεν</u> <u>ἐνώπιον παντὸς τοῦ λαοῦ</u>

(la femme) vint (toute tremblante) et, se jetant à ses pieds, raconta <u>devant</u> <u>tout le peuple</u> pour quel <u>motif</u> elle l'avait touché.

Deux arguments nous permettent ici de dire que l'harmonisation ne s'est pas faite indépendamment du grec : d'abord la rédaction des deux parallèles n'est pas assez semblable ; d'autre part la traduction copte du passage de Luc n'a pas conservé le mot grec αἰτία, mais l'a traduit, l'influence n'a donc pas pu s'exercer directement de Luc copte à Marc copte[14].

Nous avons vu que la variante précédente a l'appui de W et du type césaréen. Il apparaît que, sur les 60 variantes qui opposent les deux branches de la version sahidique, l'appui du manuscrit W pour la rédaction révisée est massif (45 occurrences), mais qu'il est rarement en position exclusive (6 fois, dont 5 sont à coup sûr des harmonisations) ; les cas les plus nombreux sont ceux où il partage sa leçon avec les témoins du type césaréen, parfois aussi avec D et A. Citons un exemple qui illustre la parenté exclusive, mais souvent incertaine ou incomplète, avec W :

8,12 (péricope du mauvais levain)

- grec : ἀμὴν <u>λέγω ὑμῖν εἰ δοθήσεται</u> τῇ γενεᾷ ταύτῃ σημεῖον.
  En vérité <u>je vous dis : non ! il ne sera pas donné</u> à cette génération un signe.

- grec (W) : ἀμὴν <u>οὐ δοθήσεται</u> τῇ γενεᾷ ταύτῃ σημεῖον.
  En vérité, <u>il ne sera pas donné</u> à cette génération un signe.

- copte sa 1 : ϨΑΜΗΝ ϮⲬⲰ ⲘⲘⲞⲤ ⲚⲎⲦⲚ ⲬⲈ <u>ⲈϢⲰⲠⲈ ⲤⲈⲚⲀϮ</u> ⲘⲀⲈⲒⲚ ⲚⲦⲈⲒⲄⲈⲚⲈⲀ
  En vérité <u>je vous dis : s'il est donné</u> à cette génération un signe.

---

[14] Pourtant ⲦⲀⲘⲞ, « raconter », traduit plutôt le ἀπήγγειλεν de Luc que le εἶπεν de Marc. Cela pourrait être un indice que le réviseur de la traduction copte travaillait à la fois avec un modèle grec et avec les textes coptes des parallèles.

– copte sa9 et saII: ϩⲁⲙⲏⲛ ϯϫⲱ ⲙⲙⲟⲥ ⲛⲏⲧⲛ ϫⲉ ⲛⲛⲉⲩϯ ⲙⲁⲉⲓⲛ
ⲛⲧⲉⲓⲅⲉⲛⲉⲁ

En vérité, je vous dis: il ne sera pas donné à cette génération un signe.

En copte, sa1 a traduit la leçon commune, en rendant le εἰ du grec, qui était une tournure difficile[15], comme un conditionnel; cette traduction ne donne pas grand sens; sa9 et saII ont utilisé un futur négatif, apparemment en suivant W, mais elles ne partagent pas avec lui l'omission de « je vous dis »; la leçon οὐ δοθήσεται résultant d'une harmonisation avec Mt 16,4, le recours à W est possible, mais pas indispensable.

Dans les 31 cas où toutes les traductions sahidiques s'accordent pour présenter une variante caractéristique, W vient 5 fois en seul appui de cette variante et partage 6 fois sa leçon avec des manuscrits d'autres types de texte (mais deux fois seulement avec des témoins du type césaréen). Son influence semble donc moindre que pour la rédaction révisée. Un dernier exemple, cependant, vaut d'être examiné, parce qu'il semble être une exception à la tendance à l'harmonisation et illustre encore la parenté entre sa et W:

8,38

– grec: ὃς γὰρ ἐὰν ἐπαισχυνθῇ με καὶ τοὺς ἐμοὺς λόγους
car celui qui aura honte de moi et de mes paroles …
om. λογους W P[45]

– copte sa: ⲡⲉⲧⲛⲁϯ ϣⲓⲡⲉ ⲅⲁⲣ ⲛⲁⲓ ⲙⲛ ⲛⲉⲧⲉⲛⲟⲩⲉⲓ ⲛⲉ …
car celui qui aura honte de moi et des miens[16] …

W omet λόγους et partage cette variante avec P[45], un papyrus du 3ᵉ siècle. Les rédactions sahidiques font de même et traduisent sans ambiguïté « celui qui aura honte de moi et des miens ». Le parallèle grec de Lc 9,26 présente la même leçon commune que celle de Marc, seul le manuscrit D semble avoir l'omission. En copte, le parallèle de Luc n'a pas l'omission. Quelle que soit l'origine de la variante de W et P[45], il semble donc raisonnable de penser qu'elle est la source de celle du copte sahidique.

---

[15] Il s'agit d'un hébraïsme, qui est passé dans la Septante.
[16] Litt. « de ceux qui sont à moi ».

Le témoignage du papyrus P⁴⁵ est intéressant, puisqu'il s'agit d'un document provenant d'Égypte à coup sûr. Il est malheureusement trop fragmentaire pour qu'on puisse faire des comparaisons sur plus d'une portion de chapitre. Mais le chapitre 8, par exemple, est assez instructif: P⁴⁵ appuie, quand il est présent, les variantes de la rédaction sahidique révisée, en accord avec W et des témoins du texte césaréen[17]. En ce qui concerne le manuscrit W, il faut rappeler que son origine égyptienne, ou du moins sa présence en Égypte, semble assez probable, d'une part à cause de son écriture[18], mais surtout parce qu'il a été découvert dans une reliure en bois recouverte par les portraits des quatre évangélistes, peints dans un style typique de la peinture des monastères coptes du vɪᵉ siècle[19]. Il ne paraît donc pas absurde de considérer que ces deux témoins grecs, P⁴⁵ et W, ont pu jouer un rôle, sans doute indirect, dans l'élaboration des traductions coptes sahidiques.

Quoi qu'il en soit, ce qui me semble important, au terme de cet exposé, est d'insister sur le caractère harmonisant qui marque les traductions sahidiques de l'évangile de Marc. Une telle tendance apparaissait jusqu'ici surtout dans l'étude de la rédaction «révisée» et elle se confirme. Cependant, un examen plus attentif des variantes communes à toute la version sahidique montre que l'harmonisation est déjà à l'œuvre dans la rédaction ancienne de sa1. Certes, cette rédaction ancienne atteste un certain nombre de leçons typiquement alexandrines et de variantes «occidentales»; ces variantes seront conservées ou non dans la révision, selon une logique qui nous échappe et qui pourrait correspondre à un

---

[17] La plupart de ces variantes sont des harmonisations avec le chapitre 16 de Matthieu. Il faut bien noter que la rédaction sa révisée n'a pas toutes les variantes harmonisantes de P⁴⁵ et W (par exemple elle ignore la variante οἱ δε διελογιζοντο en 8,16 et suit le texte courant καὶ διελογίζοντο).
   – 8,15: Ἡρῴδου אBA et sa1 / των Ηρωδιανων P⁴⁵WΘ et sa9 sa II.
   – 8,17: *add.* ὀλιγοπιστοι P⁴⁵WΘ et sa II (harmonisation avec Mt 16,8).
   – 8,28: *add.* οἱ μεν *ante* Ιωαννην Wf¹³Δ et sa (harmonisation avec Mt 16,14).
   – 8,29: *add.* ὁ υἱος του θεου του ζωντος Wf¹³ et sa9 saII (harmonisation avec Mt 16,16).
   – 8,31: *add.* ἀπο τοτε *ante* ἠρξατο Wf¹³543 et saII (harmonisation avec Mt 16,21).
   – 8,31: μετὰ τρεῖς ἡμέρας leçon commune et sa1 sa9 / τη τριτη ημερα Wf¹f¹³543,28 (harmonisation avec Mt 16,21).
[18] En fait, que je sache, la petite onciale penchée si caractéristique dans laquelle est copié ce manuscrit n'a pas été formellement attribuée à un scribe d'Égypte. Une étude comparative avec certains manuscrits coptes permettrait sans doute de transformer cette probabilité en certitude.
[19] Cf. Leroy 1974, pp. 87–87 et pl. 26; Leroy 1979, pp. 180–181.

travail effectué péricope par péricope. Mais sa1 connaît aussi déjà certaines harmonisations communes à celles de W, ou propres au copte. Il est trop tôt pour en tirer des conclusions définitives, mais il est probable que le texte du manuscrit sa1, bien qu'assez archaïque sur le plan linguistique, est déjà le reflet d'un travail de révision.

BIBLIOGRAPHIE

Amphoux Ch.-B. 1999, « Le texte grec de Marc », in *Evangile de Marc. Recherches sur les versions du texte, Mélanges de Science Religieuse* 56/3, juillet-septembre 1999, pp. 5–25.

Aranda Perez G. 1988, *El evangelio de san Marco en copto sahidico* (Testos y estudios "Cardenal Cisneros"), Madrid.

Boud'hors A. 1985, « Fragments coptes-sahidiques du Nouveau Testament à la Bibliothèque nationale de Paris », in *Actes du colloque "Bible et informatique: le texte"* (*Louvain-la-Neuve, 2-4 sept. 1985*), pp. 389–398.

Boud'hors A. 1993, « L'Evangile de Marc en copte-sahidique: essai de clarification », in *Acts of the Fifth International Congress of Coptic Studies*, Rome, vol. 2/1, pp. 53–65.

Boud'hors A. 1999, « Edition de Marc en copte: arrière-plans et perspectives », in *Evangile de Marc. Recherches sur les versions du texte, Mélanges de Science Religieuse* 56/3, juillet-septembre 1999, pp. 53–63.

Boud'hors A. & Torallas Tovar S. 2005, « Mc 1,1–11 et 1,40–45: La tradition manuscrite copte », in: *Evangile de Marc. Les types de texte dans les langues anciennes* (*Mélanges de Sciences Religieuses* t. 62, fasc. 2), Lille, avril-juin 2005, pp. 37–49.

Depuydt (L.), *Catalogue of Coptic Manuscripts in the Pierpont Morgan Library*, Leuven 1993 (2 vol.).

Horner G.W. 1898–1905, *The Coptic Version of the New Testament in the Northern Dialect otherwise called Memphitic and Thebaic*, Oxford, 4 vol.

Horner G.W., 1911–1924, *The Coptic Version of the New Testament in the Southern Dialect otherwise called Sahidic and Bohairic*, Oxford, 7 vol.

Leroy J. 1974, *Les manuscrits copte et coptes-arabes illustrés*, Paris.

Leroy J. 1979, « Reliures coptes illustrées », in *Hommages à Serge Sauneron*, Le Caire, t. II, pp. 175–186.

Mink G. 1972, « Die koptischen Versionen des Neuen Testaments. Die sprachlichen Probleme bie ihrer Bewertung für die griechische Textgeschichte », in K. Aland (ed.), *Die alten Übersetzungen des Neuen Testaments, die Kirchenväterzitate und Lektionare* (Arbeiten zur neutestamentlicher Textforschung 5), Berlin-New York, pp. 160–299.

Mink G. & Schmitz F.-J. 1986, 1989, 1991, *Liste der koptischen Handschriften des Neuen Testaments I. Die sahidischen Handschriften der Evangelien* (Arbeiten zur neutestamentlicher Textforschung 8, 13, 15), Berlin-New York.

Orlandi T. 1973, compte rendu de Quecke 1972 dans *Studia Papirologica* XII, pp. 107–109.

Quecke H. 1972, *Das Markusevangelium Saidisch. Text der Handschrift Ppalau Rib. Inv.-Nr. 182 mit den Varianten der Handschrift M569* (Papyrologica Castroctaviana. Studia et Textus 4), Barcelone.

INDEX OF BIBLICAL REFERENCES /
INDEX DES RÉFÉRENCES BIBLIQUES

(Only substantial discussions are included. Seules les principales références sont données.)

INDEX OF ANCIENT WRITERS /
INDEX DES AUTEURS ANCIENS

INDEX OF MODERN SCHOLARS /
INDEX DES AUTEURS MODERNES